G. Schnell / K. Hoyer

# Mikrocomputerfibel

Gerhard Schnell
Konrad Hoyer

# Mikrocomputerfibel

Vom 8-bit-Chip zum Grundsystem

Unter Mitarbeit von Burkhard Kours

Springer Fachmedien Wiesbaden GmbH

CIP-Kurztitelaufnahme der Deutschen Bibliothek

**Schnell, Gerhard:**
Mikrocomputerfibel: vom 8-bit-Chip zum Grundsystem / Gerhard Schnell; Konrad Hoyer. Unter Mitarb. von Burkhard Kours. – Braunschweig; Wiesbaden: Vieweg, 1981.

NE: Hoyer, Konrad:

1981


Ursprünglich erschienen bei Friedr. Vieweg & Sohn Verlagsgesellschaft mbH, Braunschweig 1981



Satz: Friedr. Vieweg & Sohn, Braunschweig
Umschlaggestaltung: P. Lenz, Wiesbaden

ISBN 978-3-528-04183-0 ISBN 978-3-322-84042-4 (eBook)
DOI 10.1007/ 978-3-322-84042-4

# Vorwort

Wer sich in der Ausbildung, im Beruf oder als Amateur mit Mikrocomputern und damit auch mit Mikroprozessoren befaßt, steht vor zwei Problemen:

Problem 1: Die sehr große Verzahnung der vom Ursprung her wesensfremden Gebiete hardware und software.
Problem 2: Das unübersichtliche, ungenormte Nebeneinander vieler Computersysteme.

Dieses einführende Lehrbuch begegnet diesen Problemen mit einer Konzeption, wie sie so konsequent unseres Wissens bisher noch nicht verwirklicht wurde:

- Das Buch behandelt hard- und software gleichwertig von den Grundlagen her aufbauend.
  Dies wurde dadurch möglich, daß ein Mathematiker und ein Elektroniker sich zu gemeinsamer Arbeit (und Diskussion) zusammengefunden haben. Dem ersteren kommt dabei seine langjährige Programmiererfahrung zugute, dem zweiten seine Tätigkeit als Entwicklungsingenieur.

- Das Buch behandelt fast alle auf dem Markt angebotenen 8-bit-Mikroprozessorentypen sowohl hard- als auch softwaremäßig. Damit vermeidet es bewußt die Gefahr, dem Leser zu suggerieren, es gäbe eigentlich nur den einen Typ, den der Verfasser nun eben aus seiner Arbeit gut kennt.

- Das Buch bietet parallele Programmbeispiele für alle behandelten Mikroprozessoren in der einheitlichen, übersichtlichen Assemblersprache CALM. Diese Sprache ist klarer und benutzerfreundlicher als alle Herstellersprachen. Sie wurde von Professor Nicoud an der Eidgenössischen Technischen Hochschule in Lausanne entwickelt und hat sich im Lehrbetrieb vielerorts bewährt. Das Umlernen auf eine originale Herstellersprache ist – wenn überhaupt nötig – in einigen Tagen ohne Mühe möglich, wie uns ehemalige Studenten öfters bestätigen.

- Dem Buch kommt zugute die lange Lehrerfahrung der Autoren, vorteilhaft ergänzt durch die Lernerfahrung des Studenten B. Kours, der den Text und die Übungen kritisch auf Lernbarkeit (und auf Fehler) durchgesehen hat.

Von einem bestimmten Stadium des Lehrtextes ab ist es unvermeidbar, sich auf ein konkretes Mikrocomputer-System zu beziehen.

Von einem Lehrsystem ist zu fordern: Kompatibilität für verschiedene Mikroprozessoren; Verkehr mit dem Mikroprozessor mit und ohne Betriebssystem; erweiterbare Modulbauweise; erhältlich als Bausatz und als Fertiggerät.

Wir entschieden uns deshalb für das DELPHIN-System (auch als ELDO-Mikrocomputer und als elrad-EHC-80 bekannt).

Wir haben uns aber bemüht, soweit als möglich systemunabhängig zu lehren.

So legen wir dieses Lehr- und Arbeitsbuch den Kollegen in Lehre und Entwicklung, den Studenten und den Amateuren vor in der Hoffnung, ihnen damit eine gute Arbeitshilfe und Vergleichsmöglichkeiten zu bieten, verbunden mit der Bitte um Kritik, Ergänzungs- und Verbesserungsvorschläge.

Gleichzeitig bedanken wir uns bei Herrn Professor Nicoud für seine fachliche Unterstützung und bei Herrn Niclas vom Verlag für seine hilfreichen Anregungen.

*G. Schnell*
*K. Hoyer*

Frankfurt am Main, 1980

# Inhaltsverzeichnis

# 1 Einführung

## 1.1 Definitionen

Wir wollen diesem Kapitel zwei Definitionen des Mikroprozessors voranstellen, von denen wir hoffen, daß in diesem abgegrenzten Bereich das Interesse des Lesers angesiedelt ist.

*Erste Definition*
Der Mikroprozessor ist eine Schaltung, die einen logischen Prozeßablauf gemäß einem vorgegebenen Programm interaktiv[1)] zu steuern vermag. Das Programm kann dabei jederzeit geändert werden.

Ein einfaches Beispiel dazu ist die Ampelsteuerung einer Straßenkreuzung: Nach einem vorgegebenen Programm bewegen sich Fahrzeuge und Fußgänger über die Kreuzung. Wünscht man den Verkehrsstrom anders zu steuern, so ändert man das Steuerprogramm (d.h., die Software). Die Schaltung (d.h., die Hardware) bleibt.
Interaktiv ist diese Ampelsteuerung meist leider nicht, d.h. sie bemerkt nicht und reagiert deshalb auch nicht auf das augenblickliche Verkehrsgeschehen. Soll sie reagieren, so müssen Verkehrsmeßgeräte, z.B. Zählkontaktschwellen, eingebaut werden, deren Meßwerte dann im Programm berücksichtigt werden.
Der Leser mag einwenden, daß man Ampelsteuerungen auch schon vor der Erfindung des Mikroprozessors im Jahre 1971 hatte. Nun, damals hat man Steuerungen mit festverdrahteten logischen, integrierten Gattern (NAND, NOR usw.) vorgenommen. Das ist prinzipiell auch heute noch sinnvoll, wenn die Anzahl der logischen Verknüpfungen klein ist (< 100) und das Programm später nicht mehr geändert werden soll (Abb. 1).

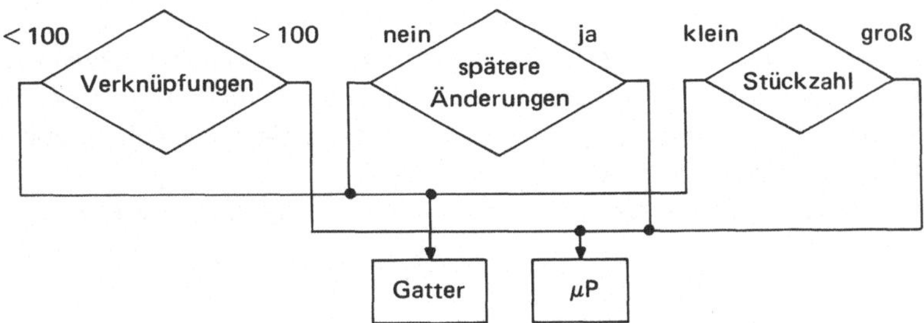


**Abb. 1** Entscheidungsdiagramm für die rationelle Verwendung eines Mikroprozessors

1) wechselwirkend

Der Leser kann nun weiterhin einwenden, daß man Ampelsteuerungen auch schon vor der Erfindung der integrierten Schaltungen hatte (1968). Nun, damals hat man die Steuerungen mit Relais vorgenommen. Das war zwar wenig betriebssicher, dafür konnte aber jeder Elektriker die Schaltung reparieren, während man heute vom Spezialisten abhängig ist.
Dieser Weg vom Relais über die einfache logische Schaltung zum Mikroprozessor ist überall gegangen worden oder wird gerade noch begangen: in der Anlagentechnik, der Vermittlungstechnik, der Rechentechnik usw.

*Zweite Definition*
Der Mikroprozessor ist ein Spielzeug, das von der einfachen Binäraddition bis zum komplizierten Spiel- oder Steuerprogramm im Bereich des Denksports ein fairer, unbestechlicher Partner ist.

Zu den Urtrieben des Menschen gehört auch der Spieltrieb. Befriedigt wird dieser Trieb seit urdenklichen Zeiten von unzähligen Spielen, angefangen vom Murmelspiel bis zum Schach, vom Halma bis zum Skat. Seit einigen Jahren gibt es das Computerspiel. Der Spielverlauf ist einfach:

1. Der Spieler (bzw. der Programmierer) definiert ein Problem.
2. Spielziel ist die Problemlösung.

Der Mikroprozessor (bzw. der damit aufgebaute Mikrocomputer) ist gleichzeitig Mittel zum Zweck der Problemlösung und unbestechlicher Schiedsrichter, der jede logische Mogelei aufdeckt. Der Computer kann dabei durchaus zum Gegner werden, den es zu besiegen gilt.
Wer allerdings, das sei ergänzt, nur rein mathematische Spielereien beabsichtigt, der ist mit einem programmierbaren Taschenrechner weit billiger und besser bedient.

## 1.2 Der Mikroprozessor als Teil des Mikrocomputers

Wer eine Zündkerze sinnvoll erklären will, der sollte zunächst sagen, was ein Bezinmotor ist.
Wer einen Mikroprozessor erklären will, der sollte zunächst sagen, was ein **Mikrocomputer** ist. Denn die Wirkungsweise des Mikroprozessors kann eigentlich nur richtig verstanden werden, wenn man ihn im Zusammenhang sieht mit den ihn ergänzenden Baugruppen. Diese Gesamtheit heißt Mikrocomputer (Abb. 2).
Der Mikroprozessor ist die **Zentraleinheit** (CPU, central processing unit) des Mikrocomputers. In ihm werden Daten

- verglichen,
- verknüpft,
- verschoben,
- zwischengespeichert.

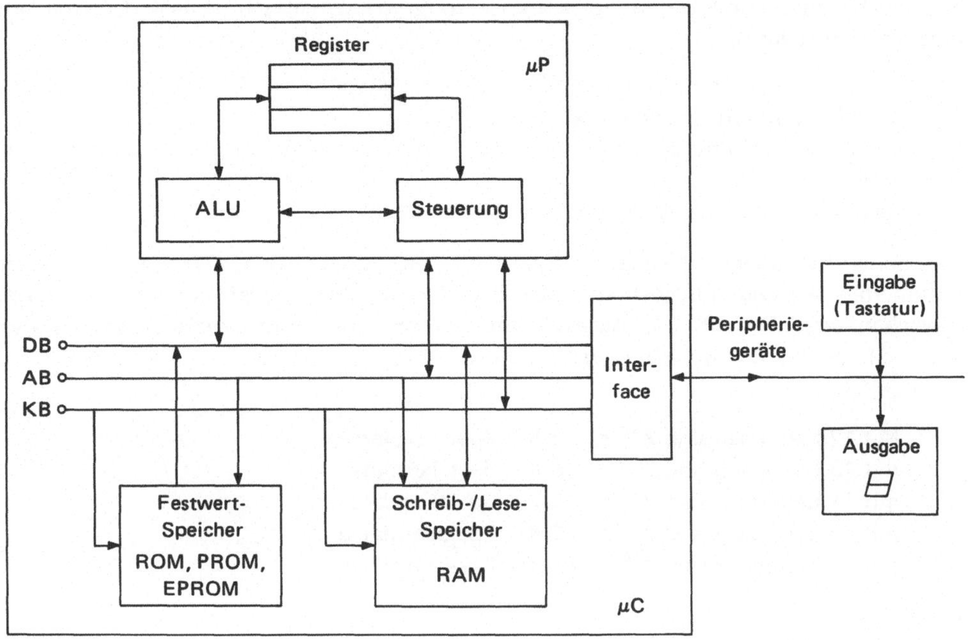


**Abb. 2** Der Mikroprozessor (µP) ist die Zentraleinheit des Mikrocomputers (µC) [1]

Wir wollen hier und im Folgenden unter einem Datum eine Achtergruppe von Nullen und Einsen verstehen, die insgesamt eine Binärzahl darstellen, auch als **Datenwort** von 8 bit[1)] = 1 byte bezeichnet.

*Beispiel:* 10011101

Der Mikroprozessor versteht nur Binärzahlen. Der Mensch kann sie je nach Bedarf und Vorliebe codieren, wie wir noch sehen werden.
Ob die betreffenden Daten nun verglichen, verknüpft, verschoben oder zwischengespeichert werden, das bestimmen die Befehle. Diese sind ebenfalls Gruppen von acht Nullen und Einsen.
Man kann also einem 1-byte-Wort nicht ansehen, ob es eine Zahl oder einen Befehl darstellt. Soll es z.B. als Befehl interpretiert werden, so muß dem Mikroprozessor dieses Byte dann angeboten werden, wenn er einen Befehl erwartet.
Sowohl die Daten, als auch die Befehle werden auf einer 8-fachen Leitung, dem **Datenbus**, verschoben. Über den Datenbus erfährt der Mikroprozessor, was er tun soll, mit wem er es tun soll und wohin er das Ergebnis — wieder über den Datenbus — schicken soll.

---

1) bit = binary digit, eine 0 oder 1

Irgendwoher müssen die Daten nun kommen und irgendwo müssen sie nach der Verarbeitung hin: Entweder sie

- kommen direkt von außen über ein Anpassungsglied (Interface), und gehen nach der Verarbeitung sofort wieder nach außen, oder
- sie stecken im Speicher und gehen nach der Verarbeitung wieder in den Speicher zurück, oder
- sie erfahren eine Kombination dieser beiden Möglichkeiten.

Im zweiten Fall lagern die Daten im Speicher in einer bestimmten „Schublade" mit einer bestimmten **Adresse** und werden nach der Verarbeitung wieder in einer Schublade (**Speicherplatz**) abgelegt. Die Adresse, unter welcher der Mikroprozessor seine Daten sucht, gibt er über den **Adreßbus** aus (Leitungsvielfach mit 12 oder mehr Leitungen).
Bitte prüfen Sie nach:

Mit 12 Leitungen sind $2^{12}$ = 4 K[1] Speicherplätze,
mit 13 Leitungen sind $2^{13}$ = 8 K Speicherplätze,
mit 14 Leitungen sind $2^{14}$ = 16 K Speicherplätze,
mit 15 Leitungen sind $2^{15}$ = 32 K Speicherplätze,
mit 16 Leitungen sind $2^{16}$ = 64 K Speicherplätze

anwählbar.
Über Daten, Befehle und Adressen wird in den folgenden Kapiteln noch ausführlich zu lesen sein. Sie bilden, sinnvoll geordnet, die sogenannte **Software**.
Für den Konstrukteur des Mikrocomputers dagegen sind vor allem die Bausteine (**Hardware**) und deren **Kontrollsignale** wichtig. Kontrollsignale sind 1-bit-Signale, die entweder

- in den Mikroprozessor hineinlaufen (**Steuersignale**), oder
- aus dem Mikroprozessor herauskommen (**Statussignale**).

Mit den Steuersignalen kann der Mikroprozessor z.B. angehalten werden, auf Null zurückgesetzt werden u.ä. Mit den Statussignalen zeigt der Mikroprozessor an, was er gerade tut, bzw. zu tun wünscht.
Obwohl alle Mikroprozessoren ein ähnliches Konzept der Kontrollsignale haben, sind die entsprechenden Signale der einzelnen Mikroprozessoren jeweils leider recht verschieden und werden auch verschieden bezeichnet. Will ein Mikroprozessor z.B. Daten an einen Speicher abgeben, so signalisiert er das mit einem Statussignal, das, je nach Mikroprozessorfabrikat, folgende Bezeichnungen haben kann: NWDS, MWS, WR, $R/\overline{W}$, $\overline{R}/W$ usw.
Es ist wie im Leben: Wenn zwei das Gleiche tun, so braucht es noch lange nicht gleich benannt zu werden.

[1] 1 K = 1024 (sprich *Kilo*); nicht zu verwechseln mit 1 k = 1000!

# 2 Ein Modell-Mikroprozessor

Will man die Wirkungsweise der Mikroprozessoren an einem konkreten Vertreter, z.B. dem 8080, erklären, so stößt man auf Schwierigkeiten. Es ist zwar der 8080 der bisher am häufigsten verwendete Mikroprozessor (sogenannter Industriestandard), aber die Freunde seines moderneren Bruders, des Z80, werden milde lächeln, denn letzerer macht manches besser; andererseits können Besitzer des Übungssystems KIM mit einer 8080-Beschreibung gar nichts anfangen, denn im KIM steckt der 6502.

Wir beschreiben deshalb im Folgenden einen Modell-Mikroprozessor mit quasi-genormten Steuersignalen. Dabei lehnen wir uns eng an die Vorschläge von Professor *Nicoud* an [2].

## 2.1 Aufbau und Organisation

Bereits in Abb. 2 haben wir den inneren Aufbau eines Mikroprozessors angedeutet. Darüber jetzt mehr (Abb. 3):

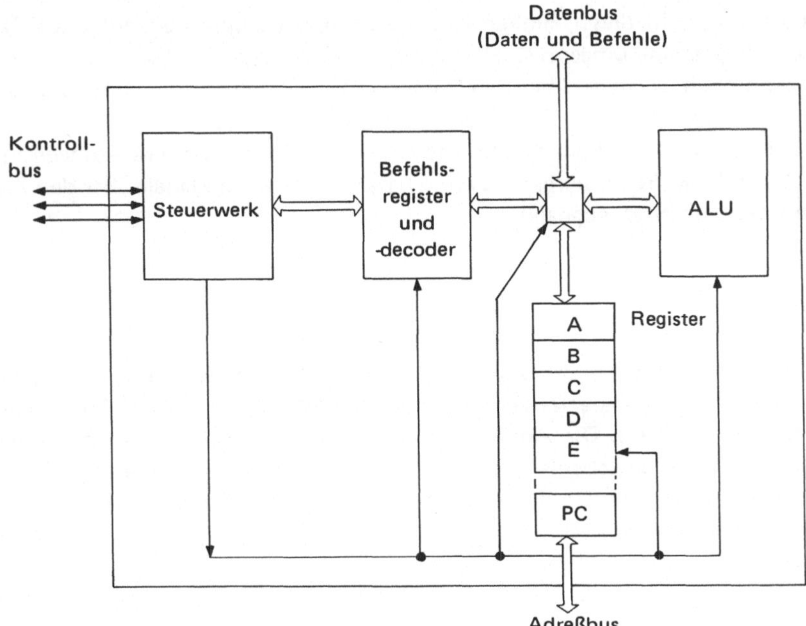


**Abb. 3** Blockdiagramm eines Mikroprozessors [1]

### 2.1.1 Die ALU und ihre Steuerung

Das Herz des Mikroprozessors ist die arithmetische und logische Einheit ALU (arithmetic logic unit). Sie ist im Prinzip ein 8-bit-Parallelrechenwerk, welches zwei 1-byte-Datenwörter addieren und subtrahieren kann. Daneben kann die ALU die Daten noch logisch verknüpfen (UND, ODER, EXOR).
Der Befehlsvorrat, auf den die ALU reagiert, ist von Mikroprozessor zu Mikroprozessor recht verschieden. Von 46 bis 158 Befehlen reicht laut Herstellerangaben die Spanne: Der 8080 und der 8085 haben 78 bzw. 80 Befehle.
Der Z80 hat 158 Befehle, wobei die 8080-Befehle eine Untermenge davon darstellen (d.h. 8080-Programme laufen auf dem Z80).
Der 2650 hat 75 Befehle.
Der 6800 hat 72 Befehle.
Der 6502 hat, obwohl mit dem 6800 verwandt, nur 56 Befehle, die aber den 6800-Befehlen ähnlich sind.
Der 1802 hat 91 Befehle, jedoch entsprechen seine Fähigkeiten eher dem SCMP, als den obigen Mikroprozessoren.
Der SCMP hat 46 Befehle.
Die Anzahl der Befehle allein läßt noch keine Rückschlüsse zu auf die Leistungsfähigkeit des Mikroprozessors und die mögliche Eleganz der Programme.
Die ALU wirkt im Geheimen: Weder der Programmierer noch der Computerkonstrukteur kommt mit ihr in Berührung. Ihre Anweisungen bekommt die ALU vom Steuerwerk (Abb. 3). Dieses wiederum bekommt seinerseits Anweisungen von dem Befehlsregister und -decoder übermittelt. In dieser Einheit werden die vom Datenbus einlaufenden Befehle in interne Mikrobefehle umgesetzt. Hier wird auch zwischen Befehlen und Zahlen unterschieden, denn beide gelangen über den Datenbus in den Mikroprozessor. Die Daten kommen von außen direkt ober über die internen Register an die ALU.
Neben dieser internen Funktion kommt dem Steuerwerk noch eine weitere Aufgabe zu: Es nimmt von außen direkt Steuerbefehle auf und liefert nach außen Signale über den Zustand des Mikroprozessors (Statussignale).

### 2.1.2 Register

Gewissermaßen der Notizblock der ALU sind die **Register**. Das sind kleine, schnelle Zwischenspeicher (RAMs), die normalerweise gerade ein 1-byte-Wort fassen. (Man findet aber auch 2-byte- und 4-bit-Register). Die Anzahl verfügbarer Register ist von Mikroprozessor zu Mikroprozessor verschieden, ebenfalls die Organisation der Register, die sogenannte Architektur des Mikroprozessors. Da der Programmierer mit den einzelnen Registern arbeitet, seien sie kurz beschrieben (Abb. 4).

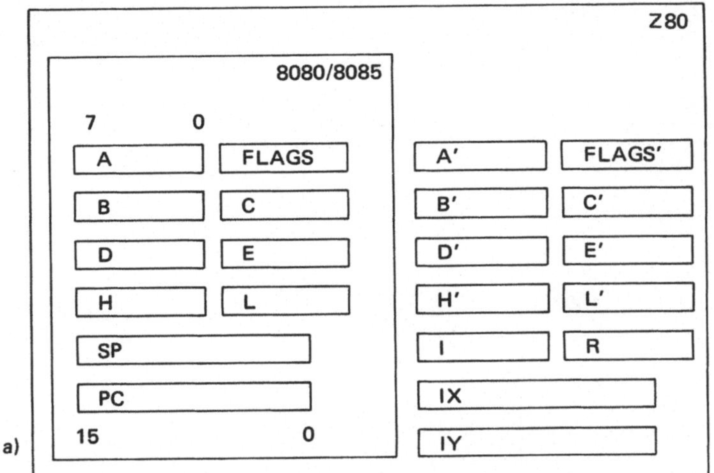


I — Interruptregister
R — Refreshregister
IX, IY — Indexregister

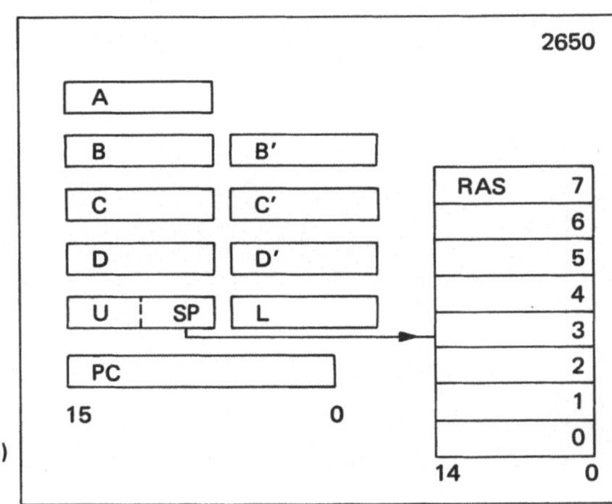


U, L — Statusregister
RAS — return adress stack

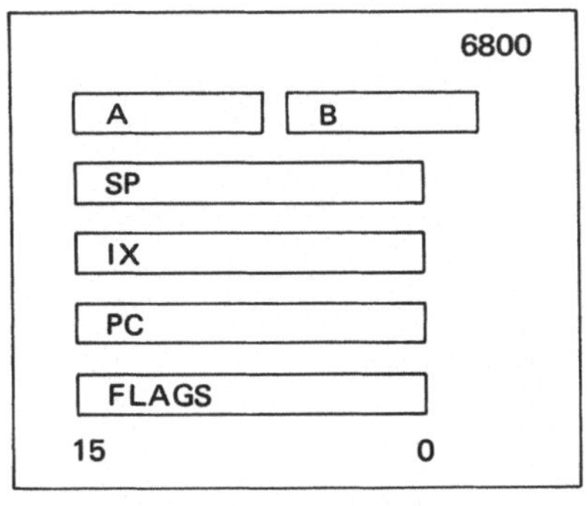


**Abb. 4** Die Registerarchitektur der behandelten µP FLAGS-Statusregister

a) 8080, 8085, Z80 d) 6502
b) 2650 e) 1802
c) 6800, 6802 f) SCMP

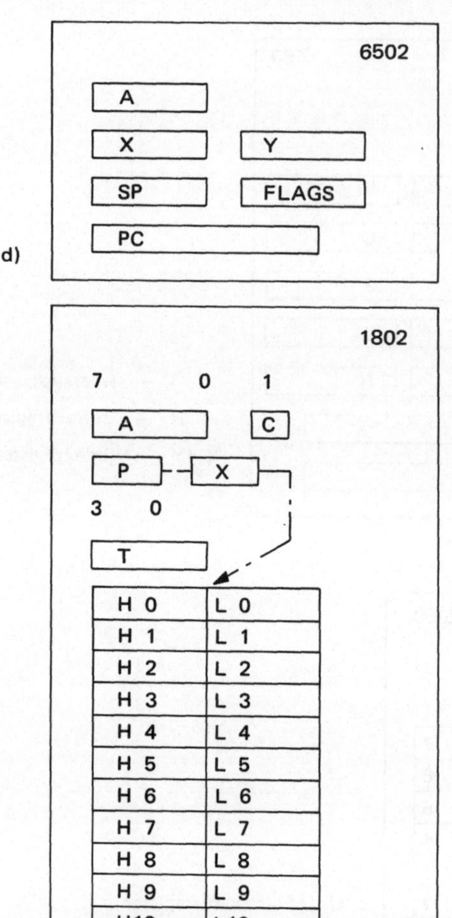


P — PC pointer
X — Indexregisterpointer
C — Carrybit

SCMP

A B

PC

FLAGS

| H1 | L1 |
|---|---|
| H2 | L2 |
| H3 | L3 |

f)

**Abb. 7d)–f)**

#### 2.1.2.1 Akkumulator und weitere Universalregister

Einen **Akkumulator** hat jeder 8-bit-Mikroprozessor. Es ist dies ein 1-byte-Register, das u.a. direkt von außen geladen werden kann und das stets das Ergebnis der gerade erledigten ALU-Operation enthält. Daher auch der Name Akkumulator (Sammler): Er sammelt auf, was von der ALU geliefert wird.

Alle Mikroprozessoren-Hersteller sind sich einig, dieses Universalregister mit dem Buchstaben A zu benennen (Abb. 4).

Die meisten Mikroprozessoren haben noch weitere Universalregister, die wie der Akkumulator A geladen werden können. Jeder Hersteller nennt sie anders. Wir nennen sie normalerweise B, C, D ... .

Der Leser erkennt in Abb. 4, daß bei den Typen 8080, 8085 und Z80 die meisten Zusatzregister zu finden sind, nämlich 6 Stück: B, C, D, E, H und L. Dann folgt der 2650 mit 3 Zusatzregistern: B, C, D. Zwei Zusatzregister haben der 6800 und der 6502 und keine direkt ladbaren Zusatzregister haben der 1802 und der SCMP.

Zwei Sonderfälle gibt es noch im Bereich der Universalregister, die wir hier nennen, aber später nur notfalls verwenden wollen: Die A', B', C' ...-Register und die $H_i$- und $L_i$-Register.

Beim Z80 kann der Inhalt der Register A, B, C ... in die Register A', B', C' ... umgeladen werden (Befehl Exchange) und umgekehrt.

Beim 2650 dagegen kann wahlweise der Block B, C, D oder der Block B', C', D' als Universalregister geschaltet werden (über Statusregister L).

Die $H_i$- und $L_i$-Register werden alle einzeln über den Akkumulator A geladen. Was dort steht, kann in ein beliebiges $H_i$- oder $L_i$-Register übernommen werden. Mit den Inhalten der $H_i$- und $L_i$-Register kann dann weitergearbeitet werden. Das findet man beim 1802 ($0 \leqq i \leqq 15$) und beim SCMP ($1 \leqq i \leqq 3$).

#### 2.1.2.2 Befehlszählerregister

Jeder Mikroprozessor hat, das zeigt Abb. 4, ein **Befehlszählerregister**, genannt PC-Register oder auch nur PC (**p**rogram **c**ounter).

Es ist 16 bit groß und wirkt gewissermaßen wie der Buchhalter des Mikroprozessors: Es zählt jeden Programmschritt, den dieser tut, mit. (Auf 0 wird es gesetzt mit dem reset-Impuls, wie wir noch sehen werden.)

Das Befehlszählerregister ist von außen nicht zu laden. Der aufmerksame Leser wird bemerken, daß der 1802 nur ein 4-bit-P-Register hat und kein PC-Register. Der Trick ist der: Mit dem P-Register kann jedes $(HL)_i$-Register zum PC-Register ernannt werden.

#### 2.1.2.3 Zustandsregister

Jeder Mikroprozessor (bis auf den 1802) hat ein **Zustandsregister** (Statusregister), mit dem er Zustände signalisieren kann (z.B. *„es hat ein Übertrag stattgefunden"*), bzw. mit dem man ihn beeinflussen kann (z.B. *„rechne mit Übertrag"*). Es ist eine Art software-Kontrollsignalgruppe.

Dieses Register ist natürlich stark mit der Architektur des jeweiligen Mikroprozessors verkoppelt. Ein 8-bit-Register, genannt Flag-Register (flag = Flagge) ist es beim Z80, 8080, 6502 und SCMP.

Ein 16-bit-Zustandsregister hat der 6800 und über zwei 8-bit-Zustandsregister verfügt der 2650 (hier U und L genannt).

Die Beeinflussung des Zustandsregisters von außen gehört schon zur *Hohen Schule* der Programmierung. Aber es mal von außen anzuschauen nach irgendeiner Operation, das ist auch dem Anfänger möglich.

#### 2.1.2.4 Register für den Stapelspeicherzeiger

Die Anwendung dieses Registers bleibt der fortgeschritteneren Programmierung vorbehalten. Der guten Ordnung halber sei es dennoch hier aufgeführt; der Leser kann sich jedoch den Luxus erlauben, das Gelesene gleich wieder zu vergessen, ohne daß ihm daraus im weiteren Verlauf des Textes Schaden erwächst.

Der **Stapelspeicherzeiger** ist der Inhalt des Stapelspeicherzeigerregisters und wird kurz SP (stack pointer) genannt. Sein Zweck: der Mikroprozessor kann sich (wenn der Programmierer es will) bei der Programmausführung für „Notfälle" einen kleinen „Abstellkeller" im externen RAM-Speicher reservieren. Dieser „Keller" wird **Stapelspeicher** oder Kellerspeicher genannt (neuhochdeutsch auch **Stack**). Der Stapelspeicherzeiger gibt nun einfach die Adresse des jeweils obersten freien Stapelspeicherplatzes an.

Kein Register für einen Stapelspeicherzeiger haben der 1802 und der SCMP. Ein 8-bit-Register für den Stapelspeicher hat der 6502; ein 16-bit-Register für den Stapelspeicherzeiger haben der 8080, 8085, Z80 und 6800. Abweichend ist der 2650 ausgestattet: Er hat ein 3-bit-Register für den Stapelspeicherzeiger, mit dem die acht 15-bit-Register des Stapels angewählt werden können, der seinerseits in den 2650-Chip gleich mit eingebaut ist.

#### 2.1.2.5 Indexregister

Wird ein bestimmter Rechengang mehrfach, aber mit verschiedenen Speicheradressen durchgeführt, so kann man, um das Programm kürzer zu schreiben, die sich ändernde Adresse über das Indexregister bereitstellen. Dies sieht bei den einzelnen Mikroprozessoren folgendermaßen aus:

| | |
|---|---|
| 8080 und 8085 | Das Registerpaar HL kann als Indexregister verwendet werden. |
| Z80 | Das Registerpaar HL kann als Indexregister verwendet werden; zusätzlich die Register IX und IY. |
| 2650 | Alle Register A, B, C, D können als Indexregister verwendet werden. |
| 6800 | Register IX. |
| 6502 | Register X und Y. |
| 1802 | Die HL-Register können als Index-Register verwendet werden. |
| SCMP | Die drei HL-Register können als Index-Register verwendet werden. |

## 2.2 Kontrollsignale

Wir sagten es bereits: Über das Steuerwerk kann man den Mikroprozessor direkt von außen beeinflussen (d.h. unabhängig vom Programm), bzw. Information über seinen Zustand (Status) abfragen.
Wir gehen von einem hypothetischen Modell-Mikroprozessor (Abb. 5) aus [2]. Er hat natürlich, wie wir noch sehen werden, große Ähnlichkeit mit den realen Mikroprozessoren, die der Markt bietet.

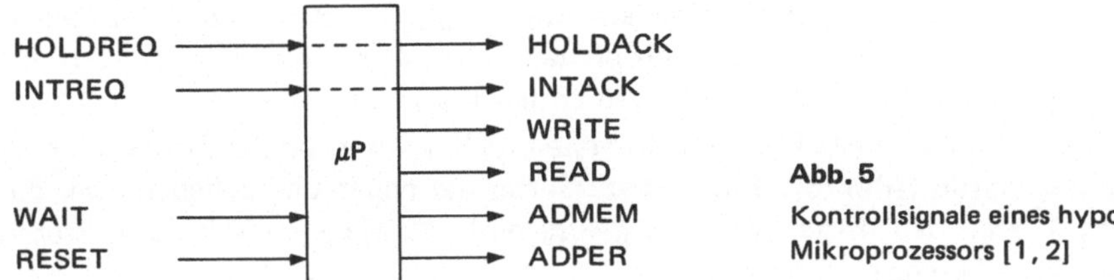


**Abb. 5**
Kontrollsignale eines hypothetischen Mikroprozessors [1, 2]

Wir führen die **Signale** im Folgenden der Reihenfolge ihrer Wichtigkeit für den Anfänger auf.

| | |
|---|---|
| ▶ RESET | Das Ganze nochmals von vorne! Dieser Befehl setzt den Mikroprozessor zurück auf die Startadresse 000 (Der Befehlszähler wird auf 0 gesetzt). |
| ◀ READ | Der Mikroprozessor fordert Daten an vom Speicher oder einem Peripheriegerät (z.B. Tastatur), d.h. er signalisiert, daß ihm Daten auf dem Bus angeboten werden sollen. |
| ◀ WRITE | Der Mikroprozessor bietet Speichern oder Peripheriegeräten Daten zum Einlesen an, d.h. er signalisiert, daß er sie auf den Datenbus gibt. |

Der Leser bemerkt, daß READ und WRITE vom Mikroprozessor aus gesehen zu verstehen sind, wie die übrigen Signale übrigens auch.
Gleichzeitig mit dem READ- oder WRITE-Signal gibt der Mikroprozessor auf den Adreßbus die Adresse aus, mit der er Verbindung aufzunehmen wünscht. Dabei aktiviert er zusätzlich mit

| | |
|---|---|
| ◀ ADMEM | den Speicher (MEMory) bzw. mit |
| ◀ ADPER | ein Peripheriegerät (PERipherie), z.B. die Anzeige. |

Die folgenden Signale sind für komplexere Anwendungen des Mikroprozessors notwendig. Der Anfänger darf sie überlesen.

| | |
|---|---|
| ▶ WAIT | Schalte in den Leerlauf, bis ich nachgekommen bin! (Immer dann, wenn ein datenlieferndes Gerät langsamer ist wie der Mikroprozessor, kann es diesen mit WAIT bremsen. Mit dem WAIT-Befehl kann der Mikroprozessor also auf einen langsameren Partner heruntersynchronisiert werden.) |
| ▶ INTERRUPT REQUEST | Unterbrich deine Arbeit für ein Zwischenspiel! |
| ◀ INTERRUPT ACKNOWLEDGE | Ich habe unterbrochen! |

Nehmen wir an, der Mikroprozessor sei gerade mit einem längeren Programm beschäftigt. Nun soll er ein kurzes, dringendes Zwischenprogramm einschieben. Mit INTREQ fragt man an, ob er könne. Er beendet dann den gerade bearbeiteten Befehl, legt alle Daten, die er vom Hauptprogramm gerade noch vorliegen hat, sauber zur Seite (in den Keller, Stapel, stack) und gibt sein Jawort INTACK zur Unterbrechnung. Es ist Sache des Programmierers, den Mikroprozessor aus dem Interrupt zurückzuführen.

► HOLDREQUEST Mach mal Pause und gib die Leitung frei!

◄ HOLDACKNOWLEDGE Mach ich!

Solange der Mikroprozessor arbeitet, belegt er wechselnd Daten- und Adreßbus. Es kann nun sein, daß man Daten auf dem Datenbus verschieben möchte ohne Zwischenschaltung des Mikroprozessors.

*Beispiel:* Man möchte einen Speicher, der am Bus hängt, von außen abfragen (DMA, direct memory access). Dann muß der Mikroprozessor anhalten (er arbeitet ja auch mit diesem Speicher) und die Busse freimachen. Daß er dies tut, meldet er mit HOLDACK.

Das Freimachen der Leitung geschieht mit tri-state-Logik, wie sie von der Firma National zuerst verwendet wurde (Abb. 6): Ein tri-state-Gatter hat neben den üblichen zwei Zuständen 0 und 1 noch den dritten Zustand „Ausgang frei". Moderne Mikroprozessoren haben tri-state-Busse bereits eingebaut.

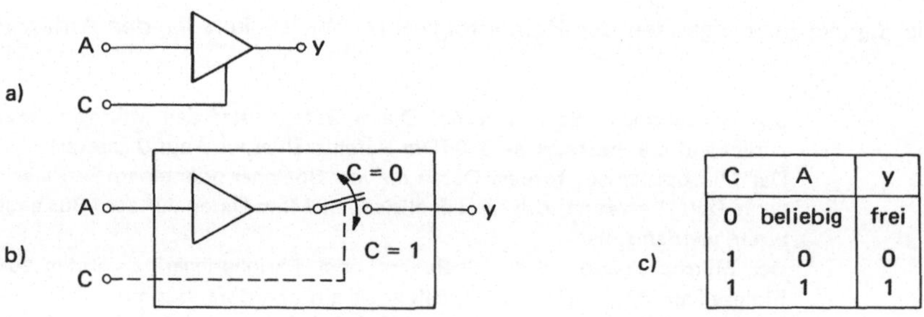


| C | A | y |
|---|---|---|
| 0 | beliebig | frei |
| 1 | 0 | 0 |
| 1 | 1 | 1 |

**Abb. 6** Tri-State-Logik am Beispiel eines nichtinvertierenden Leitungstreibers
a) Schaltbild (1/4 74 12 6) b) Wirkungsweise c) Wahrheitstabelle

## 2.3 Vergleich des Modellmikroprozessors mit realen Mikroprozessoren

Vergleicht man die Kontrollsignale marktgängiger Mikroprozessoren miteinander und auch mit den Kontrollsignalen unseres Modellmikroprozessors, so stellt man bedauerlicherweise teilweise große Unterschiede fest. Nicht nur die Philosophie der Signale ist oft unterschiedlich, sondern auch die Benennung gleichwertiger Signale.

Das erschwert den Vergleich und den Übergang von einem Fabrikat zum anderen. Wir untersuchen deshalb im Folgenden die einzelnen Mikroprozessoren-Fabrikate in Bezug auf ihr Verhältnis zu unseren Kontrollsignalen (vgl. Abb. 7). Um den Vergleich übersichtlich zu halten, kümmern wir uns hierbei weder sorgfältig darum, ob die Signale als aktiv bei 0 oder bei 1 gelten, noch um das exakte zeitliche Zusammenspiel der Signaltakte.

Wir beginnen mit den Mikroprozessoren, deren Kontrollsignale mit denen unseres Modells praktisch übereinstimmen.

DATEN
+5V
HOLDREQ
INTREQ
WAIT
RESET
BUSREQ
BUSAK
M1
INT
WR
WAIT
Z80
RD
MREQ
RESET
IOREQ
HOLDACK
INTACK
WRITE
READ
ADMEM
ADPER
16
ADRESSEN
a) Z80
DATEN
+5V -5V +12V
HOLD
HLDA
INTR
WR
READY
8080
8224
DBIN
RESET
DEKODER
16
d) 8080
(ALE)
AD0...7
HOLDA
INTA
READY
8085
IO/M
AD8...15
AD0...15
T
b) 8085
HALT
BA
IRQ
R/W
MR
6802
VMA
e) 6802
PAUSE
RUN/WAIT
INTACK
INTREQ
R/W
OPACK
2650
DAEN
ADEN
M/IO
OPREQ
15
c) 2650
5V
IRQ
RDY
6502
RST
f) 6502

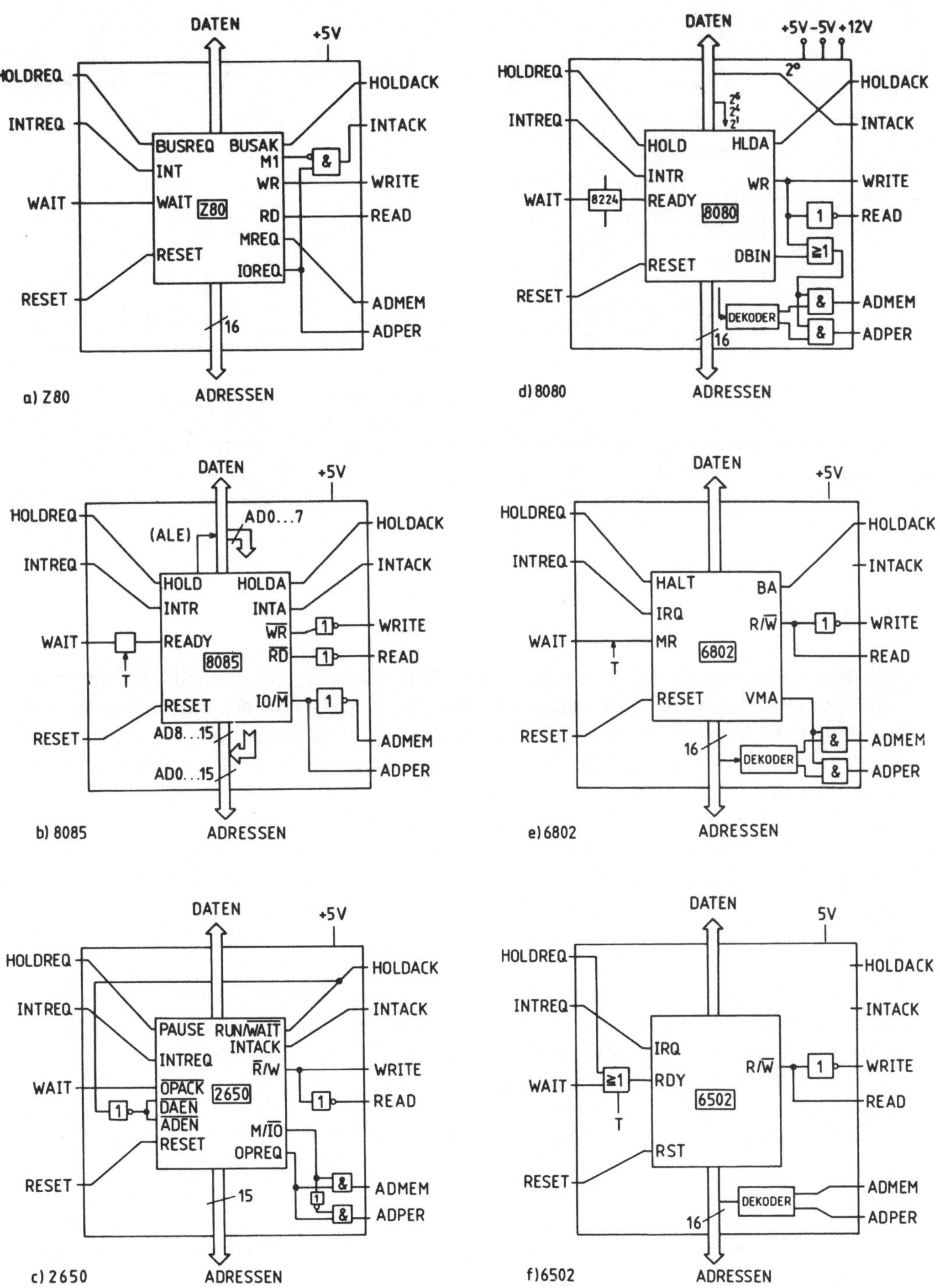

Abb. 7a)–f)

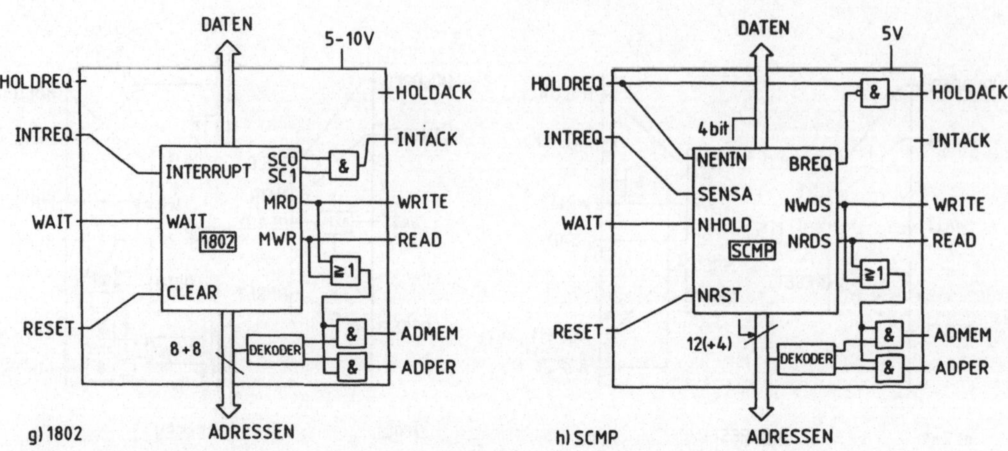


**Abb. 7** Die Anpassung einiger realer Mikroprozessoren an die von uns definierten Kontrollsignale
a) Z80 b) 8085 c) 2650 d) 8080 e) 6802 f) 6502 g) 1802 h) SCMP

## 2.3.1 Z80

Die Kontrollsignale des Z80 stimmen, wie Abb. 7a zeigt, funktionell vollständig mit denen unseres Modell-Mikroprozessors überein. Es könnte also der Eindruck entstehen, es würden alle Mikroprozessoren mit dem Maß des Z80 gemessen. Dem ist aber nicht so, sondern die Signale des Z80 sind wohl deshalb so übersichtlich, weil dieser als ein Mikroprozessors der dritten Generation[1)] Konstrukteure als Väter hatte, die aus ihren und aus fremden Erfahrungen gelernt haben. Man weiß ja, daß die Z80-Konstrukteure vorher den 8080 entworfen haben (bei *Intel*) und mit dem Z80 sich selbst (d.h. den 8080) übertreffen wollten (bei *Zilog*).

Dabei sind u.a. auch übersichtlichere Kontrollsignale herausgekommen, die von denen des 8080 sich stark unterscheiden (dagegen ist der Befehlssatz des 8080 eine Untermenge des Z80-Befehlssatzes).

Prinzipiell ist noch anzumerken, daß der Z80 zu der Gruppe von Mikroprozessoren gehört, die Speicheradressen und Peripherieadressen von sich aus unterscheiden. Das geschieht, indem er entweder das Signal

MREQ (Memory REQest) = ADMEM

oder das Signal

IOREQ (Input Output REQest) = ADPER

aussendet.

---

1) erste Generation 1971 (p-MOS); zweite Generation 1974 (n-MOS); dritte Generation 1976 (n-MOS + bessere Architektur).

### 2.3.2 8085

Die Kontrollsignale dieses jüngeren Bruders des 8080 stimmen mit denen unseres Modell-Mikroprozessors überein mit zwei kleinen Besonderheiten (Abb. 7b): Zum einen muß das Signal $IO/\overline{M}$ noch aufgedröselt werden in unsere beiden Statussignale ADMEM (d.h. $IO/\overline{M}$ = 0, also M = 1) und ADPER (d.h. $IO/\overline{M}$ = 1, also IO = 1, wobei IO = **I**nput **O**utput heißt). Zum zweiten muß das WAIT-Signal noch mit dem internen Takt synchronisiert werden, damit es zum richtigen Zeitpunkt als READY auftritt.
Eine weitere Besonderheit gilt es zu erwähnen: Da der 8085 viele zusätzliche Kontrollsignale hat, reichen ihm seine 40 Anschluß-Stifte nicht aus. Er benützt deshalb kurzzeitig den Datenbus als Adreßbus für die niederwertigen 8 Adreßbits. Die Umschaltung signalisiert er mit dem Statussignal ALE (**A**dress **L**atch **E**nable). Diese doppelte Ausnutzung der 8 Anschluß-Stifte sowohl für den Datenbus als auch für die Adressen A0 ... A7 nennt man Multiplexbetrieb. Der 8085 unterscheidet von sich aus Speicher und Peripherien.

### 2.3.3 2650

Die Kontrollsignale des 2650, eines Adoptivkindes der Firma *Valvo* (entwickelt wurde er von der amerikanischen Firma *Signetics*), stimmen in der Funktion voll mit denen unseres Modell-Mikroprozessors überein. Dies ist bei Betrachtung der Abb. 7c sofort erkennbar. Lediglich $\overline{R}/W$ (Read/Write) wird in READ und WRITE aufgespalten und $M/\overline{IO}$ in ADMEM und ADPER.
Der 2650 ist das dritte Mitglied der Gruppe, die von sich aus Peripherien und Speicher unterscheidet.

### 2.3.4 8080

Der 8080 von *Intel* ist ein Vertreter der zweiten Generation von Mikroprozessoren und ein direkter Nachfolger des allerersten Mikroprozessors auf dem Markt (dem 8008, 1971, von dem *Osborne* [3] schreibt, er sei ein „genialer Schuß ins Dunkle" gewesen, denn keiner wußte damals, was richtig und wichtig war.) Der 8080 ist heute mit schätzungsweise 60 % Marktanteil Industriestandard.
Seine Kontrollsignale stimmen zum Teil mit denen unseres Modell-Mikroprozessors überein, wie Abb. 7d lehrt. Das WAIT-Signal muß allerdings aufbereitet werden, bevor es der Mikroprozessor als READY verstehen kann. Dazu kann z.B. der Taktgeneratorbaustein 8224 verwendet werden, der die Synchronisation des WAIT mit dem Taktsignal übernimmt.
Der 8080 signalisiert über seinen Datenbus, ob er eine Peripherieadresse oder eine Speicheradresse anzuwählen wünscht:

Speicher lesen (memory read): Datenwort 202
Speicher einschreiben (memory write): Datenwort 000
Peripherie lesen (input read): Datenwort 102
Peripherie einschreiben (output write): Datenwort 020

Man erkennt, daß die Datenbits $2^1$, $2^4$, $2^6$ die Information über Datenquelle und Datensenke tragen. Dekodiert man sie entsprechend, wie Abb. 7d andeutet, so lassen sich daraus unsere bekannten Signale ADMEM und ADPER gewinnen.
Diese Dekodierung kann auch der Zusatzbaustein 8228 (system controller) übernehmen. Er liefert dann seinerseits Signale, die unseren Standardsignalen sehr ähnlich sind. Der 8080 gehört, wenn auch versteckt, zur Gruppe der Mikroprozessoren, die selbst zwischen Speicher und Peripherie unterscheiden.

### 2.3.5 6802

Der 6802 von *Motorola* (Nachfolgetyp[1]) des 6800) stimmt bezüglich der Kontrollsignale überwiegend mit unserem Modell-Mikroprozessor überein, wie Abb. 7e zeigt.
Der prinzipielle Unterschied: Der 6802 eröffnet die Gruppe derjenigen Mikroprozessoren, die von sich aus nicht unterscheiden, ob Speicher oder Peripherie angewählt werden soll, sondern die es dem Programmierer überlassen, einen Adreßbereich den Speichern und einen weiteren Adreßbereich den Peripherien zuzuordnen.
Soll ein Mikroprozessor dieser Gruppe an unser Kontrollsignalsystem angeschlossen werden, so muß vorher vereinbart werden, welchen Adreßbereich man hardwaremäßig einfür allemal den Peripherien und welchen den Speichern zuordnen soll.
Ein Beispiel soll das erläutern: Von den 16 Adreßleitungen des 6802 wollen wir hier nur die unteren 12 verwenden, also $2^0 \dots 2^{11}$. Damit ist ein Speicherbereich von 0000 bis 7777 oktal, d.h. von 4 Kbyte anwählbar. Ganz willkürlich entscheiden wir nun: Der Speicherbereich 200 bis 377 wird als Peripheriebereich deklariert; also erhalten wir 200 (oktal) Peripherieadressen. Die Frage ist nun: Wie muß der Adreßbus dekodiert werden, damit die Signale ADMEM und ADPER sich korrekt ergeben?
Die Antwort gibt Abb. 8. In Abb. 8a ist zunächst die Wahrheitstabelle skizziert, aus der die logische Schaltung in Abb. 8b folgt. Der Befehl LOAD 206, A beispielsweise wird damit automatisch die Leitung ADPER aktivieren.

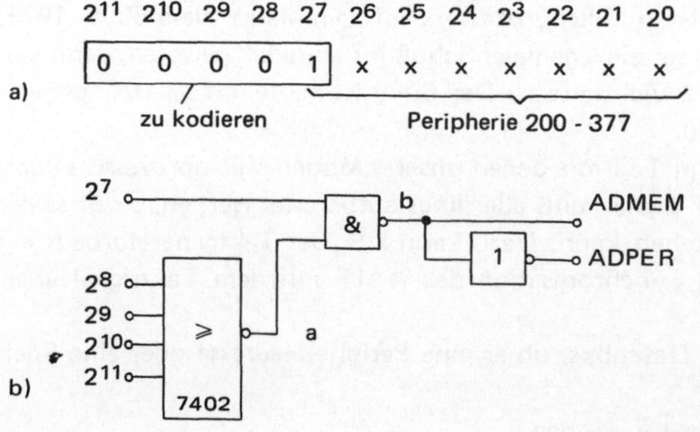


**Abb. 8**
Beispiel für die Zuweisung von Peripherieadressen: 200–377 (oktal)
a) Wahrheitstabelle (x = beliebig)
b) Dekodierung mit 4-fach-NOR

[1]) 6802 = 6800 + 128 byte RAM.

*Übung*

Der Leser prüfe mittels einer ausführlichen Wahrheitstabelle der Abb. 8b nach, ob wirklich im Speicherbereich 0000 bis 7777 nur der Bereich 200 bis 377 als Peripheriebereich erkannt wird.

### 2.3.6 6502

Die verwandtschaftlichen Beziehungen des 6502 zum 6800 sind ähnlich denen des Z80 zum 8080: Der 6502 hat als Mikroprozessor der dritten Generation Konstrukteure als Väter, die vorher beim Entwurf des 6800 (bei *Motorola*) mitgearbeitet hatten und mit dem 6502 sich selbst (d.h. den 6800) übertreffen wollten (bei *MOS-technology*).

Der Befehlssatz beider Mikroprozessoren ist verschieden, dagegen ist das System der Kontrollsignale fast gleich. Man erkennt beim Betrachten der Abb. 7f, daß der 6502 auf die beiden Statussignale HOLDACK und INTACK verzichtet (während der 6802 nur auf INTACK verzichtet). Unbedingt notwendig sind beide Signale nicht.

HOLDREQ und WAIT werden mit dem Eingang READY abgedeckt. Das betreffende Signal WAIT muß mit dem Taktgenerator synchronisiert werden, da der 6502 (wie der 6802) nur zu bestimmten Zeitpunkten in den Wartezustand umgeschaltet werden darf.

Bezüglich Speicher- und Peripherieadressen gehört der 6502, wie zu erwarten, zu derjenigen Gruppe, die Speicher und Peripherie nicht unterscheidet. Zur Anpassung an unser Steuersignalsystem mit ADPER und ADMEM ist also eine Kodierung erforderlich. Man beachte das Beispiel in Abschnitt 2.3.5.

### 2.3.7 1802

Der 1802 von *RCA* ist auch unter dem Namen COSMAC bekannt. Er ist ein Nachfolger des 2-Chip-Mikroprozessors 1800 und damit ein Mikroprozessor der dritten Generation. Was ihn von den anderen Mikroprozessoren unterscheidet, ist vor allem seine Technologie: Im Gegensatz zu den üblichen n-MOS-Prozessoren ist er in CMOS-Technik hergestellt. Das bedeutet, daß seine Leistungsaufnahme mit etwa 0,5 mW wesentlich geringer ist als die der anderen Mikroprozessoren (typisch 500 mW). Dafür ist er CMOS-typisch etwas langsamer.

Die Anpassung seiner Steuersignale an diejenigen unseres Modell-Mikroprozessors ist einfach, wie Abb. 7g zeigt: Das Paar HOLDREQ und HOLDACK fehlt ganz, die anderen Signale entsprechen sich im Prinzip. Auch der 1802 unterscheidet nicht Peripherie- und Speicheradressen, sondern überläßt dem Programmierer die Zuordnung der Adressen zu Speicher und Peripherie. Man muß also, um unsere Steuersignale ADMEM und ADPER zu erhalten, eine willkürliche Zuordnung und Dekodierung vornehmen. Das Beispiel in Abschnitt 2.3.5 (Abb. 8) gilt auch hier.

Der 1802 hat nur 8 Anschluß-Stifte für den Adreßbus: Er legt deshalb in der ersten Zyklushälfte den höherwertigen Teil der 16 bit-Adresse auf den Bus und in der zweiten Zyklushälfte den niederwertigen Teil auf denselben Adreßbus (Multiplexbetrieb).

### 2.3.8 SCMP

Der 8-bit-Mikroprozessor von *National Semiconductor* ist in weiten Kriesen bekannt unter dem Kürzel SCMP (Simple to use Costeffective Micro-Processor). Dieser Name sagt es schon: Er verzichtet dem niedrigen Preis zuliebe auf manchen Trick, ist aber nichtsdestoweniger ein vollwertiger Mikroprozessor.
Seine Steuersignale stimmen, wie Abb. 7h zeigt, praktisch mit denen unseres Modell-Mikroprozessors überein, auch wenn sie verwirrend anders benannt sind.
Speicher- und Peripherieadressen werden nicht unterschieden, der SCMP gehört also zur Gruppe der Mikroprozessoren, für die die Signale ADMEM und ADPER aus einer Vorab-Zuordnung von Adreßbereichen und einer nachfolgenden Dekodierung sich ergeben. Das diesbezügliche Beispiel in Abschnitt 2.3.5 gilt auch hier.
Der SCMP gibt eine 12 bit-Adresse direkt auf die 12 Anschluß-Stifte des Adreßbus. Weitere 4 bit der Adresse können im ersten Teil des Zyklus vom Datenbus abgefragt werden (Multiplexbetrieb).

# 3 Die Sprachen der Computer

Auf irgendeine Weise muß der Benutzer eines Computers bzw. eines Mikroprozessors diesem mitteilen, was er tun soll. Dazu bedient man sich künstlicher Sprachen, sogenannter Programmiersprachen [4].

Wie Abb. 9 zeigt, gibt es eine richtige Hierarchie der Sprachen. Fangen wir oben an: Am weistesten von der Zentraleinheit (hier beim Mikroprozessor) entfernt sind die Symbolsprachen.

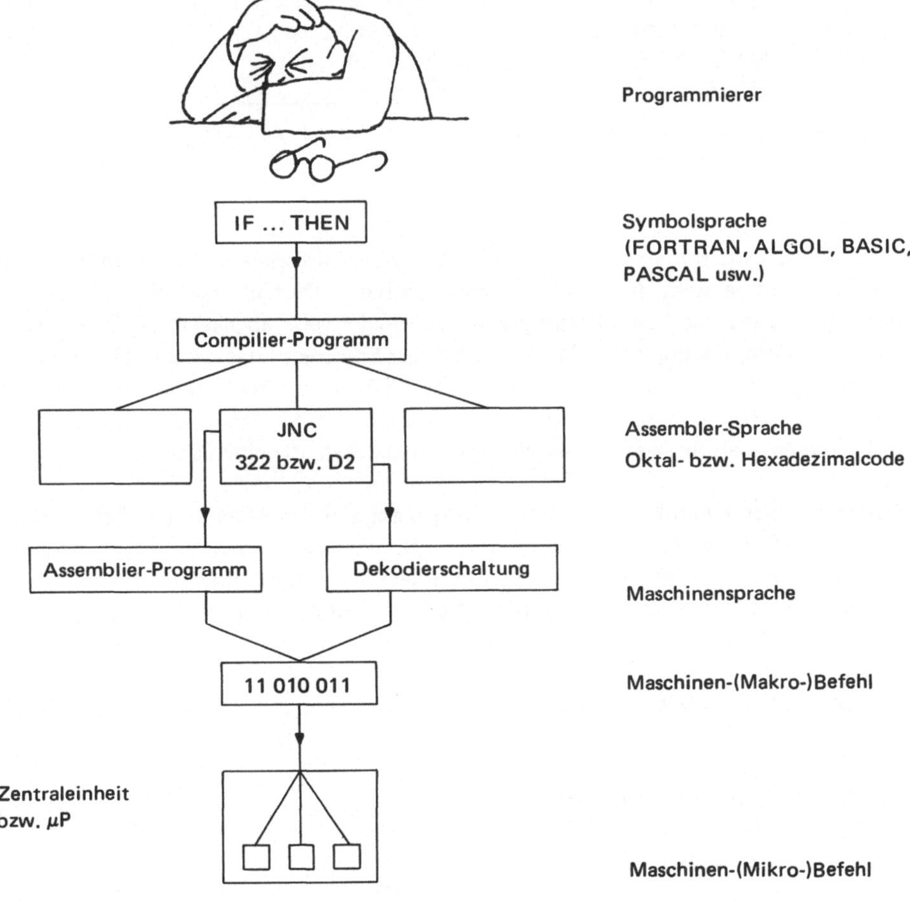


**Abb. 9** Die Hierarchie der Programmiersprachen

## 3.1 Symbolsprachen

Dies sind Formalsprachen, die fast einer gesprochenen Sprache entsprechen (stets dem Englischen). Ihre Elemente sind die **Symbolbefehle.**
Ein Beispiel in ALGOL verdeutlicht das:

IF (A – 5) < 0 THEN B := A ELSE C := A

Dies ist dem Leser direkt verständlich: Wenn A – 5 kleiner als 0 ist, dann speichere Inhalt von Register A nach Register B, sonst nach Register C[1].

| ALGOL | FORTRAN | BASIC |
|---|---|---|
| IF (A–5) < 0<br>THEN B : = A<br>ELSE C : = A | IF (A–5) 100, 200, 200<br>100 B = A<br>GOTO 300<br>200 C = A<br>300 ... | 10 LET Z = A–5<br>20 IF Z < 0 THEN 100<br>30 C = A<br>40 GOTO 300<br>100 B = A<br>300 ... |

**Abb. 10** Programmausschnitt in den Symbolsprachen Algol, Fortran und Basic

In Abb. 10 haben wir diesen mathematisch-logischen Programmausschnitt noch in FORTRAN und in BASIC notiert, um zu zeigen, daß diese Sprachen ähnlich aufgebaut sind. Die Zentraleinheit versteht diese Befehle natürlich nicht. Deshalb muß eine Übersetzung erfolgen. Dazu dient das **Compilierprogramm** (normalerweise abgekürzt als Compiler bezeichnet). Der Compiler übersetzt Befehle, reserviert Speicherplätze, veranlaßt mathematische und logische Operationen, verschiebt Datenblöcke usw.. Der Programmierer braucht sich also um die Rechenmaschine selbst überhaupt nicht zu kümmern, ja mehr noch: Sein BASIC-Programm beispielsweise läuft auf allen Maschinen, die einen BASIC-Compiler besitzen.
Das Ganze hat nur einen Nachteil: Compilierprogramme brauchen so viel Speicherplatz (≧ 8 Kbyte), daß sie für kleinere Systeme, wie z.B. die unseren in diesem Buche, zu groß, d.h. zu teuer sind. Vergessen wir also die Compiler! Wir müssen eine Stufe tiefer, auf die Zentraleinheit zu, hinabsteigen und finden auf dieser Ebene die **Assemblersprachen.**

## 3.2 Assemblersprachen

Diese Sprachen sind
1. dem Menschen entfernter und dafür
2. der Maschine näher;
3. für jede Maschine anders.

---

1) := lies *„ergibt sich aus"*.

Bleiben wir bei unserem Beispiel des vorigen Abschnitts: Um es in eine Assemblersprache zu übersetzen, müssen wir den besagten Programmteil zunächst aufdröseln:

1. Es muß das Register A mit der Zahl n geladen werden.
2. Es muß der Inhalt von Register A mit der Zahl 5 verglichen werden.
3. Ist A < 5, so wird A nach Register B gespeichert.
4. Im anderen Fall wird A nach Register C gespeichert.

Diese Folge zeigt die Abb. 11 in der üblichen und vielverwendeten Form des **Flußdiagramms**. Der Programmierer hat das Flußdiagramm nun mit Kopf und Hand in die Assemblersprache zu übersetzen. Diese sieht leider für jede Zentraleinheit anders aus.
In Abb. 12 ist das für die beiden Mikroprozessoren Z80 und 2650 beispielhaft gezeigt: Der Befehl Nr. 3 „Springe nach α, wenn der vorhergehende Vergleichsbefehl ein *kleiner* ergab" lautet in der Assemblersprache des Z80: JR C (= jump relative carry set). In der Assemblersprache des 2650 lautet dieser Sprungsbefehl dagegen: BCTR, 2 (= branch on condition true relative). Der Unterschied ist deutlich.

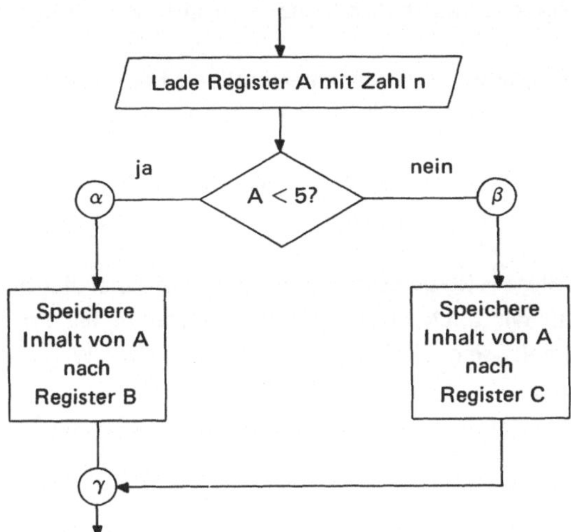


**Abb. 11**
Flußdiagramm des Programmbeispiels in Abb. 10

| Nr. | Z80 | 2650 | CALM |
|---|---|---|---|
| 1 | LD D, 5 | LODI, D 5 | LOAD D, #5 |
| 2 | CP D | COMZ D | COMP A, D |
| 3 | JR C | BCTR, Z | JUMP, LOWER |
| | α | α | α |
| 4 | LD C, A | STRZ C | LOAD C, A |
| 5 | JR | BCTR, 3 | JUMP |
| | γ | γ | γ |
| 6 | α: LD B, A | α: STRZ B | α: LOAD B, A |
| 7 | γ: | γ: | γ: |

**Abb. 12** Programmausschnitt von Abb. 11 bzw. 10 in 3 Assemblersprachen

Um auf der Ebene der Assemblersprachen system- und herstellerunabhängig programmieren zu können, ist eine einheitliche, leicht verständliche Assemblersprache notwendig, die es zu entwickeln galt. Auf diesem Weg am weitesten forgeschritten ist Prof. *Nicoud* mit seiner Assemblersprache CALM (**C**ommon **A**ssembler **L**anguage for **M**icroprocessors) [5]. In CALM lautet obiger Befehl schlicht und einfach

JUMP, LOWER $\alpha$

Wir werden in diesem Buche mit der Assemblersprache CALM arbeiten.

Gesetzt den Fall, wir hätten ein schönes Programm in der Assemblersprache CALM entwickelt. Wie bringt man es dem Mikroprozessor bei? Es muß in den Maschinencode übersetzt werden. Dazu gibt es zwei Wege:

Der *eine Weg* führt über ein Übersetzerprogramm, das Assemblierprogramm, kurz Assembler genannt. Der Assembler übersetzt Wort für Wort (also Übersetzung 1 : 1) aus der jeweiligen Assemblersprache in die Maschinensprache des betreffenden Mikroprozessors.

Man unterscheidet dabei

**resident assembler:** das ist ein Assemblierprogramm, das auf demjenigen Mikrocomputer mitläuft, für den es auch übersetzt. Der Mikrocomputer übersetzt sich also seine Befehle selbst.

**cross-assembler:** Das ist ein Assemblierprogramm, das auf einer anderen Maschine läuft und einen Programmausdruck in der Maschinensprache des zu bedienenden Mikrocomputers liefert.

**parametrischer Assembler:** Das ist ein Universalassembler in „Einschubtechnik". Es werden tabellarisch die Parameter derjenigen Maschinensprache eingegeben, in die man zu übersetzen wünscht.

Mikrocomputer der Größe, wie wir sie in diesem Buch beschreiben, sind vom Speicher her für resident assembler zu klein und wenn wir auch keinen größeren Rechner für einen cross-assembler zur Verfügung haben, so stellt sich die Frage nach dem zweiten Weg von der Assemblersprache zur Maschinensprache.

Der *zweite Weg* geht über den Programmierer selbst: Er führt die Arbeit des Assemblierprogrammes selber aus.

## 3.3 Maschinensprachen

**Maschinensprachen** sind, wie ein Blick auf Abb. 9 zeigt, dem Programmierer am entferntesten und der Zentraleinheit am nächsten.

Ein Befehl in der Assemblersprache wird zusammengesetzt (to assemble = zusammensetzen) aus einem bis vier Byte ( = je acht Binärzeichen) der Maschinensprache. Dieses Zusammensetzen ist, wenn das Assemblierprogramm fehlt, vom Programmierer selbst durchzuführen anhand von Übersetzungstabellen, die jeder Hersteller für sein Mikroprozessor-Produkt liefert (software manual).

Das ist nicht schwierig, nur es kann leicht geschehen, daß in einer Gruppe von 8, 16, 24 oder 32 bit eines falsch geschrieben wird und schon ist der ganze Befehl falsch. Um den Programmierer, der dann bald vor lauter 0 und 1 den Fehler nicht mehr sieht, zu entlasten, wendet man einen Trick an: Man kodiert das 8-bit-Wort im Oktalkode oder im

| Nr. | CALM-Assembler | 2650-Maschinensprache | | |
|---|---|---|---|---|
| | | binär | oktal | hexadezimal |
| 1 | LOAD D, # | 00 000 111 | 7 | 07 |
| | 5 | 00 000 101 | 5 | 05 |
| 2 | COMP A, D | 11 100 011 | 343 | E3 |
| 3 | JUMP, LOWER | 00 011 010 | 32 | 1A |
| | $\alpha$ | 00 000 011 | 3 | 03 |
| 4 | LOAD C, A | 11 000 010 | 302 | C2 |
| 5 | JUMP | 00 011 011 | 33 | 1B |
| | $\gamma$ | 00 000 001 | 1 | 01 |
| 6 | $\alpha$: LOAD B, A | 11 000 001 | 301 | C1 |
| 7 | $\gamma$: | | | |

**Abb. 13** Programmausschnitt von Abb. 10 bzw. 12 in 2650-Maschinensprache

Hexadezimalkode (Abb. 13). Ein Maschinenprogramm besteht dann nicht mehr aus Unmengen von 0 und 1, sondern aus wesentlich weniger Oktal- bzw. Hexadezimalziffern. Natürlich muß dann aus dem Oktal- bzw. Hexadezimalhilfskode wieder in die Binärkode der Zentraleinheit dekodiert werden. Dies besorgt dann aber eine einfache Dekodierschaltung.

### 3.3.1 Oktalkode

Das jedermann geläufige Zahlensystem ist das Dezimalsystem mit der Basis 10. Daneben sind Zahlensysteme mit beliebiger anderer Basis möglich – das lernt heute jedes Schulkind. Zur übersichtlichen Kodierung der Binärworte des Mikroprozessors eignen sich besonders das Zahlensystem mit der Basis 8 (**Oktalkode**) und das Zahlensystem mit der Basis 16 (**Hexadezimalkode**). Beginnen wir ganz allgemein: Alle Zahlensysteme stellen eine Zahl Z nach derselben Methode dar [4]:

$$\ldots + a_2 \cdot B^2 + a_1 \cdot B^1 + a_0 \cdot B^0 = Z. \tag{1}$$

Dies ergibt für das Dezimalsystem (B = 10):

$$\ldots + a_2 \cdot 100 + a_1 \cdot 10 + a_0 \cdot 1 = Z. \tag{2}$$

Für das Oktalsystem folgt aus (1) mit B = 8:

$$\ldots + a_2 \cdot 64 + a_1 \cdot 8 + a_0 \cdot 1 = Z. \tag{3}$$

Für das Dualsystem folgt aus (1) mit B = 2:

$$\ldots + a_2 \cdot 4 + a_1 \cdot 2 + a_0 \cdot 1 = Z. \tag{4}$$

Das Rechnen im Oktalsystem erfolgt genau so wie im Dezimalsystem, man muß sich nur stets vor Augen halten, daß nach der Ziffer 7 nicht die 8, sondern die 10 folgt, nach der 17 nicht die 18, sondern die 20, usw.

a) 1-byte-Wort:

| 11 | 110 | 101 |
|---|---|---|
| 3 | 6 | 5 |

2-byte-Wort:

| 11 | 110 | 101 | 10 | 100 | 111 |
|---|---|---|---|---|---|
| 3 | 6 | 5 | 2 | 4 | 7 |

b)

| | | | | |
|---|---|---|---|---|
| 354 (dezimal) | : 8 = 44 | Rest | | 2 |
| 44 | : 8 = 5 | Rest | 4 | |
| 5 | : 8 = 0 | Rest | 5 | |
| | | | 542 (oktal) | |

c) 354 (oktal) = 3 · 64 = 192
+ 5 · 8 = 40
+ 4 · 1 = 4
236 (dezimal)

oder Hornerschema:

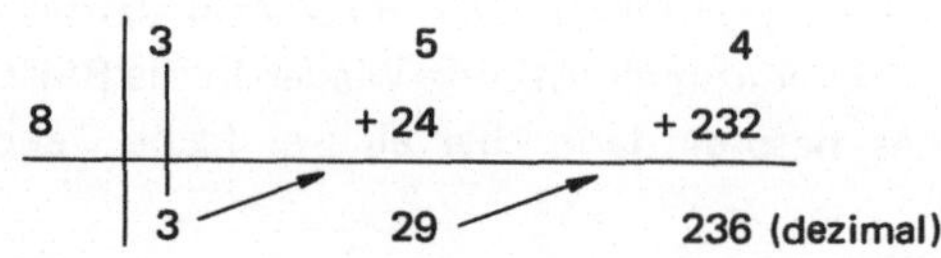


**Abb. 14** Oktalsystem
a) Umwandlung dual – oktal
b) Umwandlung dezimal – oktal
c) Umwandlung oktal – dezimal

**Umwandlung dual – oktal**

Wir unterteilen das 8-bit-Binärwort von rechts her in zwei Dreier- und eine Zweier-Gruppe (Abb. 14a). Dann wird jede Gruppe direkt durch ihr oktales Äquivalent dargestellt. Aus einem 8-stelligen Binärwort (Datum oder Befehl) wird durch die Oktalkodierung eine 3-stellige Oktalzahl. Hat man eine Übersetzungstabelle zur Verfügung, die den mnemonischen (= merktechnischen) Assemblerbefehl in den Oktalkode übersetzt enthält, so kann der Mikrocomputer oktal programmiert werden.

*Beispiel* (Abb. 13, Zeile 2):

Mnemonischer Assemblerbefehl: COMP A, D
Oktalkodierter Assemblerbefehl: 343
Binärer Maschinenbefehl: 11 100 011

Oktale Übersetzungstabellen aller behandelten Mikroprozessoren findet der Leser im **Anhang** dieses Buches.

Im oben angeführten Beispiel kommt der Ausdruck #n vor. Das bedeutet: Beliebige Zahl n. Diese Zahl muß konsequenterweise ebenfalls oktal eingegeben werden. Vorliegen tut sie aber normalerweise dezimal. Man braucht also die

**Umwandlung dezimal — oktal**

Die Dezimalzahl wird ganzzahlig durch die Basis 8 geteilt. Dies ergibt Quotient und Rest (vgl. Abb. 14b). Der ganzzahlige Quotient wird wieder durch 8 geteilt und so fort, bis der ganzzahlige Quotient 0 wird. Die Reste ergeben, beginnend mit dem letzten Rest, die gesuchte Oktalzahl.

**Umwandlung oktal — dezimal:**

Man wendet direkt (3) an. Abb. 14c gibt ein Beispiel.

*Übungen:*

1. Man berechne oktal:
   11 + 7 = ?
   64 + 12 = ?
   12 + 16 = ?
   73 + 123 = ?
2. Man übertrage die Binärzahlen der Tabelle in Abb. 13 in das Oktalsystem und kontrolliere sie anhand Abb. 13.
3. Man übertrage die Dezimalzahlen 18, 239, 518 in das Oktalsystem.
4. Man übertrage die Oktalzahlen der Tabelle in Abb. 13 in das Dezimalsystem.

### 3.3.2 Hexadezimalkode

Auch der **Hexadezimalkode** wird sehr häufig zur Kodierung der Assemblerbefehle verwendet. Gemäß (1) liegt ihm die mathematische Beziehung zugrunde:

$$\ldots + a_2 \cdot 256 + a_1 \cdot 16 + a_0 \cdot 1 = Z. \qquad (5)$$

Der Ziffernvorrat des Hexadezimalsystems umfaßt zunächst 0 bis 9, wie beim Dezimalsystem. Die hier notwendigen weiteren Ziffern im Wert von 10 bis 15 (dezimal) hat man mit Buchstaben benannt:

| | |
|---|---|
| 10 – A | 13 – D |
| 11 – B | 14 – E |
| 12 – C | 15 – F |

Dies ist ein unvermeidbarer Schönheitsfehler des Hexadezimalsystems.
Das Rechnen erfolgt hier genau so wie im Dezimalsystem, man muß sich nur stets vor Augen halten, daß nach der Ziffer 9 nicht die 10, sondern A kommt, nach der Ziffer F die 10, usw.

**Umwandlung binär — hexadezimal**

Wir unterteilen das 8-bit-Wort in zwei 4-bit-Gruppen (Abb. 15a). Dann wird jede Gruppe direkt durch ihr hexadezimales Äquivalent dargestellt. Aus einem 8-stelligen Binärwort wird so ein zweistelliges Hexadezimalwort.

a) 1-byte-Wort: | 1110 | 0101 |

14 ≙ E | 5

2-byte-Wort: | 1110 | 0101 | 1010 | 0111 |

E | 5 | A | 7

b) 365 (dezimal) : 16 = 22 Rest 13 ≙ D
22 : 16 = 1 Rest 6
1 : 16 = 0 Rest 1
16D (hexadezimal)

c) 36D (hexadezimal) = 3 · 256 = 768
+ 6 · 16 = 96
+ D · 1 = 13
877 (dezimal)

oder Hornerschema:

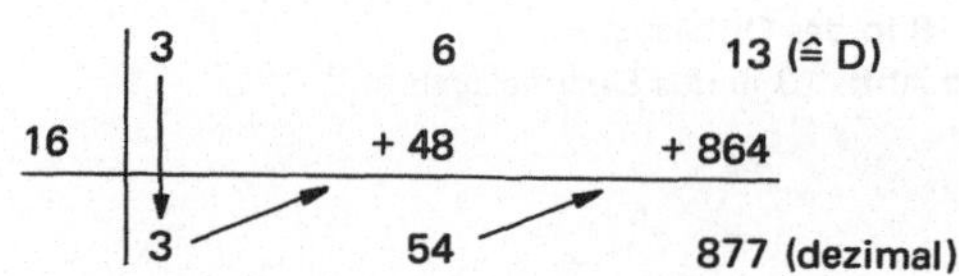


**Abb. 15** Hexadezimalsystem
a) Umwandlung dual – hexadezimal
b) Umwandlung dezimal – hexadezimal
c) Umwandlung hexadezimal – dezimal

*Beispiel* (Abb. 13, Zeile 2):
Mnemonischer Assemblerbefehl: COMP A, D
Hexadezimalkodierter Assemblerbefehl: E 3
Binärer Maschinenbefehl: 1110 0011

In oben angeführten Beispiel kommt der Ausdruck #n vor. Das bedeutet: beliebige Zahl n. Diese Zahl muß konsequenterweise ebenfalls hexadezimal eingegeben werden. Sie liegt aber normalerweise dezimal vor. Man braucht also die

**Umwandlung dezimal – hexadezimal**

Die gegebene Dezimalzahl wird ganzzahlig durch die Basis 16 geteilt. Dies ergibt Quotient und Rest (vgl. Abb. 15b). Der ganzzahlige Quotient wird wieder durch 16 geteilt und so fort, bis der ganzzahlige Quotient 0 wird. Die Reste ergeben, beginnend mit dem letzten Rest, die gesuchte Hexadezimalzahl.

**Umwandlung hexadezimal – dezimal**

Man verwendet direkt (5). Abb. 15c zeigt ein Beispiel.
Vergleicht man das Oktal- und das Hexadezimalsystem auf ihre Zweckmäßigkeit bei der Kodierung der Assemblersprachen hin, so findet man als Vorteil des Oktalsystems, daß man keine neuen Zifferzeichen benötigt wie beim Hexadezimalsystem. Der Vorteil des

Hexadezimalsystems ist, daß alle 1-byte-Wörter zweistelligen Kode haben, während beim Oktalsystem 75 % der 1-byte-Wörter dreistellige Kode haben. Leichter erlernbar ist sicher das Oktalsystem, das wir im Folgenden anwenden werden, um unsere Assemblerprogramme zu kodieren.
Wer einen Mikrocomputer hat, der im Hexadezimalkode programmiert werden will, der braucht die

**Umwandlung oktal – hexadezimal**

Dies kann ganz einfach auf dem Weg oktal – dual – hexadezimal erfolgen. Man schreibt für die Oktalzahlen die dreistelligen Dual-(Binär-)Äquivalente hin und teilt die entstandene Dualzahl von rechts aus in Vierergruppen ein, die in die Hexadezimalzahlen umgewandelt werden (vgl. Tabelle in Abb. 16).

*Beispiel:*

555 (oktal) = 101 101 101
= 1 0110 1101
= 1 6 D (hexadezimal)

**Umwandlung hexadezimal – oktal**

erfordert die Anschreibung der vierstelligen Dual-Äquivalente und die Einteilung in Dreiergruppen, die dann in Oktalzahlen umgewandelt werden (Abb. 16).

*Beispiel:*

8BC (hexadezimal) = 1000 1011 1100
= 100 010 111 100
= 1 2 7 4 (oktal)

| oktal | dezimal | hexa-dezimal | dual |
|---|---|---|---|
| 0 | 0 | 0 | 0000 |
| 1 | 1 | 1 | 0001 |
| 2 | 2 | 2 | 0010 |
| 3 | 3 | 3 | 0011 |
| 4 | 4 | 4 | 0100 |
| 5 | 5 | 5 | 0101 |
| 6 | 6 | 6 | 0110 |
| 7 | 7 | 7 | 0111 |
| 10 | 8 | 8 | 1000 |
| 11 | 9 | 9 | 1001 |
| 12 | 10 | A | 1010 |
| 13 | 11 | B | 1011 |
| 14 | 12 | C | 1100 |
| 15 | 13 | D | 1101 |
| 16 | 14 | E | 1110 |
| 17 | 15 | F | 1111 |

**Abb. 16**
Tabelle zur Umwandlung von einem Zahlensystem in ein anderes

Damit es ein Leser, der das Hexadezimalsystem bevorzugt, noch einfacher hat mit der Umwandlung der im Oktalkode geschriebenen Assemblerprogramme dieses Buches, ist im Anhang eine vollständige Übersetzungstabelle angegeben von 0 bis 377 (oktal) nach 0 bis FF (hexadezimal).

*Übungen:*

1. Man berechne hexadezimal

   A + B = ?

   13 + 15 = ?

   4 + C = ?

   A4 + 4A + 20 = ?
2. Man übertrage die Binärzahlen der Tabelle in Abb. 13 in das Hexadezimalsystem und kontrolliere sie anhand der Abb. 13.
3. Man übertrage die Dezimalzahlen 18, 239, 518 in das Hexadezimalsystem.
4. Man übertrage die Hexadezimalzahlen der Tabelle in Abb. 13 in das Dezimalsystem und vergleiche mit Übung Nr. 4 des vorigen Abschnitts.
5. Man übertrage die Hexadezimalzahlen der Zeilen 0, 1, 2 der Tabelle in Abb. 13 direkt in das Oktalsystem.
6. Man übertrage die Oktalzahlen der Zeilen 3, 4, 5, 6 direkt in das Hexadezimalsystem.

# 4 Das Arbeiten mit dem Mikroprozessor alleine

## 4.1 Übungssysteme

Die Lektüre eines Buches über Technik und Programmierung von Rechnern wird sehr viel interessanter, anregender und lehrreicher, wenn der Leser imstande ist, das Gelesene selbst an einem Mikrocomputer zu erproben. Dazu gibt es auf dem Markt eine ganze Reihe von **Übungssystemen**, die alle mehr oder weniger geeignet sind, den hier gebotenen Stoff sich praktisch zu erarbeiten (Tabelle in Abb. 17). Die Wahl fällt schwer.
Für den Leser, der sich berufsmäßig in ein vorgegebenes System einarbeiten soll, ist die Wahl praktisch schon getroffen. Wer sich berufsmäßig mit der Mikrocomputertechnik auseinandersetzen muß und noch nicht auf ein bestimmtes Mikroprozessor-Fabrikat festgelegt ist, der sollte ein System wählen, bei dem die verschiedenen Fabrikate austauschbar sind.
Der Leser, der die Mikrocomputertechnik als Hobby betreibt, stellt sich zuerst die Frage des Preises. Er sollte aber bedenken, daß der billigere Bausatz für den Unerfahrenen dann teuer werden kann, wenn er nicht sofort funktioniert. Der Hobby-Programmierer ist als Einzelperson besonders auf eine gute Dokumentation des Herstellers angewiesen und sollte darauf auch achten.
In jedem Falle empfiehlt es sich, vom Anbieter Unterlagen anzufordern.

## 4.2 Das Primitivsystem

So ganz alleine auf sich gestellt ist der Mikroprozessor recht hilflos. Aber versehen mit einigen wenigen Bauteilen wie Schaltern, Widerständen und Leuchtdioden ist er bereits arbeitsfähig und imstande, uns für einige Zeit zu beschäftigen. Wir wollen das im Folgenden zu betrachtende **Primitivsystem** als ein System definieren mit folgenden Komponenten (Abb. 18):

1. Mikroprozessor,
2. Taktgenerator,
3. Einzelschritteinrichtung,
4. Schaltern zur Daten- und Befehlseingabe } auf den Datenbus.
5. Leuchtdioden zur Datenausgabe und -anzeige } auf den Datenbus.

Dieses Primitivsystem arbeitet also ohne externe Speicher, ohne Tastatur, ohne numerische Anzeige[1] (und natürlich ohne Betriebssystem). Es ist leicht zu verstehen und gegebenenfalls auch leicht aufzubauen. Dennoch erlaubt es tiefe Einblicke in die Mikroprozessor-Technik.

[1] numerische Anzeige = Siebensegmentanzeige

| μP | Bezeichnung | RAM | ROM | Tastatur | Anzeige | Netzteil | Lieferform | Lieferant | Besonderheiten |
|---|---|---|---|---|---|---|---|---|---|
| 8080 | MMD-1/A | 1/2 K | 1/4 K | oktal | binär | + | aufgebaut | ERNI, Zürich | erweiterbar |
| | TK 80 (NEC) | 1/2 K | 1 K | hexadezimal | numerisch | – | aufgebaut | Neumüller, München | |
| | ITT MO-Experimenter | 1/4 K | 1 K | Binärschalter | binär | + | aufgebaut | ITT, Pforzheim | Lehrgang |
| 8085 | SDK-85 (intel) | 1/4 K | 2 K | hexadezimal | numerisch | – | Bausatz | Jermyn, Camberg | nicht für Anfänger |
| Z80 | Z80-KIT | 1/4 K | 1 K | hexadezimal | numerisch | – | Bausatz | Kontron, Eching | Erweiterungsbus |
| | EHC 80 | 1/4 K | 1/4 K | oktal + binär | numerisch + binär | + | Bausatz | Unitronic, Düsseldorf 30 | Erweiterungsbus* |
| 2650 | Delphin-Club | 1/4 K | 1/4 K | oktal + binär | numerisch + binär | + | Bausatz | Unitronic, Düsseldorf 30 | auch mit Z80, 6802, SCMP; Erweiterungsbus* |
| | ELDO-μC | | | hexadez.+binär | | | | | |
| 6800 | MEK 6800 D2 | 3/8 K | 1 K | hexadezimal | numerisch | – | Bausatz | Spoerle, Frankfurt | nicht für Anfänger |
| 6502 | Rockwell AIM 65 | 1 K | 4 K | Volltastatur | alpha-numerisch | + | aufgebaut | Systemkontakt, Bad Reichenhall | mit Drucker |
| | KIM | 1 K | 2 K | hexadezimal | numerisch | – | aufgebaut | Neumüller, München | |
| | ALPHA 1 | 1 1/4 K | 2 K | hexadezimal | numerisch | + | Bausatz | MCS, Berlin 42 | Erweiterungsbus* |
| 1802 | Microtutor II | 1/4 K | – | Binärschalter | numerisch | + | aufgebaut | Spoerle, Frankfurt | einfaches Lernsystem |
| SCMP | μP-Labor | 1/2 K | 1 1/2 K | hexadezimal | numerisch + binär | + | Bausatz | Christiani, Konstanz | Lehrgang; mit Drucker |

**Abb. 17** Übersicht über einige käufliche Übungssysteme

*) Kontrollsignale wie im Text

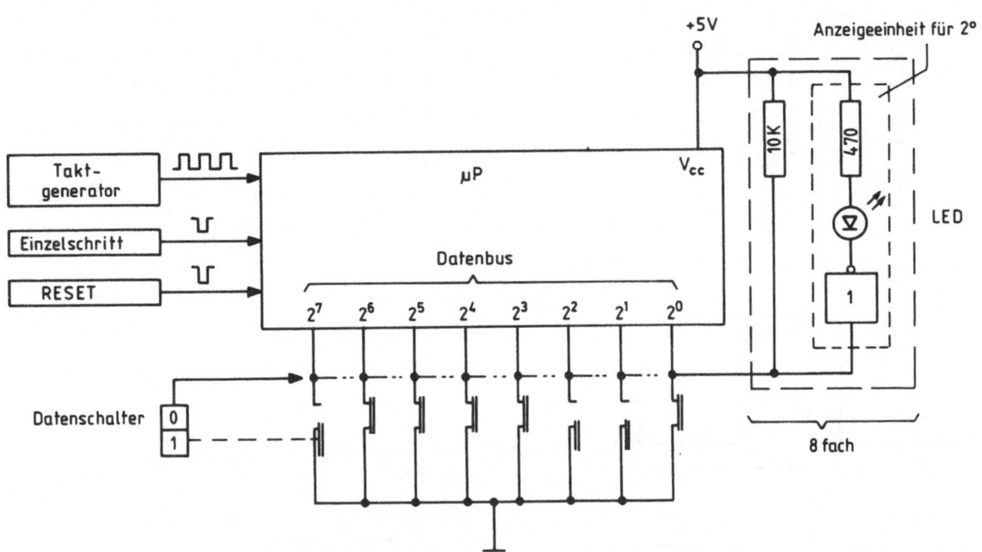


**Abb. 18** Mikroprozessor-Primitivsystem (10 kOhm = Pull-up-Widerstand (vgl. 4.2.4))

### 4.2.1 Der Mikroprozessor

Wir verwenden unseren Modell-Mikroprozessor gemäß Abb. 5, verzichten aber hier auf den kompletten Adreßbus und verschiedene Steuer- und Statussignale. Das einzige Steuersignal, das wir direkt verwenden, ist das RESET (Abb. 18).

### 4.2.2 Taktgenerator

Der Leser erinnert sich: Zum Antrieb des Mikroprozessors ist ein **Taktgenerator** notwendig. Dies ist ein Rechteckgenerator, der mit einer Frequenz von 1–2 MHz arbeitet. (Besonders schnelle Mikroprozessoren arbeiten mit 4 und mehr MHz.) Der einfachtsmögliche Generator ist in Abb. 19a zu sehen [6].

Die Wirkungsweise ist einfach (Abb. 19b): Ist die Ausgangsspannung des Inverters auf hohem Potential (z.B. $u_a$ = 2,4 V), so lädt sich C mit der Zeitkonstanten $\tau$ = RC auf. Erreicht $u_c$ die obere Schaltschwelle des Inverters ($u_e$ = 1,6 V), so schaltet dieser auf niedriges Ausgangspotential ($u_a$ = 0,4 V) und C wird über R entladen, solange, bis $u_c = u_e$ die untere Schaltschwelle erreicht ($u_e$ = 0,8 V). Dann beginnt das Spiel von neuem.

Für die Oszillatorfrequenz gilt näherungsweise:

$$f \approx \frac{0,7}{RC}.$$

Stellt man höhere Anforderungen an die Stabilität der Taktfrequenz, so muß die Schaltung mit einem Quarz ergänzt werden (Abb. 19c).

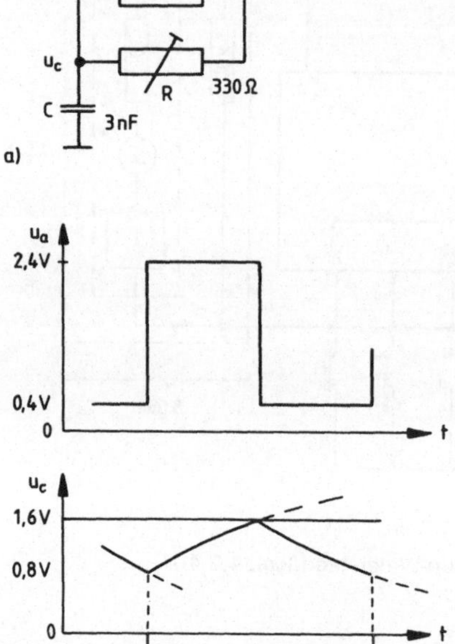


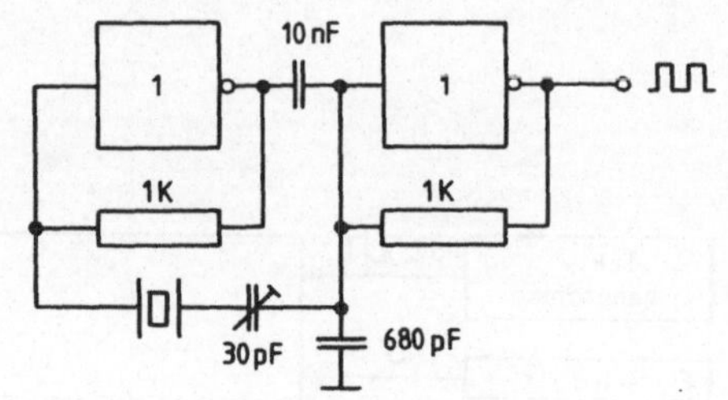


**Abb. 19**
Taktgenerator
a) einfachste Schaltung
b) Zeitdiagramm zu a)
c) Quarzgenerator

## 4.2.3 Befehlsschrittsteuerung

Darunter ist zu verstehen, daß der Mikroprozessor jeweils nach der Ausführung eines Befehls angehalten wird. Die Ausführung des folgenden Befehles wird dann durch einen Impuls (d.h. Tastendruck) eingeleitet. Es versteht sich, daß diese Arbeitsweise für Lern- und Testzwecke sehr nützlich ist. Angehalten wird der Mikroprozessor nicht über die Taktfrequenz (das wäre nur bei einem statisch arbeitenden Mikroprozessor möglich, z.B. dem 2650; beim dynamischen Mikroprozessor würde dabei Information verlorengehen, z.B. beim Z80).

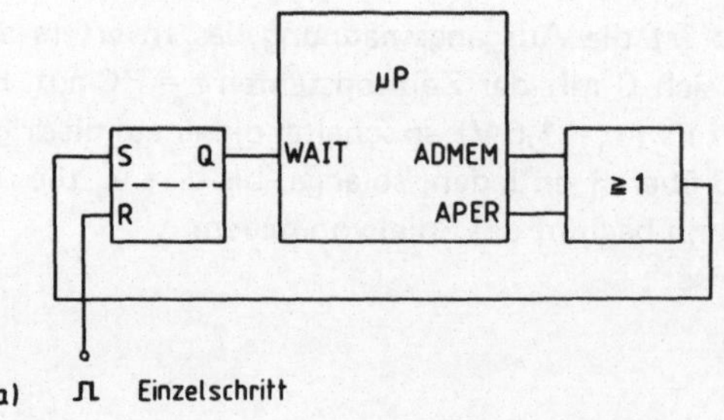


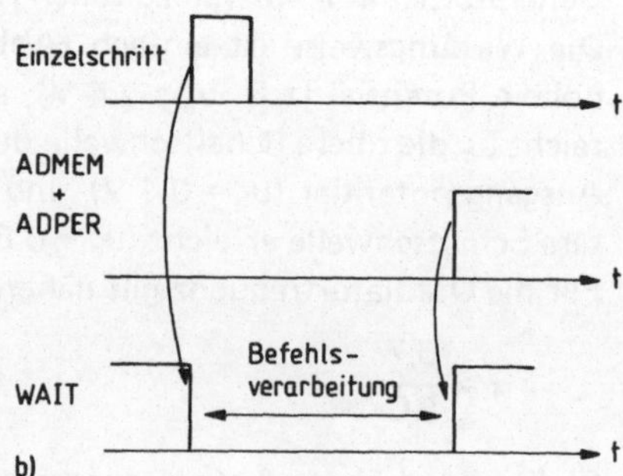


**Abb. 20** Prinzip einer Einzelschrittschaltung
a) Schaltbild b) Zeitdiagramm

Man verwendet zum Anhalten den WAIT-Eingang, der für solche Zwecke ja da ist. Die Frage ist, woran erkennt man, daß der Mikroprozessor einen Befehl beendet hat? Die Antwort lautet: Nach Beendigung einer Befehlsausführung will der Mikroprozessor mit dem Speicher in Verbindung treten, um den nächsten Befehl zu holen. Das nützt man aus (Abb. 20), um den Prozessor anzuhalten. Das verwendete Flipflop dient dabei als eine Art Schalter, betätigt durch den Einzelschritt-Impuls.

### 4.2.4 Datenein- und -ausgabe

Der Mikroprozessor erhält seine Daten und Befehle über den **Datenbus**. Die Dateneingabe geschieht bei unserem System durch einfache Schiebeschalter (Abb. 18). Je Busleitung ist ein Schalter vorhanden, der es gestattet, logisch 0 oder 1 auf den Bus zu geben.
Die logische 1 entsteht dadurch, daß bei der „Aus"-Stellung des Schalters die Busleitung über den „pull-up"-Widerstand von 10 kOhm auf +5 V „hochgezogen" wird. Die logische 0 entsteht natürlich durch das Schalten der Busleitung an Masse.
Die Ausgabe der Daten vom Mikroprozessor her erfolgt ebenfalls über den Datenbus, wobei die Schalter alle auf 1 stehen müssen, damit die Ausgabe ungehindert erfolgen kann. Für den Benutzer werden die Daten über kleine Anzeigeeinheiten sichtbar gemacht, deren wichtigstes Element Leuchtdioden (LEDs) sind. Eine leuchtende Diode signalisiert eine logische 1.
Da eine LED etwa 10 mA Strom für gut sichtbares Leuchten benötigt, der Mikroprozessor aber andererseits soviel Strom auf seiner Datenleitung nicht bieten kann, wird ein Inverter zur Stromversorgung herangezogen. Sein Ausgangsstrom wird mit 470 Ohm begrenzt.

Kurze Bedienungsanleitung des Primitivsystems:

1. Reset-Taste drücken.
2. Einlesen und Befehlsverarbeitung:
   Datenschalter gemäß erstem Befehl setzen. Einzelschrittaste drücken.
   usw.
3. Auslesen:
   Alle Datenschalter auf 1 stellen. Dann erscheint das Ergebnis auf der LED-Anzeige.

## 4.3 Einschreiben und Auslesen von Daten

Bevor der Mikroprozessor, d.h. dessen ALU, Daten verknüpfen kann, müssen ihm diese auf dem Datenbus angeboten werden. Bietet man das Datum n (also irgendeine 8-bit-Zahl) direkt im Programm an, so nennt man das **unmittelbares Laden** (immediate load) und schreibt den Befehl dazu so:

```
LOAD Register, #n
```

Dies ist ein 2-byte-Befehl, d.h., das erste Byte enthält den Ladebefehl selbst, das zweite Byte das Datum n.

| PC | Assemblerkode | Maschinenkode (oktal) | | | | | | Bemerkung |
|---|---|---|---|---|---|---|---|---|
| | | Z80, 8080, 8085 | 2650 | 6800 | 6502 | 1802 | SCMP | |
| 0 | LOAD A, # | 76 | 4 | 206 | 251 | 370 | 304 | Lade A mit Zahl |
| 1 | $n_a$ | 6 | 6 | 6 | 6 | 6 | 6 | $n_a = 6$ |
| 2 | LOAD B, # | 6 | 5 | 306 | 242 | n.e. | n.e. | (nicht existent) |
| 3 | $n_b$ | 5 | 5 | 5 | 5 | – | – | |
| 4 | LOAD $\$n_p$, A | 323 | 324 | 227 | 205 | 122 | 310 | SCMP: Speichere A |
| 5 | $n_p$ | 11 | 11 | 11 | 11 | (HL2) | 4 | n = 11 – 5 Plätze weiter |
| 6 | | | | | | | | |
| 7 | | | | | | | | |
| 10 | | | | | | | | |
| 11 | | | | | | | | Peripherie $n_p = 11$ |
| | Datenbus: | 00 000 110 | | | | | | |

**Abb. 21** Programm 1: Unmittelbares Ein- und Auslesen (PC = Stellung des Programmzählers)

Bevorzugt wird in das Register A eingelesen, das den Namen **Akkumulator** führt. Will man also z.B. die Ziffer n = 6 in den Akkumulator A einlesen, so lautet der zugehörige Befehl beim Z80 und beim 8080:

LOAD A, #6: 00 111 110 (oktal 076, hexadezimal 3E)
00 000 110 (oktal 006, hexadezimal 06)

Man findet diesen Befehl wieder in Abb. 21. Der Übersichtlichkeit halber sind dort die Befehle oktal kodiert. Für unser Primitivsystem muß das gemäß Abb. 14a ins Binärsystem übertragen werden: Jede Oktalziffer 0–7 wird direkt binär übersetzt.

Wünscht man die hexadezimale Kodierung, so führt man die Umwandlung gemäß Abschnitt 3.3.2, Abb. 15a durch: Oktal – binär – hexadezimal. Oder nach Abb. 16a.

Vertrauen ist gut, Kontrolle ist besser; das gilt auch beim Mikroprozessor. Deshalb wollen wir den Mikroprozessor veranlassen, den Inhalt von Register A wieder auszugeben auf den Datenbus – bei unserem Primitivsystem angezeigt durch die LEDs.

Wir befehlen also: Speichere A auf das Peripheriegerät Nr. 11

| LOAD $ 11, A |
|---|

Das $-Zeichen kennzeichnet die Peripherie, ihre Nr. 11 ist ganz willkürlich gewählt.[1)]

---

[1)] Nach unserer Ansicht wäre es klarer, zum Abspeichern den Befehl STORE A, $\$n_p$ einzuführen. Der Einheitlichkeit zuliebe folgen wir CALM, wo STORE nicht vorkommt.

Alle Mikroprozessoren geben dann den Inhalt von Register A brav auf den Datenbus.
Aufs Wort gehorchen aber nur die Prozessoren Z80, 8080, 8085, 2650: Sie wählen die Peripherie 11 an.
Der 6800 und der 6502 wählen einfach die Speicherstelle 11 an und überlassen es dem Benützer, dorthin das entsprechende Peripheriegerät zu legen.
Der 1802 wählt die Speicherstelle an, deren Adresse in einem HL-Register stehen muß. Im Programm 1 ist HL 2 gewählt.
Der SCMP wählt diejenige Speicherstelle, die n Plätze nach dem Platz von n liegt: 5 + 4 = 11 (oktal).
Dies alles braucht uns bei unserem Primitivsystem nicht zu interessieren, da der Adreßbus sowieso nicht angeschlossen ist. Hauptsache: Der Inhalt von Register A ist auf dem Datenbus!
Wir halten noch die allgemeine Form des Befehles für das Abspeichern fest, wie er immer wieder vorkommen wird:

| LOAD Ziel, Register |
|---|

Bei der Betrachtung des Programms 1 in Abb. 21 erkennt man, daß alle Mikroprozessoren das unmittelbare Laden ins Register A gestatten, während das unmittelbare Laden eines weiteren Registers bei den Typen Z80, 8080, 8085, 2650, 6502, 6800 möglich ist, nicht aber bei den Typen 1802 und SCMP. Man behilft sich dort so (Abb. 22):

1802: $n_b$ wird zunächst nach Register A geladen; dann wird von Register A nach Register L1 geschoben, wo man $n_b$ hinhaben will.

SCMP: $n_b$ wird zunächst nach Register A geladen; dann wird dessen Inhalt mit dem des Registers B ausgetauscht (EXchange).

Sowohl beim Laden eines Registers, als auch beim Abspeichern in eine Peripherie hat der Befehl die allgemeine, für alle Mikroprozessoren gültige Form

| LOAD Ziel, Quelle |
|---|

| PC | Assemblercode | Maschinencode (oktal) | | Bemerkung |
|---|---|---|---|---|
| | | 1802 | SCMP | |
| 0 | LOAD A, # | 370 | 304 | Lade A mit Zahl |
| 1 | $n_b$ | 5 | 5 | $n_b = 5$ |
| 2a | LOAD L1, A | 241 | – | 1802: Register L1 |
| 2b | EX A, B | – | 1 | SCMP: Austausch A, B |
| 3 | LOAD A, # | 370 | 304 | Lade A mit Zahl |
| 4 | $n_a$ | 6 | 6 | $n_a = 6$ |

**Abb. 22** Programm 1a: Das Laden eines zweiten Registers über Register A beim 1802, SCMP

## 4.4 Addition

### 4.4.1 Einfache Addition ohne Übertrag

Wir wollen uns in diesem Abschnitt auf Additionen beschränken, bei denen die Summe

$\leqq$ 11 111 111,
also $\leqq$ 377 (oktal),
also $\leqq$ FF (hexadezimal),
also $\leqq$ 255 (dezimal)

ist.

Dann tritt beim höchstwertigen Bit (most significant bit) kein Übertrag auf, d.h. C = 0 (carry = Übertrag).

Das *Beispiel*, das wir programmieren wollen, findet sich in Abb. 23a. Das dazugehörige Programm ist in Abb. 24 aufgeführt. Es verwendet den Additionsbefehl

| ADD A, #n |
|---|

Addiere die Zahl n direkt zum Inhalt des Registers A.

a) Summe $\leqslant$ 377 oktal ($\leqslant$ 255 dezimal)

| binär | oktal | dezimal | hexadezimal |
|---|---|---|---|
| 00 101 010 | 52 | 42 | 2 A |
| + 01 010 101 | + 125 | + 85 | + 55 |
| 01 111 111 | 177 | 127 | 7 F |

b) Summe $\leqslant$ 776 oktal ($\leqslant$ 510 dezimal)

| binär | oktal | dezimal | hexadezimal |
|---|---|---|---|
| 11 101 010 | 352 | 234 | EA |
| + 01 010 101 | + 125 | + 125 | + 55 |
| 100 111 111 | 477 | 359 | 13F |

Anzeige (die unteren 8 Bit); C = 1 ins Statusreg.

c) BCD-System

| | Dezimal |
|---|---|
| 0100 0010 | 4 2 |
| + 1000 0101 | + 8 5 |
| 1100 0111 | 12 7 |

Summe $\geqslant$ 1010? ja nein

+ 0110 } DA

10010 0111

C

Abb. 23 Additionsbeispiele
a) ohne Übertrag
b) mit Übertrag
c) im BCD-System

| Nr. | Assemblerkode | Maschinenkode (oktal) | | | | | | Bemerkung |
|---|---|---|---|---|---|---|---|---|
| | | Z80, 8080, 8085 | 2650 | 6800 | 6502 | 1802 | SCMP | |
| 0 | LOAD A, # | 76 | 4 | 206 | 251 | 370 | 304 | Lade Reg. A mit Zahl |
| 1 | $n_a$ | 52 | 52 | 52 | 52 | 52 | 52 | $n_a$ = 52 (oktal) |
| 1a | CLEAR C (und W) | – | 165<br>11 | – | 30 | – | 2 | (nur bei 6502, SCMP, 2650) |
| 2 | ADD A, # | 306 | 204 | 213 | 151 | 374 | 364 | Addiere zu A die Zahl |
| 3 | n | 125 | 125 | 125 | 125 | 125 | 125 | n = 125 (oktal) |
| 4 | LOAD $$n_p$, A | 323 | 324 | 227 | 205 | 122 | 310 | Reg. A → Peripherie $n_p$ |
| 5 | $n_p$ | 11 | 11 | 11 | 11 | (HL 2) | 4 | $n_p$ = 11 |
| | | | | | | | | |
| | Datenbus: | 01 111 111 | | | | | | |

**Abb. 24** Programm 2: Direkte Addition, A (52) + 125 → A (177)

Diesen Befehl können die Mikroprozessoren Z80, 8080, 8085, 1802 und 6800 direkt befolgen; beim 6502, 2650 und SCMP muß vorher sicherheitshalber das Übertragsbit C = 0 gesetzt werden, sonst würde es bei diesen Mikroprozessoren, wenn zufällig C = 1 (und W = 1 beim 2650) wäre, automatisch hinzuaddiert werden. In Programm 2 ist dies berücksichtigt.

Das Ergebnis der Addition steht dann im Register A. Der Leser kann sich aus Programm 1 und Programm 2 leicht selbst ein weiteres Programm zusammenstellen, das die Inhalte von Register A und Register B addiert (siehe Übung). Dazu ist folgender Befehl notwendig:

| ADD A, B | Addiere Registerinhalt B zum Registerinhalt A. |
|---|---|

Diesem Befehl folgen ohne weiteres alle Prozessoren bis auf 1802 und 6502, die zwei Registerinhalte nicht addieren können. Auch bei diesem Befehl steht schließlich das Ergebnis in Register A.

*Übung:*

Es ist folgendes Programm zu schreiben:

52 → A
125 → B
A + B → A.

Hinweis:

Man verwende die Programme 1 und 2 und den Befehl ADD A, B:

Oktalkode:

| | |
|---|---|
| 200 (Z80) | 033 (6800) |
| 200 (8080, 8085) | 160 (SCMP) |
| 201 (2650) | |

Sonderfälle:

SCMP: Vor der Addition ist der Übertrag auf 0 zu setzen mit CLEAR C (002).
6502: Vor der Addition ist der Übertrag auf 0 zu setzen mit CLEAR C (30).
2650: Vor der Addition ist das W- und/oder C-Bit auf 0 zu setzen mit CLEAR C, W (165, 11).

## 4.4.2 Addition mit Übertrag

Für Leser, die versuchen wollen, zwei Zahlen zu addieren, deren Summe größer als 255 (dezimal) ist, ist das Folgende geschrieben.

Ein bei der Addition entstehender Übertrag des höchstwertigen Bit (msb) hat auf dem 8-bit-Datenbus keinen Platz mehr. Dennoch ist diese Operation erlaubt (Abb. 23b). Der Übertrag des msb wird automatisch in ein besonderes Register an einer bestimmten, mit C bezeichneten Stelle gespeichert. Dieses besondere Register ist normalerweise das sogenannte **Statusregister** (Abb. 25). Will man sich den Inhalt dieses Registers anschauen, so ist das bei den Prozessoren 6800, 2650, SCMP dadurch möglich, daß man den Statusregisterinhalt nach A umspeichert und dann den Inhalt von A auf den Datenbus gibt.

Bei den Mikroprozessoren 6502, Z80 und 8080/8085 kann man nur über den Umweg eines äußeren Speichers an das Statusregister herankommen (also gar nicht mit unserem Primitivsystem). Der 1802 erlaubt überhaupt keinen äußeren Zugriff auf das Übertragsbit C.
Unter Verwendung des Übertrags C kann man Summen bis 510 (dezimal) zulassen. Will man noch größere Summen erreichen, so kann man Mikroprozessoren verwenden, die es gestatten, jeweils zwei Register parallel zu addieren (z.B. Z80). Auf diese Weise sind Summen bis 65 535 (= $2^{16} - 1$) möglich.

*Übung:*
Man entwerfe je ein Programm für die Addition 352 + 125 mit Auslesen von A und mit Auslesen des Statusregisters (Abb. 25).

| μP | Statusregister | Name | Assemblerbefehl | oktal | hexadezimal |
|---|---|---|---|---|---|
| Z80 | S \| Z \| – \| H \| – \| P/V \| N \| C | F | EX A, F | 010 | 08 |
| 8080, 8085 | S \| Z \| φ \| X \| φ \| P \| 1 \| C | F | (PUSH AF POP BC LOAD A, C) | (365 301 171) | (F5 C1 79) |
| 6800 | 1 \| 1 \| X \| I \| S \| Z \| V \| C | F | LOAD A, F | 007 | 07 |
| 6502 | S \| V \| 1 \| B \| D \| I \| Z \| C | F | (PUSH F POP A) | (010 150) | (08 68) |
| 2650 | LT \| GT \| H \| B \| W \| V \| L \| C | L | LOAD A, L | 023 | 13 |
| 1802 | C | C | – | – | – |
| SCMP | C \| V \| B \| A \| IOF \| 02 \| 01 \| 0φ | F | LOAD A, F | 006 | 06 |

**Abb. 25** Die Statusregister der Mikroprozessoren

### 4.4.3 Addition binärkodierter Dezimalzahlen (BCD)

Am Besten rechnen wir immer noch im Dezimalsystem. Der Mikroprozessor besteht aber auf dem Binärsystem. Man kann nun jede Stelle einer Dezimalzahl (unter Beibehaltung ihres Stellenwertes) binär kodieren (= BCD) und dann diese Binärwerte verarbeiten (Abb. 23c), z.B. addieren.
Die Addition geht gut, solange in einer Stelle keine Summe > 9 auftritt, (d.h. hexadezimal kein Buchstabe!). Tritt dieser Fall dennoch auf, so muß korrigiert werden: Die Zahl 6 wird hinzuaddiert.
Der Mikroprozessor führt Kontrolle und Korrektur automatisch durch, wenn man ihm per Befehl DA mitteilt, daß man eine BCD-Addition durchzuführen wünscht (**D**ezimal **A**djust).
In Abb. 26 ist das Programm 3 für eine BCD-Addition aufgeführt.

| Nr. | Assemblerkode | Maschinenkode (oktal) | | | | | Bemerkung |
|---|---|---|---|---|---|---|---|
| | | Z80, 8080, 8085 | 2650 | 6800 | 6502 | SCMP | |
| 0 | LOAD A, # | 76 | 4 | 206 | 251 | 304 | Lade A mit Zahl |
| 1 | $n_a$ | 102 | 102 | 102 | 102 | 102 | $n_a$ = 102 (oktal) |
| 2a | CLEAR C (und W) | – | 165<br>11 | – | 30 | 2 | (vgl. Prog. 2) |
| 2b | SET D | – | – | – | 370 | – | 6502: Setze BCD-Modus |
| 3 | ADD A, # | 306 | 204 | 213 | 151 | – | Addiere A + Zahl |
| 4 | n | 205 | 205 | 205 | 205 | – | n = 205 (oktal) |
| 4a | DADD A, # | – | – | – | – | 354 | SCMP: Addiere BCD A + n |
| 4b | n | – | – | – | – | 205 | n = 205 (oktal) |
| 5a | ADD A, # | – | 204 | – | – | – | } Korrektur 2650 |
| 5b | 146 | – | 146 | – | – | – | |
| 5 | DA | 47 | 224 | 31 | – | – | Dezimal Adjust |
| 6 | LOAD $$n_p$, A | 323 | 324 | 227 | 205 | 310 | Speichere A nach $n_p$ |
| 7 | $n_p$ | 11 | 11 | 11 | 11 | 3 | $n_p$ = 11 |
| | | 0010 0111 | 0010 0111 | 0010 0111 | 0010 0111 | 0010 0111 | Datenbus: (1) 27 (1 in C) |

**Abb. 26** Programm 3: Direkte Addition in BCD, 42 + 85 = (1) 27 dezimal

Bei den Prozessoren Z80, 8080, 8085, 6800 folgt dem Additionsbefehl einfach DA, d.h. dezimale Korrektur des in Register A stehenden Ergebnisses, wenn in A eine oder zwei 4-bit-Zahlen größer als 9 stehen.
Beim 2650 wird zunächst $146_8$ addiert, dann wird DA gegeben.
Beim Prozessor 6502 wird dem Additionsbefehl ein SET D vorangestellt. Die folgende Operation wird dann automatisch korrigiert.
Der SCMP hat einen speziellen Befehl zur BCD-Addition: D ADD.
Der 1802 schließlich hat nichts dergleichen: Er kann nicht auf Befehl in BCD addieren.

*Übung:*
Der Leser addiere in BCD: 93 + 14.

## 4.5 Subtraktion

Der Inhalt des nun folgenden Kapitels ist durchaus geeignet, den Leser zu verwirren, deshalb sei ihm besondere Aufmerksamkeit empfohlen.

### 4.5.1 Logische und arithmetische Zahlen

Wir beschränken uns im Folgenden, wie in Abschnitt 4.4.1, auf den Zahlenbereich
0 bis 11 111 111,
also 0 bis 377 oktal,
also 0 bis FF hexadezimal.

Diese (positiven) Zahlen 0 bis 377 nennen wir **logische** 8-bit-Zahlen. Der äußere Zahlenkreis in Abb. 27a veranschaulicht diesen Bereich. Wir haben mit diesen logischen Zahlen in Abschnitt 4.4.1 – ohne die Bezeichnung zu kennen – gearbeitet.
Erinnern wir uns jedoch unserer Absicht: Wir wollen subtrahieren. Die ALU des Mikroprozessors kann aber nur addieren. Es muß also ein Trick ersonnen werden, der die Subtraktion mittels Addition durchzuführen erlaubt:

$$x - y = x + (-y).$$

Der Trick ist die Addition des Komplements, wie wir gleich sehen werden. Im Einzelnen:

1. Wir unterteilen unseren alten, oktalen Zahlenvorrat 0 bis 377 in zwei Hälften:
   0 bis 177 sei positiv wie bisher;
   200 bis 377 bedeutet negative Zahlen.

   D.h. mit anderen Worten, wie der Leser leicht nachprüfen kann: Es sind alle Zahlen positiv, deren höchstwertiges bit = 0 ist und man betrachtet alle Zahlen als negativ, deren höchstwertiges bit = 1 ist. Man kann also das höchstwertige bit als Vorzeichenbit auffassen

   $$\text{msb} = 0 \mathrel{\hat{=}} +$$
   $$\text{msb} = 1 \mathrel{\hat{=}} -.$$

   Der innere Zahlenkreis von Abb. 27a veranschaulicht das.

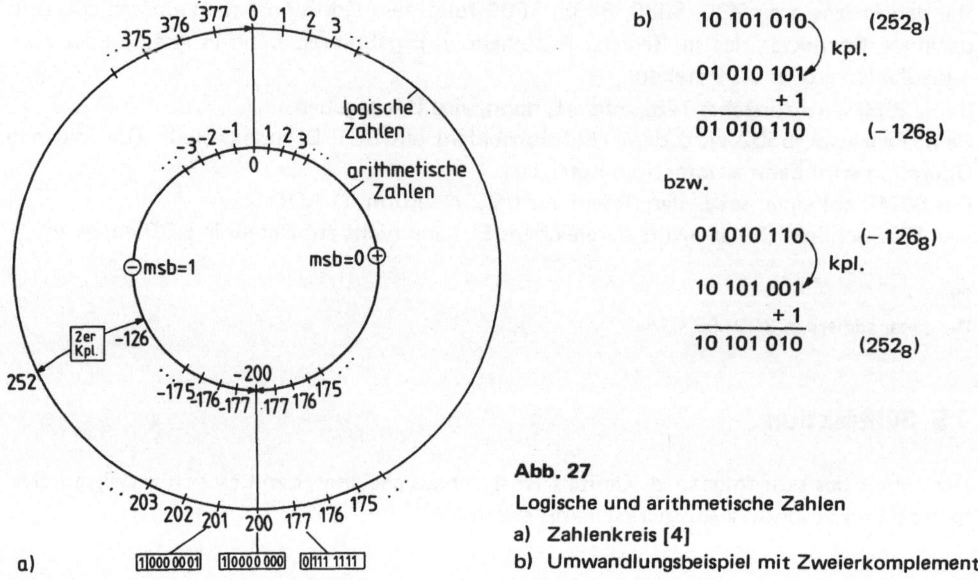


**Abb. 27**
Logische und arithmetische Zahlen
a) Zahlenkreis [4]
b) Umwandlungsbeispiel mit Zweierkomplement

2. Nun sind aber die Zahlen mit msb = 1 noch nicht direkt die wahren negativen Zahlen, sondern deren Zweierkomplement. Also: Die Übersetzung zwischen einer Zahl mit msb = 1 und ihrem „Gegenüber" geschieht – hin und her – durch die Bildung des **Zweierkomplements**:
   a. Ersetze jedes Bit der Binärzahl durch sein Gegenteil (0 → 1, 1 → 0).
   b. Addiere 1 zu der Gesamtzahl.
   Beispiele zeigt Abb. 27b.

Die Gesamtmenge der so definierten Zahlen nennen wir im Gegensatz zu den logischen Zahlen nicht unlogische, sondern **arithmetische** Zahlen (Abb. 27a).
Arithmetische und logische Zahlen sind zwei verschiedene Interpretationen desselben Bitmusters.

*Übung:*
Man berechne binär durch Addition 163 – 127 (oktal). (Das hierbei entstehende 9. Bit (Überlauf) beachten wir nicht.)

## 4.5.2 Subtraktion durch Addition

Erinnern wir uns zunächst der Addition (Abb. 28a): Das Addierwerk liefert ein Resultat $\leqq 377$ und der Übertrag C kann 1 oder 0 sein. Zur Erläuterung der Subtraktion wollen wir das Beispiel 127 – 163 (oktal) betrachten.

a)
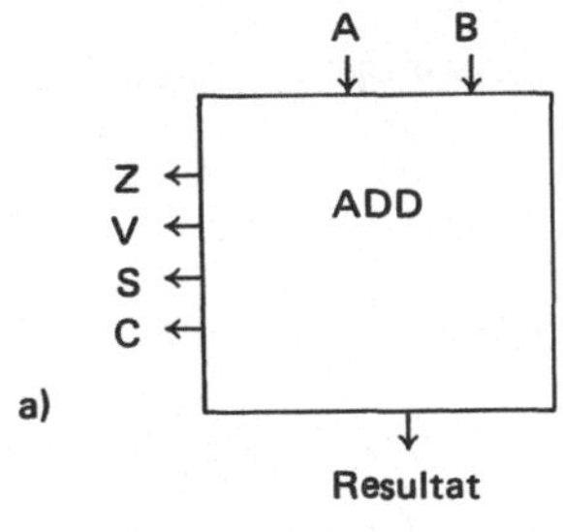


b)
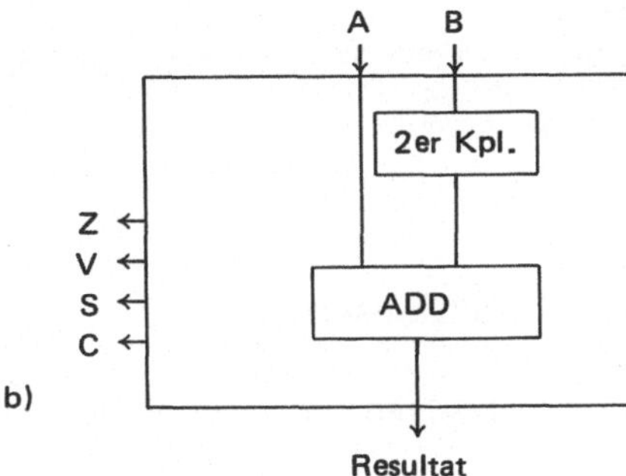


c)
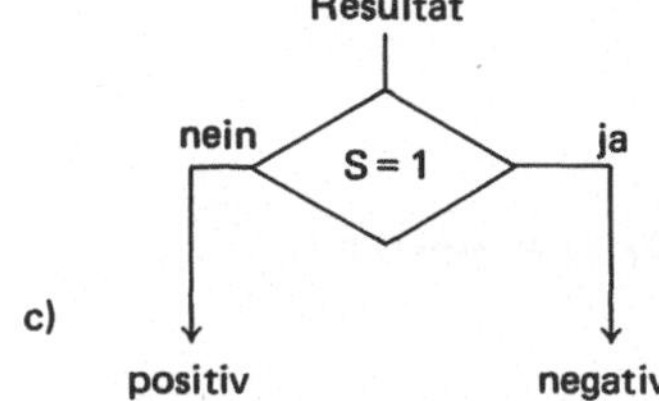


**Abb. 28** Subtraktion
a) Blockbild ADD
b) Blockbild SUB
c) Interpretation des Resultats

Die arithmetische Zahl −163 wird über das Zweierkomplement dargestellt durch die logische Zahl 215. (Der Leser prüfe dies anhand der Regel in Abschnitt 4.5.1 nach.) Wir schreiben nun

```
  01 010 111 (127)
+ 10 001 101 (215 ≙ −163)
-------------------------
  11 100 100 (344)
```

Das msb des Ergebnisses ist 1; also ist dieses Ergebnis als negative Zahl zu interpretieren, indem man das negative Zweierkomplement bildet:

```
  00 011 011
+          1
------------
− 00 011 100 (−34)
```

Die −34 ist das endgültige Ergebnis. (Wäre das msb = 0 gewesen, so wäre die Komplementbildung entfallen.)

In Abb. 28b ist dies durch ein Subtraktionsrechenwerk dargestellt.

Man erkennt, daß die Subtraktion drei Statusanzeigen liefert, die in unserem Beispiel folgendes bedeuten:

Z = 0 (kein zero) bedeutet, daß das Ergebnis nicht 0 ist;
V = 0 (kein overflow) bedeutet, daß bei der Rechnung kein Übertrag entstanden ist;
S = 1 (sign) bedeutet, daß ein negatives Vorzeichen sich ergab.

Diese Statusanzeigen (flags) können in größeren Programmen zu Verzweigungsentscheidungen herangezogen werden.

*Übungen:*
Man berechne folgende oktale Differenzen binär, kontrolliere sie oktal und gebe jeweils die Statusanzeigen Z, V und S an:
a) 163 – 167;
b) 127 – 127.

### 4.5.3 Subtraktionsprogramm

Die Mikroprozessoren können wenigstens zwei Subtraktionsbefehle befolgen:

| SUB A, #n | subtrahiere vom Inhalt des Registers A die Zahl n, |
|---|---|

und

| SUB A, B | subtrahiere vom Inhalt des Registers A den Inhalt des Registers B. |
|---|---|

Das Ergebnis steht stets im Register A.
Für den erstgenannten Befehl, SUB A, #n, zeigt Abb. 29 das Programm 4. Der Leser erkennt, daß alle Mikroprozessoren den Befehl verstehen, daß aber drei davon einer genaueren Betrachtung bedürfen:
Beim 6502 und beim SCMP wird nur das einfache Komplement addiert und dazu beim 6502 das Komplement des C-bit im Statusregister bzw. beim SCMP das C-bit selbst.
Das ergibt dann auch bei beiden Mikroprozessoren, wie gewünscht, das Zweierkomplement, sofern das C-bit richtig gesetzt wird. Da wir jedoch nicht wissen, welche Werte das C-bit zufällig, z.B. vom Einschalten her, hat, wird es beim SCMP gesetzt (SET C), bzw. beim 6502 gelöscht (CLEAR C). Das gelieferte Ergebnis ist dann das endgültige, wenn das höchstwertige Bit (msb) ein positives Ergebnis signalisiert, also msb = 0 ist. Andernfalls muß vom Ergebnis das Zweierkomplement gebildet werden. Beim 2650 muß W = 0 gesetzt werden (WITHCARRY-Bit = 0).
Gründlichen Lesern sei noch ein Blick auf das Zustandsregister nach der Subtraktion empfohlen (vgl. Abb. 25).

## 4.6 Logische Verknüpfungen

Bereits zu Beginn dieses Buches erwähnten wir, daß Mikroprozessoren logische Gatter ersetzen können. Mit anderen Worten: Der Mikroprozessor ist folgender logischer Verknüpfungen fähig (Abb. 30):

UND,
ODER,
EXKLUSIV ODER.

Der Leser bemerkt, daß die Verknüpfungen NAND und NOR fehlen. Sie müssen durch Negation aus UND bzw. ODER erzeugt werden.

| Nr. | Assemblerkode | Maschinenkode (oktal) | | | | | | Bemerkung |
|---|---|---|---|---|---|---|---|---|
| | | Z80, 8080, 8085 | 2650 | 6800 | 6502 | 1802 | SCMP | |
| 0 | LOAD A, # | 76 | 4 | 206 | 251 | 370 | 304 | (vgl. Programm 1) |
| 1 | $n_a$ | 127 | 127 | 127 | 127 | 127 | 127 | $n_a$ = 127 (oktal) |
| 2a | CLEAR C (und W) | – | 165<br>11 | – | 30 | – | – | 6502: $A + \overline{n} + \overline{C}$ |
| 2b | SET C | – | – | – | – | – | 3 | SCMP: $A + \overline{n} + C$ |
| 3 | SUB A, # | 326 | 244 | 200 | 351 | 377 | 374 | |
| 4 | n | 163 | 163 | 163 | 163 | 163 | 163 | 163 (oktal) |
| 5 | LOAD $ $n_p$, A | 323 | 324 | 227 | 205 | 122 | 310 | } vgl. Programm 1 |
| 6 | $n_p$ | 11 | 11 | 11 | 11 | (HL2) | 3 | |
| | Datenbus: | 11 100 100 (= | 344) | | | | | negatives Resultat: – 34 |

**Abb. 29** Programm 4: Direkte Subtraktion: A (127) – 163 = A (344 ≙ – 34)

| a | b | UND | ODER | EXOR |
|---|---|---|---|---|
| 0 | 0 | 0 | 0 | 0 |
| 1 | 0 | 0 | 1 | 1 |
| 0 | 1 | 0 | 1 | 1 |
| 1 | 1 | 1 | 1 | 0 |

**Abb. 30** Die logischen Verknüpfungen der $\mu$P

| Nr. | Assemblerkode | Maschinenkode (oktal) | | | | | | Bemerkung |
|---|---|---|---|---|---|---|---|---|
| | | Z80, 8080, 8085 | 2650 | 6800 | 6502 | 1802 | SCMP | |
| | AND A, # | 346 | 104 | 204 | 51 | 372 | 324 | A AND Zahl n |
| | n | n | n | n | n | n | n | |
| | AND A, B | 240 | 101 | – | – | 362* | 120 | * 1802: statt B : HLX |
| | OR A, # | 366 | 144 | 212 | 11 | 371 | 334 | A ODER Zahl n |
| | n | n | n | n | n | n | n | |
| | OR A, B | 260 | 141 | – | – | 361* | 130 | |
| | XOR A, # | 356 | 44 | 210 | 111 | 373 | 344 | A EXKLUSIV ODER Zahl n |
| | n | n | n | n | n | n | n | |
| | XOR A, B | 250 | 41 | – | – | 363* | 140 | |
| | CPL A | 57 | – | 103 | – | – | – | Negation (Komplement) |
| | XOR A, # | 356 | 44 | 210 | 111 | 373 | 344 | } Negation |
| | 377 | 377 | 377 | 377 | 377 | 377 | 377 | |

**Abb. 31** Die logischen Befehle der Mikroprozessoren

In Abb. 31 sind die logischen Verknüpfungen der einzelnen Mikroprozessoren aufgeführt. Man erkennt, daß alle Mikroprozessoren direkte (immediate) Verknüpfungen durchführen können:

AND A, #n, das heißt (A) · n → (A),
OR A, #n, das heißt (A) + n → (A),
EXOR A, #n, das heißt (A) ⊕ n → (A).

Dabei bedeutet (A) = Inhalt des Registers A.

Die logische Verknüpfung zweier Registerinhalte ist allen Mikroprozessoren mit Ausnahme der Typen 6800 und 6502 möglich:

AND A, B, das heißt (A) · (B) → (A)
OR A, B, das heißt (A) + (B) → (A)
EXOR A, B, das heißt (A) ⊕ (B) → (A).

Siehe dazu Abb. 31. Man bemerkt in dieser Abbildung noch zwei Besonderheiten:

1. Nur die Mikroprozessoren Z80, 8080, 8085 und 6800 verfügen über den zusätzlichen Negationsbefehl CPL (complement).
2. Der Mikroprozessor 1802 verknüpft den Inhalt von Register A mit dem Inhalt desjenigen Registers $HL_i$, dessen Nummer i vorher in das Datenzeigerregister X geladen wurde.

Wir wollen im Folgenden die Umsetzung einer logischen Schaltung in ein Programm anhand des Beispiels in Abb. 32 vorführen. Die dortige logische Schaltung wird beschrieben durch

$$f = b \oplus [c + (a \cdot b)].$$

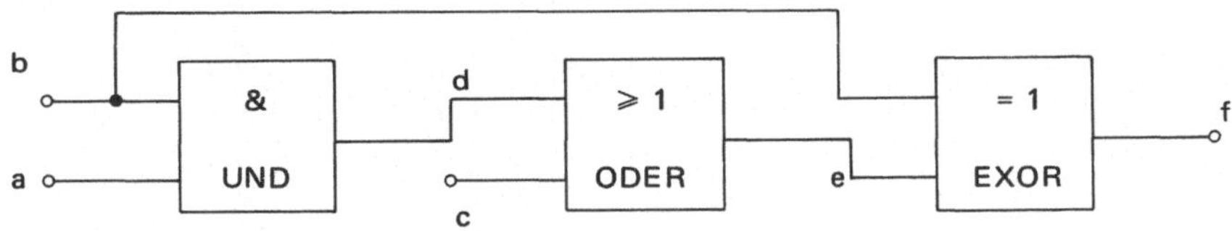


**Abb. 32** Beispiel einer logischen Schaltung

Man kann zur Erstellung des Programms die Schaltung als eine Art Flußdiagramm auffassen und gelangt so ohne Weiteres zum Programm 5, wie es in Abb. 33 aufgeführt ist. Die Variablen a, b, c sind dabei ganz willkürlich gewählt, ebenso die Peripherieadresse $n_p$, auf die das Ergebnis f ausgegeben werden soll.

*Übung:*
Man berechne f für a = 163, b = 127 und c = 312 (oktal).
Man gebe den Rechengang binär, oktal und hexadezimal an.
Hinweis: Man übertrage zunächst die Oktalwerte von a, b, c ins Binärsystem. Dann verknüpfe man Stelle für Stelle gemäß Abb. 32.

| Nr. | Assemblerkode | Maschinenkode (oktal) | | | | | | Bemerkung |
|---|---|---|---|---|---|---|---|---|
| | | Z80, 8080, 8085 | 2650 | 6800 | 6502 | 1802 | SCMP | |
| 0 | LOAD A, # | 76 | 4 | 206 | 251 | 370 | 304 | Lade A mit Zahl |
| 1 | a | 163 | 163 | 163 | 163 | 163 | 163 | a |
| 2 | AND A, # | 346 | 104 | 204 | 51 | 372 | 324 | } $a \cdot b = d \rightarrow (A)$ |
| 3 | b | 127 | 127 | 127 | 127 | 127 | 127 | |
| 4 | OR A, # | 366 | 144 | 212 | 11 | 371 | 334 | } $d + c = e \rightarrow (A)$ |
| 5 | c | 312 | 312 | 312 | 312 | 312 | 312 | |
| 6 | XOR A, # | 356 | 44 | 210 | 111 | 373 | 344 | } $e \oplus b = f \rightarrow (A)$ |
| 7 | b | 127 | 127 | 127 | 127 | 127 | 127 | |
| 10 | LOAD $$n_p$, A | 323 | 324 | 227 | 205 | 122 | 310 | Speichere nach Platz 27 |
| 11 | $n_p$ | 27 | 27 | 27 | 27 | (HL2) | 15 | |

**Abb. 33** Programm 5: Die logische Verknüpfung $f = b \oplus [c + (a \cdot b)]$

# 5 Der Umgang mit dem Speicher

## 5.1 Übersicht

Im vorigen Kapitel haben wir kleinste Programme dem Mikroprozessor Befehl für Befehl gefüttert und er hat sie brav bearbeitet, Befehl für Befehl. Besser wäre es natürlich, ein Programm läge in einer Form vor, in der es der Mikroprozessor selbständig abrufen und flott bearbeiten könnte. Dazu schreibt man das Programm in einen Speicher ein, aus dem es der Mikroprozessor wieder abrufen kann. Beim Abrufen (Auslesen) bleibt der Speicherinhalt unverändert.
Von den vielen möglichen Speicherarten, die es gibt, interessieren uns hier nur zwei:

1. Der kleine, **flüchtige** Speicher, der seinen Inhalt nur so lange bewahrt, wie er an die Stromversorgung angeschlossen ist, der aber dafür beliebig rasch und oft gelöscht und neu eingeschrieben werden kann (Abb. 34a). Mann nennt diese Art Speicher RAM (**r**andom **a**ccess **m**emory, Speicher mit beliebigem Zugriff).
2. Der kleine, **nichtflüchtige** Speicher, der seinen Inhalt ohne Stromversorgung beliebig lange bewahrt, der aber gar nicht (PROM, **p**rogrammable **r**ead **o**nly **m**emory, programmierbarer Nurlesespeicher) oder nur umständlich und langsam gelöscht werden kann (EPROM, **e**rasable PROM, löschbares PROM). In Abb. 34b und c sind diese Speicher veranschaulicht.

Allen diesen kleinen Speichern ist gemeinsam, daß sie ihre Daten sehr rasch zur Verfügung stellen können: Die Zugriffszeit ist kleiner als 1 $\mu$s. Über ihren Aufbau und ihre Beschaltung wird im Folgenden die Rede sein.

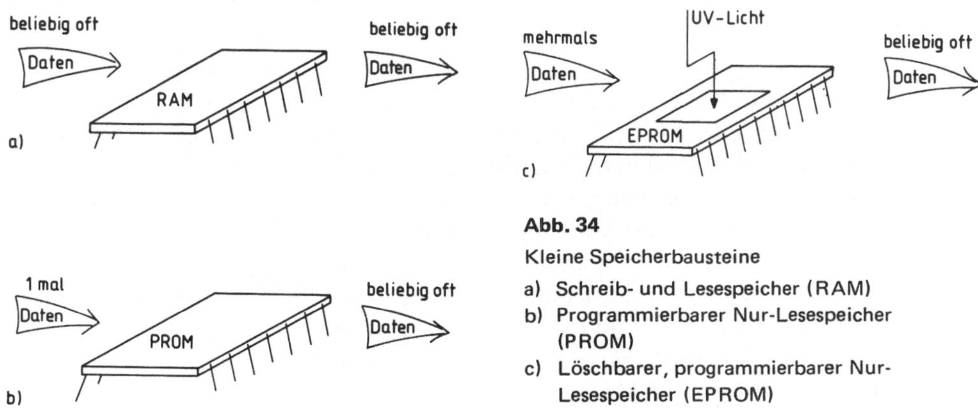


**Abb. 34**
Kleine Speicherbausteine
a) Schreib- und Lesespeicher (RAM)
b) Programmierbarer Nur-Lesespeicher (PROM)
c) Löschbarer, programmierbarer Nur-Lesespeicher (EPROM)

## 5.2 Arbeitsweise kleiner ein- und auslesbarer Speicherbausteine

Das Speicherelement für 1 bit zeigt Abb. 35. Man erkennt dort ein D-Flipflop, umgeben von etwas Logik.

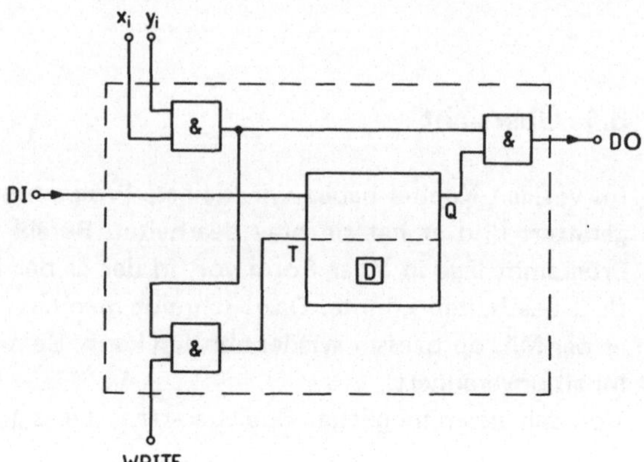


**Abb. 35**
Elemente eines RAM-Speichers (DI-Dateninput, DO-Datenoutput)

Das D-Flipflop speichert eine 0 bzw. eine 1, die ihm am Dateneingang DI (data input) angeboten wird, so lange an seinem Ausgang Q, bis ein neues Datum eingeschrieben wird [1]. Voraussetzung ist dafür allerdings, daß der Takteingang T aktiviert wird. Dies ist dann der Fall, wenn sowohl der WRITE-Eingang aktiv ist als auch die beiden Koordinatenadressen $x_i$ und $y_i$.

Um eine größere Bitmenge speichern zu können, ordnet man die Speicherelemente auf den Knotenpunkten eines Gitters an: Man erhält so die sogenannte Speichermatrix (Abb. 36). Angewählt werden die einzelnen Speicherelemente über Dekoder, wobei zwei Philosophien möglich sind:

– Ist jedes Speicherelement einzeln anwählbar, so spricht man vom bit-orientierten Speicher (Abb. 36a zeigt das für 16 bit).
– Werden mehrere Speicherelemente zu einer gemeinsam anwählbaren Gruppe zusammengefaßt, so hat man den wort-orientierten Speicher (Abb. 36b zeigt dies für 4 Vierbitworte).

Alle Speicherelemente sind stets an eine gemeinsame WRITE-Leitung angeschlossen.

Die meisten auf dem Markt erhältlichen Speicherbausteine haben keine gesonderten Datenein- und -ausgänge DI bzw. DO, sondern einen bidirektionalen Datenbus, dessen Richtung gleichfalls von WRITE gesteuert werden kann. Abb. 36c zeigt das Prinzip.

Noch einige Worte zur Technologie: Beherbergen die Speicherelemente richtige D-Flipflops, so spricht man von **statischen Speichern**. Wird die bit-Information dagegen durch die Ladung eines Kondensators gespeichert, so spricht man von **dynamischen Speichern**. Diese bieten mehr Bit pro Flächeneinheit des Chip, sie verlangen aber besondere, externe Auffrischschaltungen (refresh), mit denen der sich entladende Speicherkondensator immer wieder aufgeladen wird. Für kleinere Mikrocomputersysteme genügen die einfacher zu beschaltenden statischen RAM-Speicher vollauf.

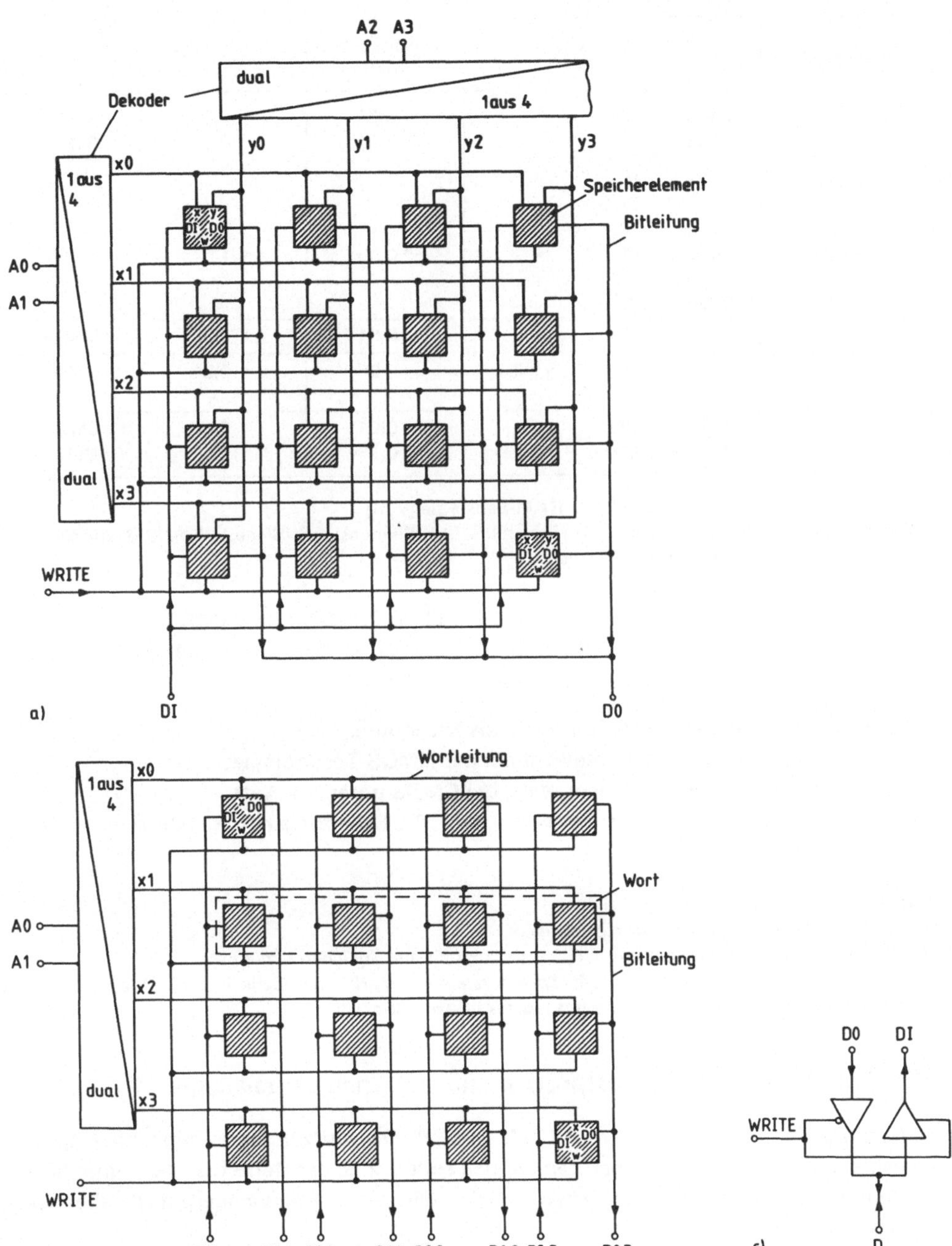


**Abb. 36** Beispiel einer internen RAM-Organisation
a) Bitorganisiert (16 x 1 bit) b) Wortorganisiert (4 x 4 bit = 4 x 1 Wort) c) Übergang auf bidirektionalen Datenbus

| Organisation | Typ | | Verbrauch in W | Zugriffszeit in µs | Technik |
|---|---|---|---|---|---|
| 128 × 8 | 6810<br>1823 | (M)<br>(R) | 0,65<br>0,02 | 0,5<br>0,35 | NMOS<br>CMOS |
| 256 × 4 | 2101<br>2111<br>2112<br>4039<br>3538<br>2606 | (I, F,<br>Si, S,<br>NS)<br>(TI)<br>(F)<br>(S) | < 0,35 | ≦ 1 | NMOS |
| | 1822 | (R) | 0,01 | 0,35 | CMOS |
| 1024 × 1 | 2102<br>4033 | (I, F, Si, S, NS)<br>(TI) | ~ 0,25 | ~ 0,5 | NMOS |
| | 1821<br>74S209 | (R)<br>(TI) | 0,01<br>0,7 | 0,35<br>0,1 | CMOS<br>TTL |

**Abb. 37** Tabelle einiger handelsüblicher RAM-Bausteine [7, 8]
M (Motorola), R (RCA), I (Intel), F (Fairchild), Si (Siemens), S (Signetics), NS (National Semiconductor), TI (Texas Instruments)

Statische RAM-Speicher werden in TTL-Technik, in NMOS- und CMOS-Technik gefertigt und angeboten, wie die Tabelle in Abb. 37 zeigt. Diese Tabelle ist nicht vollständig, sie soll nur einige charakterisierende Informationen bieten:

1. Es werden bit- und wortorientierte RAMs angeboten.
2. Der Schwerpunkt der Angebote liegt bei der NMOS-Technologie.
3. Der Verbrauch liegt unter einem Watt, bei CMOS unter 0,1 Watt.
4. Die Zugriffszeit liegt unter einer µs; die TTL-Schaltungen sind schneller als MOS-Schaltungen.

*Übungen:*

1. Ist das RAM 2112 bit- oder wortorientiert?
2. Weshalb genügt eine gemeinsame WRITE-Leitung für alle Speicherelemente?
3. Wie heißt die Dualadresse der mit *Speicherelement* markierten Zelle in Abb. 36a und wie die Dualadresse des gestrichelt markierten Wortes in Abb. 36b?

## 5.3 Arbeitsweise kleiner festprogrammierter Speicherbausteine

In festprogrammierten Speichern (PROMs und EPROMs) sitzen Programme, die lange aufbewahrt und immer wieder abgerufen werden sollen, z.B. das Betriebssystem eines Mikrocomputers. Bei unserem Grundsystem werden wir sie zwar verwenden, nicht aber selbst programmieren.

Die Speicherzelle (Abb. 38a) ist im Prinzip ganz primitiv aufgebaut: Die Wortleitung x und die Bitleitung y werden UND-verknüpft an jeder einzelnen Speicherstelle. Werden beide Leitungen angewählt, so liefert der UND-Ausgang eine 1 an den Datenausgang – sofern man ihn läßt. Unterbricht man die Verbindung, so bedeutet dies eine 0.

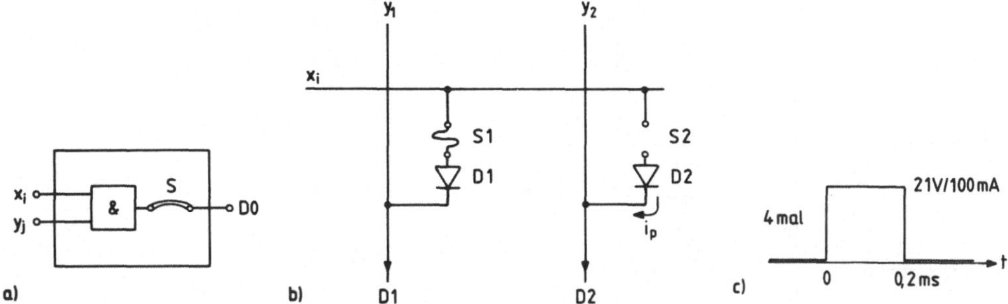


**Abb. 38** Festprogrammierte Speicher
a) Speicherelement b) Prinzip des PROM mit Schmelzverbindung (fusible link) [9]
c) Programmierimpuls für das TTL-PROM 93427 [9]

Betrachten wir nun ein Speicherelement genauer. Dabei ist vorauszuschicken: Die festprogrammierten Speicher sind stets wortorientiert (4- oder 8-bitweise). Die Bitleitungen stellen direkt die Datenausgangsleitungen DO, D1, D2 ... dar. (Die interne Speicherorganisation entspricht also der in Abb. 36b).

**PROM-Speicherelement:**

Wortleitung $x_i$ und Bitleitungen $y_i$ sind über Dioden D verbunden (Abb. 38b). Eine 1 auf der Wortleitung $x_i$ wird also beispielsweise direkt auf die Bitleitung $y_i$ durchgeschaltet: D1 = 1.

Schmilzt man kurzerhand die Schmelzverbindung S durch, so hat man damit das Durchschalten verhindert: D2 wird 0 bleiben, auch wenn $x_i$ angewählt und damit 1 wird.

Die Programmierung geschieht Bit für Bit: Die zu programmierende Stelle wird über die Wortleitung x und die Bitleitung y bestimmt. Ein kurzer Stromstoß $i_p$ z.B. über den Datenausgang D2 schmilzt die Nickelchrombrücke S2 durch – die angewählte Stelle ist programmiert.

In Abb. 38c ist als Beispiel der Programmierimpuls für die PROMs der Fa. Fairchild skizziert. Er muß etwa viermal wiederholt werden, damit die Schmelzverbindung S mit Sicherheit offen ist.

**EPROM-Speicherelement:**

Auch bei den EPROMs wird das auf der Wortleitung $x_i$ liegende Bit durchgeschaltet bzw. nicht durchgeschaltet, wie in Abb. 38a gezeigt. Der Leser erkennt aber in Abb. 39a, daß beim EPROM ein MOS-Transistor, dessen Sourceanschluß an Masse liegt, die „Durchschaltung" besorgt:

Normalerweise leitet dieser Transistor, wenn sein Gate G positiv wird. Also wird das Massepotential 0 auf die Leitung $y_1$ geschaltet, wenn $x_1$ = 1 wird. Eine Invertierung macht daraus eine 1 auf der Datenleitung D1.

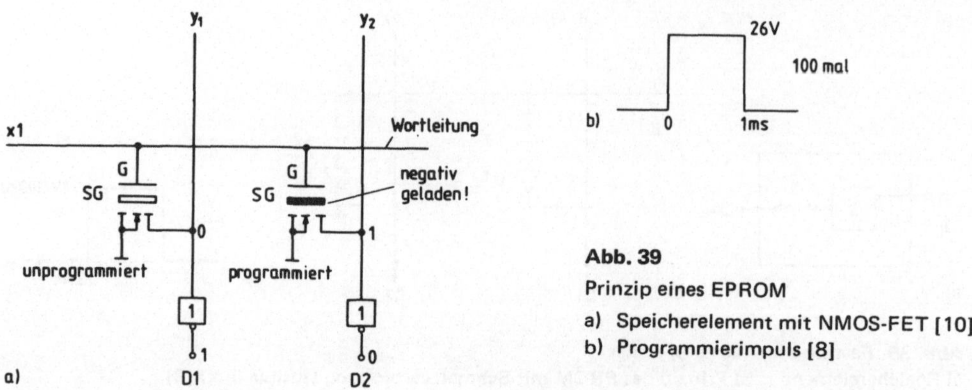


**Abb. 39**
Prinzip eines EPROM
a) Speicherelement mit NMOS-FET [10]
b) Programmierimpuls [8]

Bringt man durch Einwirkung von außen ein abschirmendes, schwebendes Gate SG vor das normale Gate G, so kann der Transistor nicht mehr durchschalten (FAMOS, floating gate avalanche injection MOS). Dadurch bleibt auch für $x_1 = 1$ $y_2$ auf 1 und damit D2 auf 0.

Die Programmierung (also das Anbringen des SG) geschieht wortweise: An die Datenausgänge wird das zu programmierende Wort gelegt, dann wird ein Programmierimpuls an alle 8 Gates gelegt. Der Tunneleffekt bewirkt den Aufbau einer Elektronenbarriere SG vor dem eigentlichen Gate der auf 0 zu programmierenden Plätze. Dieses SG bleibt für Jahre erhalten.

Für die EPROMs 2708 und 2716 zeigt Abb. 39b den Programmierimpuls.

Der große Vorteil der EPROMs ist ihre Löschbarkeit: Durch UV-Licht kann die Elektronenbarriere wieder abgebaut werden und das EPROM steht für eine weitere Programmierung zur Verfügung. Die Bestrahlungszeit liegt bei einer halben Stunde.

Die Tabelle in Abb. 40 zeigt noch eine Auswahl der auf dem Markt angebotenen PROMs und EPROMs. Man bemerkt, daß die aufgeführten PROMs alle in bipolarer TTL-Technik ausgeführt sind. PROMs in MOS-Technik sind bisher kaum auf dem Markt.

## 5.4 Die Organisation des Speicherbereichs

Jedem Lager muß ein Ordnungssystem zugrunde liegen, wenn man einen abgelegten Gegenstand kurzfristig wieder finden will. Auch ein Datenspeicher arbeitet mit System (Abb. 41): Die unterste „Schublade", in der ein 8-bit-Datum lagert, hat die Ordnungsnummer (= Adresse) 0. Man zählt nun die Schubladen nach oben weiter bis zur höchsten 8-bit-Adresse:

11 111 111 = 255 (dezimal).

Damit hat man $256 = 2^8$ Speicherplätze festgelegt, die man zur Seite 0 (page 0) zusammenfaßt.

Die nach 255 nächstfolgende Adresse ist eine 9-bit-Zahl:

100 000 000 = 256 (dezimal).

| Organisation | Typ | | Verbrauch in W | Zugriffszeit in $\mu s$ | Technik |
|---|---|---|---|---|---|
| 256 × 4 | 93427<br>3621<br>74284<br>u.a. | (F)<br>(I)<br>(TI, N) | < 0,7 | 0,03 | TTL |
| 256 × 8 | 82S114<br>74S471 | (S)<br>(TI) | | | |
| 512 × 8 | 93488<br>3624<br>74473<br>u.a. | (F)<br>(I)<br>(TI) | 1 | 0,04 | |
| EPROMs:<br>1024 × 8 | 2708 | (I, M, F, TI, NS, S) | 0,8 | 0,5 | NMOS |
| 2048 × 8 | 2716 | (I, F, TI) | 0,54 | | |

**Abb. 40** Tabelle einiger handelsüblicher PROM- und EPROM-Bauteine [11] (Firmennamen siehe Legende zu Abb. 37)

| dezimal | hexadezimal | oktal | binär | Seite-Nr. | Umfang |
|---|---|---|---|---|---|
| 1023<br>:<br>768 | 3 FF<br>:<br>300 | 1777<br>:<br>1400 | 1 1 1 1 1 1 1 1 1 1<br>:<br>1 1 0 0 0 0 0 0 0 0 | 3 | 1 K |
| 767<br>:<br>512 | 2 FF<br>:<br>200 | 1377<br>:<br>1000 | 1 0 1 1 1 1 1 1 1 1<br>:<br>1 0 0 0 0 0 0 0 0 0 | 2 | 3/4 K |
| 511<br>:<br>256 | 1 FF<br>:<br>100 | 777<br>:<br>400 | 1 1 1 1 1 1 1 1 1<br>:<br>1 0 0 0 0 0 0 0 0 | 1 | 1/2 K |
| 255<br>:<br>0 | FF<br>:<br>0 | 377<br>:<br>0 | 1 1 1 1 1 1 1 1<br>:<br>0 0 0 0 0 0 0 0 | 0 | 1/4 K |

**Abb. 41** Organisation des Speicherbereichs. Die linken vier Spalten geben jeweils die Speicheradresse an.

Von ihr ab bis zur höchsten 9-bit-Adresse hat man wiederum 256 Speicherplätze zur Verfügung, die man zur Seite 1 zusammenfaßt. Auf diese Weise folgt Seite auf Seite.
Man kann den so definierten Speicherbereich als dreidimensionalen Speicherraum betrachten (Abb. 42).

**Abb. 42**
Perspektivische Darstellung des Speicherraumes

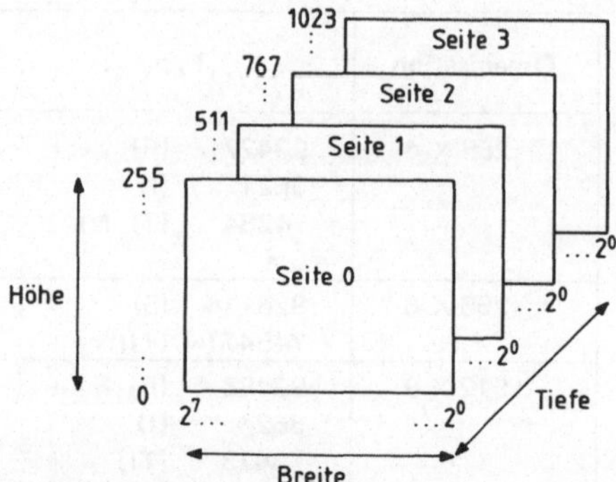


*Breite:* 8 bit = 1 byte
*Höhe:* 256 byte = 1/4 Kbyte } = 1 Seite (page)
*Tiefe:* n Seiten zu je 1/4 Kbyte.

Der Programmierer eines Mikrocomputers muß sich stets Rechenschaft über den Zustand des ihm zur Verfügung stehenden Speicherbereichs geben.

*Übungen:*
Es sei ein Adreßbereich von 16 bit gegeben.
a) Wie lautet die höchste Speicheradresse oktal? Wie hexadezimal? Wie dezimal?
b) Wieviel Kbyte Speicherumfang sind dies?
c) Wieviel Seiten stehen als Speicherbereich zur Verfügung?

## 5.5 Der Aufbau eines kleinen Speichers

### 5.5.1 128 X 8 bit = 128 byte

Gegeben sei ein fertiger RAM-Speicher mit einer Organisation von 128 X 8 bit, wie man ihn kaufen kann (z.B. 6810 von Motorola, 1823 von RCA).
Die Aufgabe ist, den Baustein so zu schalten, daß wir per Hand Daten einschreiben und auslesen können und den Speicher auch später ohne weiteres an den Mikroprozessor anschließen können.
Wir gehen folgendermaßen vor (Abb. 43):

1. Wir schließen die 8 Datenein- und ausgänge an dieselben 8 Schalter/Anzeigeeinheiten an wie früher den Mikroprozessor (vgl. Abb. 18). Damit können wir dem Speicher Daten liefern bzw. kontrollieren, was er an Daten ausgibt.
2. Wir schließen die 7 Adreßeingänge an 7 Schalter/Anzeigeeinheiten an, die denen auf den Datenleitungen genau gleichen.
3. Die Betriebsarten EINSCHREIBEN ($\overline{\text{WRITE}}$/READ = 0) bzw. AUSLESEN ($\overline{\text{WRITE}}$/READ = 1) stellen wir entweder per Hand ein mit einem Schalter oder wir übernehmen das WRITE/READ-Signal direkt vom Mikroprozessor.
4. Gesetzt den Fall, wir haben ein Datenwort auf die Datenleitung gegeben und auch auf „Einschreiben" geschaltet: Dann wartet der Speicher immer noch auf den Befehl, daß er das angelegte Datum auch schlucken soll. Dieser Befehl erfolgt mit CS = 1 durch Drücken der Taste M (memory) bzw. durch das uns bereits bekannte Mikroprozessorsignal ADMEM erfolgt. Anhand der Abb. 44 wollen wir das Einschreiben und Auslesen noch etwas genauer unter die Lupe nehmen.

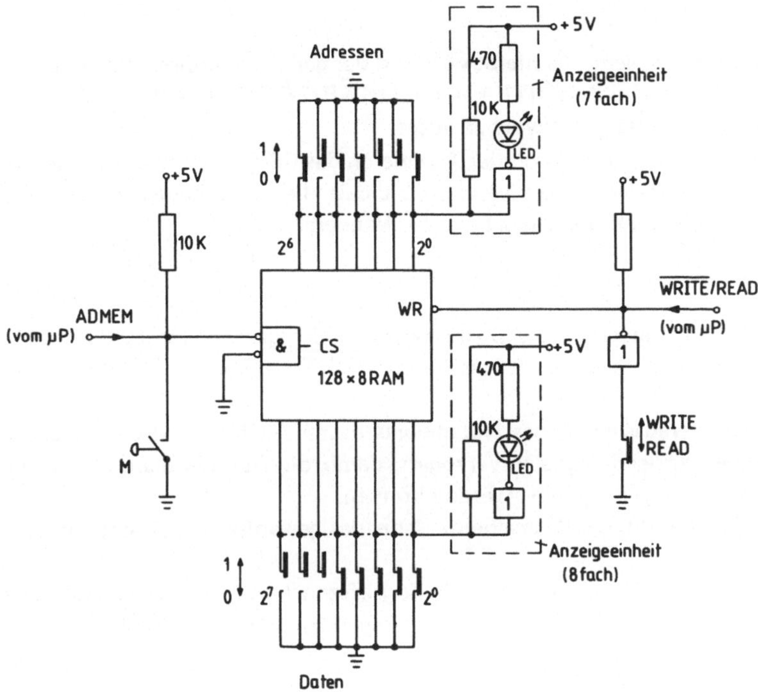


**Abb. 43** Beschaltung eines 128 x 8-RAM (ähnlich 6810)
An jede Daten- bzw. Adressleitung ist eine Anzeigeeinheit angeschlossen

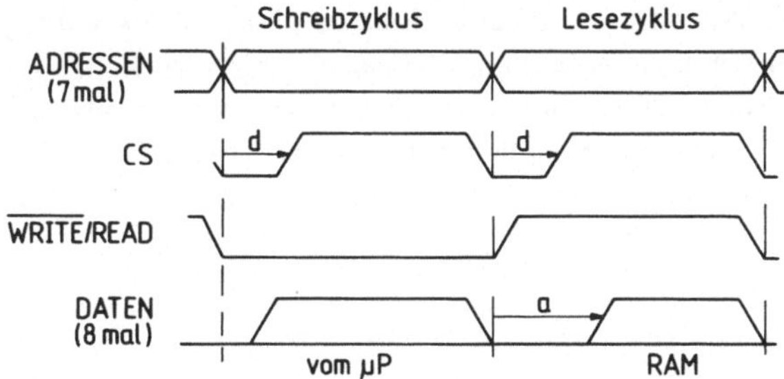


**Abb. 44** Zeitlicher Ablauf eines Lese- bzw. Schreibzyklus bei einem RAM nach Abb. 43
d – Dekodierzeit, a – Zugriffszeit

**Einschreiben:**

Zunächst wird die Adresse angelegt. Sie bleibt während des ganzen Schreibzyklus stabil. Gleichzeitig wird der Speicher auf WRITE geschaltet ($\overline{\text{WRITE}}$/READ = 0). Auch dieses Signal bleibt stabil. Nun wird das Datenwort angelegt.
Schließlich erfolgt das Einschreiben durch das Aktivieren des CS-Signals. Dieses ist gegenüber den vorigen Signalen einige 100 ns verzögert, damit die Adreßkodierung und die Schreibumschaltung in Ruhe zu Ende geführt werden können.

**Auslesen:**

Zunächst wird die Adresse angelegt. Sie bleibt während des ganzen Lesezyklus stabil. Gleichzeitig wird der Speicher auf READ geschaltet ($\overline{\text{WRITE}}$/READ = 1). Auch dieses Signal bleibt stabil.
Schließlich erfolgt das Heraussuchen des Datenworts durch Aktivieren des CS-Signals. Dieses ist gegenüber den vorigen Signalen verzögert, damit die Adreßkodierung und die Leseumschaltung in Ruhe zu Ende geführt werden können.
Nach einer kurzen „Bearbeitungszeit" erscheint dann das gewählte Datenwort auf dem Adreßbus.
Umschalt-, Dekodier- und Laufzeiten ergeben die Zugriffszeit (access time), ein wichtiges Charakteristikum des Speichers, auf das wir aber im Folgenden nicht mehr eingehen.

*Übung:*
In Abb. 43 sind die Schiebeschalter auf ein beliebiges Datenwort eingestellt. Welches?
Welche Adresse ist angewählt?
Wird eingeschrieben oder ausgelesen?

### 5.5.2 2 X 128 byte = 256 byte

Gesetzt den Fall, wir hätten zwei Speicher mit je 128 byte Speicherplatz zur Verfügung und wir wollten eine Speicherseite von 256 byte aufbauen. Wie werden wir vorgehen?
Die Abb. 45 zeigt es: Die Datenleitungen beider Speicherelemente werden parallel geschaltet. Die Adreßleitungen $2^0 - 2^6$ beider Speicherelemente werden ebenfalls parallel geschaltet. Das Adreßbit $2^7$ entscheidet, welches der beiden Speicherelemente angewählt wird:

00 000 000 bis
01 111 111 gilt für Speicherelement 1 und
10 000 000 bis
11 111 111 gilt für Speicherelement 2.

Sowohl die allgemeine Speicheranwahl ADMEM als auch die Schreib-/Leseleitung $\overline{\text{WRITE}}$/READ werden parallel zugeführt.

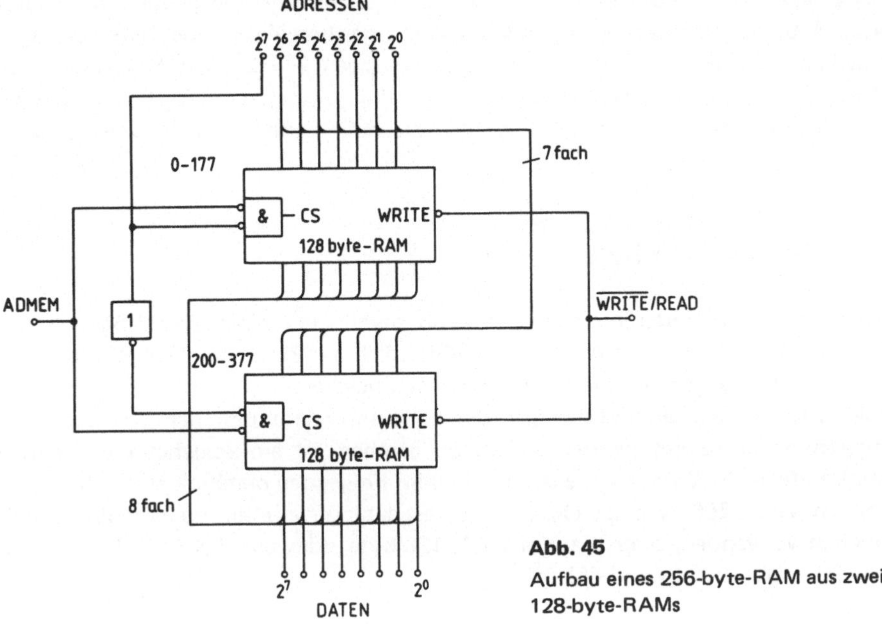


**Abb. 45**
Aufbau eines 256-byte-RAM aus zwei 128-byte-RAMs

### 5.5.3 2 X (256 X 4) bit = 256 byte

Man kann das Ziel, eine Speicherseite von 256 byte aufzubauen, auch anders als im vorigen Abschnitt beschrieben, erreichen, indem man zwei Speicherelemente mit je 256 X 4 bit einsetzt. Abb. 46 zeigt dies:

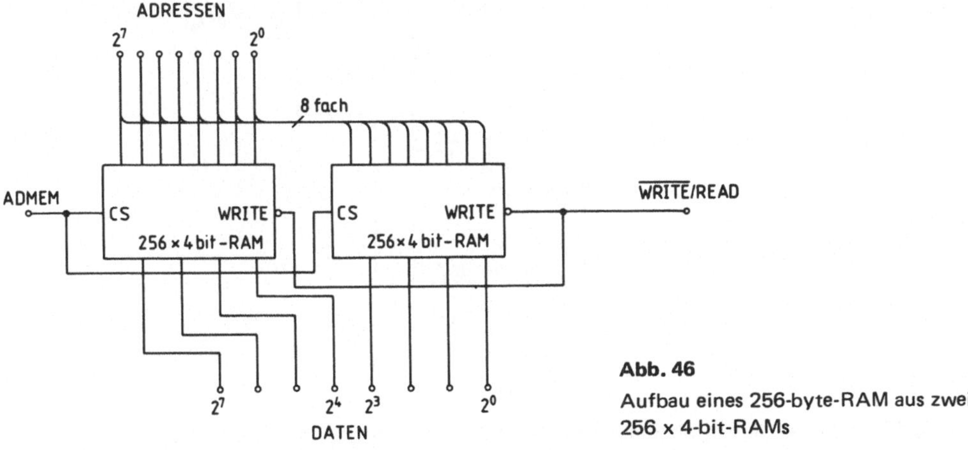


**Abb. 46**
Aufbau eines 256-byte-RAM aus zwei 256 x 4-bit-RAMs

Man schaltet alle Adreßleitungen $2^0 - 2^7$ parallel. Man schaltet die beiden Datenbusse von jeweils 4 bit hintereinander, so daß das eine Speicherelement die Datenleitungen $2^0 - 2^3$ bedient, das andere Element die Datenleitungen $2^4 - 2^7$. Die Steuerleitungen ADMEM und $\overline{\text{WRITE}}$/READ werden wie zuvor parallel geschaltet. Diese Lösung hat gegenüber der zuvor beschriebenen mit 2 X 128 byte den Vorteil, daß das Invertierglied entfällt.

### 5.5.4 4 X 256 byte = 1 Kbyte

Ein einfaches Mikrocomputerübungssystem kann bereits mit einem RAM-Bereich von 128 byte auskommen. Erweitert man den RAM-Bereich auf 256 byte = 1/4 Kbyte, so erhält man einen für Übungszwecke gut ausreichenden Speicher.

Noch größere RAM-Speicher sind nur erforderlich, wenn relativ umfangreiche und komplexe Programme bearbeitet werden sollen. So gesehen, ist ein Speicher von 1 Kbyte schon sehr komfortabel. Wir wollen einen solchen im Folgenden beschreiben (Abb. 47).

Die Einheiten seien 256-byte-Speicher, wobei es dahingestellt sei, ob wir direkt 256-byte-Einheiten verwenden, oder diese aus 2 X 128 byte oder aus 2 X (4 X 256) bit zusammensetzen. (vgl. Abb. 45 und 46).

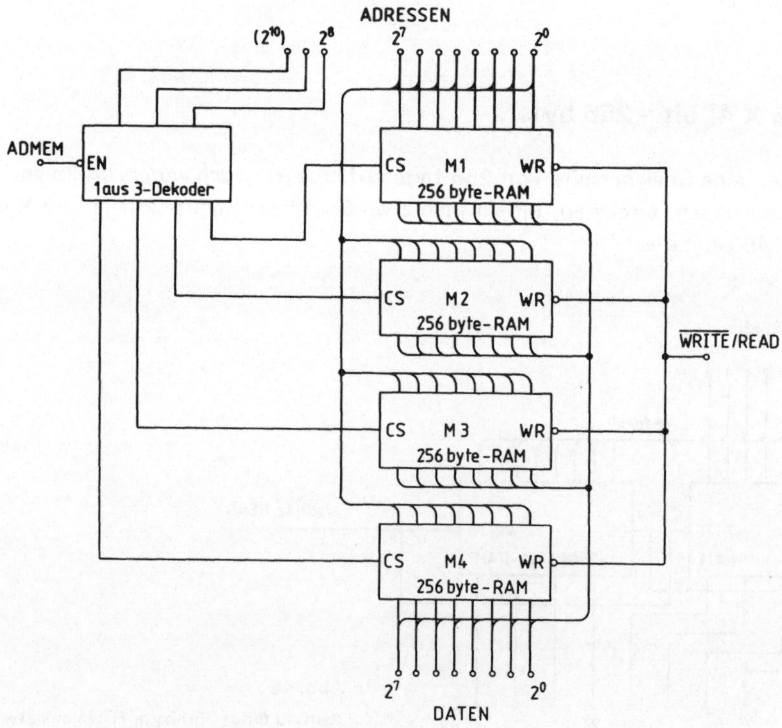


**Abb. 47** Aufbau eines 1-Kbyte-RAM-Speichers aus vier Einheiten mit je 256 byte

| Datenblatt: | C | B | A | Y0 | Y1 | Y2 | Y3 | Y4 ... |
|---|---|---|---|---|---|---|---|---|
| hier: | $2^{10}$ | $2^9$ | $2^8$ | M1 | M2 | M3 | M4 | M5 ... |
| | 0 | 0 | 0 | 1 | 0 | 0 | 0 | 0 |
| | 0 | 0 | 1 | 0 | 1 | 0 | 0 | 0 |
| | 0 | 1 | 0 | 0 | 0 | 1 | 0 | 0 |
| | 0 | 1 | 1 | 0 | 0 | 0 | 1 | 0 |
| | 1 | 0 | 0 | 0 | 0 | 0 | 0 | 1 |
| | . | . | . | . | . | . | . | . |
| | . | . | . | . | . | . | . | . |
| | . | . | . | . | . | . | . | . |

**Abb. 48** Wahrheitstabelle des Dekoders 74 LS 138, wie er in der Schaltung der Abb. 47 auftritt

Die Datenleitungen der einzelnen Einheiten werden parallel geschaltet. Die Adreßleitungen $2^0$ bis $2^7$ werden ebenfalls parallel geschaltet.
Die WRITE-Eingänge der einzelnen Einheiten sind ebenfalls parallel geschaltet. Die Anwahl der einzelnen Speichereinheiten M1 bis M4 erfolgt nunmehr über einen Dekoder. Seine Eingänge sind die Adreßleitungen $2^8$, $2^9$, $2^{10}$ (wobei $2^{10}$ für eine evtl. Erweiterung mit M5 vorgesehen ist). Seine Ausgänge werden direkt den CS-Eingängen der Speichereinheiten M1 bis M4 zugeführt. Wie Abb. 48 zeigt, erfolgt die Zuordnung der Speichereinheiten so:

M1: 0 bis $377_8$ bzw. 0 bis $FF_{16}$
M2: $400_8$ bis $777_8$ bzw. $100_{16}$ bis $1FF_{16}$
M3: $1000_8$ bis $1377_8$ bzw. $200_{16}$ bis $2FF_{16}$
M4: $1400_8$ bis $1777_8$ bzw. $300_{16}$ bis $3FF_{16}$

Das ADMEM-Signal verbindet man mit dem ENABLE-Eingang des Dekoders, womit alle Speicher gemeinsam aktiviert werden.

*Übung:*
Man kennzeichne in Abb. 47 farbig die Adreß- und Datenleitungen, die beim Einschreiben des Wortes $134_8$ auf die Adresse $707_8$ aktiviert werden.

## 5.6 Das Einschreiben und Auslesen von Programmen

Gegeben sei ein RAM-Speichersystem mit Beschaltung des Adreß- und des Datenbus und den Steuerleitungen, wie in Abb. 43 gezeigt. Unsere Absicht ist es, in dieses Speichersystem per Hand ein Programm einzuschreiben und es anschließend auszulesen.
Wir verwenden als Beispiel das einfache Programm 2 (Addition), wie es Abb. 24 für den Z80 zeigt.

Einschreiben:
Schalter auf WRITE

1. Datenbus: $76_8$, Adreßbus: 0; Drücken der Taste M.
2. Datenbus: $52_8$, Adreßbus: 1; Drücken der Taste M.
3. Datenbus: $306_8$, Adreßbus: 2; Drücken der Taste M.
   usw., bis
6. Datenbus: $11_8$, Adreßbus: 5; Drücken der Taste M.

Bei jedem Drücken der Taste M wird das Datenwort unter der eingestellten Adresse abgelegt.

Auslesen:
Schalter auf READ

Alle 8 Datenschalter auf „1".
Adreßbus auf die Adresse, deren Inhalt man zu lesen wünscht, z.B. Adreßbus: 2.
Drücken der Taste M.
Solange M gedrückt ist, zeigt der Datenbus den Inhalt der Speicherzelle 2: $306_8$.

Das Einschreiben und das Auslesen ist wahlfrei, d.h., jede beliebige Speicheradresse ist nach Wahl ansteuerbar.

# 6 Mikroprozessor + Speicher = einfaches Grundsystem

## 6.1 Belastungen der Anschlüsse

Schaltet man den Mikroprozessor-Baustein mit anderen Bausteinen zusammen, z.B. mit Speichern, so muß er für diese die Steuerströme und -spannungen liefern. Die Frage ist, inwieweit er das kann.

Als Maß aller Dinge nimmt man eine TTL-Last (vgl. Abb. 49a, b). Dann gilt: Ein Mikroprozessor-Baustein vermag normalerweise mindestens eine TTL-Last anzutreiben (Abb. 49c).

Eine sogenannte LPS-TTL-Last (low power Schottky) benötigt einen etwa viermal kleineren maximalen Eingangsstrom, wie Abb. 49b zeigt. Man kann deshalb auch sagen: Ein Mikroprozessor-Baustein vermag normalerweise mindestens vier LPS-TTL-Lasten anzutreiben.

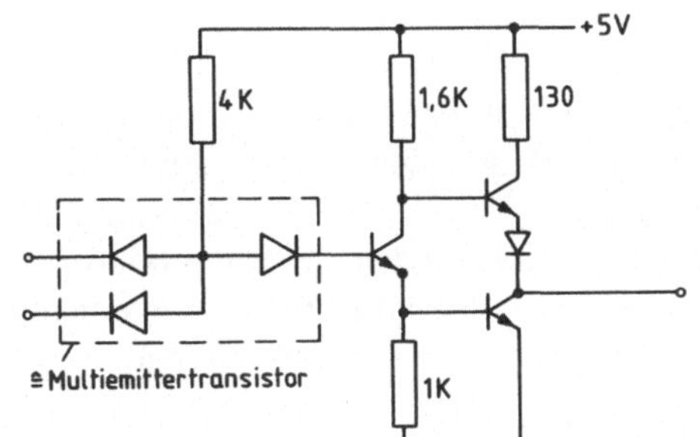


**Abb. 49**
Ein- und Ausgangsströme verschiedener Bausteine
a) Schaltung eines NAND-Gatters in TTL-Technik
b) TTL-Last
c) Mikroprozessor
d) MOS-RAM
e) TTL-PROM

b)

| logisch | Pegel | Standard | | | Low Power Schottky | | |
|---|---|---|---|---|---|---|---|
| 1 | 3,3V | 40 μA | → TTL → | 0,4 mA | 20 μA | → LPS TTL → | 0,4 mA |
| 0 | 0,2V | −1,6 mA | | −16 mA | −0,36 mA | | −8 mA |

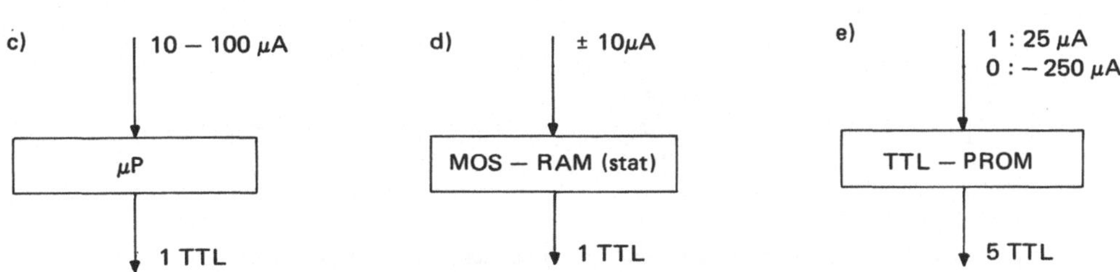

Der Steuerstrom, den ein Mikroprozessor-Baustein benötigt, ist vergleichsweise bescheiden: ± 10 μA beträgt er normalerweise, es können auch mal 100 μA werden, aber er ist immer kleiner als der Strom, den ein TTL-Baustein ausgangsseitig liefern kann (Abb. 49c).
Betrachten wir nun die Zusammenschaltung mit Speichern. Der häufigste Fall sind wohl statische MOS-RAMs, wie sie bereits beschrieben wurden. Sie sind ihrerseits normalerweise in der Lage, eine einzige TTL-Schaltung anzutreiben. Somit können sie ohne weiteres die Datenleitungen eines Mikroprozessor-Bausteins bedienen, der ja 10 ... 100 μA Steuerstrombedarf hat.
Umgekehrt ist zu fragen, wieviele MOS-RAM-Bausteine parallel an Daten- und Adressbus des Mikroprozessors angeschlossen werden dürfen. Nehmen wir als Beispiel den Typ 4039 von TI. Dieses ist ein 256 X 4 bit-RAM, das mit vielen Paralleltypen verschiedener Hersteller auf dem Markt häufig anzutreffen ist. Es hat bei TTL-Pegel einen Steuerstrombedarf von ± 10 μA (Abb. 49d). Damit können 40 dieser Speicher parallel auf den Datenbus eines Mikroprozessors geschaltet werden, wie der Leser anhand Abb. 49 leicht nachprüfen kann.
Etwas anders liegt der Fall bei PROMs. In Abb. 49e ist als Beispiel das bipolare PROM 74 S471 mit 256 byte aufgeführt. Mit den dort angegebenen Eingangsströmen kann man berechnen, daß maximal 16 dieser PROMs parallel an einen Mikroprozessor angeschlossen werden dürfen.
Die vorangehenden Überlegungen zeigen, daß wir im Rahmen des in diesem Buch betrachteten Mikrocomputers ohne weiteres unseren Mikroprozessor-Baustein mit anderen Bausteinen beschalten dürfen. Es sei aber ergänzend darauf hingewiesen, daß neben den jeweiligen Steuerströmen auch die Eingangskapazitäten eine Rolle spielen, insbesondere wenn man die maximale Arbeitsgeschwindigkeit des Mikroprozessors auszunützen wünscht.
Bei größeren Systemen ist man gezwungen, einen Pufferverstärker zwischen Mikroprozessor und alle anderen Bausteine zu schalten. Einen solchen zeigt Abb. 50. Man erkennt dort, daß für einen 8-fachen Bus zweimal 8 Verstärker (v = 1) vorhanden sein müssen. Je-

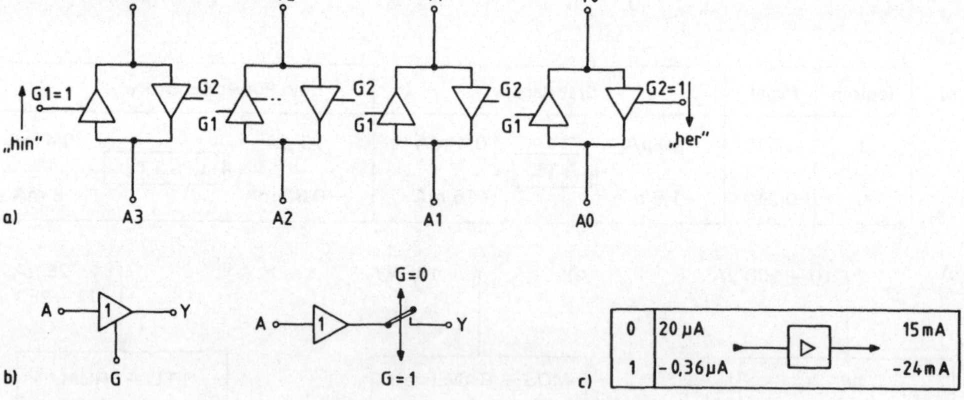

**Abb. 50** Pufferverstärker

a) Schaltbild für vier bidirektionale Leitungen, b) Wirkungsweise, c) Beispiel 74LS241

weils zwei sind antiparallel geschaltet, der eine für *hin*, der andere für *her.* Durch den Anschluß G 1 werden alle *hin*-Verstärker eingeschaltet, durch den Anschluß G 2 alle *her*-Verstärker.

Der Leser ist zu folgender Denksportaufgabe eingeladen: Wieviele Zustände sind am Ausgang eines Verstärkerelements möglich?

Antwort: Drei; nämlich 0, 1 und R = ∞, vgl. Abb. 50b. Man nennt diese *Dreizustandslogik* auch tri-state-Logik. Sie kommt in Mikrocomputer-Systemen häufig vor (vgl. Abb. 6).

## 6.2 Das Grundsystem mit einfacher Ein- und Ausgabe

Fassen wir das in den vorigen Kapiteln Dargestellte zusammen, so sind wir damit in der Lage, einen Mikrocomputer zusammenzustellen. Die Abb. 51 zeigt das.

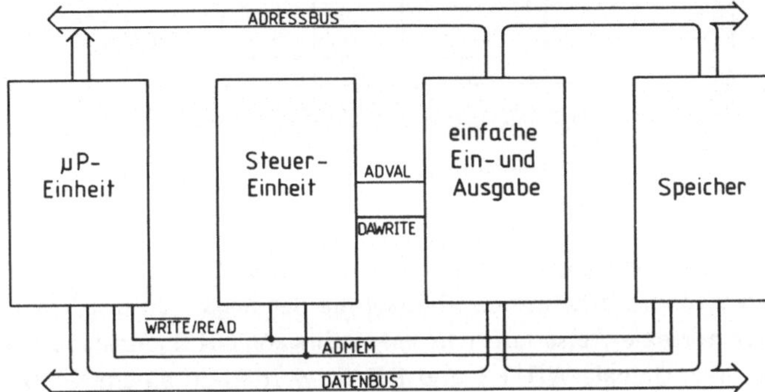


**Abb. 51**
Mikrocomputergrundsystem (Blockschaltbild)

Die einzelnen Einheiten:

- Die Mikroprozessoreinheit. Dies ist die Zentraleinheit unseres Mikrocomputers. Im Folgenden wird sie, wie die anderen Einheiten auch, näher erläutert.
- Die einfache Ein- und Ausgabeeinheit. Mit ihr ist es möglich, den Adress- und Datenbus bitweise zu beeinflussen bzw. abzufragen.
- Die Steuereinheit. Sie bestimmt, wer nun gerade Zugang zum Adreß- bzw. Datenbus haben soll: Der Prozessor oder die Ein- und Ausgabeeinheit.
- Die Speichereinheit. Sie besteht aus RAMs wie behandelt.

### 6.2.1 Mikroprozessor-Einheit

Die Mikroprozessor-Einheit in Abb. 52 enthält als Herz unseren hypothetischen Mikroprozessor von Abb. 5. Mittels Abb. 7 kann jeder marktübliche Mikroprozessor dafür eingesetzt werden.

An diesen Mikroprozessor schließen wir zunächst an: Den Taktgenerator nach Abb. 19 und die Einzelschrittsteuerung nach Abb. 20.

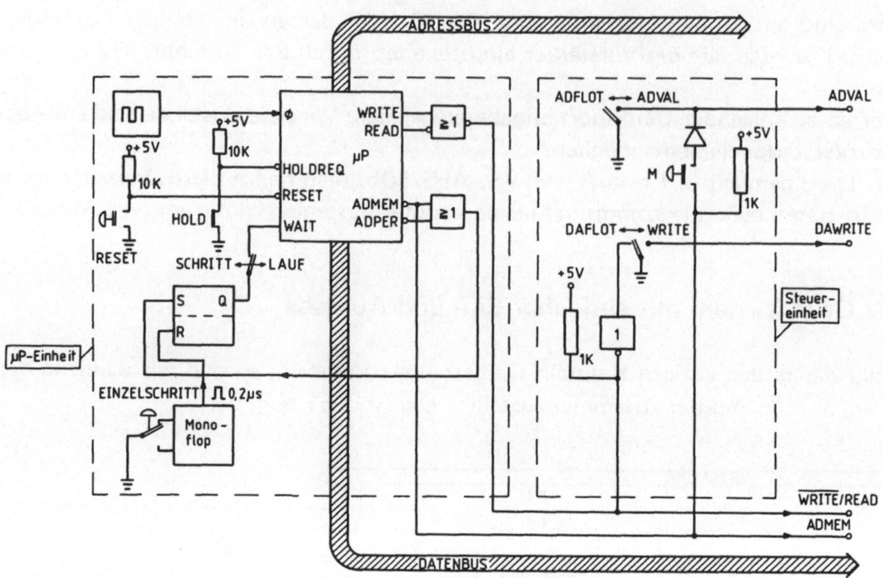


**Abb. 52** Grundsystem: Mikroprozessoreinheit und Steuereinheit

Wie in Abb. 18 bereits angedeutet, benötigen wir noch eine Rückstelltaste (reset). Der Leser erkennt hier die noch öfters wiederkehrende Philosophie der negativen Logik: Der reset wird ausgelöst, wenn der normalerweise auf 1 liegende Eingang auf 0 getastet wird. Die uns bekannten Mikroprozessor-Signale WRITE und READ werden zu einem Kombinationssignal $\overline{\text{WRITE}}$/READ zusammengefaßt:

$\overline{\text{WRITE}}$/READ = 0 – Einschreiben von Daten,

$\overline{\text{WRITE}}$/READ = 1 – Auslesen von Daten.

Wir sparen so eine Steuerleitung.

Der Leser stellt bei Betrachtung der Mikroprozessoreinheit in Abb. 52 noch fest, daß das Signal ADMEM, das den Speicher *einschaltet,* verdrahtet ist, nicht aber das Signal ADPER. Daraus ist zu schließen, daß wir in diesem Kapitel noch keine Peripherie anzuwählen beabsichtigen.

## 6.2.2 Ein- und Ausgabeeinheit

Diese Einheit stellt – vornehm ausgedrückt – die Schnittstelle Mensch/Computer dar: Mittels Schiebeschaltern werden dem Mikrocomputer die Daten und Befehle einerseits und deren Adressen andererseits bitweise eingegeben. Mittels Leuchtdioden gibt der Mikrocomputer seinerseits seine Ergebnisse und Wünsche kund – ebenfalls bitweise (Abb. 53). Der Grundgedanke ist der Abb. 18 zu entnehmen: Jedes Ein- und Ausgabeelement besteht zum einen aus einem Schiebeschalter, der die Stellungen 0 und 1 hat und

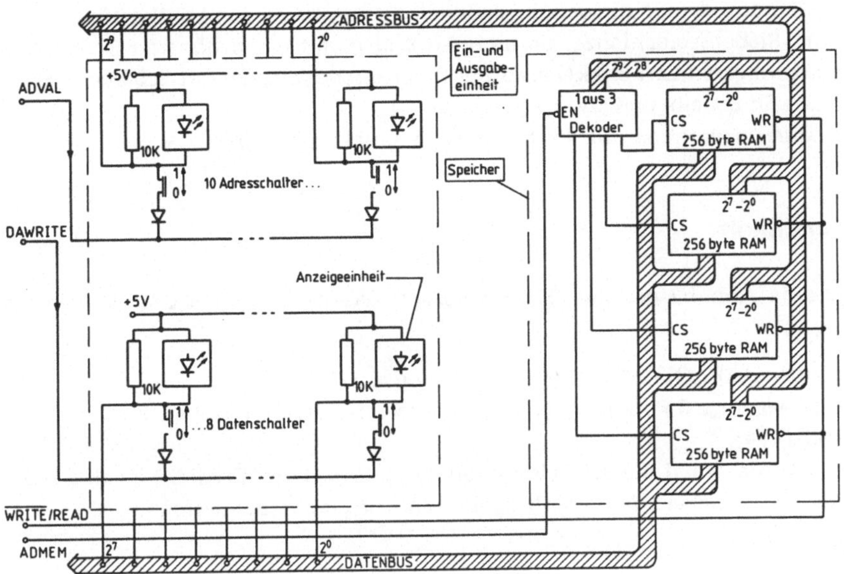


**Abb. 53** Grundsystem: Ein- und Ausgabe und Speicher

zum anderen aus einer zweckmäßig beschalteten Leuchtdiode, die zwei Funktionen hat: In der Stellung ADVAL = 0 bzw. DAWRITE = 0 leuchtet sie, wenn *ihr* Schiebeschalter auf 1 steht; in der Stellung ADVAL = frei bzw. DAWRITE = frei leuchtet sie, wenn der Mikroprozessor auf die betreffende Adreß- oder die Datenleitung eine 1 gibt. Dieses Ein- und Ausgabeelement kommt 18mal vor: achtmal ist es für den 8-bit-Datenbus vorhanden, 10mal für den 10-bit-Adreßbus.

Einen wichtigen Unterschied zu Abb. 18 bemerkt man: Dort sind alle Schiebeschalter direkt nach Masse (≙ 0) geführt, hier über jeweils eine Diode zur Steuereinheit.

Der Leser überzeuge sich, daß die Schalter der Steuereinheit in Stellung ADVAL und WRITE eben diese Masseverbindung wieder herstellen (ADVAL = **ad**ress **val**id).

*Wozu die Dioden?*

Man stelle sich vor: Die Schalter der Steuereinheit stehen auf ADFLOT und DAFLOT (FLOT von **flo**a**t**ing abgeleitet, was hier freies Potential bedeutet). Ohne Datenbus leuchten zunächst alle Dioden wegen der 10 kOhm-pull-up-Widerstände (Abb. 18 und 53). Nun gelange eine 0 vom Mikroprozessor auf irgendeine Datenleitung. Deren Anzeige erlischt dann pflichtgemäß, unabhängig von der Stellung des Datenschiebeschalters. Ist aber deren Datenschiebeschalter und irgendein anderer geschlossen, so würde ohne Diode eine direkte Verbindung zu dieser anderen Datenleitung bestehen und deren Anzeige auch erlöschen. Die Dioden entkoppeln also die einzelnen Busleitungen, oder, mit anderen Worten: Durch die Dioden ist man der Notwendigkeit enthoben, bei der Betriebsart *Ausgabe* alle Schiebeschalter vorsorglich auf 1 zu stellen.

Wir wollen hier noch darauf hinweisen, daß viele Lernsysteme von vornherein mit Eingabetasten und Siebensegmentanzeigen arbeiten und damit einen höheren Bedienungskomfort (aber geringeren Lerneffekt) als unser theoretisches System mit Schiebeschaltern bieten, wo ja Bit für Bit ein- und ausgegeben wird.
Auf diese Erweiterung kommen wir im folgenden Kapitel zu sprechen.

### 6.2.3 Steuereinheit

Diese einfache, in Abb. 52 gezeigte Einheit besteht eigentlich nur aus drei Bedienungselementen:

1. Der Schalter DAFLOT/WRITE gibt in Stellung WRITE
   a) das notwendige 0-Potential auf die Datenschalter der E/A-Einheit (über DAWRITE);
   b) das Potential 0 auf die WRITE-Steuerleitung (d.h. $\overline{\text{WRITE}}$/READ ist aktiv). Das ist für den Speicher von Bedeutung; Es kann eingeschrieben werden.

   In Stellung DAFLOT werden
   a) alle 8 Daten-LEDs der E/A–Einheit dem Mikroprozessor zur Anzeige zur Verfügung gestellt, und es wird
   b) das Potential 1 auf die $\overline{\text{WRITE}}$/READ-Steuerleitung gegeben, d.h. der Speicher wird auf READ geschaltet.
2. Der Schalter ADFLOT/ADVAL gibt in Stellung ADVAL das notwendige 0-Potential auf die Adreßschalter der E/A-Einheit (über ADVAL).
3. Wird dazu der Taster M gedrückt, so wird die ADMEM-Steuerleitung von 1 auf 0 herabgezogen, wird also aktiv. D.h.: Das von den 8 Datenschaltern geformte Datum wird in den Speicher per Tastendruck M auf die von den 10 Adreßschaltern angegebene Adresse eingeschrieben (WRITE) oder es wird ausgelesen (DAFLOT)'.
   In Stellung ADFLOT werden alle 10 Adreßbusleitungen dem Mikroprozessor zur Anzeige zur Verfügung gestellt, da die Schiebeschalter keine Wirkung mehr haben.
   Mit anderen Worten: Im Betriebszustand ADFLOT/DAFLOT kann der Mikroprozessor ohne Beeinflussung durch die Schiebeschalter mit der Speichereinheit verkehren.
   Im Betriebszustand ADVAL/DAFLOT kann eine interessierende Speicherstelle mit den Schiebeschaltern angewählt werden.
   Im Betriebszustand ADVAL/WRITE kann der Benutzer Adressen auf den Adreßbus und Daten auf den Datenbus geben.

*Übungen:*

1. Es sei das Datum $107_8$ auf die Adresse $103_8$ einzuschreiben. Man gebe die Stellung der beiden Steuerschalter und der Busschiebeschalter an.
2. Man wünscht den Inhalt des Speicherplatzes $112_8$ anzuzeigen. Man gebe die Stellung der beiden Steuerschalter und der Busschiebeschalter an.

### 6.2.4 Speichereinheit

Als Speichereinheit unseres Grundsystems wählen wir den 1 Kbyte-Speicher der Abb. 47. Er wird ohne weiteres an den Daten- und Adreßbus des Systems angeschlossen (Abb. 53). Ein- und ausgeschaltet wird er, wie besprochen, mit der Steuerleitung ADMEM (d.h.: die anliegende Adresse gilt für den Speicher); die Umschaltung Einschreiben/Auslesen erfolgt, wie besprochen, mit $\overline{\text{WRITE}}$/READ = 0/1.

### 6.2.5 Das Arbeiten mit dem einfachen Grundsystem

Mit dem Grundsystem, wie es die Abb. 52 und 53 zeigen, kann man auf verschiedene Weise arbeiten:

1. Einschreiben eines Programmes in den Speicher (DAWRITE)
   Bei dieser Arbeit ist die Mikroprozessoreinheit hinderlich. Will man sie nicht ganz entfernen, so ist der Mikroprozessor intern von den Bussen zu trennen, indem man den Schalter HOLD einlegt. Das Einschreiben des Programms beginnt man üblicherweise mit der Adresse 000, wobei die Leuchtdioden sowohl den Adreßbus als auch den Datenbus zu kontrollieren gestatten.
2. Auslesen eines Programmes aus dem Speicher (DAFLOT)
   Jedes eingeschriebene Programm sollte, bevor man es dem Mikroprozessor zur Bearbeitung anbietet, zur Kontrolle nochmals ausgelesen werden. Zum Auslesen hält man den Mikroprozessor wieder mittels HOLD von den Bussen getrennt. Dann stellt man die Adresse ein, deren Inhalt man zu lesen wünscht und bringt den Speicherinhalt durch Druck auf die Tasten M zur Anzeige.
3. Schrittweises Bearbeiten eines Programmes (DAFLOT und ADFLOT)
   Der Schalter SCHRITT/LAUF wird auf SCHRITT gestellt. HOLD wird ausgeschaltet. Der Programmzähler des Mikroprozessors muß danach mittels Taste RESET auf 0 zurückgestellt werden, damit er das Programm an der richtigen Stelle beginnen kann. Für die Rückstellung muß man ihm einen Arbeitstakt (mittels EINZELSCHRITT) zukommen lassen. Die erfolgreiche Rückstellung auf die Adresse 0 kann mit den Leuchtdioden des Adreßbus kontrolliert werden. Der Datenbus muß dann den auf Adresse 0 liegenden Befehl zeigen.
   Beim Bearbeiten des Programmes zählt der Programmzähler bei jedem Schritt (= Druck auf die EINZELSCHRITT-Taste) um eins weiter. Dies ist eine Kontrolle für das korrekte Arbeiten des Mikroprozessors (bei einigen Befehlen sind Ausnahmen möglich: JUMP; LOAD $n ...).
   Alle im Vorangehenden beschriebenen Programme 1 bis 5 können so bearbeitet werden.
4. Automatisches Bearbeiten eines Programmes
   Zunächst wird das Programm in Stellung HOLD eingegeben (siehe Punkt 1.). Würde man jetzt den Mikroprozessor auf „LAUF" stellen und HOLD zurücknehmen, so würde er mit seiner Taktfrequenz von einigen MHz irgendwelche Befehle ausführen,

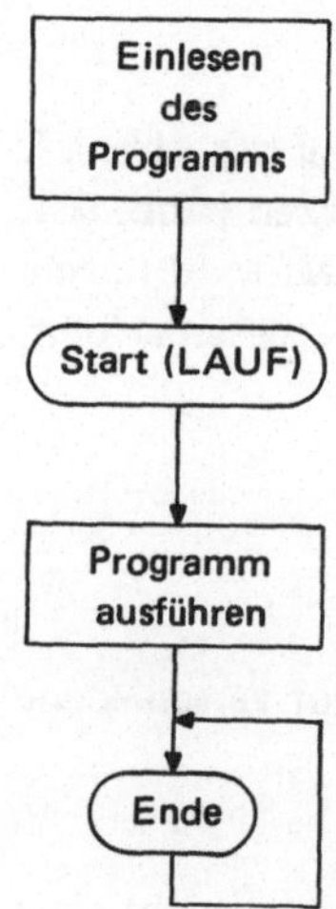


**Abb. 54** Programmverarbeitung in Stellung LAUF

die er zufällig im Speicher vorfindet. Schlimmstenfalls würde sogar das mühsam gespeicherte Programm durch Überschreiben zerstört werden.
Es empfiehlt sich deshalb, zunächst den Schalter SCHRITT/LAUF auf SCHRITT zu stellen und wie unter Punkt 3. das Reset durchzuführen.
Stellt man jetzt den Schalter auf LAUF, so wird er das Programm im Speicher in Windeseile durcharbeiten und wieder im Speicher „versumpfen", denn er weiß ja nicht, ab wann das sinnvolle Programm zu Ende ist und ab wann er zufällig abgespeicherte Bits als weitere Befehle interpretiert. Deshalb ist es üblich, den Mikroprozessor am Ende des Programms in einer „Endlosschleife" abzufangen (vgl. Abb. 54).

*Übungen:*

1. Wie müssen die Schalter der Steuereinheit beim Einlesen eines Programmes in den Speicher stehen?
2. Wie müssen die Schalter der Steuereinheit beim Auslesen eines Programmes aus dem Speicher stehen?
3. Wie müssen die Schalter der Steuerheit beim schrittweisen Bearbeiten eines Programmes stehen?
4. Wie müssen die Schalter der Steuereinheit beim automatischen Bearbeiten eines Programmes stehen?

# 7 Ein Programm für das einfache Grundsystem (Tonprogramm)

Die bereits behandelten Programme 1 bis 5 haben den Leser mit einigen wichtigen Befehlen und der Wirkungsweise des Mikroprozessors allgemein vertraut gemacht. Sie mögen aber auch zu dem Gedanken geführt haben, daß die Bewältigung der dortigen Aufgaben ohne Mikroprozessor eigentlich einfacher wäre als mit Mikroprozessor. Beim im Folgenden beschriebenen Programm zur Erzeugung eines Tons (= Tonprogramm) kann dieser Gedanke nicht mehr aufkommen.
Das Tonprogramm hat folgende positive Eigenschaften:

1. Es ist kurz (eine Handvoll Befehle).
2. Es demonstriert anschaulich die Wirkungsweise einiger wichtiger Befehle (Sprungbefehle und Dekrementierung).
3. Seine Wirkung ist nach Außen leicht erkennbar: Der Mikrocomputer liefert über ein einfaches Interface einen Ton.
4. Es ist der Grundbaustein für die Erzeugung von Melodien mit dem Mikrocomputer (siehe später).
5. Mit ihm kann der Mikrocomputer als einstellbarer Nf-Rechteckgenerator verwendet werden.
6. An ihm ist leicht zu erkennen, was man unter einem Echtzeitprogramm (real time program) versteht.

## 7.1 Flußdiagramm

Wir erklären im Folgenden die Wirkungsweise des Ton-Programms, das imstande ist, einen Dauerton einer bestimmten, wählbaren Frequenz zu erzeugen (Abb. 55).

**Festlegung der Tonhöhe:**

Dazu wird die Zahl t, deren Größe die Periodendauer T des Tons bestimmt, ins Register A geladen. Wir wählen willkürlich irgendeine Zahl zwischen 1 und 255 (dezimal), z.B. t = 156. (Später werden wir untersuchen, wie die Zahl t aus der gewünschten Tonfrequenz berechnet wird.)

**Ausgabe eines Impulses:**

Wir wollen annehmen, wir hätten an der Peripherieadresse 6 einen Lautsprecher derart angeschlossen, daß er seine Membrane bei jeder Anwahl von $ 6 von einer Extremauslenkung in die andere Extremauslenkung umsteuert. (Mit anderen Worten: Bei zweimaliger Anwahl geht die Membrane einmal hin und her). Die Schaltung dieser Peripherie findet der Leser in einem besonderen Abschnitt 7.4.

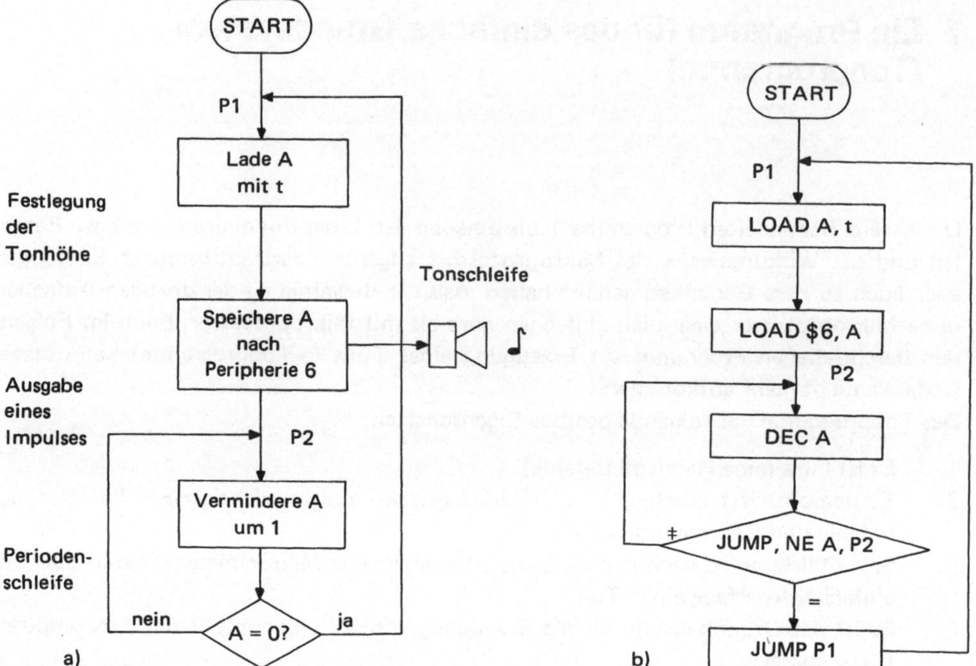


**Abb. 55** Flußdiagramm des Tonprogramms
a) ausführlich
b) im Assemblerkode

**Periodenschleife:**

Hat der Mikroprozessor die Anwahl der Peripherie 6 beendet, so vermindert er befehlsgemäß den Inhalt von Register A, also t, um 1. (Man bezeichnet im allgemeinen das Vermindern um 1 mit „Dekrementieren".)
Anschließend prüft er, ob der Inhalt von Register A jetzt 0 ist oder nicht. Wenn nicht, so dekrementiert er weiter, ... weiter ... und weiter, so lange, bis A = 0 ist. Bei A = 0 darf er die Periodenschleife verlassen. Der Leser prüfe folgende Formulierung des obigen Vorgangs: Der Mikroprozessor zählt den Inhalt von Register A herunter auf 0. Die Periodenschleife ist das zeitbestimmende Element unseres Programms, gewissermaßen die Unruhe des Uhrwerks.

**Tonschleife:**

Hat der Mikroprozessor den Inhalt von Register A auf 0 herabgezählt, so springt er wieder zum Beginn des Programms und alles beginnt von Neuem: Der Lautsprecher erhält seinen Umsteuerimpuls, t in Register A wird herabgezählt auf 0 usw. Bei zweimaligem Durchlauf des Programms hat der Computer also eine Periode des gewünschten Tones erzeugt. Die Summe aller Perioden erleben wir als Lohn unserer Bemühungen als Ton aus dem Lautsprecher.

## 7.2 Die speziellen Befehle

Man kann das Flußdiagramm in Abb. 55a auch etwas kürzer fassen, in dem man direkt die Befehle in die Kästchen einträgt (Abb. 55b). Der Leser erkennt dann, daß zu dem ihm wohlbekannten Befehl LOAD noch zwei weitere hinzukommen: DEC und JUMP. Diese sind zu erläutern.

### 7.2.1 Dekrementierung

Den Dekrementierbefehl DEC besitzen alle Mikroprozessoren, allerdings in unterschiedlicher Weise, wer hätte auch schon anderes erwartet (Abb. 56). Die Mikroprozessoren 8080, 8085, Z80, 2650 und 6800 erlauben die Dekrementierung aller normalen Register, also

bei Z80, 8080, 8085: Register A, B, C, D, E, H, L,
bei 2650: Register A, B, C und D,
bei 6800: Register A und B.

Der Prozessor 6502 erlaubt nur die Dekrementierung seiner Register X und Y.
Der Prozessor 1802 erlaubt die Dekrementierung jedes seiner 16 Registerpaare $HL_i$ (das aber vorher indiziert werden muß).
Der Prozessor SCMP hat einen eigenartigen DEC-Befehl: Er dekrementiert eine n' Speicherplätze weiter stehende Zahl und lädt das Ergebnis automatisch nach A.
Beim 2650 gibt es DEC nur in Kombination mit JUMP. Das einfache DEC kann man simulieren durch DECJ, NE mit I = 0.
(Ergänzend sei hinzugefügt, daß alle Mikroprozessoren in derselben Art über einen Inkrementierbefehl INC verfügen, der die Operation „+ 1" durchführt.)
Wir fassen zusammen: Der Befehl, den Inhalt des Registers A um 1 zu erniedrigen, lautet:

DEC A

| Nr. | Assemblerkode | Maschinenkode (oktal) | | | | | | Bemerkung |
|---|---|---|---|---|---|---|---|---|
| | | Z80, 8080, 8085 | 2650 | 6800 | 6502 | 1802 | SCMP | |
| | DEC A | 75 | | 112 | | | | auch alle weiteren Reg.; |
| | DEC X | | | | 312 | | | auch Y; |
| | DEC HL 1 | | | | | 41 | | HL0 bis HL15; |
| | DEC LOAD A | | | | | | 270 | dekr. Zahl, die |
| | + n' | | | | | | n' | n' Plätze weiter steht; |
| | DECJ, NE A, I | | 370 | | | | | ≙ DEC A. |
| | I = 0 | | 0 | | | | | |

**Abb. 56** Dekrementierbefehle

## 7.2.2 Sprünge

Der Leser stelle sich vor: Der Mikroprozessor arbeitet sich wie ein Maulwurf durch das im Speicher abgelegte Programm hindurch, Befehl für Befehl, bis er an den Befehl: JUMP (springe) gelangt. Er forscht dann nach, wohin er springen soll: Im Programm wieder zurück, oder im Programm ein Stück voraus?
Dies wird ihm mitgeteilt durch die **Sprungadresse**, die dem **Sprungbefehl** direkt nachfolgt. Weiß er wohin, so springt er.
Wir wollen hier zwei Adressierungsarten betrachten: Die **absolute** und die **relative** Adressierung.

### 7.2.2.1 Absolute (und direkte) Adressierung

Hier folgt dem Sprungbefehl sofort die absolute Speicheradresse, auf die gesprungen werden soll (Abb. 57a). Für diese Adressen sind zwei Byte freigehalten, das low byte und das high byte. Das höherwertige Byte gibt die Speicherseite (p) an, auf die gesprungen werden soll und das niederwertige Byte die Adresse (a) auf der betreffenden Seite.
Der Leser erinnert sich:

| | | | | | |
|---|---|---|---|---|---|
| Die Seite | p = 0 | geht von | 0 bis $377_8$, | also bis | 11 111 111, |
| die Seite | p = 1 | geht von | 400 bis $777_8$, | also bis | 111 111 111, |
| die Seite | p = 2 | geht von | 1000 bis $1377_8$, | also bis | 1 011 111 111, |
| die Seite | p = 3 | geht von | 1400 bis $1777_8$, | also bis | 1 111 111 111, |

usw..

a)

| Platz des Befehls | Befehl | Bemerkung |
|---|---|---|
| 0 | . | |
| 1 | . | |
| → 2 | . | Sprungziel; |
| 3 | . | |
| 4 | . | |
| 5 | . | |
| 6 | JUMP | Springe nach |
| 7 | 0 | Seite p = 0 |
| 10 | 2 | Adresse a = 2; |
| 11 | . | |
| 12 | . | |
| . | | |
| . | | |
| . | | |

b)

| Platz des Befehls | Befehl | Bemerkung |
|---|---|---|
| 0 | . | |
| 1 | . | |
| → 2 | . | Sprungziel; |
| 3 | . | |
| 4 | . | |
| I 5 | . | |
| 6 | JUMP | |
| 7 | 372 | I = −6 ≙ 372; |
| 10 | . | Stand des PC; |
| 11 | . | |
| 12 | . | |
| . | | |
| . | | |
| . | | |

**Abb. 57** Unbedingte Programmsprünge, a) absolute Adressierung, b) relative Adressierung

Leider konnten sich die Hersteller über die Reihenfolge, wie sie Seite (page p) und Adresse (adress a) angegeben haben wollen, nicht einigen (Abb. 58):
Die Reihenfolge p – a wählten: 2650, 6800, 1802.

| Nr. | Assemblerkode | Maschinenkode (oktal) | | | | | | Bemerkung |
|---|---|---|---|---|---|---|---|---|
| | | Z80, 8080, 8085 | 2650 | 6800 | 6502 | 1802 | SCMP | |
| | JUMP m | 303 | — | — | 114 | — | — | |
| | | a | | | a | | | } m |
| | | p | | | p | | | |
| | | | | | | | | |
| | JUMP m | — | 37 | 176 | — | 300 | — | |
| | | | p | p | | p | | } m |
| | | | a | a | | a | | |

**Abb. 58** Unbedingte Sprünge: Assemblerkode bei absoluter Adresse

Die Reihenfolge a – p wählten: 8080, 8085, Z80, 6502. Der SCMP verzichtet ganz auf die absolute Adressierung. Anhand des Beispiels in Abb. 57a prüfe der Leser seine Vorstellung von der absoluten Adressierung und beantworte die Frage: Für welche Gruppe von Mikroprozessoren gilt Abb. 57a unmittelbar?

### 7.2.2.2 Relative Adressierung

Beginnen wir mit einem Analogon aus dem täglichen Leben: Ein Fremder klingelt an der Tür Ihres Heimes und fragt nach der Familie Müller. Gesetzt den Fall, Sie wissen, wo die Familie Müller wohnt, so können Sie antworten: „Die Familie Müller wohnt im Haus Nr. 2". Damit haben Sie sich der absoluten Adressierung der Familie Müller bedient.
Sie könnten aber auch antworten: „Die Familie Müller wohnt 4 Häuser weiter, Richtung Kirche." Damit haben Sie sich der relativen Adressierung der Familie Müller bedient.
In die trockene Welt der Programmierung übertragen, bedeutet das: Bei einem Sprung mit relativer Adresse wird angegeben, wieviele Speicherplätze der Rechner nach vorne oder nach rückwärts überspringen soll (vgl. Abb. 57b).
Die Befehlskodes für die verschiedenen Mikroprozessoren sind in Abb. 59 angegeben. Man erkennt, daß für die relative Adresse l, die man auch als Sprungweite (offset) bezeichnen kann, normalerweise 1 byte freigehalten ist.
Die Information darüber, ob vor- oder rückwärts gesprungen werden soll, legt man in das Vorzeichen der Sprungweite: + heißt vorwärts, – heißt rückwärts.
Der Leser prüfe anhand der Abb. 27 folgende Aussage nach: Der Sprungbereich ist bei 8-bit-Zahlen

| | |
|---|---|
| oktal: | $-200 \leq l \leq +177$ |
| dezimal: | $-128 \leq l \leq +127$ |
| hexadezimal: | $-80 \leq l \leq +7F$, |

| Nr. | Assemblerkode | Maschinenkode (oktal) | | | | | | | | Bemerkung |
|---|---|---|---|---|---|---|---|---|---|---|
| | | Z80, 8080, 8085 | | | 2650 | 6800 | 6502 | 1802 | SCMP | |
| → | | | | | | | | | | Sprungziel |
| | | | | | | | | | | |
| −l | | | | | | | | | | |
| | JUMP | 30 | – | – | 33 | 40 | – | – | 220 | |
| | l | l | | | l | l | | | l | Sprungweite |
| • PC | | | | | | | | | | „Null"-Punkt |
| | | | | | | | | | | |
| | | | | | | | | | | |
| +l | | | | | | | | | | |
| → | | | | | | | | | | Sprungziel |

**Abb. 59** Unbedingte Sprünge mit relativer Adresse

immer bezogen auf den Stand des Programmzählers PC *nach* dem kompletten Sprungbefehl. In diesem Nachsatz steckt eine Falle: Die Sprungweite wird also nicht ab JUMP gezählt, sondern vom übernächsten Platz ab! Dies ist in der Abb. 59 so vermerkt. In Abb. 57b ist es am Beispiel erläutert.

Die Erklärung dazu ist folgende: Ein JUMP (absolut) ersetzt lediglich den Inhalt des PC durch m; ein JUMP (relativ) verändert den derzeitigen Stand des PC um 1. Der PC wird aber während der Befehlsausführung simultan weiter gezählt, so daß er bereits auf den Platz des nächsten Befehls zeigt (= *Nullpunkt*).

Wir fassen zusammen: Die vorstehend beschriebenen Sprungbefehle haben die Form

| | |
|---|---|
| *absolut* | JUMP m |
| *relativ* | JUMP l |

Es sind dies **unbedingte** Sprünge, denn sie werden ohne jede Vorbedingung vom Prozessor ausgeführt.

### 7.2.2.3 Unbedingter und bedingter Sprung

Neben den unbedingten gibt es die **bedingten** Sprünge, die nur ausgeführt werden, wenn eine bestimmte Vorbedingung, die sich auf den Zustand vor dem Sprungbefehl bezieht, erfüllt ist:

| | |
|---|---|
| *absolut* | JUMP, Bedingung, m |
| *relativ* | JUMP, Bedingung, l |

Nehmen wir als Beispiel das Flußdiagramm in Abb. 55: Der Prozessor soll dann springen, wenn die vorangegangene Dekrementierung nicht Null ergeben hat. Die Bedingung lautet also

vorangehendes Resultat nicht gleich Null,
result not equal to zero,
NE.

Den dazugehörigen Sprungbefehl schreiben wir dann so:

| | |
|---|---|
| *absolut* | JUMP, NE, m |
| *relativ* | JUMP, NE, l |

Alle Mikroprozessoren können bedingte Sprünge durchführen, allerdings in verschiedener Art und Weise (Abb. 60):
Die Mikroprozessoren Z80 und 2650 führen bedingte Sprünge zu absoluten und relativen Adressen aus.
Die Mikroprozessoren 8080, 8085 und 1802 führen bedingte Sprünge nur zu absoluten Adressen aus.
Die Mikroprozessoren 6800, 6502 und SCMP führen bedingte Spürnge nur zu relativen Adressen aus.
Ergänzend sei noch bemerkt, daß es neben der Bedingung NE natürlich noch weitere gibt, die allerdings von einem Mikroprozessor-Fabrikat zum anderen stark variieren. Alle Modelle haben die Bedingung

EQ (equal to zero),

die anderen sind nicht ohne weiteres vergleichbar miteinander. Wir werden das bei Bedarf genauer untersuchen.

| Nr. | Assemblerkode | Maschinenkode (oktal) | | | | | | Bemerkung |
|---|---|---|---|---|---|---|---|---|
| | | Z80, 8080, 8085 | 2650 | 6800 | 6502 | 1802 | SCMP | |
| | JUMP, NE, m | 302 | 234 | – | – | 312 | – | absolut |
| | | a | p | | | p | | m |
| | | p | a | | | a | | |
| → | | | | | | | | |
| –l | JUMP, NE l | 40 (Z80); – – (8080, 8085) | 230 | 46 | 320 | – | 234 | relativ |
| | | l (Z80) | l | l | l | | l | Sprungweite |
| PC | | | | | | | | „Null"-Punkt |
| | | | | | | | | |
| +l | | | | | | | | |
| → | | | | | | | | |

**Abb. 60** Bedingte Programmsprünge mit absoluter und relativer Adresse

*Übungen*

1. Beim Mikroprozessor 2650 sind für den Sprungbereich nur 7 bit freigehalten. Man gebe an, in welchem positiven und negativen Bereich ± I, bezogen auf den Stand des Programmzählers nach dem kompletten Sprungbefehl, relative Sprünge möglich sind.
2. Der Sprungbefehl JUMP stehe auf Adresse 7:

   7 Jump, I.

   Es soll auf die Adresse 0 zurückgesprungen werden. Geben Sie die Sprungweite I an für die Mikroprozessoren
   a) Z80 (8 bit offset!),
   b) 2650 (7 bit offset!).

## 7.3 Das Tonprogramm für verschiedene Mikroprozessoren

### 7.3.1 Absolute Adressierung

Ein Programm mit absolut adressierten Sprüngen ist ohne weiteres hinzuschreiben. Es kann allerdings gegebenenfalls im Speicherbereich nur unter Abänderung der Sprungadressen verschoben werden.

Die Abb. 61 zeigt das Tonprogramm gemäß Flußdiagramm in Abb. 55 mit absoluter Adressierung für die Mikroprozessoren Z80, 8080, 8085.

| Platz | Assemblerkode | Maschinenkode (oktal) Z80, 8080, 8085 | Takte |
|---|---|---|---|
| P1:0 | LOAD A, # | 76 | 7 |
| 1 | n | 234 | |
| 2 | LOAD $6, A | 323 | 11 |
| 3 | 6 | 6 | |
| P2:4 | DEC A | 75 | 4 |
| 5 | JUMP,NE P2 | 302 | 10 |
| 6 | m { | 4 | |
| 7 | | 0 | |
| 10 | JUMP P1 | 303 | 10 |
| 11 | m { | 0 | |
| 12 | | 0 | |

**Abb. 61** Programm 6: Tonprogramm mit absoluter Adressierung für Z80, 8080, 8085

| Platz | Assemblerkode | Maschinenkode (oktal) 2650 |
|---|---|---|
| P1:0 | LOAD A, # | 4 |
| 1 | n | 234 |
| 2 | LOAD $6, A | 324 |
| 3 | 6 | 6 |
| P2:4 | DECJ, NE A, P2 | 374 |
| 5 | m { | 0 |
| 6 | | 4 |
| 7 | JUMP P1 | 37 |
| 10 | m { | 0 |
| 11 | | 0 |

**Abb. 62** Programm 6a: Tonprogramm mit absoluter Adressierung für 2650

Für den 2650 ist anzumerken, daß er nur einen absoluten und relativen Kombinationsbefehl besitzt (Abb. 62):

$$\left.\begin{array}{l}\text{DEC A}\\ \text{JUMP NE}\end{array}\right\} = \text{DECJ, NE A}$$

Die Mikroprozessoren 6802, 6502 und SCMP verfügen nicht über bedingte Sprünge mit absoluter Adresse (vgl. Abb. 60). Für den 1802 ist das Programm umständlicher, da die Peripherieansteuerung andersartig ist. Es ist in Abb. 63 aufgeführt.

| Platz | Assemblerkode | Maschinenkode oktal 1802 | Bemerkung |
|---|---|---|---|
| P0: 0 | LOAD A, # | 370 | HL 7 wird Peripheriepointer für $6: Adresse: $100006_8$ |
| 1 | 200 | 200 | |
| 2 | LOAD H7, A | 267 | |
| 3 | LOAD A, # | 370 | |
| 4 | 6 | 6 | |
| 5 | LOAD L7, A | 247 | |
| P1: 6 | LOAD A, # | 370 | |
| 7 | n | 234 | |
| 10 | LOAD (HL7), A | 127 | LOAD $6, A |
| P2:11 | SUB A, # | 377 | DEC A |
| 12 | 1 | 1 | |
| 13 | JUMP, NE P2 | 312 | |
| 14 | m | 0 | |
| 15 | | 011 | |
| 16 | JUMP P1 | 300 | |
| 17 | m | 0 | |
| 20 | | 006 | |

**Abb. 63** Programm 6b: Tonprogramm mit absoluter Adressierung für 1802

### 7.3.2 Relative Adressierung

Diese flexible Adressierungsart ist in dem Tonprogramm 7 der Abb. 64 angewandt worden für die Mikroprozessoren Z80 und 6800.

- Beim Z80 geht es problemlos.
- Beim 6800, da er keine gesonderte Anwahl der Peripherie gestattet, sprechen wir $ 206 statt $ 6 an, wodurch wir unser Programm nicht stören.
- Bei den Mikroprozessoren 8080, 8085 und 1802 ist eine relative Sprungadresse nicht vorgesehen, also findet der Leser dafür auch keine Tonprogramme mit relativer Adressierung.
- Beim 2650 ist auch bei der relativen Adressierung der Kombinationsbefehl DEC JUMP anzuwenden, wie dies bereits bei der absoluten Adressierung (Programm 6a in Abb. 62) geschah. Das entsprechende Programm 7a findet man in Abb. 65.
- 6502: Da bei diesem Mikroprozessor der DEC-Befehl nicht mit Register A, sondern mit Register X arbeitet, ersetzen wir in dem Programm 7b (Abb. 66) A durch X. Peripherie wie bei 6800. Da kein unbedingter Sprung mit relativer Adresse vorhanden ist, nutzen wir aus, daß dieser Sprung für A = 0 aktuell wird. Wir simulieren den unbedingten Sprung also durch den bedingten Sprung

  JUMP, EQ, I.

- Das Tonprogramm für den Mikroprozessor SCMP findet der Leser in Abb. 67.

| Platz | Assemblerkode | Maschinenkode (oktal) | | | |
|---|---|---|---|---|---|
| | | Z80 | Takt | 6800 | Zy |
| P1:0 | LOAD A, # | 76 | 7 | 206 | 2 |
| 1 | n | 234 | | 234 | |
| 2 | LOAD $6, A | 323 | 11 | 227 | 4 |
| 3 | 6 | 6 | | 206 | |
| P2:4 | DEC A | 75 | 4 | 112 | 2 |
| 5 | JUMP, NE P2 | 40 | 12 | 46 | 4 |
| 6 | I = −3 | 375 | | 375 | |
| 7 | JUMP, P1 | 30 | 12 | 40 | 4 |
| 10 | $I = -11_8$ | 367 | | 367 | |

**Abb. 64** Programm 7: Tonprogramm mit relativer Adressierung für Z80 und 6800

| Platz | Assemblerkode | Maschinenkode (oktal) | |
|---|---|---|---|
| | | 2650 | Zyklus |
| P1:0 | LOAD A, # | 4 | 2 |
| 1 | n | 234 | |
| 2 | LOAD $6, A | 324 | 2 |
| 3 | 6 | 6 | |
| P2:4 | DECJ, NE A, P2 | 370 | 3 |
| 5 | I = −2 | 176 | |
| 6 | JUMP P1 | 33 | 3 |
| 7 | $I = -10_8$ | 170 | |

**Abb. 65** Programm 7a: Tonprogramm mit relativer Adressierung für 2650

| Platz | Assemblerkode | Maschinenkode (oktal) | |
|---|---|---|---|
| | | 6502 | Zyklus |
| P1:0 | LOAD X, # | 242 | 2 |
| 1 | n | 234 | |
| 2 | LOAD $, X | 206 | 3 |
| 3 | 6 | 206 | |
| P2:4 | DEC X | 312 | 2 |
| 5 | JUMP, NE P2 | 320 | 3 |
| 6 | l = −3 | 375 | |
| 7 | JUMP, EQ P1 | 360 | 3 |
| 10 | l = $-11_8$ | 367 | |

**Abb. 66**
Programm 7b: Tonprogramm mit relativer Adressierung für 6502

| Platz | Assemblerkode | Maschinenkode (oktal) | | Bemerkung |
|---|---|---|---|---|
| | | SCMP | Zyklen | |
| ST:0 | LOAD A, # | 304 | 10 | Peripheriepointer für $6 nach HL2 |
| 1 | 20 | 20 | | |
| 2 | EX A, H2 | 66 | 8 | |
| 3 | LOAD A, # | 304 | 10 | |
| 4 | 6 | 6 | | |
| 5 | EX A, L2 | 62 | 8 | |
| 6 | SETC | 3 | 5 | |
| P1:7 | LOAD A, # | 304 | 10 | |
| 10 | n | 146 | | |
| 11 | LOAD (HL2) + 0, A | 312 | 18 | |
| 12 | | 0 | | |
| P2:13 | SUBB A, # | 374 | 12 | |
| 14 | 1 | 1 | | |
| 15 | JUMP, ANE P2 | 234 | 11/9 | |
| 16 | l = −4 | 374 | | |
| 17 | JUMP P1 | 220 | 11 | |
| 20 | l = $-12_8$ | 366 | | |

**Abb. 67** Programm 7c: Tonprogramm mit relativer Adressierung für SCMP

## 7.4 Das Interface und die Peripherie

Gesetzt den Fall, wir haben das Tonprogramm im Kasten (sprich: im Arbeitsspeicher) und weiterhin gesetzt den Fall, es läuft auch, so bleibt uns das Erfolgserlebnis dennoch versagt: Wir können nicht feststellen, ob und wie das Programm läuft, wir hören nichts. Wir brauchen also einen Lautsprecher. Dieser Lautsprecher ist unser Peripheriegerät mit der Adresse 6.

In Abb. 68 ist der Lautsprecher zu sehen. Er ist an ein Flipflop angeschlossen, das als 2:1-Teiler wirkt [1]: Bei zweimaliger Ansteuerung seines Takteingangs T liefert es eine Periode an den Lautsprecher. Eine direkte Ansteuerung des Lautsprechers ist nicht sinnvoll, da die Ansteuerimpulse sehr kurz sind ($< 1\ \mu s$).

Man hat jetzt nur noch dafür zu sorgen, daß die Peripherie dann einen Pieps macht, wenn unser Mikrocomputer „Peripherie 6" anwählt. Diese Aufgabe übernimmt das Interface (= Zwischenschaltung, Übermittlungsschaltung; leider gibt es kein allgemein gebräuchliches deutsches Wort dafür).

Wie Abb. 68 zeigt, besteht das Interface lediglich aus einem Dekoder. Sein Eingang reagiert auf die dualen Endadressen 0000 bis 0111, d.h. es können 8 Peripherien damit an-

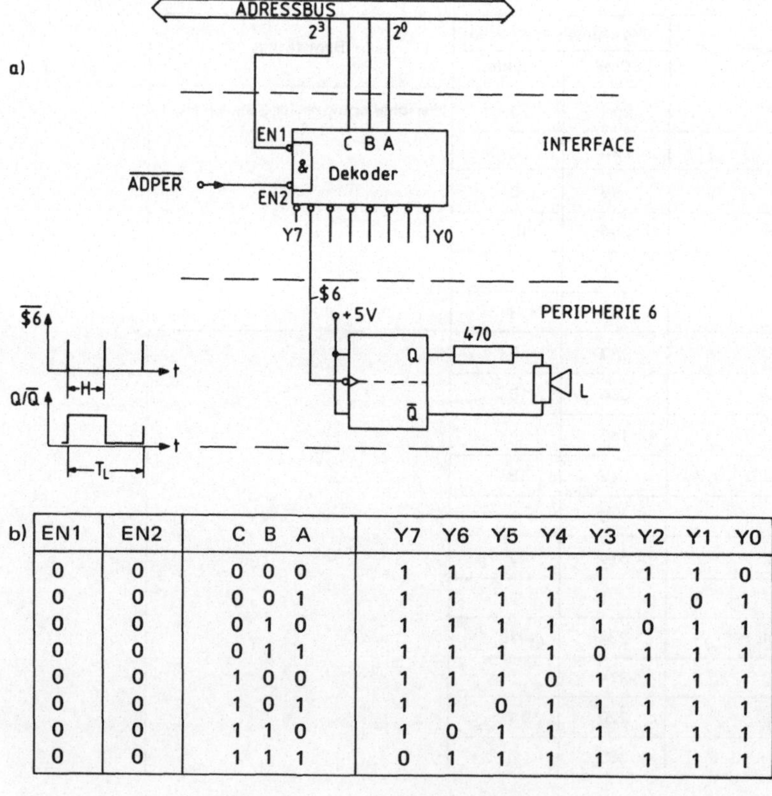


b)

| EN1 | EN2 | C B A | Y7 | Y6 | Y5 | Y4 | Y3 | Y2 | Y1 | Y0 |
|---|---|---|---|---|---|---|---|---|---|---|
| 0 | 0 | 0 0 0 | 1 | 1 | 1 | 1 | 1 | 1 | 1 | 0 |
| 0 | 0 | 0 0 1 | 1 | 1 | 1 | 1 | 1 | 1 | 0 | 1 |
| 0 | 0 | 0 1 0 | 1 | 1 | 1 | 1 | 1 | 0 | 1 | 1 |
| 0 | 0 | 0 1 1 | 1 | 1 | 1 | 1 | 0 | 1 | 1 | 1 |
| 0 | 0 | 1 0 0 | 1 | 1 | 1 | 0 | 1 | 1 | 1 | 1 |
| 0 | 0 | 1 0 1 | 1 | 1 | 0 | 1 | 1 | 1 | 1 | 1 |
| 0 | 0 | 1 1 0 | 1 | 0 | 1 | 1 | 1 | 1 | 1 | 1 |
| 0 | 0 | 1 1 1 | 0 | 1 | 1 | 1 | 1 | 1 | 1 | 1 |

**Abb. 68** Interface und Peripherie für das Tonprogramm
a) Schaltung b) Wahrheitstabelle für den Dekodierer 74LS138

gewählt werden. Wir benötigen vorläufig nur die Adresse 6. Sie wird begleitet von dem Steuersignal ADPER (was bekanntlich heißt: Diese Adresse gilt für eine Peripherie). ADPER ist hier mit einem ENABLE-Eingang verbunden.
Der Leser wird bemerken, daß zur Dekodierung der Adresse 6 statt eines Dekodierers auch drei Gatter ausreichen würden. Das stimmt, aber in einem späteren Abschnitt werden wir die anderen Peripherieadressen benötigen, also legen wir die Schaltung großzügig an.
Verbindet man die Schaltung nach Abb. 68 mit dem Adreßbus und startet man das Tonprogramm, das im Arbeitsspeicher steht, durch einen RESET-Befehl, so muß aus dem Lautsprecher nunmehr ein Ton entweichen: Der Erfolg ist da!

*Übung*
Man skizziere die Dekordierung der Adresse 6 durch zwei UND-Gatter und ein NOR-Gatter.

## 7.5 Echtzeitprogramm

### 7.5.1 Die Taktzeit

Das Herz des Mikroprozessors ist der Taktgenerator. Seine Frequenz, die über die Arbeitsgeschwindigkeit des Mikroprozessors noch nichts Endgültiges aussagt, liegt bei einigen MHz (vgl. Abb. 69, Nr.1).
Die Taktzeit ist der Kehrwert der Frequenz des Taktgenerators

$$T = \frac{1}{f} .$$

Alle Mikroprozessoren arbeiten auch bei niedrigeren Taktfrequenzen, aber nur einige können richtiggehend angehalten werden: Der 2650 und der 1802. Man kann diese beiden vollstatisch nennen, im Gegensatz zum Z80, der halbstatisch ist: In der zweiten Takthälfte darf er angehalten werden, in der ersten nicht.
Während die Mikroprozessoren Z80, 2650, 1802 und SCMP einen einfachen Taktgenerator benötigen, wie er schon in Abb. 19 vorgestellt wurde, sind die anderen Mikroprozessoren 8080, 8085, 6800, 6802 und 6502 sozusagen Zweitakter: Sie benötigen zwei synchrone Taktsignale $\phi_1$ und $\phi_2$, wie Abb. 69, Nr. 5 zeigt. Wir haben die Taktgeneratorschaltungen dazu in Abb. 70 aufgeführt. Der Leser erkennt den Fortschritt zwischen den älteren Modellen 8080 bzw. 6800 und den Nachfolgetypen 8085 bzw. 6802.

### 7.5.2 Die Befehlsausführungszeit

Unter der Befehlsausführungszeit wollen wir die Zeitspanne verstehen, die der Mikroprozessor benötigt, um einen Befehl auszuführen.
Die Hersteller Intel und Zilog geben die Befehlsausführungszeit direkt als Vielfache der Taktzeit T an: Siehe Abb. 69, Nr. 4.

| Nr. | | Z80 | 8080,8085 | 2650 | 6800 | 6502 | 1802 | SCMP | Bemerkung |
|---|---|---|---|---|---|---|---|---|---|
| 1. | Generator: $f_{max}$ | 2,5 | 2 | 1.25 | 1 | 1 | 3,2 | 4 | MHz |
| | $f_{min}$ | 250 | 500 | 0 | 200 | 1 | 0 | 100 | kHz |
| | | halbstatisch | | vollstatisch | | | vollstatisch | | |
| 2. | Taktzeit T | 0,4 | 0,5 | 0,8 | 1 | 1 | 0,3125 | 0,25 | $\mu s$ |
| 3. | Zykluszeit Z | – | – | 2,4 | 1 | 1 | 2,5 | 1 | $\mu s$ |
| 4. | Befehlsausführungszeit min: | 4 · T | 4 · T | 2 · Z | 2 · Z | 2 · Z | 2 · Z | 5 · Z | |
| | max: | 23 · T | 19 · T | 6 · Z | 7 · Z | 6 · Z | 3 · Z | 22 · Z | |
| 5. | Taktart $\phi$ bzw. $\phi_1$ | | | | | | | | Takt 1 |
| | $\phi_2$ | $t_1$ $t_2$ | | | | | | | Takt 2 |
| | | $t_1 \leqslant 2\ \mu s$ | | | | | | | |
| | | $t_2 \leqslant \infty$ | | | | | | | |

**Abb. 69** Takt- und Befehlsausführungszeit

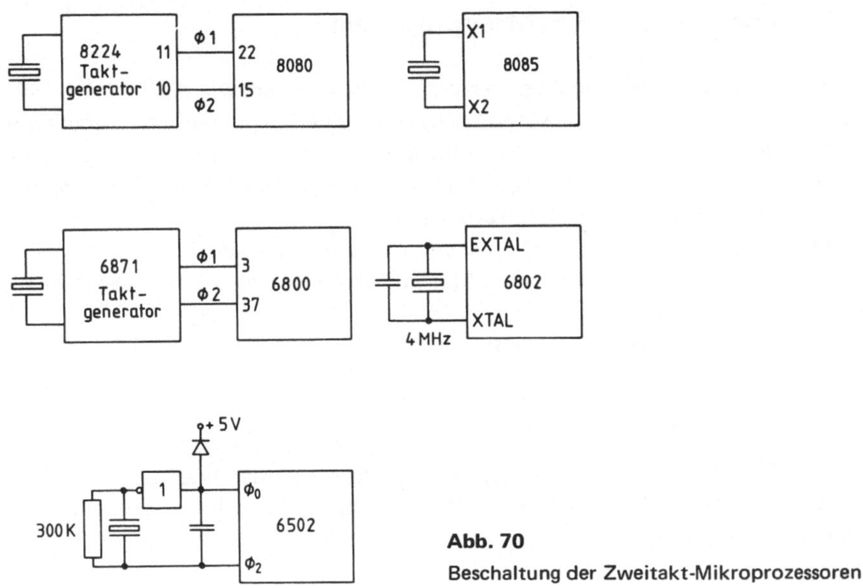


**Abb. 70**
Beschaltung der Zweitakt-Mikroprozessoren

Andere Hersteller führen eine sogenannte Zykluszeit Z ein. Diese ist ein Vielfaches der Taktzeit:

| | |
|---|---|
| 2650: | Z = 3 · T |
| 1802: | Z = 8 · T |
| SCMP: | Z = 4 · T |
| 6800 und 6502: | Z = T. |

Man sieht: Beim 6800 und beim 6502 ist Zykluszeit Z gleich Taktzeit T und man kann beide deshalb wie den Z80 und die Typen 8080, 8085 behandeln. Bei den Mikroprozessoren 2650, 1802 und SCMP ist der Faktor zu berücksichtigen.
Jeder Hersteller gibt nun für jeden Befehl die benötigte Takt- bzw. Zyklenzahl an. Damit ist man in der Lage, die Zeit zu berechnen, die der Mikroprozessor für ein bestimmtes Programm benötigt. Bei vielen Programmen spielt das überhaupt keine Rolle, da der Mikroprozessor sowieso die meiste Zeit auf irgendeine Peripherie wartet. Bei manchen Programmen ist die Arbeitszeit des Mikroprozessors aber sehr wichtig: Bei den sogenannten Echtzeitprogrammen, bei denen der Mikroprozessor direkt mit der Wirklichkeit gekoppelt ist.
Unser Tonprogramm ist ein solches Echtzeitprogramm.

*Übungen*

Welcher Mikroprozessor hat die kürzeste Befehlsausführungszeit?
Welcher Mikroprozessor hat den am längsten dauernden Befehl? Man beachte Abb. 69.

### 7.5.3 Das Tonprogramm ist ein Echtzeitprogramm

Der Leser wird sich bei den Tonprogrammen 6 und 7 gefragt haben, wie die Zahl $n = 234_8$ zustande kommt, die die Tonhöhe bestimmt. Diese Zahl verknüpft den Mikroprozessor direkt mit der realen Welt, denn seine Programmsprünge erzeugen ja den Ton für unser Ohr. (Im Gegensatz dazu ist es bei unserem Additionsprogramm beispielsweise ganz unwichtig, wie lange der Mikroprozessor daran arbeitet.)
Im Folgenden ist die Berechnung der Tonhöhenzahl n an zwei Beispielen gezeigt.
Im Programm 7 (Abb. 64) sind hinter den oktal kodierten Befehlen Zahlen angegeben. Das sind beim Z80 die Taktzeiten.
Für einen Programmdurchlauf benötigt er also

$$H = (7 + 11 + n \cdot (4 + 12) + 12) \text{ Takte}$$
$$= (30 + n \cdot 16) \text{ Takte.} \tag{1}$$

Das Flipflop der Peripherieschaltung bewegt die Lautsprechermembran bei zwei Programmdurchläufen einmal hin und her (Abb. 66), also ist die Periodendauer der Rechteckspannung am Lautsprecher

$$T_L = 2 \cdot H$$

und die Frequenz

$$f = \frac{1}{2 \cdot (30 + n \cdot 16) \text{ Takte}} . \tag{2}$$

Setzt man für die Taktzeit $T = 0{,}4\ \mu s$ ein, so folgt aus (2):

$$f = \frac{1}{24 + 12{,}8 \cdot n} \text{ MHz.} \tag{3}$$

Man kann (3) auch auflösen nach der Tonhöhenzahl n:

$$n = \frac{1}{12{,}8 \cdot f} - 1{,}9 \qquad f \text{ in MHz.} \tag{4}$$

Die maximale Frequenz ergibt sich aus (3) mit $n = 1$ zu

$$f_{max} = 27{,}17 \text{ kHz.}$$

Die minimale Frequenz ergibt sich aus (3) mit $n = 255$ zu

$$f_{min} = 304 \text{ Hz.}$$

Als Beispiel für die Rechnung mit Zyklenzeiten bestimmen wir die Tonhöhenzahl n für den 2650 (vgl. Programm 7a in Abb. 65).

$$H = (2 + 2 + n \cdot 3 + 3) \text{ Zyklen}$$
$$= (7 + n \cdot 3) \text{ Zyklen.} \tag{5}$$

Daraus folgt, wie zuvor, die Frequenz

$$f = \frac{1}{2 \cdot (7 + n \cdot 3) \text{ Zyklen}} . \qquad (6)$$

Setzt man für die Zyklenzeit Z = 2,4 µs ein, so folgt aus (6)

$$f = \frac{1}{33{,}6 + 14{,}4 \cdot n} \text{ MHz}. \qquad (7)$$

Aus (7) folgt für die Tonhöhenzahl n:

$$n = \frac{1}{14{,}4 \cdot f} - 2{,}33 \qquad f \text{ in MHz}. \qquad (8)$$

Die maximale Frequenz ergibt sich aus (7) mit n = 1 zu

$$f_{max} = 20{,}83 \text{ kHz}.$$

Die minimale Frequenz ergibt sich aus (7) mit n = 255 zu

$$f_{min} = 270 \text{ Hz}.$$

*Übungen*

1. Welcher Tonfrequenz entspricht die Oktalzahl 234 beim Z80 und welcher beim 2650?
2. Der Leser bestimme für den Mikroprozessor seiner Wahl die Formeln für die Frequenz und die Tonhöhenzahl n.
3. Derjenige Mikroprozessor, der die höchste Frequenz erzeugen kann, ist der schnellste in Bezug auf unser Tonprogramm. Verwenden wir das Tonprogramm als Vergleichsprogramm (benchmark program), so läßt sich eine Reihenfolge der Mikroprozessoren in Bezug auf die Arbeitsgeschwindigkeit aufstellen. Wie lautet diese Reihenfolge?

# 8 Einfaches Grundsystem + Tastatur + Ziffernanzeige = Komplettsystem

## 8.1 Systemübersicht

Hat der Leser die vorangehenden Programme Schritt für Schritt mit den Schiebeschaltern der einfachen Ein- und Ausgabeeinheit eingegeben und die Reaktion des Mikroprozessors mittels zugehöriger Leuchtdioden überwacht, so ist in ihm sicher der Wunsch nach einer müheloseren und rascheren Ein- und Ausgabe entstanden.
Die Ein- und Ausgabe Bit für Bit ist für Anfänger sehr lehrreich; für Fortgeschrittene, zu denen sich der Leser nunmehr zählen kann, stellt sie ein Hemmnis des Gedankenfluges dar.

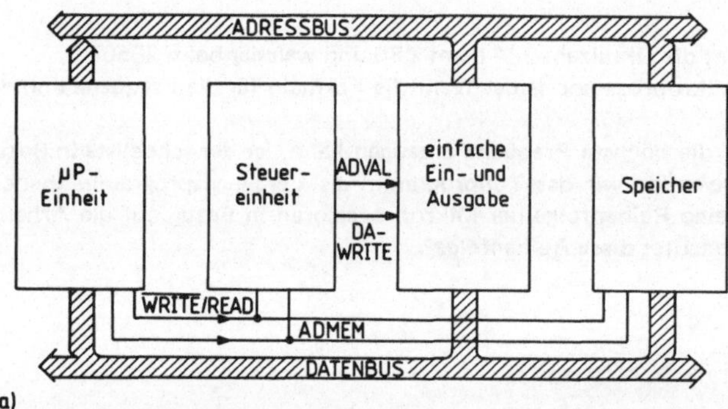


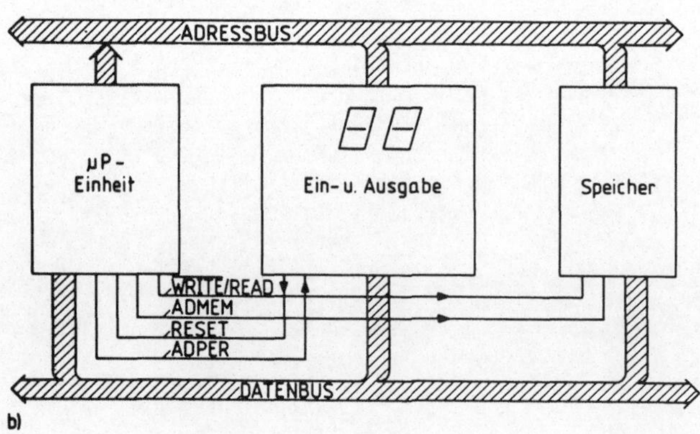


**Abb. 71**
Systemübersicht
a) einfaches Grundsystem (nach Abb. 51)
b) vollständiges Grundsystem = Komplettsystem

Wir beschreiben im Folgenden daher eine Ein- und Ausgabeeinheit, die unsere alte, einfache Ein- und Ausgabe und die zugehörige Steuereinheit ersetzt. In Abb. 71 ist das Blockschaltbild des bisher benützten einfachen Grundsystems dem Blockschaltbild des neuen, vollständigen Grundsystems gegenübergestellt.
Ein Datum wird dabei nicht mehr durch die Betätigung von 8 Schiebeschaltern, sondern durch Tastendruck eingegeben.
Das Ergebnis eines Programmes wird nicht mehr durch den Zustand von 8 LEDs angezeigt, sondern durch zwei (bei hexadezimaler Schreibweise) bzw. drei (bei oktaler Schreibweise) Siebensegmentanzeigen.
Der Preis, den man für diesen Bedienungskomfort zu zahlen hat, ist die Notwendigkeit eines Betriebsprogrammes (auch Monitor genannt), das die Zusammenarbeit der Tastatur und der Siebensegmentanzeigen mit dem Mikroprozessor steuert.

## 8.2 Dateneingabe mit Tastatur

Eine der verschiedenen Möglichkeiten, eine Ziffer per Tastendruck **oktal** an den Mikroprozessor zu geben, ist folgende (Abb. 72): Das Tastensignal (eine logische 0) wird über

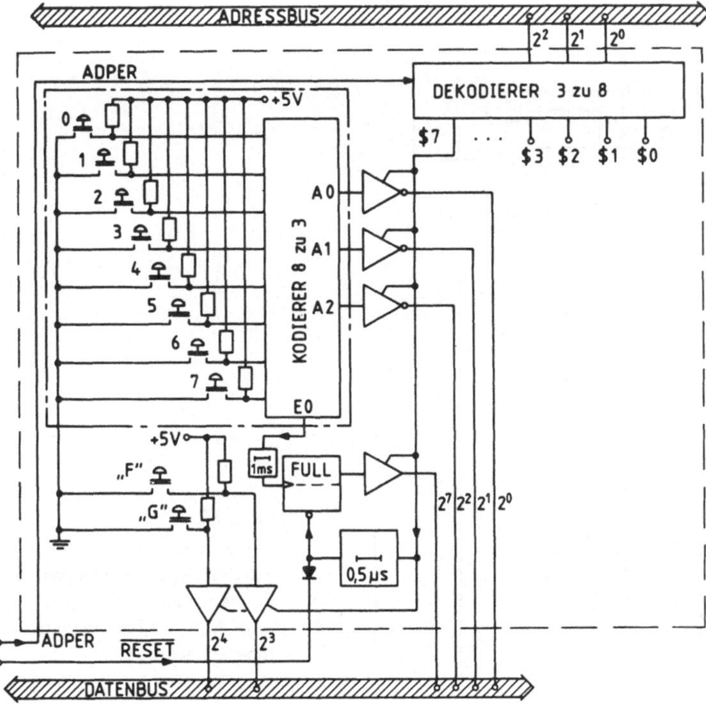


**Abb. 72** Die Eingabe der Daten per Tastendruck (oktal). (Kodierer: 74148; alle Widerstände 10 kOhm)

einen Kodierer in ein 3-bit-Wort umgesetzt (000 bis 111). Dieses Wort wird auf den Datenbus $2^0 - 2^2$ gegeben – allerdings nur dann, wenn der Mikroprozessor durch die Anwahl der Peripherie $7 zu erkennen gibt, daß er ein Datenwort zu lesen wünscht.
Es ist Sache des Betriebssystems (also des Monitorprogramms), sich aus zwei 3-bit-Worten und einem 2-bit-Wort das 8-bit-Datenwort zu bilden, mit dem der Mikroprozessor dann arbeitet. Bei der oktalen Kodierung ist damit die Sache erledigt. Bei der **hexadezimalen** Kodierung werden zwei 4-bit-Worte gebildet (Abb. 73). Das vierte Bit (= $2^3$) wird dabei vom Ausgang GS des ersten Kodierers geliefert: GS ist 0, wenn eine beliebige Taste 0–7 gedrückt wird, ansonsten ist GS stets = 1, was bedeutet: Beim Bedienen des zweiten Kodierers wird stets $2^3 = 1$ mitgeliefert (siehe Abb. 74).
Zur Sicherheit wird der EO-Ausgang des Kodierers 1 mit dem EI-Eingang des Kodierers 2 verbunden. Damit wird sichergestellt, daß der Kodierer 2 gesperrt ist, solange Kodierer 1 aktiv ist. Es bleibt noch ein prinzipielles Problem zu lösen, das der Leser sofort erkennt, wenn er sich Folgendes überlegt: Veranlaßt durch eine Schleife des Betriebssystems, fragt der Mikroprozessor die Tastatur bis zu 1000 mal pro Sekunde ab. Läßt der menschliche Benützer den Finger nun beispielsweise eine Sekunde auf der Taste „2", so würde statt einmal also 1000 mal die „2" eingelesen werden. Dies gilt es zu verhindern.

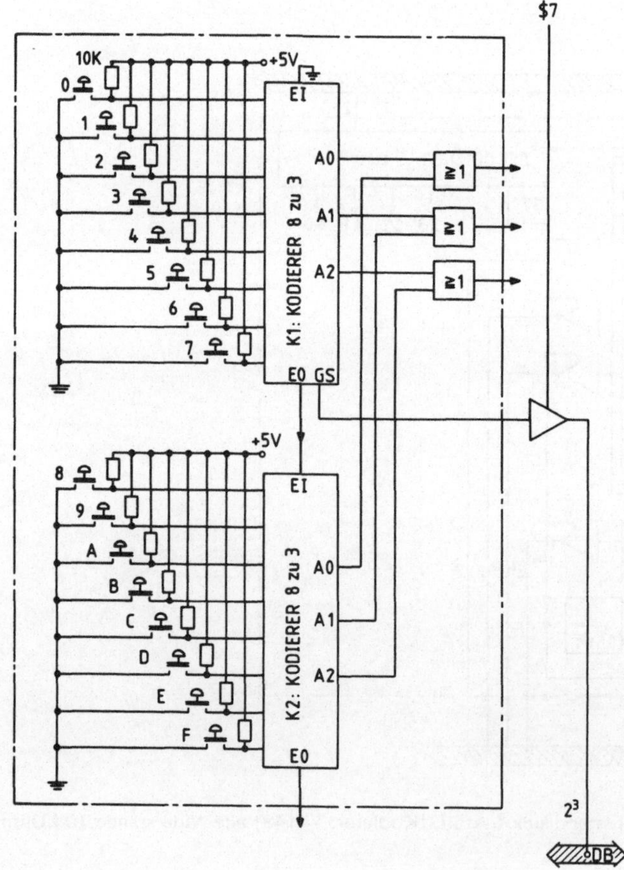


**Abb. 73**
Die Eingabe der Daten per Tastendruck: Schaltungsdetail für hexadezimale Eingabe (vgl. Abb. 72 für die vollständige Schaltung)

| | Eingang | $\overline{GS}$ | $\overline{A2}$ | $\overline{A1}$ | $\overline{A0}$ | EO |
|---|---|---|---|---|---|---|
| K1 | 0 | 0 | 0 | 0 | 0 | 1 |
| | 1 | 0 | 0 | 0 | 1 | 1 |
| | 2 | 0 | 0 | 1 | 0 | 1 |
| | 3 | 0 | 0 | 1 | 1 | 1 |
| | 4 | 0 | 1 | 0 | 0 | 1 |
| | 5 | 0 | 1 | 0 | 1 | 1 |
| | 6 | 0 | 1 | 1 | 0 | 1 |
| | 7 | 0 | 1 | 1 | 1 | 1 |
| K2 | 8 | 1 | 0 | 0 | 0 | 1 |
| | 9 | 1 | 0 | 0 | 1 | 1 |
| | A | 1 | 0 | 1 | 0 | 1 |
| | B | 1 | 0 | 1 | 1 | 1 |
| | C | 1 | 1 | 0 | 0 | 1 |
| | D | 1 | 1 | 0 | 1 | 1 |
| | E | 1 | 1 | 1 | 0 | 1 |
| | F | 1 | 1 | 1 | 1 | 1 |

**Abb. 74**
Wahrheitstabelle der Kodierer K1 und K2 (74148) in Abb. 72

EI muß 0 sein
EO = 1, wenn beliebige Taste gedrückt

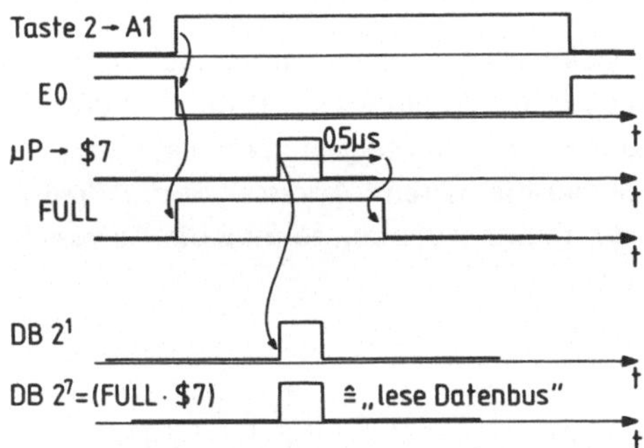


**Abb. 75**
Ablauf des Einlesens von „2" (FULL ist pro Tastendruck einmal = 1)

Das kann so geschehen (Abb. 72 und Abb. 75): Mit Drücken einer Zifferntaste wird automatisch EO = 0. Damit wird das Flipflop FULL gesetzt. Kommt jetzt der nächste Abfrageimpuls $7 vom Mikroprozessor, so wird

- das 3-bit-Datenwort auf die Datenbusleitungen $2^0$, $2^1$, $2^2$ gegeben,
- das FULL-Signal auf Datenlinie $2^7$ gegeben,
- das $7-Signal um 0,5 µs verzögert,
- das FULL-Signal durch das verzögerte $7-Signal auf 0 zurückgesetzt.

Das bedeutet, daß die getastete Ziffer gerade einmal durchkommt, solange bis der Kodierer über EO das Flipflop FULL erneut setzt. Dazu müßte aber diese Zifferntaste losgelassen und eine Zifferntaste erneut gedrückt worden sein.
Um Schmutzeffekte durch Prellen der Tasten zu eliminieren, wird in der Praxis zwischen EO und FULL vorsichtshalber noch eine Verzögerung eingefügt. Um einen wohldefinierten Anfangszustand sicherzustellen, wird die RESET-Leitung, über eine Diode entkoppelt, ebenfalls zum Rücksetzen von FULL benutzt.

Es versteht sich, daß das Betriebssystem so organisiert sein muß, daß es hier mitspielen kann.
Ergänzend seien noch die beiden Sondertasten F und G in Abb. 72 erwähnt. Sie bedienen direkt die zwei Datenleitungen $2^3$ und $2^4$. Damit können dem Monitorsystem bei Bedarf neben den reinen Zifferninformationen zusätzliche Befehle übermittelt werden.

## 8.3 Datenausgabe mit Siebensegmentanzeige

Will man die 8 bit des Datenbus numerisch anzeigen, so benötigt man dazu bei Oktaldarstellung drei Siebensegmentziffern; bei der Hexadezimaldarstellung genügen zwei Siebensegmentziffern. Es ist aber oftmals auch von Interesse, Adressen anzuzeigen, damit man weiß, wo ein bestimmtes Datum sich befindet. Bei zwölfstelliger Binäradresse benötigt man dann 4 bzw. 3 Siebensegmentanzeigen. Wir wählen 4 Siebensegmentanzeigen.
Die Umkodierung vom binären Datenwort auf die 8 Anschlüsse der Siebensegmentanzeige (einschließlich „Punkt") kann durch hardware (Dekodierer) oder durch software erfolgen. Betrachten wir die software-Kodierung für Multiplexbetrieb! Zunächst ordnen wir jedem Segment der Siebensegmentanzeige mehr oder weniger willkürlich ein Bit des Datenbusses zu (Abb. 76).
Die entsprechenden Segmente aller vier Anzeigeeinheiten schalten wir parallel (Abb. 77). Will man nun z.B. die Ziffer 1 anzeigen, so muß auf den Datenbus das Datum 00 000 110 gelegt werden. Damit sind dann die Segmente b und c aller Anzeigeeinheiten aktiviert. Welche Einheit leuchtet nun aber wirklich? Genau die, deren „Adresse" vom Adreßbus angegeben wird. Soll z.B. die zweite Einheit von rechts leuchten, so muß die Adresse $2 angewählt werden (vom Betriebssystem).

| Zeichen | oktal | hexadezimal | binär |
|---|---|---|---|
| 0 | 77 | 3F | 00 111 111 |
| 1 | 6 | 6 | 00 000 110 |
| 2 | 133 | 5B | 01 011 011 |
| . | . | . | . |
| . | . | . | . |
| . | . | . | . |
| 7 | 7 | 7 | 00 000 111 |
| 8 | 177 | 7F | 01 111 111 |
| 9 | 157 | 6F | 01 101 111 |
| A | 167 | 77 | 01 110 111 |
| B | 174 | 7C | 01 111 100 |
| . | . | . | . |
| . | . | . | . |
| . | . | . | . |
| F | 161 | 71 | 01 110 001 |
| . | . | . | . |
| . | . | . | . |
| . | . | . | . |

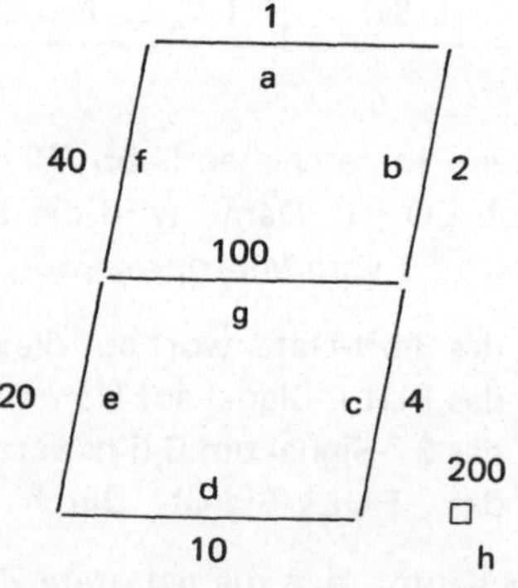


**Abb. 76** Die Kodierung der sieben Segmente

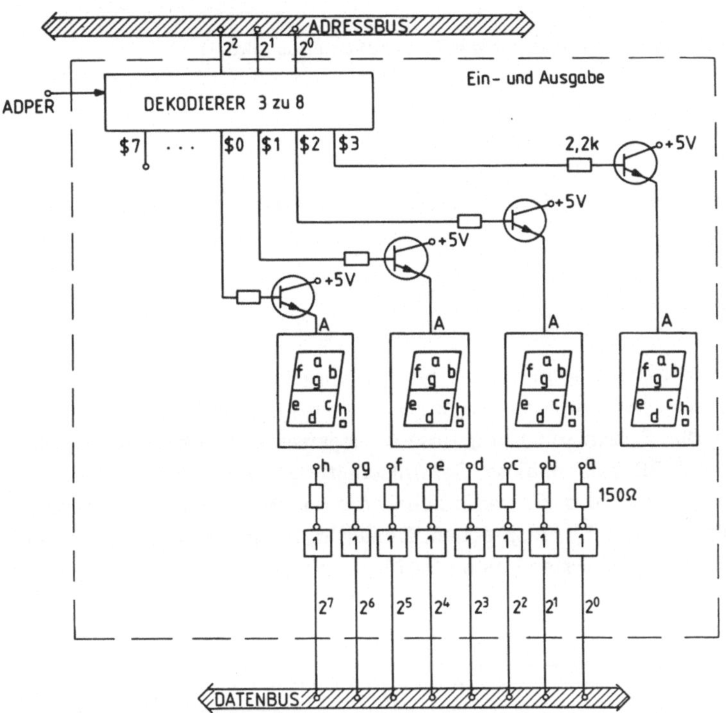


**Abb. 77** Ausgabeeinheit mit vier Siebensegmentanzeigen

Die hier beschriebene software-gesteuerte Anzeige ist gegenüber der hardware-Lösung flexibler: Sie gestattet die Darstellung beliebiger Zeichen auf den Anzeigeelementen. Wie wir gesehen haben, kann jedoch immer nur eine Siebensegmentanzeige angewählt werden. Das Programm muß also der Reihe nach alle benötigten Leuchtanzeigen aufrufen. Die Dauer des Leuchtens entspricht aber der Länge des Steuerimpulses aus z.B. $2, und das sind im Normalfall nur wenige Mikrosekunden, abhängig von der Geschwindigkeit des benutzten Mikroprozessors. Das bedeutet zunächst einmal, daß immer wieder alle Leuchtanzeigen reihum angewählt werden müssen, also $0, $1, $2, $3, dann wieder $0, usw. Da jedoch unser Mikroprozessor auch noch andere Dinge tun soll, als nur die Leuchtanzeigen mit Strom zu versorgen, würde unser Auge praktisch kein Leuchten wahrnehmen. Man muß daher den Anteil der Zeit, die für das Ansteuern der Leuchtanzeigen bereitgestellt wird, vergrößern gegenüber der übrigen Rechnerzeit. Dies kann z.B. dadurch geschehen, daß jedesmal, wenn eine Leuchtanzeige aktiviert wird, gleichzeitig der WAIT-Eingang des Prozessors um z.B. drei Millisekunden aktiviert und damit der Rechner angehalten wird. Natürlich werden dadurch alle Berechnungen über die Programmzeiten, wie wir sie im Abschnitt über das Echtzeitprogramm TON durchgeführt haben, über den Haufen geworfen. Wir wollen uns jedoch mit dieser etwas brutalen Methode, das Sichtbarwerden der Leuchtanzeigen zu erzwingen, begnügen.

*Übung*

Der Mikrocomputer gibt nacheinander folgende Datenwörter auf den Bus (oktal):

| | | |
|---|---|---|
| 166 | 77 | 155 |
| 167 | 0 | 171 |
| 70 | 70 | 120 |
| 70 | 171 | |

Man gebe anhand Abb. 76 an, was diese auf der Siebensegmentanzeige ergeben.

## 8.4 Gesamtschaltung

In Abb. 71 wurde das Blockschaltbild des Grundsystems vorgelegt. Ersetzt man die dortigen Blöcke durch die entsprechenden Schaltungen, wie sie im Vorangehenden besprochen wurden, so erhält man die Gesamtschaltung unseres sogenannten kompletten Grundsystems. Die Abb. 78 und 79 zeigen diese Gesamtschaltung, wobei die Einheiten in Abb. 78 fast unverändert aus den Abb. 52 und 53 übernommen wurden und die Einheiten in Abb. 79 denen in Abb. 72 und 77 entsprechen. Da wir im Folgenden mit einem Monitor arbeiten wollen, haben wir die ersten beiden RAM-Bausteine durch ROM-Speicher ersetzt.

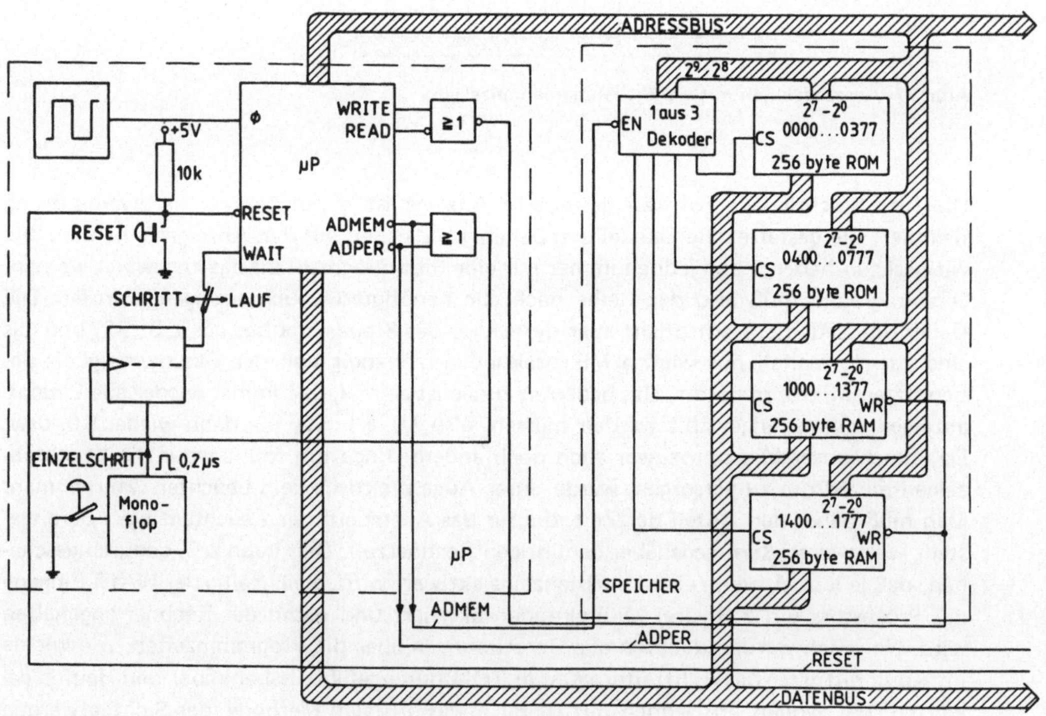


**Abb. 78** Komplettes Grundsystem: Mikroprozessor- und Speichereinheit

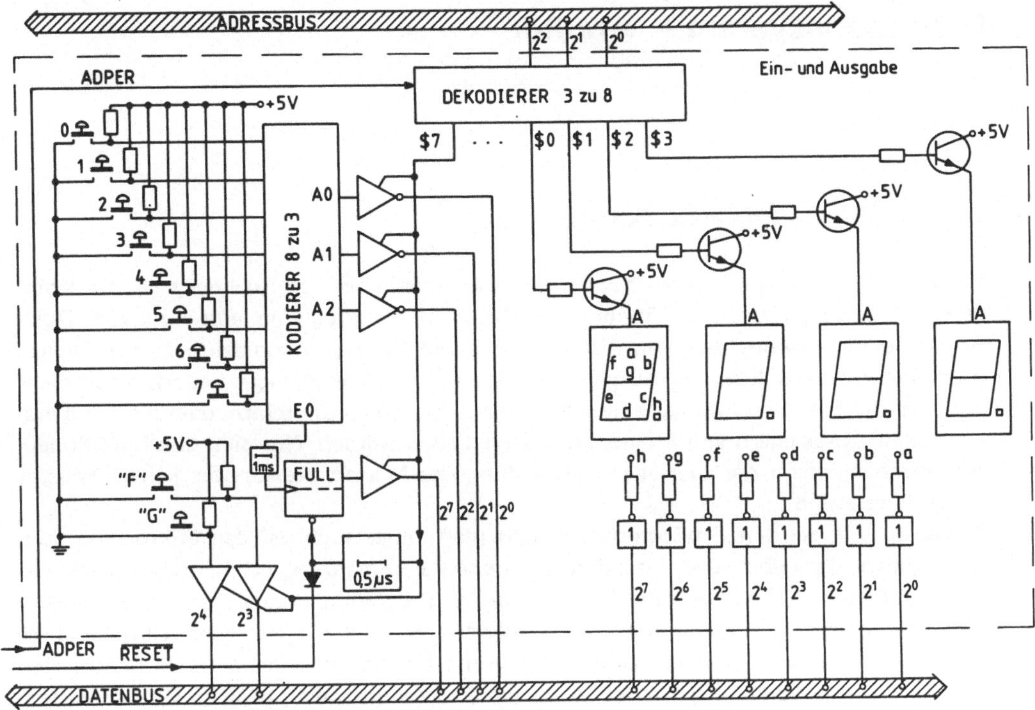


**Abb. 79** Komplettes Grundsystem: Ein- und Ausgabe der Daten

Die Adressierung des Speichers sieht damit folgendermaßen aus:

– ROM-Speicher Adressen $0000_8$ bis $0777_8$
– RAM-Speicher Adressen $1000_8$ bis $1377_8$, oder sogar erweitert bis $1777_8$.

Mit diesem System wollen wir im Folgenden arbeiten.

# 9 Betriebssystem = Monitor

## 9.1 Die Funktionen eines Betriebssystems

Wir haben im vorangegangenen Kapitel hardware-mäßig unseren Rechner zu einem Komplettsystem ausgebaut und könnten uns damit in die Programmierung stürzen. Doch wurde bei der Beschreibung von Ziffernanzeige und Tastatur schon deutlich, daß die Programmierung dieser Ein- und Ausgabeeinheiten einiger Überlegungen bedarf. Noch mehr wird das der Fall, wenn wir gar eine Volltastatur oder einen Bildschirm oder ein Tonbandgerät zum Abspeichern von Programmen anschließen würden. Nun sind dies Funktionen, die unabhängig von der speziellen Anwendung des Mikroprozessors für jeden Benutzer von Interesse sind.

Genau so wie bei den Großcomputern geht man daher auch bei den Mikrocomputern immer mehr dazu über, diese Standardfunktionen als Ergänzung der hardware herstellerseitig mitzuliefern, um die zum Teil aufwendige Programmierung durch den Anwender einzusparen. Ein Teil der installierten hardware, speziell der Speicher, wird für diese Funktionen reserviert. Die einzelnen Programme für die Inbetriebnahme der erwähnten Ein- und Ausgabeeinheiten werden zu einem Programmsystem, genannt Betriebssystem oder Monitor, zusammengefaßt. Da dieses Programm unmittelbar nach dem Einschalten des Rechners funktionsfähig sein soll, wird es im ROM-Speicher untergebracht. Außerdem wird durch geeignete Adressierung dieses ROM dafür gesorgt, daß der Prozessor nach Betätigung der RESET-Taste unmittelbar zum Beginn des Monitorprogramms springt. Der Monitor muß aber auch Daten zwischenspeichern können. Deshalb wird ihm ein kleiner Bereich des RAM-Speichers zugeordnet, den wir mit SAVE bezeichnen wollen (Abb. 80).

Um den Wirkungsgrad des Betriebssystems zu erhöhen, wird bei der Herstellung des Monitorprogramms Wert darauf gelegt, mit möglichst wenig Speicheraufwand ein möglichst großes Repertoire an Monitorfunktionen zu verwirklichen. Wir wollen den Leser des Buches mit der darum oft sehr trickreichen Programmierung des Monitors nicht belästigen und in diesem Kapitel nur über die allgemeinen Funktionen des von uns ins Auge

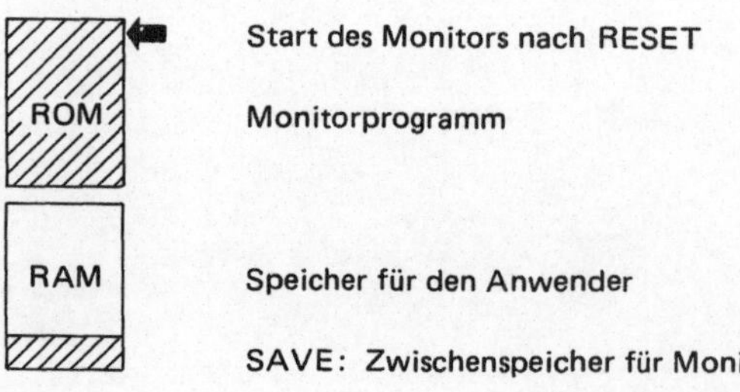


**Abb. 80** Speicherorganisation bei Monitorbetrieb

gefaßten Monitorsystems berichten. Einige Funktionen, wie das Lesen der Tastatur und das Ansteuern der Leuchtanzeige, werden im Folgenden in Benutzerprogrammen vorgeführt werden.
Unser Primitiv-Monitor soll folgende Operationen gestatten:

**Laden bzw. Korrigieren eines Programms**

Der Benutzer tastet die Adresse und den Inhalt des zu ladenden RAM-Speicherplatzes über die Tastatur ein. Der Monitor führt diese Aufgabe durch. Da Programme im Allgemeinen in aufeinanderfolgenden Speicherplätzen geladen werden, soll der Monitor automatisch die vorgegebene Speicheradresse erhöhen, so daß im Folgenden immer nur der Speicherinhalt angegeben zu werden braucht.

**Anzeigen des Inhaltes von Speicherplätzen**

Dadurch kann insbesondere die Programmeingabe wieder kontrolliert werden. Dies ist notwendig, da Eingabefehler durch menschliches Versagen möglich sind. Aber auch unsere Primitiv-Tastatur kann gelegentlich falsch arbeiten, wenn zufällig das Betätigen einer Taste und das Lesen über $7 zeitlich zusammenfallen.

**Starten des Benutzerprogramms**

Da das RESET immer zum Monitor führt, muß für das Ansteuern des Benutzerprogrammes eine Operation des Monitors vorgesehen sein.

Um das Testen von Programmen zu erleichtern, wollen wir darüberhinaus annehmen, daß unser Monitor beim Übergang zum Benutzerprogramm und vom Benutzerprogramm zum Monitor vermittels RESET oder durch einen Sprungbefehl im Benutzerprogramm auf die Anfangsadresse des Monitors den Inhalt der Register im SAVE-Bereich sicherstellt.

*Übung*
Was ist der Unterschied zwischen Monitorprogramm und Benutzerprogramm?

## 9.2 Die Organisation eines Betriebssystems

In Abb. 81 ist – sehr vereinfacht – der Programmablauf bei Monitorbetrieb dargestellt. Wir erkennen drei ineinander geschachtelte Schleifen und beginnen die Erklärung am Schleifenrückkehrpunkt S. Zunächst gilt es, wie in Kap. 8.3 angedeutet, die Leuchtanzeige zu bedienen. Im Normalfall wird die Adresse angezeigt, die als nächste vom Monitorsystem angesprochen werden soll. In dem Block „Leuchtanzeige bedienen" wird die zunächst dual vom Prozessor gegebene Zahl in eine Oktalzahl umgewandelt und diese für die richtige Ansteuerung der Siebensegmentanzeige umgeschlüsselt. Nachdem alle Siebensegmentanzeigen einmal aktiviert wurden, wird im nächsten Block die Tastatur eingelesen. Abb. 72 zeigt, daß das eingelesene Datenwort in den Bits $2^0$, $2^1$ und $2^2$ den Zustand des Kodiererausganges, in den Bits $2^3$ und $2^4$ den Zustand der Tasten F und G und im Bit $2^7$ den Zustand von FULL wiederspiegelt. Die nicht angeschlossenen Bits $2^5$ und $2^6$

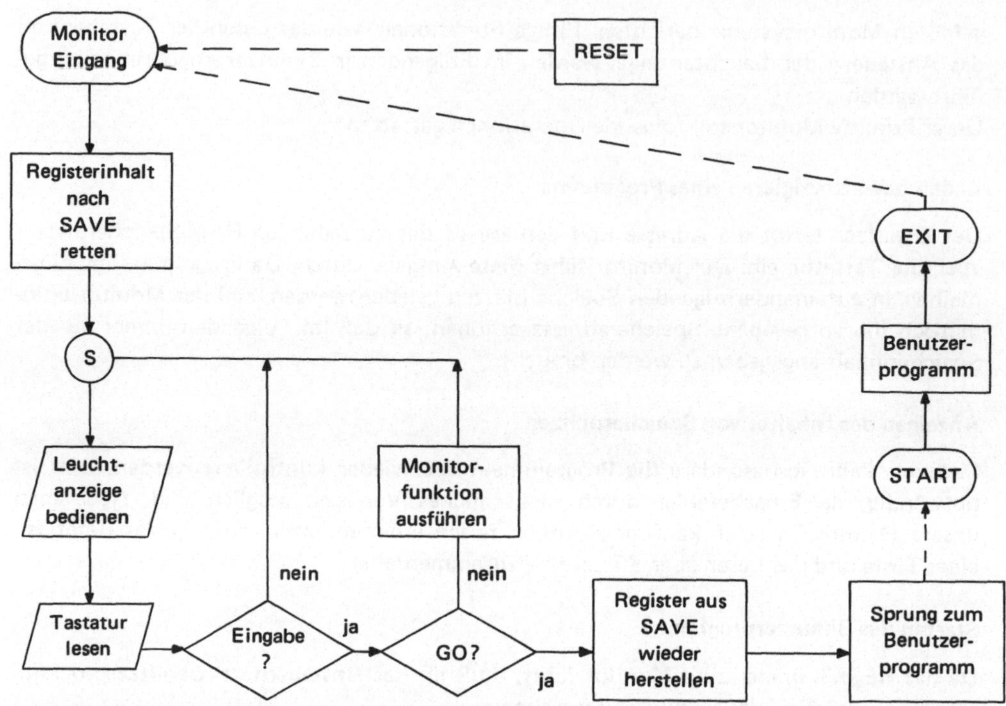


**Abb. 81** Blockbild des Monitorbetriebes

erzeugen automatisch eine 1 (eins). Das durch den Lesebefehl „LOAD A, $7" im Rechner verfügbare Datum kann nun untersucht werden.
Die Eingabe einer Ziffer setzt das Flipflop FULL und erzeugt damit im Datenbit $2^7$ eine 1. Bei einem Test im Mikroprozessor wird aber ein Datum mit 1 in der werthöchsten Stelle (linkes Bit) als negative Zahl interpretiert. Die in Abb. 81 angegebene Abfrage „Eingabe?" kann somit einfach durch die Frage „A negativ?" dargestellt werden. Solange der Benutzer die Tastatur nicht bestätigt, kehrt das Programm zum Punkt S zurück und läuft in der Schleife S-„Leuchtanzeige"-„Tastatur"-„Eingabe"-S. Wir haben hier den gleichen Vorgang wie bei unseren Taschenrechnern, wo die Leuchtanzeige den Inhalt des Rechenregisters anzeigt und die Tastatur gelesen wird, um festzustellen, ob der Benutzer eine Rechnung durchführen möchte. Wenn nicht, geschieht nichts anderes, als daß permanent der Rechenregisterinhalt angezeigt wird.
Unter Berücksichtigung der am Schluß von Abschnitt 8.3 beschriebenen Verzögerung des Prozessors wird diese Schleife einige hundert Mal in der Sekunde durchlaufen.
Was geschieht nun, wenn wir unsere Tastatur betätigen? Beim nächsten Durchlaufen der Frage„Eingabe?" bricht das Programm aus dem bisherigen Kreislauf aus und führt in dem Block „Monitorfunktion ausführen" die durch den Tastendruck gewünschte Operation aus. Danach wird zum Punkt S zurückgekehrt und der innere Zyklus mit Leuchtanzeige und Tastaturabfrage beginnt von Neuem. Auch dieser größere Kreislauf entspricht genau dem bei unseren Taschenrechnern.

Der Benutzer kann damit beliebig oft eine der im Monitorsystem eingebauten Funktionen ausführen lassen. Genau so wie bei den nichtprogrammierbaren Taschenrechnern kann er aber nichts anderes tun, als was bereits im Monitor vorgesehen ist. Uns genügt das nicht und daher müssen wir über den Befehl GO (= gehe zum Benutzerprogramm) aus dem Monitorkreislauf ausbrechen können. Darum wird die Abfrage GO? in die zweite Schleife eingefügt. Nach einem Zwischenspiel, auf das wir gleich zurückkommen, erfolgt dann ein Sprung zum Benutzerprogramm. Vorausgesetzt ist hier, daß der Benutzer vor Betätigung der Taste GO die Startadresse seines Programmes über den Monitor eingegeben hat. Hier verlassen wir das Monitorprogramm und bewegen uns nur im Bereich des eigenen Benutzerprogrammes, sofern wir nicht eine der folgenden zwei Möglichkeiten wahrnehmen.
Die eine wird man immer dann anwenden, wenn das Benutzerprogramm seine Pflicht und Schuldigkeit getan hat und es daher sinnvoll ist, die Regie wieder an das Monitorprogramm zu übergeben: Am Schluß des Benutzerprogramms ein Sprung zum Eingang des Monitorprogramms (EXIT).
Ist ein solchermaßen definiertes Ende des Benutzerprogramms nicht vorhanden, da es wie das Ton-Programm von Kap. 7 seiner Struktur nach ein Endlosprogramm ist oder weil wir durch fehlerhafte Programmierung in eine Endlosschleife geraten sind, so kann man durch Eingriff von Außen, d.h. durch Betätigen der RESET-Taste, zwangsweise vom Benutzerprogramm zum Monitorprogramm übergehen. Dabei interessiert oft der letzte Zustand der Register, um eine geeignete Diagnose stellen zu können. Der Monitor rettet daher als erstes den Inhalt dieser Register in den Speicherbereich SAVE. Dann kann der Monitor ab Punkt S die Register beliebig benutzen; denn nach Betätigung der Taste GO vor dem Sprung in das Benutzerprogramm werden die nach SAVE geretteten Registerinhalte wieder in diese Register zurückgeladen, so daß bei der Rückkehr zum Benutzerprogramm die Register wieder so gefüllt sind wie beim Verlassen des Benutzerprogramms.
Gibt man jetzt als Startadresse den Punkt an, bei dem das Benutzerprogramm verlassen wurde, so kann man im Benutzerprogramm fortfahren, als ob zwischenzeitlich kein Ausflug in den Monitor stattgefunden hätte. Solange man noch im Monitorbereich ist, kann man den Inhalt der Speicher des SAVE-Bereiches untersuchen und damit Informationen über das Benutzerprogramm erhalten.
Diese Methode ist sicherlich sehr viel eleganter und benutzerfreundlicher als das z.B. in Abb. 21 durchgeführte Laden des Datenbusses vom Register, um dann den Inhalt mühsam an den Leuchdioden ablesen zu können.
Ein Monitorprogramm der hier beschriebenen Organisationsform ist bereits eine große Hilfe beim Austesten von Programmen. Will man etwa einzelne Programmzweige austesten, die sonst schwer zu erreichen sind, so kann man per Programm (EXIT) oder durch RESET zum Monitor zurückkehren und über die Monitorfunktionen beliebige Speicher des SAVE-Bereiches abändern, so daß dann bei der Rückkehr zum Benutzerprogramm diese veränderten Inhalte in die Register übernommen werden.
Für den Rest des Buches setzen wir voraus, daß ein Monitor-System verfügbar ist mit den anschließend aufgelisteten Funktionen.
Der Monitor dient aber nur unserer Bequemlichkeit beim Laden und Testen unserer Programme, die ihrerseits jedoch keine Verwendung von Operationen des Monitorsystems machen. Der Benutzer, der keinen Monitor zur Verfügung hat, kann daher die Programme

ebenfalls durchführen. Nur muß er sie wesentlich mühsamer über Schiebeschalter in den Speicher eingeben.

*Übung*
Zu was benützt man den SAVE-Bereich?

## 9.3 Liste der verfügbaren Monitorfunktionen

Im Folgenden bedeutet a eine Adresse, die vom Monitor im SAVE-Bereich abgespeichert wird. Andererseits bedeutet d ein Datum, das vor Betätigung der entsprechenden Funktionstaste eingetastet wird. Schließlich bedeutet m die Startadresse des Benutzerprogramms.

| Tätigkeit | Zahlen-eingabe | Befehls-taste | Wirkung |
|---|---|---|---|
| Adressen-ersteingabe | a | OPEN | Adresse a nach SAVE |
| Leucht-anzeige | | keine | a wird angezeigt |
| | | F | Inhalt von Platz a wird angezeigt |
| | | NEXT | a : = a + 1 |
| | | PREVIOUS | a : = a – 1 |
| Eingabe von Daten | d | NEXT | d wird in Adresse a gespeichert, dann a : = a + 1 |
| | d | PREVIOUS | d wird in Adresse a gespeichert, dann a : = a – 1 |
| | d | CLOSE | d wird in Adresse a gespeichert, a unverändert |
| | d | DELETE | Eingabe d wird gelöscht (Korrektur der Eingabe), a unverändert |
| Start eines Programmes | m | GO | Wiederherstellen der Register und Sprung nach Speicherplatz m. |

*Übung*
Welchem Zweck dient die Taste PREVIOUS?

# 10 Unterprogrammtechnik und Tabellenabruf (Melodieprogramm)

## 10.1 Programmbeschreibung

In Kap. 7 haben wir unserem Mikroprozessor einen Ton entlockt. Diesen würden wir immer noch hören, wenn wir ihn nicht durch RESET oder gar Stromabschaltung zum Schweigen gebracht hätten. Jetzt wollen wir die Musikausbildung unseres Rechners fortsetzen und ihm beibringen, eine Melodie unserer Wahl von sich zu geben. Wir müssen also durch Programmierung einen Tongenerator bauen, der nicht nur Töne verschiedener Tonhöhen (Frequenz), sondern auch Töne verschiedener Länge produzieren kann. Wir wollen also nicht jedem Ton einen eigenen Generator zuordnen, sondern nur einen allgemeinen Generator für alle Töne bauen. Natürlich kann dann immer nur ein Ton zu jedem Zeitpunkt ertönen. Ein mehrstimmiges Spiel ist nicht möglich. Wir wollen uns auch der alten Weisheit erinnern, daß das Wichtigste in der Musik die Pausen sind. Also muß unser Generator auch Pausen vorgegebener Längen erzeugen können.
Wie können wir nun die Länge eines Tones begrenzen? Der einfachste Weg ist, ausgehend von unserem Tonprogramm, die Zahl der Perioden bzw. Halbperioden mitzuzählen. Leider ist dann die Tonlänge bei konstanter Periodenzahl von der Tonhöhe abhängig. Das würde aber unsere Komponistentätigkeit sehr behindern. Deshalb wollen wir einen Tongenerator bauen, bei dem Tonlänge und Tonhöhe wenigstens weitgehend von einander unabhängig sind. Wir müssen also einerseits die Halbperioden bis zum Betätigen des Lautsprechers über $6 zählen wie in Kap. 7, andererseits parallel dazu das Zeitintervall für die Gesamtlänge des Tones. Da unser Mikroprozessor sehr schnell ist, das Datenwort aber nur 8 Bit umfaßt, müssen wir zwei 8-bit-Zähler hintereinander schalten, um hinreichend lange Töne zu erhalten. Wie in Abschnitt 7.5.3 zählt die Tonhöhenzahl n (Abb. 82) die Takte bzw. Zyklen zwischen zwei $6-Befehlen, während die Tonlängenzahl w die Takte bzw. Zyklen für die Tonlänge zählt.
Eine Tonhöhenzahl n = 0 ist unsinnig. Daher nutzen wir n = 0 für die Definition der Pause aus. Im Programm „vergessen" wir dann einfach, den Lautsprecher über $6 zu aktivieren, wenn n = 0 gegeben ist.
Wir benötigen für unseren Tongenerator 4 Speicherplätze, die wir mit A, B, C und D bezeichnen. Bei denjenigen Mikroprozessoren, die wenigsten 4 Register haben, nutzen wir

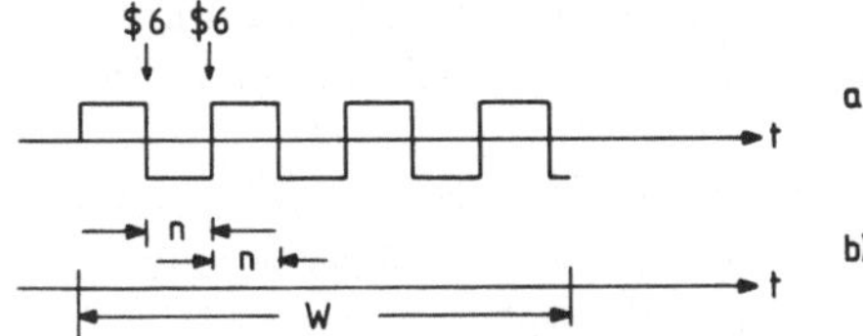


**Abb. 82**
Zeitdiagramm des Tongenerators
a) Ansteuerung des Lautsprechers
b) Tonlänge

unmittelbar die 4 Register A, B, C, D aus, bei den übrigen Prozessoren wird es sich hier um RAM-Speicherplätze handeln. Wir setzen voraus, daß vor Aufruf unseres Tongenerators TON die Tonhöhenzahl n auf Platz C und die Tonlängenzahl w auf Platz B deponiert wurden. Wie Abb. 82 zeigt, wird w pro Note nur einmal benötigt, und wir können auf Platz B unmittelbar die Tonlänge abzählen. Dagegen wird n mehrfach benötigt, so daß das Zählen der Halbperiode wie in Kap. 7 auf Platz A stattfinden soll. Auf Platz D bringen wir den bereits erwähnten Unterzähler für die Tonlänge unter. Immer wenn in D bis $2^8 = 256$ gezählt wurde, dekrementieren wir den Wert in B. Genau genommen zählt also unsere Tonlängenzahl w nicht die verstrichenen Zyklen, sondern die Anzahl der Durchläufe unseres Hilfszählers D.

Abb. 83 „Pausenzeichen"

| Ton | $n_{10}$ | $n_8$ | $w_8$ |
|---|---|---|---|
| f | 99 | 143 | 140 |
| c | 133 | 205 | 40 |
| f | 99 | 143 | 40 |
| g | 89 | 131 | 40 |
| a | 79 | 117 | 200 |
| Pause | 0 | 0 | 100 |

Abb. 84 n- und w-Werte für das „Pausenzeichen" (n-Werte abgestimmt auf Programm in Abschnitt 10.4.1)

Wir haben uns vorgenommen, unseren Rechner eine Melodie spielen zu lassen. Wir wählen dazu die kurze Tonfolge von Abb. 83. Damit die musikalische Freude lange währt, soll der Rechner nach Beendigung der Tonfolge automatisch zum Anfang zurückkehren. Wir erhalten eine Endlosmelodie, ein „Pausenzeichen".

Zunächst einmal müssen wir den dort benutzten Tönen f c f g a die richtigen Tonhöhenzahlen zuordnen. Aus dem Musikunterricht ist bekannt, daß der Kammerton a die Frequenz 440 Hz hat. Der um eine Oktave tiefere Ton hat die Frequenz 220 Hz. Die zwölf Töne einer Oktave werden (multiplikativ) gleichmäßig über den Frequenzbereich der Oktave verteilt; das ergibt je Halbton einen Faktor $\sqrt[12]{2} = 1{,}0595$. Da unsere Tonhöhenzahl n umgekehrt proportional zur Frequenz ist, ergeben sich bei willkürlicher Annahme n = 79 für den Ton a die in Abb. 84 aufgelisteten Tonhöhenwerte.

Die zunächst dezimal errechneten Werte müssen für die Programmierung in Oktalwerte umgerechnet werden. Auch diese Werte befinden sich in Abb. 84. Nun müssen den Tönen noch Tonlängenwerte zugeordnet werden. Um die Anwendung einfach zu gestalten, ordnen wir willkürlich der Viertelnote den Wert w = 100 zu. Die Achtelnote bekommt dann w = 40 und die Halbnote w = 200. Wem die Geschwindigkeit unseres Spieles nicht zusagt, kann zum Presto übergehen, indem er alle w-Werte halbiert, oder zum Largo, indem er diese Werte verdoppelt. Man beachte, daß es sich hier um Oktalzahlen handelt, d.h. die Hälfte von 100 ist 40!

Um unser Pausenzeichen ertönen zu lassen, brauchen wir noch ein Rahmenprogramm, auch Hauptprogramm (HP) genannt, das der Reihe nach den jeweiligen w- und n-Wert nach den Plätzen B und C lädt und dann den Tongenerator aufruft.

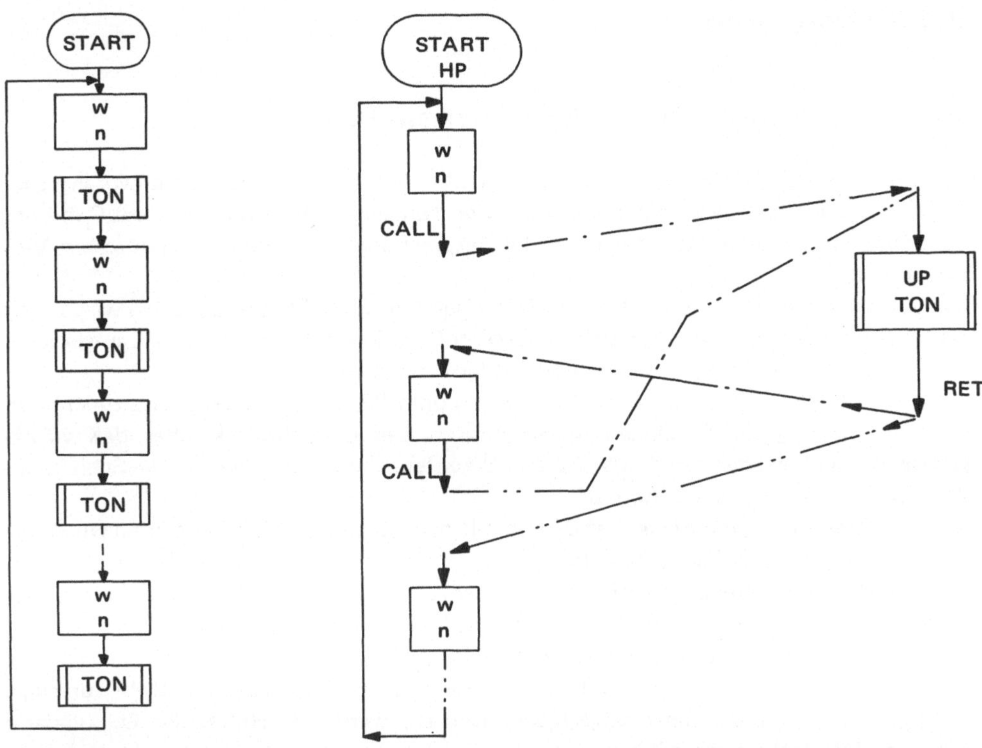


**Abb. 85** Rahmenprogramm ohne UP-Technik

**Abb. 86** Rahmenprogramm mit UP-Technik

Dies muß in unserem Fall einschließlich der Pause 6 mal geschehen, und dann muß ein Rücksprung zum Anfang dieses Rahmenprogrammes erfolgen. Unser Programm hat also die Struktur von Abb. 85. Dabei bedeutet der Kasten mit den Doppelstrichen und der Inschrift TON, daß hier ein umfangreicheres Programm, nämlich unser Tongenerator, ablaufen soll. Das Flußdiagramm Abb. 85 würde es erfordern, das Programm TON insgesamt 6 mal zu speichern, da wir es 6 mal benötigen. Das ist jedoch eine unnötige Verschwendung von Speicherplatz, da wir zu der etwas komplizierteren, dafür aber speicherplatzsparenden Konstruktion von Abb. 86 übergehen können.

Wir kommen damit zur sog. **Unterprogrammtechnik.** Unser Programm TON, das wir als Unterprogramm (UP) oder procedure oder subroutine bezeichnen können, wird von dem Rahmenprogramm oder Hauptprogramm (HP) 6 mal aufgerufen, aber nur einmal im Speicher deponiert. Dabei ergibt sich ein Problem. Am Ende des UP TON muß jeweils zu einer anderen Stelle des HP verzweigt werden. Das UP muß also wissen, von welcher Stelle des HP es angesprungen wurde. Diese Technik wollen wir in einem getrennten Abschnitt besprechen.

## 10.2 Flußdiagramme

### 10.2.1 Flußdiagramm für das Unterprogramm TON

Wenn der Rechner in Abb. 87 zum Eingangspunkt „TON" springt, ist, wie im vorangegangenen Abschnitt festgelegt, der Platz B mit der Tonlängenzahl w und der Platz C mit der Tonhöhenzahl n gefüllt. Wir beginnen die Besprechung des Unterprogrammes am Verzweigpunkt P1.

Wir erkennen hier im Wesentlichen das Flußdiagramm von Abb. 55. Zunächst wird A mit der **Tonhöhenzahl** geladen, die sich ja jetzt in C befindet. Dann wird der Lautsprecher über $6 aktiviert und anschließend unser Zähler A um 1 verringert.

Ist A noch ungleich 0, so gehen wir jetzt zum Punkt P3, da wir im Gegensatz zu Abb. 55 noch die Zählung der Tonlänge einfügen müssen. Der Leser bemerkt aber, daß wir anschließend doch wieder zum Punkt P2 zurückkehren. Damit schließen wir die Schleife für den Zähler A genauso wie in Abb. 55.

Ist A zu 0 geworden, die Frage $A \neq 0$? also mit nein zu beantworten, so kehren wir genau so wie in Abb. 55 zum Punkt P1 zurück.

Ist eine Pause darzustellen, so ist die Tonhöhenzahl in C gleich 0, und darum wird an der eingefügten Abfrage $A = 0$? die Aktivierung des Lautsprechers übergangen.

Es bleibt noch die Zählung der **Tonlänge**. Am Punkt P4 sehen wir, daß die Tonlängenzahl im Platz B dekrementiert wird und, solange sie ungleich 0 ist, zum Punkt P2 zurückgesprungen wird. P4 soll aber angesteuert werden, wenn der Hilfszähler D insgesamt $256_{10} = 400_8$ mal herabgezählt wurde. Wir müssen daher D am Anfang mit der Oktalzahl 400 laden. Diese können wir aber in einem 8-bit-Wort nicht darstellen. Wie der Leser bemerkt, setzen wir am Beginn unseres UP den Hilfszähler D auf 0. Dies entspricht der Oktalzahl 400. Denn am Punkt P3 wird D zunächst dekrementiert. Ist D jedoch 0, so wird 0 minus 1 gerechnet und, wie in Abschnitt 4.5 dargestellt, die negative 1 durch die oktale 377 angegeben. Bei der anschließenden Frage $D \neq 0$? ist also mit ja zu antworten und wir kehren zu P2 zurück. Erst wenn bei dieser Frage D zu 0 geworden ist, gehen wir nach P4. Dabei ist bei der späteren Rückkehr nach P2 automatisch der Anfangswert $D = 0$ gegeben.

Ist schließlich die Frage $B \neq 0$? mit nein zu beantworten, so kommen wir zum Rücksprung (RET) aus dem UP in das aufrufende HP.

Wir sehen also: Die in Abb. 55 eingezeichnete Periodenschleife, die der Tonhöhenberechnung in Abschnitt 7.5.2 diente, ist jetzt erweitert durch den Zählmechanismus für die Tonlänge. Diese Schleife P2-P3-(P4)-P2 ist maßgebend für die Zeiteinheit, die der Bestimmung von Tonhöhenzahl und Tonlängenzahl zugrunde liegt.

Im Idealfall sollte der Weg – zeitlich gesehen – von P3 nach P2 immer gleich lang sein, um einen „sauberen" Lautsprecherton zu liefern. Bei den langsameren Prozessoren macht sich der Umweg über P4 als Schnarren bemerkbar. Durch einen Zeitausgleich mit funktionslosen (NOP-) Befehlen kann man hier Abhilfe schaffen.

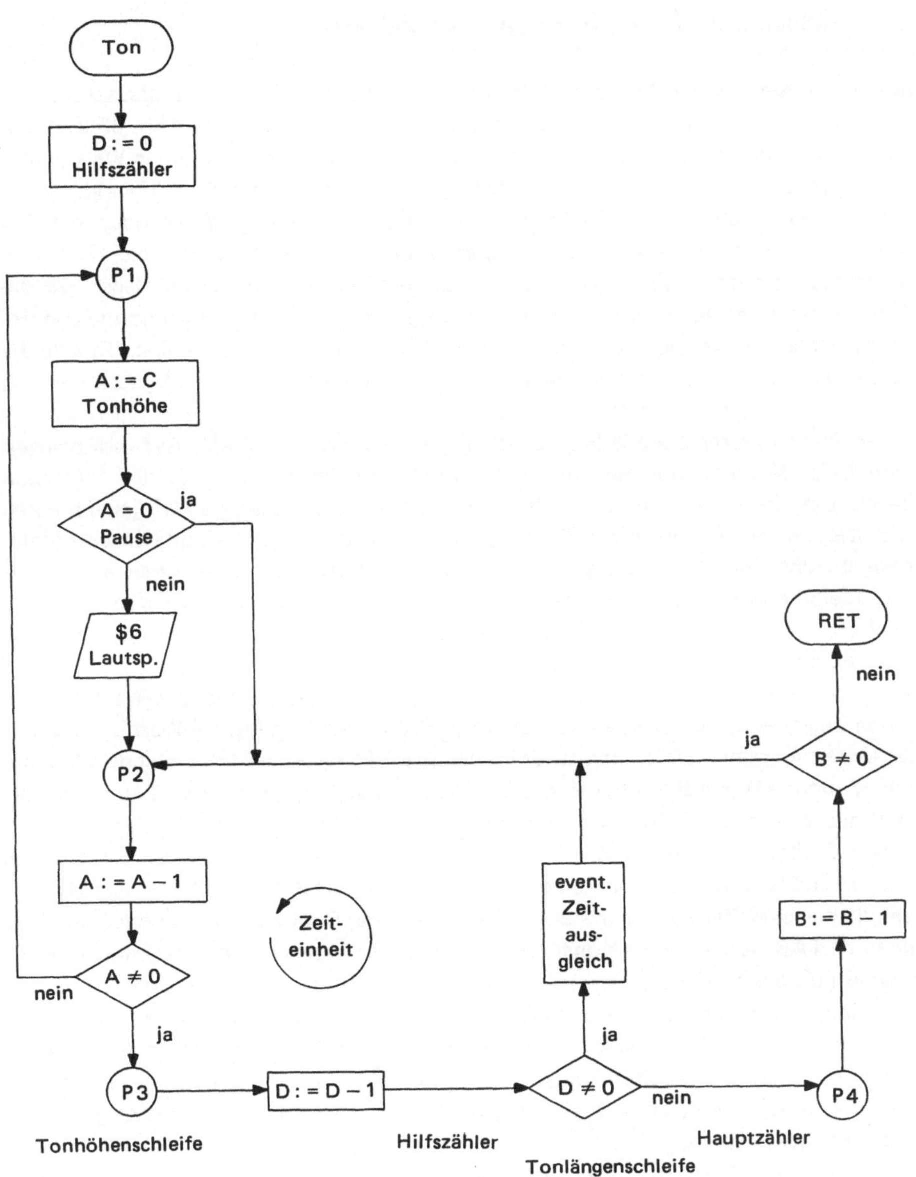


**Abb. 87** Unterprogramm TON

## 10.2.2 Flußdiagramm für Hauptprogramm Melodie

Wir wollen eine Melodie spielen, die vielleicht sogar noch länger als unser Pausenzeichen sein kann. Wir brauchen also ein Rahmenprogramm. Ob wir es nun nach Abb. 85 konstruieren oder komprimiert nach Abb. 86, immer müssen wir für jeden Ton einen Wert w und n nach B bzw. C laden und dann das Unterprogramm aufrufen. Dieser Aufwand enthält sehr viel Redundanz und ist bei einigen Mikroprozessoren relativ groß. Geändert hat sich jedesmal nur der konkrete Wert w und n. Der Mechanismus des Ladens und Unterprogrammaufrufes ist aber immer derselbe. Als avancierte Programmierer überlegen wir daher, ob wir nicht unnötige Programmierarbeit einsparen und die Verschwendung von unnötigem Speicherplatz vermeiden können. Es genügt doch, wenn wir in einer Tabelle die benötigten Werte w und n auflisten, wie es im Grunde schon in Abb. 84 geschehen ist. Wir organisieren dies im RAM-Speicher gemäß Abb. 88.
Den ersten Platz unserer Tabelle bezeichnen wir symbolisch mit TAB. Auf ihm bringen wir einen Index K unter, auf den wir noch zurückkommen werden. Auf den folgenden Speicherplätzen, die wir in Gruppen zu je zwei zusammenfassen, bringen wir jeweils einen w- und n-Wert für einen Ton unter. Dies machen wir solange, bis alle Töne unserer Melodie untergebracht sind. (Der letzte ist dann eine Tonhöhenzahl n.) Nun müssen wir das Ende der Melodie signalisieren. Das machen wir einfach dadurch, daß wir den nächsten, einen w-Wert, gleich 0 setzen. Denn eine Tonlängenzahl der Länge Null ist unsinnig, und so interpretieren wir w = 0 als Ende der Melodie.
Was wir nun noch benötigen, ist ein Rahmenprogramm, das, mit dem w-Wert für den ersten Ton beginnend, immer einen w-Wert nach B und den folgenden n-Wert nach C lädt und das Unterprogramm TON aufruft. Beim nächsten Ton geschieht der gleiche Vorgang, aber die w- und n-Werte befinden sich auf anderen Speicherplätzen. Der Leser bemerkt aber, daß hier eine strenge Ordnung vorherrscht. Der nächste w-Wert befindet sich nämlich gerade 2 Plätze weiter als der vorangehende. Wir führen daher die Adressierung mittels eines Index durch, und schreiben dies TAB (K). Wir meinen damit Folgendes: als Adresse gilt der Speicherplatz, der sich errechnet aus der Summe von Grundadresse TAB und Index K. TAB ist dabei eine Konstante, während der Index K laufend verändert wird.
Wir können nun das Flußdiagramm in Abb. 89 besprechen. Nach dem Startpunkt müssen zunächst einige Vorbereitungen getroffen werden. Im Kasten „Anfangswerte" werden wir die Zustandsregister löschen und eventuell den Stackpointer auf die Anfangsstellung bringen. Diese Vorbereitungsarbeiten müssen wir durchführen, damit wir nicht unliebsame Überraschungen erleben, weil auf Grund undefinierter Werte im Zustandsregister der Prozessor „verrückt" spielt.
Verknüpfungspunkt L1 ist der eigentliche Beginn für unsere Melodie. Wir setzen den Index K auf 0, wir begeben uns sozusagen in die Startlöcher vor dem Lauf durch die Tabelle. Am Punkt L2 ist unser Index definiert und wir müssen nun zum nächsten Speicherplatz der Tabelle schreiten. Dazu erhöhen wir zunächst den Index K um 1 und bringen dann den Wert des Tabellenplatzes, dessen Adresse sich aus TAB plus K errechnet, in unseren Akkumulator A. Dies muß eine Tonlängenzahl sein. Durch den Test A = 0? stellen wir fest, ob wir das Ende der Melodie erreicht haben. Wenn ja, springen wir zurück

| Platz | Inhalt | Bemerkung |
|---|---|---|
| TAB | (K) | (Tabellenindex) |
| TAB + 1 | w | Tonlängenzahl } 1. Ton |
| TAB + 2 | n | Tonhöhenzahl } 1. Ton |
| TAB + 3 | w | Tonlängenzahl } 2. Ton |
| TAB + 4 | n | Tonhöhenzahl } 2. Ton |
| .... | .... | |
| | w = 0 | Ende der Melodie |

**Abb. 88** Tabelle der Töne der Melodie

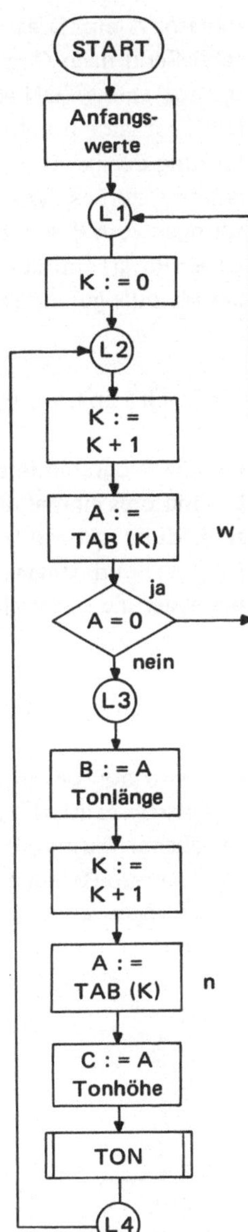


**Abb. 89** Hauptprogramm MELODIE

nach L 1, um die Melodie wieder von vorn zu beginnen. Will man die Melodie nur einmal durchspielen, so müßte man hier einen Ausgang (EXIT) zum Monitor vorsehen.
Ist jedoch $w \neq 0$, so machen wir bei L 3 weiter. Der zunächst in A zwischengespeicherte Wert wird nach dem Speicher B für die Tonlänge gebracht.
Nun muß auch noch die Tonhöhenzahl n eingelesen werden. Dazu erhöhen wir zunächst wieder den Tabellenindex und lesen den Inhalt des nächsten Tabellenplatzes zum Akku-

mulator A ein. Dies muß bei richtiger Ausfüllung der Tabelle ein n-Wert sein, den wir anschließend nach C speichern. Damit sind unsere Vorbereitungen für das Aufrufen des Unterprogramms TON abgeschlossen und wir können unseren Tongenerator ansteuern.
Der Prozessor durchläuft jetzt das Unterprogramm nach Abb. 87 und kehrt nach Durchführung der gewünschten Arbeit über den Ausgang RET zum Punkt L4 unseres Hauptprogramms zurück. Wir können somit die Bearbeitung des nächsten Tones ansteuern und springen vom Punkt L4 einfach zum Punkt L2 zurück.
Unser Programm läuft nun in der Schleife L2-L3-L4-L2 solange, bis w = 0, d.h. das Ende der Melodie gefunden wurde.

## 10.3 Die speziellen Befehle

Für die Programmierung unseres Melodie-Programmes benötigen wir einige neue Befehle. Es sind dies einmal diejenigen, die zur Abwicklung der Unterprogrammtechnik notwendig sind. Zum anderen haben wir bisher nicht besprochen, wie man Daten vom Speicher zum Register und umgekehrt transportieren kann. Zum dritten müssen wir die indizierte Adressierung kennenlernen.

### 10.3.1 Unterprogrammaufrufe

Wie wird nun der in Abb. 86 skizzierte Vorgang des Unterprogrammaufrufes maschinentechnisch realisiert? Wir betrachten dazu die Abb. 90, die ein mit weiteren Einzelheiten versehener Ausschnitt aus der Abb. 86 ist. Links sehen wir zunächst einen Kasten, der eine gewisse Befehlsfolge des Hauptprogrammes darstellt. Am Punkt c soll der Aufruf des Unterprogrammes, das am Speicherplatz m beginnt, erfolgen. Diesen Aufruf bezeichnet man mit

CALL m

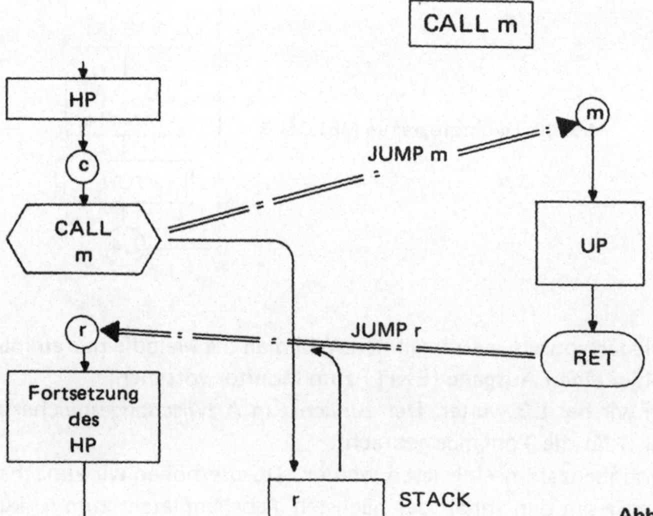


**Abb. 90** Der Unterprogrammaufruf

Nach Durchführung des Unterprogramms soll es im unterbrochenen Hauptprogramm am Punkt r weitergehen.

Ein CALL ist, wie der Leser sofort bemerkt, im wesentlichen ein JUMP zum Platz m, jedoch um folgende Tätigkeit erweitert: Der Platz der nächsten Instruktion im HP, in unserem Beispiel die Adresse r, muß in einem besonderen Speicher, Kellerspeicher oder STACK genannt, deponiert werden. Wird nun das UP, am Platz m beginnend, durchlaufen und kommt der Prozessor zum Ende des UP, so muß er zum HP zurückkehren. Der hier benötigte Befehl wird mit

| RET | (Return)

bezeichnet. RET ist, wie man sofort sieht, auch wieder nur ein einfacher JUMP, wobei aber die Sprungadresse diesmal nicht im Befehl angegeben ist, da sie sich ja von UP-Aufruf zu UP-Aufruf ändern wird, sondern aus dem STACK bezogen wird. Nach diesem Verfahren laufen alle Unterprogrammaufrufe ab, jedoch ist die Realisation bei den einzelnen Mikroprozessoren zum Teil sehr verschieden. Insbesondere die Frage des STACK ist nicht einheitlich gelöst. Dies hängt damit zusammen, daß man noch kompliziertere Strukturen bewältigen möchte.

In Abb. 91 ist dargestellt, wie ein Hauptprogramm zunächst ein Unterprogramm UP 1 aufruft, dieses ein weiteres Unterprogramm UP2 und dieses schließlich ein drittes Unterprogramm UP3:

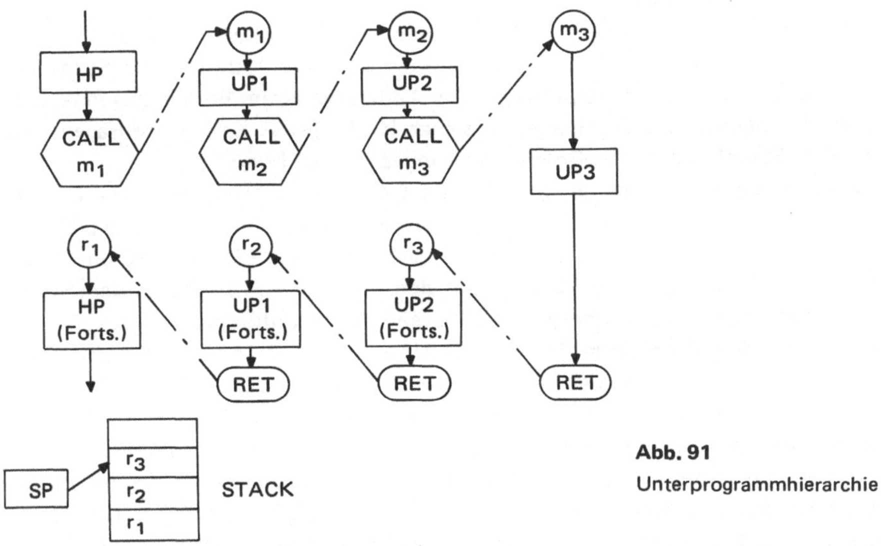


**Abb. 91**
Unterprogrammhierarchie

Der Aufruf CALL m1 speichert die Rückkehradresse r1 in den STACK. Etwas später will der Aufruf CALL m2 die Rückkehradresse r2 in den STACK bringen. Damit die gespeicherte Adresse r1, die die Rückkehr von UP1 in das HP sicherstellt, nicht verloren geht, muß der STACK also mehrere Speicherzellen haben.

In unserem Beispiel benötigen wir einen STACK mit drei Zellen. Die Rücksprungbefehle RET sehen alle gleich aus. An ihnen kann der Prozessor nicht ablesen, welche der Rückkehradressen r1, r2, r3 er aus dem STACK zurückholen muß. Der Mikroprozessor benötigt deshalb noch einen sogenannten Stackpointer (SP), der jeweils das Ende der STACK-Belegung anzeigt. Über das anläßlich Abb. 90 Besprochene hinaus muß der CALL-Befehl daher jeweils den Stackpointer um eins weitersetzen. Der Leser sei in diesem Zusammenhang auf den Abschnitt 2.1.2.4 verwiesen. Im allgemeinen wird aus Gründen der Speicherökonomie die Organisation des STACK so durchgeführt, daß dem Stackanfang die höchste Adresse zugeordnet ist. Dann würde der CALL-Befehl also den SP um 1 herabzählen.

Damit alles richtig funktioniert, muß nun der RET-Befehl zusätzlich zum Lesen des STACK den SP wieder um 1 heraufzählen. Hat z.B. das RET von UP3 die Rückkehradresse r3 gefunden und den SP korrigiert, so findet das RET von UP2 jetzt die Rückkehradresse r2.

Die Verwirklichung des STACK und Stackpointers ist bei den verschiedenen Prozessoren sehr unterschiedlich:

- Der Prozessor 2650 hat im Prozessorchip einen STACK mit 8 Plätzen. Er kann daher maximal 8 Unterprogrammebenen ineinander schachteln. Dafür benötigt er im Gegensatz zu den anderen Prozessoren keinen RAM-Speicherplatz für den STACK.
- Die Prozessoren Z80, 8080, 8085, 6802 haben hardwaremäßig einen 16-bit Stackpointer, der vom Programmierer am Anfang des Programms auf die Grundadresse des STACK zu setzen ist.
- Der 6502 greift mit seinem 8-bit SP auf Speicherplätze der page 1 zurück.
- Wie bereits in Abschnitt 2.1.2.4 festgestellt, haben der 1802 und der SCMP kein hardware-Register für den Stapelzeiger. Der 1802 arbeitet im Prinzip wie in Abb. 91 dargestellt, benutzt als SP aber eines seiner HL-Register. Er hat sozusagen einen „software-Stapelzeiger". Die Programmierung ist jedoch kompliziert.
- Wesentlich anders arbeitet der SCMP. Sein CALL ist anders organisiert. Der Programmierer bringt zunächst die Eingangsadresse m des UP in einem HL-Register unter und verwirklicht den CALL durch einen Austausch (EX) von PC und diesem HL. Der RET-Befehl erfolgt dann durch den gleichen EX-Befehl, in dem einfach wieder der zwischengespeicherte alte PC-Stand des Hauptprogramms aus dem HL-Register mit dem derzeitigen PC-Wert des Unterprogramms vertauscht wird. Durch geeignete Inkrementierung des PC wird dafür gesorgt, daß bei der Rückkehr zum HP wirklich am Punkt r und nicht am Punkt c weitergemacht wird.

Eine Zusammenstellung der Befehle findet der Leser in den Abb. 92, 93 und 94.

Wir haben jeweils nur den CALL mit absoluter Adressierung angegeben. In den meisten Fällen sind auch andere Adressierungsarten möglich. Ebenso gibt es bedingte CALLs. Der Leser sei auf die ausführlichen Instruktionsverzeichnisse im Anhang verwiesen. Er braucht nur zu bedenken, daß der CALL im Grunde ein JUMP ist, und die Ausführungen von Abschnitt 7.2.2 auf diesen Fall anwenden.

Die Prozessoren von Abb. 92 unterscheiden sich dabei in der Art, wie der SP, im allgemeinen zu Beginn des HP, gesetzt wird.

- Beim 2650, wo der SP Bestandteil des U-Registers ist, setzen wir über

| | |
|---|---|
| CLR A | 40 |
| LOAD U,A | 222 |

einfach das gesamte Zustandsregister auf Null. Man könnte selektiver auch mit dem Befehl

| BIC U, # 7 | 164<br>7 |
|---|---|

arbeiten.

- Beim Z80, 8080, 8085 und 6802 kann der SP unmittelbar geladen werden.
- Beim 1802 verzichten wir auf die lästige SP-Programmierung und ordnen einfach jeder Unterprogrammebene einen eigenen PC zu. In Abb. 93 haben wir für das Hauptprogramm PC = HL0 gewählt und HL 10, HL 11, ... für die anschließenden Unterprogrammebenen.

| Platz | Assemblerkode | Maschinenkode (oktal) | | | | Bemerkungen |
|---|---|---|---|---|---|---|
| | | Z80, 8080 8085 | 2650 | 6802 | 6502 | |
| Beginn des HP | LOAD SP, # s | 61<br>$s_a$<br>$s_p$ | | 216<br>$s_p$<br>$s_a$ | | Setzen Stack-Pointer auf Adresse s. (Wird eventuell bereits vom Monitor gesetzt) |
| | LOAD X, # $s_a$<br>LOAD S, X | | | | 242<br>$s_a$<br>232 | Beim 6502 wird $s_p = 1$ per hardware ergänzt |
| | CLR A<br>LOAD U, A | | 40<br>222 | | | Setzen SP auf Anfangswert (kann entfallen) |
| beliebiges Programm | | | | | | |
| c:<br><br>r: | CALL m<br><br>... | 315<br>$m_a$<br>$m_p$ | 77<br>$m_p$<br>$m_a$ | 275<br>$m_p$<br>$m_a$ | 40<br>$m_a$<br>$m_p$ | Aufruf des UP auf Platz m<br><br>Rückkehr vom UP in das HP |
| beliebiges Programm | | | | | | |
| m = ($m_p$ $m_a$) | ...<br>RET | 311 | 27 | 71 | 140 | Beginn des UP<br>Ende des UP |
| beliebiges Programm | | | | | | |
| s = ($s_p$, $s_a$) | | r | | r | r | ↑ Stack |

**Abb. 92** Unterprogrammaufruf mit Stack

Die Adressen m für den Beginn des UP und s für den SP sind jeweils 16-bit-Zahlen und müssen aus zwei Byte zusammengesetzt werden, die wir mit $m_p$ und $m_a$ bzw. $s_p$ und $s_a$ bezeichnet haben. Der Leser möge sich der Unterschiede der einzelnen Prozessoren erinnern, die wir bezüglich der Angabe des höher-und niederwertigen Anteils der Adressen in Abschnitt 7.2.2.1 auseinandergesetzt haben. Der Leser beachte insbesondere den Unterschied beim CALL m-Befehl in Abb. 92.

*Übungen*

1. Was wird im Stapelspeicher bei einem UP-Aufruf abgespeichert?
2. Welche Prozessoren verfügen nicht über den Befehl CALL?
3. In welcher Weise ändert RET den Stapelanzeiger?

| Platz | Assemblerkode | Maschinenkode oktal 1802 | Bemerkung |
|---|---|---|---|
| HP: | ... | | Hauptpgramm PC = HL0 |
| c0: | LOAD A, # p1 | 370 | |
| | | p1 | |
| | LOAD H10, A | 270 | |
| | LOAD A, # a1 | 370 | |
| | | a1 | |
| | LOAD L10, A | 250 | |
| | LOAD P, # 10 | 330 | CALL UP 1 |
| r0: | ... | | |
| UP 1: | ... | | Unterprogramm UP 1 = (p1, a1) |
| c1: | LOAD A, # p2 | 370 | |
| | | p2 | |
| | LOAD H11, A | 271 | |
| | LOAD A, # a2 | 370 | |
| | | a2 | |
| | LOAD L11, A | 251 | |
| | LOAD P, # 11 | 331 | CALL UP 2 |
| r1: | ... | | |
| | LOAD P, # 0 | 320 | RET (zu HP : r0) |
| UP2: | ... | | Unterprogramm UP2 = (p2, a2) |
| | LOAD P, # 10 | 330 | RET (zu UP1 : r1) |

**Abb. 93** Unterprogrammaufruf beim 1802

| Platz | Assemblerkode | Maschinenkode oktal SCMP | Bemerkung |
|---|---|---|---|
| HP: | ...<br>LOAD A, # $m_p$<br><br>EX A, H3<br>LOAD A, # $m_a$<br><br>EX A, L3 | <br>204<br>$m_p$<br>67<br>204<br>$m_a$<br>63 | <br>Adresse des UP nach HL3<br><br>(möglich auch HL1 oder HL2) |
| c:<br>r: | EX PC, HL3<br>... | 77 | CALL: Aufruf des UP auf m + 1<br>(m → PC, c → HL3, PC + 1 → PC) |
| | | beliebiges Programm | |
| m = ($m_p$, $m_a$) :<br>m + 1 : | NOP<br>... | 10 | eventuell: Platz für Parameter<br>Beginn des UP |
| | | beliebiges Programm | |
| | EX PC, HL3 | 77 | RET: Rückkehr zum HP auf r = c + 1<br>(c → PC, PC + 1 → PC) |

**Abb. 94:** Unterprogrammaufruf beim SCMP

### 10.3.2 Adressierung des Speichers

Wir besprechen in diesem Abschnitt das Laden eines Datums in den Akkumulator A von einem durch eine absolute Adresse angegebenen Speicherplatz m.

LOAD A, m

Ebenfalls besprechen wir den umgekehrten Vorgang, das Laden einer durch absolute Adresse gegebenen Speicherzelle mit dem Datum aus dem Akkumulator A.

LOAD m, A

Dieser Vorgang wird auch oft als

STORE A, m

bezeichnet.

Diese Befehle gibt es nicht für den 1802 und den SCMP. Für die übrigen Prozessoren sind sie in Abb. 95 aufgelistet. Um die Tabelle nicht zu überladen, haben wir als Register nur das Register A eingesetzt, obgleich bei dieser Adressierungsart auch mit den anderen Registern gearbeitet werden kann. Wir verweisen den Leser auf die Befehlstabellen im Anhang. Zu beachten ist wieder die unterschiedliche Anordnung der Adressenanteile p und a.

| Assemblerkode | Maschinenkode (oktal) | | | | | | Bemerkung |
|---|---|---|---|---|---|---|---|
| | Z80, 8080, 8085 | 2650 | 6802 | 6502 | 1802 | SCMP | |
| LOAD A, m | 72<br>a<br>p | 14<br>p<br>a | 266<br>p<br>a | 255<br>a<br>p | – | – | Lade vom Speicher absolut |
| LOAD m, A | 62<br>a<br>p | 314<br>p<br>a | 267<br>p<br>a | 215<br>a<br>p | – | – | Speichere zum Speicher absolut |
| LOAD A, n | – | 10<br>n″ | – | – | – | 300<br>n′ | Lade vom Speicher relativ |
| LOAD n, A | – | 310<br>n″ | – | – | – | 310<br>n′ | Speichere zum Speicher relativ |

m = (p, a) Adresse, n′ = 8-bit-Verschiebung (mit Vorzeichen), n″ = 7-bit-Verschiebung (mit Vorzeichen)

**Abb. 95** Adressierung des Speichers

Eine andere Adressierungsart ist die sog. relative Adressierung. Wir kennen sie bereits aus Abschnitt 7.2.2.2, und können uns daher hier kurz fassen. Hier wird also relativ zum derzeitigen Stand des PC adressiert:

LOAD A, n

bzw.

LOAD n, A

Verwirklicht ist dies beim 2650 und beim SCMP. Bei beiden Prozessoren kann dabei zu größeren und kleineren Adressen zugegriffen werden, da die Verschiebezahl n vorzeichenbehaftet interpretiert wird.

Die in Abb. 95 angegebene Adressierung für die Operation LOAD kann bei den Prozessoren 2650, 6802, 6502 und SCMP entsprechend auch für alle arithmetischen und logischen Operationen angewendet werden.
Beim Z80, 8080 und 8085 sind diese arithmetischen und logischen Befehle nur für die Adressierung innerhalb des Registerbereichs vorhanden. Den für diese Befehle notwendigen Oktalcode entnehme der Leser den Programmlisten des Anhanges.
Wie man der Abb. 95 entnehmen kann, gibt es für den 1802 weder eine absolute noch eine relative Adressierung des Speichers. Bei ihm sind wir ganz auf die im nächsten Abschnitt besprochene Adressierungsart angewiesen.

*Übung*

Angenommen, in einem 2650-Programm stehe LOAD n, A auf Speicherplatz $117_8$ und $120_8$. Man will den Inhalt von A auf Speicherstelle $140_8$ laden. Man bestimme die Verschiebezahl n. (Vgl. Abb. 59.)

## 10.3.3 Indizierte Adressierung des Speichers

Die wohl wirkungsvollste Adressierungsart der Prozessoren ist die mit einem Indexregister. Damit können wir Strukturen der Art TAB (K), auf die wir in Abschnitt 10.2.2 stießen, verwirklichen. Wie Abb. 96 zeigt, ist diese Adressierungsart bei allen Prozessoren vertreten, jedoch (natürlich) in verschiedener Weise.
Es lassen sich drei Hauptgruppen herausschälen:
Die endgültige Speicheradresse für den Ladevorgang findet der Rechner in einem Register von 16 bit Länge. Dies können die HL-Register bei den Prozessoren Z80, 8080, 8085 und 1802 sein. Im Assemblerkode bezeichnen wir diesen Vorgang [1] mit

```
LOAD A, (HL)
```

bzw.

```
LOAD (HL), A
```

.

<table>
<tr><th rowspan="2">Assemblerkode</th><th colspan="7">Maschinenkode (oktal)</th><th rowspan="2">Bemerkung</th></tr>
<tr><th colspan="2">Z80, 8080, 8085</th><th>2650</th><th>6802</th><th>6502</th><th>1802</th><th>SCMP</th></tr>
<tr><td>LOAD A, (HL)</td><td colspan="2">176</td><td>–</td><td>–</td><td>–</td><td>4*</td><td>–</td><td rowspan="4">Lade vom Speicher indiziert</td></tr>
<tr><td>LOAD A, (X) + m</td><td colspan="2">–</td><td>17*<br>140+p<br>a</td><td>–</td><td>275<br>a<br>p</td><td>–</td><td>–</td></tr>
<tr><td>LOAD A, (IX) + n</td><td>335*<br>176<br>n'</td><td>–</td><td>–</td><td>246<br>n</td><td>–</td><td>–</td><td>303*<br>n'</td></tr>
<tr><td>LOAD (HL), A</td><td colspan="2">167</td><td>–</td><td>–</td><td>–</td><td>124*</td><td>–</td></tr>
<tr><td>LOAD (X) + m, A</td><td colspan="2">–</td><td>317*<br>140+p<br>a</td><td>–</td><td>235<br>a<br>p</td><td>–</td><td>–</td><td rowspan="2">Speichere zum Speicher indiziert</td></tr>
<tr><td>LOAD (IX) + n, A</td><td>335*<br>167<br>n'</td><td>–</td><td>–</td><td>247<br>n</td><td>–</td><td>–</td><td>313*<br>n'</td></tr>
</table>

m = (p, a) Adresse, n = 8-bit-Verschiebung (positiv), n' = 8-bit-Verschiebung (mit Vorzeichen)
* 2650: X willkürlich zu D gewählt
1802: HL willkürlich zu HL4 gewählt
SCMP: IX willkürlich zu HL+ gewählt
Z80: IX willkürlich zu IX gewählt

**Abb. 96** Indizierte Adressierung des Speichers

[1] Diese Adressierungsart ist eng verwandt mit der sogenannten indirekten Adressierung, wie sie beim 2650 und 6502 verwirklicht ist. Dort wird ebenfalls nicht die Speicheradresse im Befehl angegeben, sondern im Befehl auf einen Speicherplatz verwiesen, der zusammen mit dem ihm folgenden Platz eine 16-bit-Adresse enthält, die dann zur endgültigen Speicheradresse wird.

Diese Adressierungsart entspricht noch nicht ganz der Struktur eines Indexregisters, denn Tabellengrundadresse und Index können nicht getrennt angegeben werden. Aber immerhin ist die Adresse in einem Register deponiert, so daß sie während des Programmablaufes leicht abgeändert werden kann.

Eine vollwertige Indizierung gestattet die Befehlsstruktur

| LOAD A, (X) + m |
|---|

bzw.

| LOAD (X) + m, A |
|---|

,

wie sie bei den Prozessoren 2650 und 6502 verwirklicht ist. Hier wird im Register X der Index untergebracht, der die relative Adresse zum Tabellenanfang wiedergibt. Der Tabellenanfang wird in der Instruktion absolut angegeben, wobei die Reihenfolge von p und a unterschiedlich ist.

Beim 2650 läßt sich diese Indizierung noch dahingehend vervollkommnen, daß automatisch mit der Indizierung das Indexregister dekrementiert oder inkrementiert werden kann. Um diese verschiedenen Befehlsarten unterscheiden zu können, genügt beim 2650 die 8-bit-Folge des ersten Byte nicht mehr, sondern die ersten drei Bits des nächsten Byte müssen als Ergänzung des Operationskodes dienen. Für den Programmierer wirkt sich das so aus, daß er im Fall der einfachen Indizierung die Oktalzahl 140 zum p-Anteil der Adresse addieren muß. Wie der Leser der ausführlichen Programmliste entnehmen kann, müßte für die Inkrementierung stattdessen die Oktalzahl 40 addiert werden. Auch die indirekte Adressierung beim 2650 wird durch das Aufaddieren, in diesem Fall der Oktalzahl 200, verwirklicht.

Eine dritte Variante ist beim Z80, 6802 und beim SCMP zu finden:

| LOAD A, (IX) + n |
|---|

bzw.

| LOAD (IX) + n, A |
|---|

.

Dort ist der wesentliche Anteil der Adresse im 16-bit-IX-Register untergebracht, während im Befehl eine 8-bit-Verschiebezahl angegeben wird. Dies läßt sich vorteilhaft ausnutzen, wenn in einer Tabelle mehrere Bytes zu einem Zählindex gehören. Wir verweisen hier auf das Programm für den SCMP.

Beim 6802 kann diese Verschiebezahl nur positive Werte annehmen. Hier bietet sich folgende Organisation des Datenspeichers an: Die Datenspeicher eines Programmabschnittes, z.B. Unterprogrammes, werden zu einem Block zusammengefaßt und das IX-Register mit der Anfangsadresse dieses Blockes geladen. Die Verschiebezahl n gestattet dann im Befehl selektiv den ersten, zweiten, usw. Platz dieses Datenblockes anzuvisieren.

Wie Abb. 95 und 96 zeigt, liegen bezüglich der Speicheradressierung beim 1802 die größten Einschränkungen vor. Vor dem Ansprechen des Speichers muß also immer ein HL-Register geladen werden. Dies bedeutet eine Vermehrung der Programmschritte. Um diese nicht ins Uferlose wachsen zu lassen, besitzt der 1802 insgesamt 16 HL-Register, die dezimal von 0 bis 15 bzw. oktal von 0 bis 17 gezählt werden. Man deponiert dann am Anfang

des Programms öfters benutzte Adressen in verschiedenen HL-Registern und kann sie dann unter Vermittlung des Data Pointer X bei Bedarf aufrufen. Der 1802 kann zwar grundsätzlich jeden Speicherplatz ansteuern, der Verbrauch an Befehlsschritten ist aber so groß, daß der Programmierer zu einer äußerst klugen Organisation seines Datenspeichers gezwungen wird.
Die anwenderfreundlichste Adressierung stellt der 2650 zur Verfügung: Er kann absolut und relativ, voll indiziert mit gleichzeitiger Veränderung des Indexregisters und indirekt zum Speicher zugreifen. Darüberhinaus gilt diese komfortable Adressierung, wie oben besprochen, für alle arithmetischen Befehle und in gewissem Umfang auch für die Sprünge.

*Übung*
Gegeben ist der 6502.
Man bilde einen Befehl, der folgendes bewirkt: Der Inhalt des $12_{10}$. Tabellenplatzes einer Tabelle, deren erster Platz auf $230_8$ liegt, wird nach Register A geladen.

## 10.4 Programmlisten für die einzelnen Mikroprozessor-Modelle

Der Leser findet in den Abschnitten 10.4.1 bis 10.4.6 die Programmlisten für unser Melodieprogramm. Dazu sind einige allgemeine Anmerkungen zu machen.
Zu a: Außer dem Sprung vom Hauptprogramm in das Unterprogramm sind auch noch Daten beim UP-Aufruf zu übergeben. In unserem Fall handelt es sich um die Werte w und n, die wir auf den symbolischen Plätzen B und C deponiert haben. Die Art dieser Datenübergabe, im Allgemeinen als Parameterübergabe bezeichnet, ist für die einzelnen Prozessoren verschieden zu lösen. Dort, wo wir 4 Register frei zur Verfügung haben, können wir, wie bereits in Abschnitt 10.1 angedeutet, die Übergabe der Parameter in diesen Registern durchführen. Auch die Zwischenwerte im Unterprogramm können wir dort in die Register legen. Wo dies nicht möglich ist, verlegen wir die Datenplätze für die Zwischenwerte und gegebenenfalls auch für die Parameter in den RAM-Speicher.
Wie wir diese Datenorganisation durchgeführt haben, werden wir in jedem Abschnitt unter a) tabellarisch beschreiben, indem wir links die symbolischen Namen, rechts die aktuellen Speicherelemente angeben. Hier werden wir auch alle Bemerkungen, die der Benutzer des Unterprogramms benötigt, machen.
Zu b: Hier geben wir jeweils die Programmliste für das Unterprogramm TON an, beginnend bei dem ersten freien RAM-Speicherplatz 1000. Alle Zahlenangaben werden wir oktal durchführen, ohne jedesmal durch eine tiefgestellte 8 darauf hinzuweisen. Wir listen dabei nebeneinander den Assemblerkode, den Adressenplatz für die Instruktion und den Inhalt dieses Platzes sowie programmiertechnische Anmerkungen auf. Beim Assemblerkode geben wir die Verzweigpunkte aus den Flußdiagrammen an, so daß der Leser sich schnell orientieren kann.
Wir arbeiten grundsätzlich nach der Programmlogik der Abb. 87 und 89, erlauben uns aber insbesondere in Bezug auf die Adressierung eine den jeweiligen Prozessoren angemessene Programmierung.
Hat der Leser die Instruktionen des Unterprogramms in den Speicher eingegeben, so muß zunächst das Austesten dieses Unterprogrammes erfolgen. Wir wollen uns nämlich angewöhnen, komplexere Programme in Einzelabschnitten auszutesten. Das erleichtert einmal die Arbeit des Austestens, zum anderen sind Korrekturen leichter anzubringen.

Zu c: Hier findet der Leser ein kurzes Testprogramm. Es wird zum einen der Mechanismus des Unterprogrammaufrufes demonstriert, zum anderen können wir feststellen, ob das eingegebene Unterprogramm funktionsfähig ist. Nach Start des Testprogrammes muß ein einmaliger Ton von etwa einer halben Sekunde Länge ertönen. Erst wenn dies klappt, sollte der Leser zum Teil d) übergehen.

Zu d: Dort findet er die Programmliste für das Hauptprogramm MELODIE, Angaben über die Tabelle TAB und die für unser Pausenzeichen ausgefüllte Tabelle. Die Tonhöhen sind willkürlich gewählt.

Startet der Leser nun am angegebenen Startpunkt, so wird (hoffentlich) das Pausenzeichen ertönen.

Der Leser, der uns bis dahin aufmerksam gefolgt ist, hat nun eine Pause verdient. Die Arbeit überlassen wir jetzt unserem Mikrocomputer. Er ist ja so programmiert, daß er das Pausenzeichen ständig wiederholt.

Hat man das Pausenzeichen genügend lange gehört, so gibt es zwei Möglichkeiten, es zu beenden:

- entweder man drückt kurzerhand auf die RESET-Taste oder schaltet sogar den Strom ab (dann ist jedoch das eingetastete Programm verloren!), oder
- man überlegt sich eine zusagende Melodie und ersetzt die Angaben ab Speicherplatz TAB durch entsprechende Werte.

Viel Erfolg bei der Komponistentätigkeit!

*Übung*

Gegeben ist folgende Melodietabelle:

```
100 100
131 166
100 100
151 205
100 100
  0 166
100 200
131 205
100 377
151   0
100   0
  0
```

Wie heißt das programmierte Lied?

## 10.4.1 Melodieprogramm für 2650

a) Speicherorganisation

| symbolisch | aktuell |
|---|---|
| Ton | Speicher 1000 |
| A | Register A |
| B | Register B |
| C | Register C |
| D | Register D |

Vor Aufruf von TON ist w nach Register B und n nach Register C zu laden.

b) Unterprogramm TON

| Assembler | | Platz | Inhalt | Bemerkungen |
|---|---|---|---|---|
| Ton: | LOAD D, # 0 | 1000 | 7 | |
| | | 1001 | 0 | |
| P1: | LOAD A, C | 1002 | 2 | |
| | JUMP, EQ P2 | 1003 | 30 | relativ: |
| | | 1004 | 2 | 1007–1005 = 2 |
| | LOAD $6, A | 1005 | 324 | |
| | | 1006 | 6 | |
| P 2: | DECJ, NE A, P3 | 1007 | 370 | relativ: |
| | | 1010 | 2 | 1013–1011 = 2 |
| | JUMP P1 | 1011 | 33 | relativ: |
| | | 1012 | 167 | 1002–1013 = −11 = 167 |
| P3: | DECJ, NE D, P2 | 1013 | 373 | relativ: |
| | | 1014 | 172 | 1007–1015 = –6 = 172 |
| P4: | DECJ, NE B, P2 | 1015 | 371 | relativ: |
| | | 1016 | 170 | 1007–1017 = –10 = 170 |
| | RET | 1017 | 27 | |

c) Testprogramm

| Assembler | | Platz | Inhalt | Bemerkungen |
|---|---|---|---|---|
| Test: | LOAD B, # 200 | 1020 | 5 | Start Testprogramm |
| | | 1021 | 200 | w |
| | LOAD C, # 117 | 1022 | 6 | |
| | | 1023 | 117 | n |
| | CALL TON | 1024 | 77 | absolut: |
| | | 1025 | 2 | p } 2 · 400 + 000 = 1000 |
| | | 1026 | 000 | a } |
| | EXIT | 1027 | 233 | Sprung nach 0000 |
| | | 1030 | 0 | |

d) Hauptprogramm MELODIE

| symbolisch | aktuell |
|---|---|
| TAB | Speicher 1057 |
| TAB + 1 | Speicher 1060 |
| K | Register D, Später 1057 |
| START | 1020 |

| Assembler | | Platz | Inhalt | Bemerkungen |
|---|---|---|---|---|
| START: | CLR A | 1020 | 40 | Start Hauptprogramm |
| | LOAD U, A | 1021 | 222 | |
| | LOAD L, A | 1022 | 223 | |
| L1: | LOAD D, # 0 | 1023 | 7 | K |
| | | 1024 | 0 | |
| L2: | LOAD A, (+ D) + TAB | 1025 | 17 | vorher Inkrementierung |
| | | 1026 | 42 | 40 + p } 2 · 400 + 57 = 1057 |
| | | 1027 | 057 | a |
| | JUMP, EQ L1 | 1030 | 30 | relativ: |
| | | 1031 | 171 | 1023–1032 = – 7 = 171 |
| L3: | LOAD B, A | 1032 | 301 | |
| | LOAD A, (+ D) + TAB | 1033 | 17 | siehe oben! |
| | | 1034 | 42 | |
| | | 1035 | 057 | |
| | LOAD C, A | 1036 | 302 | |
| | LOAD TAB, D | 1037 | 313 | K retten |
| | | 1040 | 16 | 1057–1041 = 16 |
| | CALL TON | 1041 | 77 | |
| | | 1042 | 2 | } absolut: 1000 |
| | | 1043 | 000 | |
| L4: | LOAD D, TAB | 1044 | 13 | K wiederherstellen |
| | | 1045 | 11 | 1057–1046 = 11 |
| | JUMP L2 | 1046 | 33 | |
| | | 1047 | 155 | 1025–1050 = – 23 = 155 |
| TAB + 1: | w | 1060 | 140 | Beginn Melodietabelle |
| | n | 1061 | 143 | |
| | ... | 1062 | 40 | |
| | | 1063 | 205 | |
| | | 1064 | 40 | |
| | | 1065 | 143 | |
| | | 1066 | 40 | |
| | | 1067 | 131 | |
| | | 1070 | 200 | |
| | | 1071 | 117 | |
| | | 1072 | 100 | |
| | | 1073 | 0 | |
| | | 1074 | 0 | Ende |

## 10.4.2 Melodieprogramm für Z80, 8080, 8085

a) Speicherorganisation

| symbolisch | aktuell |
|---|---|
| TON | Speicher 1000 |
| A | Register A |
| B | Register B |
| C | Register C |
| D | Register D |

Vor Aufruf von TON ist w nach Register B und n nach Register C zu laden.

b) Unterprogramm TON

| Assembler | | Platz | Inhalt | Bemerkungen |
|---|---|---|---|---|
| TON: | LOAD D, # 0 | 1000 | 26 | |
| | | 1001 | 0 | |
| P1: | LOAD A, C | 1002 | 171 | |
| | COMP A, # 0 | 1003 | 376 | |
| | | 1004 | 0 | |
| | JUMP, EQ P2 | 1005 | 312 | absolut: |
| | | 1006 | 012 | a } 2 · 400 + 12 = 1012 |
| | | 1007 | 2 | p |
| | LOAD $6, A | 1010 | 323 | |
| | | 1011 | 6 | |
| P2: | DEC A | 1012 | 75 | |
| | JUMP, EQ P1 | 1013 | 312 | absolut: |
| | | 1014 | 002 | a } 1002 |
| | | 1015 | 2 | p |
| P3: | DEC D | 1016 | 25 | |
| | JUMP, NE P2 | 1017 | 302 | absolut: |
| | | 1020 | 012 | a } 1012 |
| | | 1021 | 2 | p |
| P4: | DEC B | 1022 | 5 | |
| | JUMP, NE P2 | 1023 | 302 | absolut: |
| | | 1024 | 012 | a } 1012 |
| | | 1025 | 2 | p |
| | RET | 1026 | 311 | |

c) Testprogramm

| Assembler | | Platz | Inhalt | Bemerkung |
|---|---|---|---|---|
| TEST: | LOAD SP, # 1400 | 1027 | 61 | Start Testprogramm |
| | | 1030 | 000 | } 3 · 400 + 000 = 1400 |
| | | 1031 | 3 | |
| | LOAD B, # 200 | 1032 | 6 | |
| | | 1033 | 200 | w |
| | LOAD C, # 117 | 1034 | 16 | |
| | | 1035 | 117 | n |
| | CALL TON | 1036 | 315 | absolut: |
| | | 1037 | 000 | a } 2 · 400 + 000 = 1000 |
| | | 1040 | 2 | p |
| | EXIT | 1041 | 303 | Sprung nach 0000 |
| | | 1042 | 0 | |
| | | 1043 | 0 | |

d) Hauptprogramm MELODIE

| symbolisch | aktuell |
|---|---|
| TAB | Speicher 1057 |
| TAB + 1 | Speicher 1060 |
| K | Register HL |
| START | 1030 |

| Assembler | | Platz | Inhalt | Bemerkung |
|---|---|---|---|---|
| START: | LOAD SP, # 1400 | 1030 | 61 | |
| | | 1031 | 000 | a } 3 · 400 = 1400 |
| | | 1032 | 3 | p |
| L1: | LOAD HL, # 1057 | 1033 | 41 | HL: TAB + K |
| | | 1034 | 057 | a } 2 · 400 + 57 = 1057 |
| | | 1035 | 2 | p |
| L2: | INC HL | 1036 | 43 | |
| | LOAD A, (HL) | 1037 | 176 | |
| | COMP A, # 0 | 1040 | 376 | |
| | | 1041 | 0 | |
| | JUMP, EQ L1 | 1042 | 312 | |
| | | 1043 | 033 | a } 2 · 400 + 33 = 1033 |
| | | 1044 | 2 | p |
| L3: | LOAD B, A | 1045 | 107 | |
| | INC HL | 1046 | 43 | |
| | LOAD A, (HL) | 1047 | 176 | |
| | LOAD C, A | 1050 | 117 | |
| | CALL TON | 1051 | 315 | |
| | | 1052 | 000 | |
| | | 1053 | 2 | |
| L4: | JUMP L2 | 1054 | 303 | |
| | | 1055 | 036 | |
| | | 1056 | 2 | |
| TAB + 1: | w | 1060 | 140 | Beginn Melodietabelle |
| | n | 1061 | 143 | |
| | ... | 1062 | 40 | |
| | | 1063 | 205 | |
| | | 1064 | 40 | |
| | | 1065 | 143 | |
| | | 1066 | 40 | |
| | | 1067 | 131 | |
| | | 1070 | 200 | |
| | | 1071 | 117 | |
| | | 1072 | 100 | |
| | | 1073 | 0 | |
| | | 1074 | 0 | Ende |

*Übungen*

1. Warum endet die Tabelle mit zwei Nullen?
2. Wäre es zulässig gewesen, das HP mit LOAD SP, # 1060 zu beginnen?

### 10.4.3 Melodieprogramm für 6502

a) Speicherorganisation

| symbolisch | aktuell |
|---|---|
| TON | Speicher 1000 |
| A = AA | Speicher 1040 |
| B = BB | Speicher 1041 |
| C = CC | Speicher 1042 |
| D = DD | Speicher 1043 |
| $6 = PER6 | Adresse 0006 |

Vor Aufruf von TON ist w nach Platz 1041 und n nach Platz 1042 zu laden.

b) Unterprogramm TON

| Assembler | | Platz | Inhalt | Bemerkungen |
|---|---|---|---|---|
| TON: | LOAD A, # 0 | 1000 | 251 | |
| | | 1001 | 0 | |
| | LOAD DD, A | 1002 | 215 | |
| | | 1003 | 43 | a |
| | | 1004 | 2 | p |
| P1: | LOAD A, CC | 1005 | 255 | |
| | | 1006 | 42 | |
| | | 1007 | 2 | |
| | LOAD AA, A | 1010 | 215 | |
| | | 1011 | 40 | |
| | | 1012 | 2 | |
| | JUMP, EQ P2 | 1013 | 360 | |
| | | 1014 | 2 | (1017 –1015 = 2) |
| | LOAD PER6, A | 1015 | 205 | $6 |
| | | 1016 | 6 | |
| P2: | DEC AA | 1017 | 316 | |
| | | 1020 | 40 | |
| | | 1021 | 2 | |
| | JUMP, EQ P1 | 1022 | 360 | |
| | | 1023 | 361 | (1005–1024 = – 17 = 361) |
| P3: | DEC DD | 1024 | 316 | |
| | | 1025 | 43 | |
| | | 1026 | 2 | |
| | JUMP, NE P2 | 1027 | 320 | (1017–1031 = – 12 = 366) |
| | | 1030 | 366 | |
| P4: | DEC BB | 1031 | 316 | |
| | | 1032 | 41 | |
| | | 1033 | 2 | |
| | JUMP, NE P2 | 1034 | 320 | |
| | | 1035 | 361 | (1017–1036 = –17 = 361) |
| | RET | 1036 | 140 | |

c) Testprogramm

| Assembler | | Platz | Inhalt | Bemerkungen |
|---|---|---|---|---|
| TEST: | LOAD X, # SP | 1050 | 242 | Start Testprogramm |
| | | 1051 | 171 | Stackpointer: 571 = 400 + 171 |
| | LOAD S, X | 1052 | 232 | |
| | LOAD A, # 200 | 1053 | 251 | |
| | | 1054 | 200 | w |
| | LOAD BB, A | 1055 | 215 | |
| | | 1056 | 41 | |
| | | 1057 | 2 | |
| | LOAD A, # 117 | 1060 | 251 | |
| | | 1061 | 117 | n |
| | LOAD CC, A | 1062 | 215 | |
| | | 1063 | 42 | |
| | | 1064 | 2 | |
| | CALL TON | 1065 | 40 | |
| | | 1066 | 000 | |
| | | 1067 | 2 | |
| | EXIT | 1070 | 114 | Sprung nach 6000 |
| | | 1071 | 000 | a |
| | | 1072 | 14 | p |

d) Hauptprogramm MELODIE

| symbolisch | aktuell |
|---|---|
| TAB | Speicher 1103 |
| TAB + 1 | Speicher 1104 |
| K | Register X |
| START | 1050 |

| Assembler | | Platz | Inhalt | Bemerkungen |
|---|---|---|---|---|
| START: | LOAD X, # SP | 1050 | 242 | Start Hauptprogramm |
| | | 1051 | 171 | Stackpointer: 571 |
| | LOAD S, X | 1052 | 232 | |
| L1: | LOAD X, # 0 | 1053 | 242 | K |
| | | 1054 | 0 | |
| L2: | INC X | 1055 | 350 | |
| | LOAD A, (X) + TAB | 1056 | 275 | |
| | | 1057 | 103 | |
| | | 1060 | 2 | |
| | JUMP, EQ L1 | 1061 | 360 | |
| | | 1062 | 370 | (1053–1063 = – 10 = 370) |
| | LOAD BB, A | 1063 | 215 | |
| | | 1064 | 41 | |
| | | 1065 | 2 | |
| | INC X | 1066 | 350 | |
| | LOAD A, (X) + TAB | 1067 | 275 | |
| | | 1070 | 103 | |
| | | 1071 | 2 | |
| | LOAD CC, A | 1072 | 215 | |
| | | 1073 | 42 | |
| | | 1074 | 2 | |
| | CALL TON | 1075 | 40 | |
| | | 1076 | 000 | |
| | | 1077 | 2 | |
| | JUMP L2 | 1100 | 114 | |
| | | 1101 | 55 | |
| | | 1102 | 2 | |
| TAB + 1: | w | 1104 | 140 | Beginn Melodietabelle |
| | n | 1105 | 143 | |
| | | 1106 | 40 | |
| | | 1107 | 205 | |
| | | 1110 | 40 | |
| | | 1111 | 143 | |
| | | 1112 | 40 | |
| | | 1113 | 131 | |
| | | 1114 | 200 | |
| | | 1115 | 117 | |
| | | 1116 | 100 | |
| | | 1117 | 0 | |
| | | 1120 | 0 | Ende |

## 10.4.4 Melodieprogramm für 6802

a) Speicherorganisation

| symbolisch | aktuell |
|---|---|
| TON | Speicher 1000 |
| A | Register A |
| B = BB | (interner) Speicher 0000 |
| C = CC | (interner) Speicher 0001 |
| D | Register B |
| $6 | Adresse 206 |

Vor Aufruf von TON ist w nach Platz 0000 und n nach Platz 0001 zu laden.

b) Unterprogramm TON

| Assembler | | Platz | Inhalt | Bemerkungen |
|---|---|---|---|---|
| TON: | LOAD B, ≠ 0 | 1000 | 306 | |
| | | 1001 | 0 | |
| P1: | LOAD A, CC | 1002 | 226 | |
| | | 1003 | 001 | |
| | JUMP, EQ P2 | 1004 | 47 | relativ: |
| | | 1005 | 2 | 1010–1006 = 2 |
| | LOAD $6, A | 1006 | 227 | |
| | | 1007 | 206 | |
| P2: | DEC A | 1010 | 112 | |
| | JUMP, EQ P1 | 1011 | 47 | relativ: |
| | | 1012 | 367 | 1002–1013 = – 11 = 367 |
| P3: | DEC B | 1013 | 132 | |
| | JUMP, NE P2 | 1014 | 46 | relativ: |
| | | 1015 | 372 | 1010–1016 = – 6 = 372 |
| P4: | DEC BB | 1016 | 172 | |
| | | 1017 | 0 | } 0000 |
| | | 1020 | 000 | |
| | JUMP, NE P2 | 1021 | 46 | relativ: |
| | | 1022 | 365 | 1010–1023 = – 13 = 365 |
| | RET | 1023 | 71 | |

c) Testprogramm

| Assembler | | Platz | Inhalt | Bermerkungen |
|---|---|---|---|---|
| TEST: | LOAD SP, # STACK | 1030 | 216 | Start Testprogramm |
| | | 1031 | 0 | |
| | | 1032 | 157 | |
| | LOAD A, # 200 | 1033 | 206 | |
| | | 1034 | 200 | w |
| | LOAD BB, A | 1035 | 227 | |
| | | 1036 | 000 | |
| | LOAD A, # 117 | 1037 | 206 | |
| | | 1040 | 117 | n |
| | LOAD CC, A | 1041 | 227 | |
| | | 1042 | 001 | |
| | CALL TON | 1043 | 275 | absolut: |
| | | 1044 | 2 | p } $2 \cdot 400 + 000 = 1000$ |
| | | 1045 | 000 | a } |
| | EXIT | 1046 | 176 | Sprung nach 400 |
| | | 1047 | 1 | |
| | | 1050 | 000 | |

d) Hauptprogramm MELODIE

| symbolisch | aktuell |
|---|---|
| TAB | Speicher 1057 |
| TAB + 1 | Speicher 1060 |
| K | IX (Indexregister) |
| START | 1030 |

| Assembler | | Platz | Inhalt | Bemerkungen |
|---|---|---|---|---|
| START: | LOAD SP, # STACK | 1030 | 216 | Start Hauptprogramm |
| | | 1031 | 0 | |
| | | 1032 | 157 | |
| L1: | LOAD IX, # 1057 | 1033 | 316 | K + TAB |
| | | 1034 | 2 | } 1057 |
| | | 1035 | 057 | |
| L2: | INC IX | 1036 | 10 | |
| | LOAD A, (IX) + 0 | 1037 | 246 | |
| | | 1040 | 0 | |
| | JUMP, EQ L1 | 1041 | 47 | relativ: |
| | | 1042 | 370 | 1033–1043 = – 10 = 370 |
| L3: | LOAD BB, A | 1043 | 227 | |
| | | 1044 | 0 | |
| | INC IX | 1045 | 10 | |
| | LOAD A, (IX) + 0 | 1046 | 246 | |
| | | 1047 | 0 | |
| | LOAD CC, A | 1050 | 227 | |
| | | 1051 | 1 | |
| | CALL TON | 1052 | 275 | absolut: 1000 |
| | | 1053 | 2 | |
| | | 1054 | 000 | |
| L4: | JUMP L2 | 1055 | 40 | relativ: |
| | | 1056 | 357 | 1036–1057 = – 21 = 357 |
| TAB + 1: | w | 1060 | 140 | Beginn Melodietabelle |
| | n | 1061 | 143 | |
| | ... | 1062 | 40 | |
| | | 1063 | 205 | |
| | | 1064 | 40 | |
| | | 1065 | 143 | |
| | | 1066 | 40 | |
| | | 1067 | 131 | |
| | | 1070 | 200 | |
| | | 1071 | 117 | |
| | | 1072 | 100 | |
| | | 1073 | 0 | |
| | | 1074 | 0 | Ende |

## 10.4.5 Melodieprogramm für SCMP

a) Speicherorganisation

| symbolisch | aktuell |
|---|---|
| TON | Speicher 1000 |
| A = AA | Speicher 1044 |
| B = BB | Speicher 1045 |
| C = CC | Speicher 1046 |
| D = DD | Speicher 1047 |
| $6 | Adresse 10006 |

Vor Aufruf von TON ist w nach Platz 1045 und n nach Platz 1046 zu laden.
Rückkehradresse zum Hauptprogramm in Register HL3.

b) Unterprogramm TON

| Assembler | | Platz | Inhalt | Bemerkungen |
|---|---|---|---|---|
| | NOP | 1000 | 10 | |
| TON: | LOAD A, # 20 | 1001 | 304 | Peripheriepointer |
| | | 1002 | 20 | für $0 nach HL2 |
| | EX A, H2 | 1003 | 66 | |
| | LOAD A, # 0 | 1004 | 304 | |
| | | 1005 | 0 | |
| | EX A, L2 | 1006 | 62 | |
| | XOR A, A | 1007 | 140 | D: = 0 |
| | LOAD DD, A | 1010 | 310 | relativ: |
| | | 1011 | 36 | 1047–1011 = 36 |
| P1: | LOAD A, CC | 1012 | 300 | |
| | | 1013 | 33 | 1046–1013 = 33 |
| | LOAD AA, A | 1014 | 310 | |
| | | 1015 | 27 | 1044–1015 = 27 |
| | JUMP, AEQ P2 | 1016 | 230 | |
| | | 1017 | 2 | 1022–1020 = 2 |
| | LOAD (HL2) + 6, A | 1020 | 312 | $6 |
| | | 1021 | 6 | |
| P2: | DECLOAD A, AA | 1022 | 270 | |
| | | 1023 | 21 | 1044–1023 = 21 |
| | JUMP, AEQ P1 | 1024 | 230 | |
| | | 1025 | 364 | 1012–1026 = – 14 = 364 |
| P3: | DECLOAD A, DD | 1026 | 270 | |
| | | 1027 | 20 | 1047–1027 = 20 |
| | JUMP, AEQ P4 | 1030 | 230 | |
| | | 1031 | 5 | 1037–1032 = 5 |
| | DECLOAD A, ZW | 1032 | 270 | Zeitausgleich für |
| | | 1033 | 3 | bessere Tonqualität |
| | JUMP P2 | 1034 | 220 | |
| | | 1035 | 364 | 1022–1036 = – 14 = 364 |
| ZW: | | 1036 | 0 | |
| P4: | DECLOAD A, BB | 1037 | 270 | |
| | | 1040 | 5 | 1045–1040 = 5 |
| | JUMP, ANE P2 | 1041 | 234 | |
| | | 1042 | 357 | 1022–1043 = – 21 = 357 |
| | EX PC, HL3 | 1043 | 77 | RET |

c) Testprogramm

| Assembler | | Platz | Inhalt | Bemerkungen |
|---|---|---|---|---|
| TEST: | NOP | 1050 | 10 | Start Testprogramm |
| | LOAD A, # 20 | 1051 | 304 | |
| | | 1052 | 20 | w |
| | LOAD BB, A | 1053 | 310 | |
| | | 1054 | 371 | 1045–1054 = – 7 = 371 |
| | LOAD A, # 30 | 1055 | 304 | |
| | | 1056 | 30 | n |
| | LOAD CC, A | 1057 | 310 | |
| | | 1060 | 366 | 1046–1060 = – 12 = 366 |
| | LOAD A, # 2 | 1061 | 304 | CALL TON |
| | | 1062 | 2 | |
| | EX A, H3 | 1063 | 67 | |
| | LOAD A, # 000 | 1064 | 304 | |
| | | 1065 | 000 | |
| | EX A, L3 | 1066 | 63 | |
| | EX PC, HL3 | 1067 | 77 | |
| STOP: | JUMP STOP | 1070 | 220 | Sprung auf sich |
| | | 1071 | 376 | (– 2) |

d) Hauptprogramm MELODIE

| symbolisch | aktuell |
|---|---|
| TAB + 1 | Speicher 1110 |
| K (Pointer für TAB) | Register HL1 |
| START | 1050 |

| Assembler | | Platz | Inhalt | Bemerkungen |
|---|---|---|---|---|
| START: | | | | |
| L1: | LOAD A, # 2 | 1050 | 304 | Pointer TAB |
| | | 1051 | 2 | K: = 0 (+ TAB + 1) |
| | EX A, H1 | 1052 | 65 | wegen post-Inkrementierung |
| | LOAD A, # 110 | 1053 | 304 | |
| | | 1054 | 110 | |
| | EX A, L1 | 1055 | 61 | |
| L2: | LOAD A, (HL1:1) | 1056 | 305 | w |
| | | 1057 | 1 | K: = K + 1 |
| | JUMP, AEQ L1 | 1060 | 230 | |
| | | 1061 | 366 | 1050–1062 = – 12 = 366 |
| L3: | LOAD BB, A | 1062 | 310 | |
| | | 1063 | 362 | 1045–1063 = – 16 = 362 |
| | LOAD A, (HL1:1) | 1064 | 305 | n |
| | | 1065 | 1 | K: = K + 1 |
| | LOAD CC, A | 1066 | 310 | |
| | | 1067 | 357 | 1046–1067 = – 21 = 357 |
| | LOAD A, # 2 | 1070 | 304 | CALL TON |
| | | 1071 | 2 | |
| | EX A, H3 | 1072 | 67 | |
| | LOAD A, # 000 | 1073 | 304 | |
| | | 1074 | 000 | |
| | EX A, L3 | 1075 | 63 | |
| | EX PC, HL3 | 1076 | 77 | |
| L4: | JUMP L2 | 1077 | 220 | |
| | | 1100 | 355 | 1056–1101 = – 23 = 355 |
| TAB + 1: | w | 1110 | 14 | Beginn Melodietabelle, |
| | n | 1111 | 13 | Werte verkleinert, |
| | ... | 1112 | 4 | da SCMP langsamer |
| | | 1113 | 17 | |
| | | 1114 | 4 | |
| | | 1115 | 13 | |
| | | 1116 | 4 | |
| | | 1117 | 12 | |
| | | 1120 | 20 | |
| | | 1121 | 11 | |
| | | 1122 | 10 | |
| | | 1123 | 0 | |
| | | 1124 | 0 | Ende |

## 10.4.6 Melodieprogramm für 1802

a) Speicherorganisation

| symbolisch | aktuell |
|---|---|
| TON | Speicher 1000 |
| $6 | Adresse 100006 |
| C | Register H5 |
| A | Register L5 |
| B | Register H6 } HL6 |
| D | Register L6 } HL6 |

Vor Aufruf von TON ist w nach Register H6 und n nach Register H5 zu laden. PC des Hauptprogramms ist HL0.

b) Unterprogramm TON

| Assembler | | Platz | Inhalt | Bemerkungen |
|---|---|---|---|---|
| TON: | LOAD A, # 200 | 1000 | 370 | Peripheriepointer |
| | | 1001 | 200 | für $6 nach HL7 |
| | LOAD H7, A | 1002 | 267 | |
| | LOAD A, # 6 | 1003 | 370 | |
| | | 1004 | 6 | |
| | LOAD L7, A | 1005 | 247 | |
| | LOAD A, # 0 | 1006 | 370 | D: = 0 |
| | | 1007 | 0 | |
| | LOAD L6, A | 1010 | 246 | |
| P1: | LOAD A, H5 | 1011 | 225 | A: = C |
| | LOAD L5, A | 1012 | 245 | |
| | JUMP, EQ P2 | 1013 | 62 | (same page) |
| | | 1014 | 016 | |
| | LOAD (HL7), A | 1015 | 127 | $6 |
| P2: | LOAD A, L5 | 1016 | 205 | |
| | SUB A, # 1 | 1017 | 377 | A: = A – 1 |
| | | 1020 | 1 | |
| | LOAD L5, A | 1021 | 245 | |
| | JUMP, EQ P1 | 1022 | 62 | |
| | | 1023 | 011 | |
| P3: | DEC HL6 | 1024 | 46 | (B, D): = (B, D) – 1 |
| | LOAD A, L6 | 1025 | 206 | |
| | JUMP, NE P2 | 1026 | 72 | |
| | | 1027 | 16 | |
| P4: | LOAD A, H6 | 1030 | 226 | |
| | JUMP, NE P2 | 1031 | 72 | |
| | | 1032 | 16 | |
| | LOAD P, # 0 | 1033 | 320 | RET |

c) Testprogramm

| Assembler | | Platz | Inhalt | Bemerkungen |
|---|---|---|---|---|
| TEST: | LOAD A, # 200 | 1040 | 370 | Start Testprogramm |
| | | 1041 | 200 | w |
| | LOAD H6, A | 1042 | 266 | |
| | LOAD A, # 117 | 1043 | 370 | |
| | | 1044 | 117 | n |
| | LOAD H5, A | 1045 | 265 | |
| | LOAD A, # 2 | 1046 | 370 | CALL TON |
| | | 1047 | 2 | |
| | LOAD H10, A | 1050 | 270 | |
| | LOAD A, # 000 | 1051 | 370 | |
| | | 1052 | 000 | |
| | LOAD L10, A | 1053 | 250 | |
| | LOAD P, # 10 | 1054 | 330 | |
| | JUMP 0 | 1055 | 300 | EXIT |
| | | 1056 | 0 | |
| | | 1057 | 000 | |

d) Hauptprogramm MELODIE

| symbolisch | aktuell |
|---|---|
| TAB + 1 | Speicher 1070 |
| K | Register HL4 |
| START | 1040 |

| Assembler | | Platz | Inhalt | Bemerkungen |
|---|---|---|---|---|
| START: | | | | |
| L1: | LOAD A, # 2 | 1040 | 370 | K: = 0 (+ TAB + 1) |
| | | 1041 | 2 | wegen post-Inkrementierung |
| | LOAD H4, A | 1042 | 264 | |
| | LOAD A, # 070 | 1043 | 370 | |
| | | 1044 | 070 | |
| | LOAD L4, A | 1045 | 244 | |
| L2: | LOAD A, (HL4 +) | 1046 | 104 | w |
| | JUMP, EQ L1 | 1047 | 62 | (same page) |
| | | 1050 | 40 | |
| | LOAD H6, A | 1051 | 266 | |
| L3: | LOAD A, (HL4 +) | 1052 | 104 | n |
| | LOAD H5, A | 1053 | 265 | |
| | LOAD A, # 2 | 1054 | 370 | CALL TON |
| | | 1055 | 2 | |
| | LOAD H10, A | 1056 | 270 | |
| | LOAD A, # 000 | 1057 | 370 | |
| | | 1060 | 000 | |
| | LOAD L10, A | 1061 | 250 | |
| | LOAD P, # 10 | 1062 | 330 | |
| L4: | JUMP L2 | 1063 | 60 | |
| | | 1064 | 46 | |
| TAB + 1: | w | 1070 | 60 | Beginn Melodietabelle, |
| | n | 1071 | 62 | Werte verkleinert, |
| | ... | 1072 | 20 | da 1802 langsamer |
| | | 1073 | 102 | |
| | | 1074 | 20 | |
| | | 1075 | 62 | |
| | | 1076 | 20 | |
| | | 1077 | 54 | |
| | | 1100 | 100 | |
| | | 1101 | 47 | |
| | | 1102 | 40 | |
| | | 1103 | 0 | |
| | | 1104 | 0 | Ende |

*Übungen*

1. Weshalb wird zu Beginn des Unterprogramms für den 1802 H7 mit 200 und L7 mit 6 geladen?
2. Bei welchem Mikroprozessor benötigt das Hauptprogramm MELODIE die meisten Plätze und bei welchem Mikroprozessor die wenigsten (ohne TAB)?
   Man stelle eine Reihenfolge auf.

# 11 Interaktives Echtzeit-Programm (Uhr)

## 11.1 Programmbeschreibung

### 11.1.1 Zweck des Programms

Wir wollen mit unserem Mikrocomputersystem eine Uhr bauen, die folgendes kann:

- Sie soll die Zeit nach Stunden, Minuten und Sekunden anzeigen.
- Sie soll uns auf die Sekunde genau wecken können.

Für die Anzeige benutzen wir unsere vier Leuchtanzeigen, für das Stellen der Uhr und des Weckers einige Tasten unserer Ein-/Ausgabeplatine.
Wir können also mit diesem Programm demonstrieren, wie die Leuchtanzeige programmtechnisch angesteuert wird und wie das Betätigen der Tastatur vom Programm erkannt werden kann.
Da der Benutzer der Uhr von außen in das Programm eingreifen kann und muß, nennt man ein solches Programm interaktiv. Außerdem müssen wir die Zeitzählung noch mit der realen Zeit synchronisieren. Wir haben es also wieder mit einem Echtzeit-Programm zu tun (real time program).

### 11.1.2 Interaktion mit dem Benutzer

Wir konstruieren zunächst den Teil der Uhr, den der Benutzer wahrnimmt. In Abb. 97 sind diese Bauteile mit zusätzlichen Informationen zusammen dargestellt.
Beherrschend für die Uhr ist die Leuchtanzeige: Es sind dies die aus dem Komplettsystem bekannten Leuchtanzeigen mit den Adressen $ 0, $ 1, $ 2 und $ 3. Wir besitzen vier Leuchtanzeigen, wollen aber insgesamt sechs Zahlenwerte, nämlich je zwei Stunden-, zwei Minuten- und zwei Sekundenangaben darstellen können. Wir helfen uns dadurch, daß wir im Normalfall in $0 und $1 die Stunden, in $2 und $3 die Minuten anzeigen. Durch Betätigen der Taste 7 können wir aus dem Anzeigemodus „Stunden/Minuten" in den Anzeigemodus „Minuten/Sekunden" umschalten. Dann erscheinen in $0 und $1 die Minuten, in $2 und $3 die Sekunden.
Um die Uhr zu stellen, benutzen wir die Tasten 0, 1, 2 und 3, die wir den jeweils darüber befindlichen Leuchtanzeigen zugeordnet haben. Je nach dem durch die Taste 7 eingestellten Anzeigemodus wird dann z.B. die Taste 1 entweder die Einer der Stunden oder die Einer der Minuten verändern, und zwar so, daß jeder Tastendruck die entsprechende Ziffer um eins weiterzählt. Dabei soll nach Erreichen der oberen Grenze, z.B. bei den Einersekunden nach Erreichen der 9, automatisch zur 0 zurückgekehrt werden. Einen

| | Stunden / Minuten | | | | |
|---|---|---|---|---|---|
| | Minuten / Sekunden | | | | |
| | \$0 | \$1 | \$2 | \$3 | |
| F | 0 | 1 | 2 | 3 | 7 |
| Zeit | $Z_0$<br>$Z_2$ | $Z_1$<br>$Z_3$ | $Z_2$<br>$Z_4$ | $Z_3$<br>$Z_5$ | h/min —<br>— min/s |
| Wecker<br>(F gedrückt) | $W_0$<br>$W_2$ | $W_1$<br>$W_3$ | $W_2$<br>$W_4$ | $W_3$<br>$W_5$ | h/min —<br>— min/s |
| Weckzeittaste | Stelltasten | | | | Umschalter |

**Abb. 97** Uhr: Zuordnung von Anzeige, Tasten und Daten

Übertrag soll es beim Stellen der Ziffern nicht geben. Wir wollen vielmehr alle Ziffern separat einstellen können. Unabhängig davon, wie lange wir die Tasten 0, 1, 2, 3 oder 7 niederdrücken, soll die Wirkung auf das Programm einmalig sein. Wir haben in Abschnitt 8.2 schon gesehen, daß das Flipflop FULL unserer Tastatur für diese Einmaligkeit sorgen kann.

Soweit die Uhr!

Wollen wir zum Weckerteil übergehen, so drücken wir die Taste F. Solange F gedrückt ist, werden statt der Zeit die entsprechenden Zahlangaben der Weckzeit angezeigt, und zwar, auch wieder abhängig von der Umschaltung durch Taste 7, entweder die Stunden und Minuten oder die Minuten und Sekunden. Das Stellen des Weckers erfolgt nun genau so wie bei der Uhrzeit, indem man die Tasten 0 bis 3 betätigt. Solange F gedrückt ist, wirken dabei diese Tasten auf die Weckzeit und nicht auf die Uhr. Unsere Tasten 0 bis 3 ändern also immer gerade die Zahlenangabe, die in der zugeordneten Leuchtanzeige erscheint.

Um die Programmierung zu erleichtern, sprechen wir in Zukunft nicht mehr von Stunden, Minuten und Sekunden, sondern wir benennen alle Angaben der Zeit mit Z, alle Angaben des Weckers mit W. Dabei verwenden wir Indizes, die wir von links nach rechts mit 0 bis 5 durchnumerieren. $Z_0$ bezieht sich also auf die Zehnerwerte der Stunden, $Z_5$ auf die Einerwerte der Sekunden. Entsprechendes gilt für $W_0$ bzw. $W_5$ auf der Weckerseite. Aus Abb. 97 geht hervor, wie durch entsprechendes Betätigen der Tasten F und 7 insgesamt vier verschiedene Zuordnungen der Leuchtanzeigen und Zifferntasten zu den Z- und W-Werten möglich sind.

Um auch während des Anzeigemodus Stunden/Minuten sehen zu können, daß die Uhr läuft, setzen wir zusätzlich einen Blinker ein. Es handelt sich hier um eine Leuchtdiode,

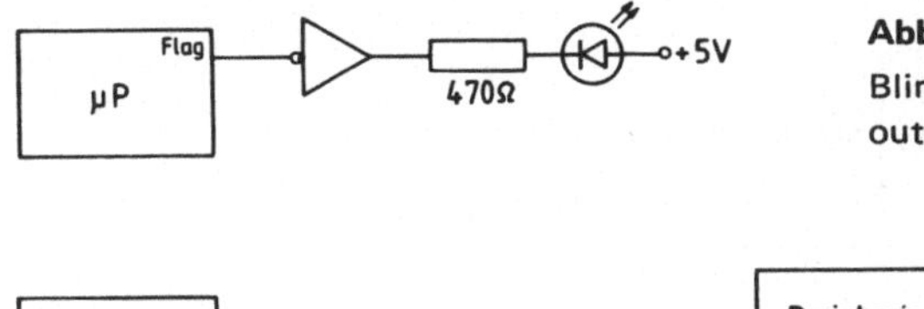


**Abb. 98**
Blinker für Uhr bei Prozessoren mit Flag-output

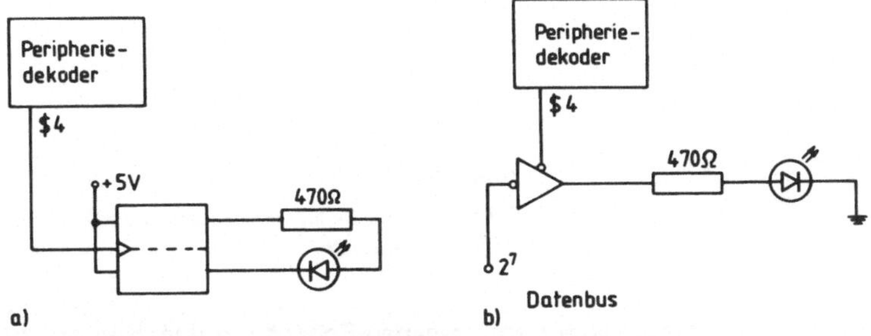


**Abb. 99** Blinker für Uhr bei Prozessoren ohne Flag-output
a) mit Flip-Flop b) mit Daten-Bus $2^7$

die je Sekunde einmal aufblinken soll, und zwar so, daß die Leuchtzeit und die Dunkelzeit gleich lang sind.
Bei den Prozessoren, die einen Flag-Ausgang besitzen (2650, 1802 und SCMP), ergänzen wir unsere Grundschaltung nach Abb. 98.
Bei den übrigen Prozessoren müssen wir über die Peripherie gehen. Wir wählen dazu den freien Anschluß $4 des Peripheriedekoders und führen ihn entweder, wie wir es beim Anschluß $6 für den Lautsprecher getan haben, auf den Triggereingang eines Flipflops, an dessen Ausgang wir die Leuchtdiode legen, oder wir öffnen über den Ausgang $4 ein Gatter, das uns die Information des Bits $2^7$ vom Datenbus zur Verfügung stellt. Bei der Programmierung müssen wir dann dafür sorgen, daß der Datenbus im werthöchsten Bit eine 0 oder 1 enthält, je nachdem ob unser Blinker leuchten soll oder nicht. Die Schaltung findet der Leser in Abb. 99.

### 11.1.3 Synchronisation mit der Echtzeit (real time)

Grundsätzlich könnten wir das Verstreichen des Zeitintervalls von einer Sekunde ähnlich wie beim Tonprogramm dadurch feststellen, daß wir unter Berücksichtigung der jeweiligen Operationszeiten intern die verbrauchten Operationen mitzählen. Hier gibt es jedoch zwei Schwierigkeiten: Zum einen benötigen wir die Leuchtanzeige und wir haben in Abschnitt 8.3 gesehen, daß für ein genügendes Aufleuchten der Sieben-Segment-Anzeige eine Zeitverzögerung, d.h. ein Anhalten des Mikroprozessors notwendig ist. Diese Verzögerung wird aber durch ein einfaches R-C-Glied verwirklicht und ist damit temperaturabhängig. Eine Uhr auf dieser Zählbasis würde daher nur sehr ungenau laufen.
Zum anderen wollen wir eine Interaktion durch den Benutzer zulassen, die jeweils eine unkalkulierbare Anzahl von Programmschritten erfordern wird. Je nach Zahl dieser Interaktionen würde unsere Uhr daher mehr oder weniger falsch anzeigen. Es hat daher wenig

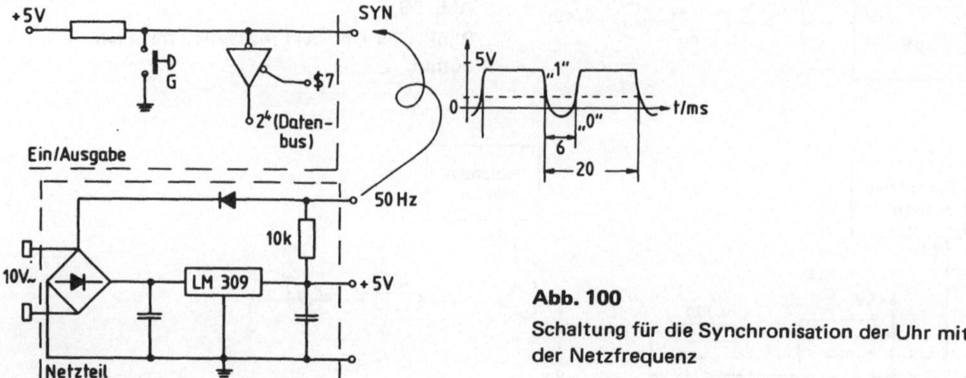


**Abb. 100**
Schaltung für die Synchronisation der Uhr mit der Netzfrequenz

Sinn, daß wir versuchen, uns wie Münchhausen am „eigenen Schopf aus dem Sumpf" zu ziehen.

Wir müssen uns vielmehr ein Zeitnormal von außen besorgen. Um die hardware möglichst einfach zu halten, synchronisieren wir unsere Uhr mit unserem 50 Hz-Netz.

Genau genommen bauen wir keine Uhr, die exakt die Zeit anzeigt, sondern wir programmieren einen Zähler für die vom Elektrizitätswerk gelieferten Schwingungen. Bekanntlich wird die Schwingungszahl langfristig der exakten Uhrzeit nachgeregelt. Der Benutzer dieser Uhr wird aber durch systematischen Vergleich von angezeigter Uhrzeit und wahrer Uhrzeit ein leichtes Schwanken unserer Uhr um den richtigen Wert feststellen können.

In Abb. 100 haben wir die notwendige hardware-Ergänzung unseres Komplettsystems dargestellt.

Wir zapfen die 50 Hz-Schwingung an der Primärseite des Brückengleichrichters des 5-V-Netzteils ab und führen diesen Anschluß über eine Diode an eine Buchse, die wir mit „50 Hz" bezeichnen. Außerdem wird diese Buchse über einen Widerstand von 10 kOhm mit dem Punkt +5 V verbunden.

Gemessen zwischen der Buchse „50 Hz" und Masse ergibt sich ein Spannungsverlauf, der ebenfalls in Abb. 100 dargestellt ist. Durch die Kombination Diode/Widerstand werden die Spannungsspitzen bei etwa +5 V gekappt, während die negativen Teile der Schwingung erhalten bleiben. Im Rhythmus von 20 ms haben wir also immer eine logische Eins und für eine im Vergleich dazu kürzere Zeit eine logische Null beim Unterschreiten der punktiert eingezeichneten Schwellenspannung. Durch Schwankungen der Betriebsspannung kann die Flanke zwischen logischer Eins und Null und umgekehrt sich leicht verschieben, so daß der eingezeichnete Abstand zwischen zwei aufeinanderfolgenden abfallenden Flanken nicht unbedingt immer exakt 20 ms betragen wird. Doch beeinträchtigt dies die Programmierung unserer Uhr nicht. Wir werden nämlich einfach nur feststellen, ob ein Wechsel zwischen Eins und Null erfolgt ist, und diesen Wechsel für die Synchronisation benutzen. Je Sekunde wird dieser Wechsel jedoch 50 mal erfolgen, auch wenn der einzelne Wechsel sich leicht verschieben kann.

Wir müssen nun dieses Signal, das an der Buchse „50 Hz" anliegt, der Programmierung verfügbar machen. Bei den Mikroprozessoren, die einen SENSE-Eingang besitzen, könnte man dies Signal unmittelbar auf diesen Eingang geben und den dortigen Zustand abfragen.

Da diese Möglichkeit aber wieder nur bei einigen Prozessoren gegeben ist, wollen wir einheitlich für alle besprochenen Prozessoren die folgende Schaltung anwenden, die ebenfalls in Abb. 100 angegeben ist.
Wir führen die 50 Hz-Impulse über die Buchse SYN an die Taste G der Ein/Ausgabeeinheit unseres Systems. Wird die Taste G gedrückt oder wird das Potential von SYN auf Masse gezogen, so steht über den Inverter bei Abfrage der Peripherie $7 ein 1-Signal am Datenbus $2^4$ an. (Während der Arbeit mit dem Monitor darf natürlich die Taste G nicht außer Gefecht gesetzt werden, daher können wir die beiden Buchsen SYN und 50 Hz erst zur Laufzeit der Uhr durch ein Kabel verbinden.)
Für die Programmierung wird später zu berücksichtigen sein, daß die beiden Zustände Eins und Null an der Buchse SYN nicht von gleicher Dauer sind. Wir müssen daher die Untersuchung des Zustandes an der Buchse SYN zeitlich so fein rastern, daß wir den Wechsel von Eins auf Null und von Null auf Eins zurück auch wirklich mitbekommen, und nicht etwa in „Sieben-Meilenstiefel-Manier" über die logische Null hinwegspringen.

### 11.1.4 Übersichtsblockbild

Wir betrachten zunächst in Abb. 101, was unser Uhrenprogramm in groben Zügen leisten muß. Später werden wir die einzelnen Blöcke genauer besprechen.
Der Leser bemerkt auch bei diesem Programm eine große Schleife, die verkürzt oder verlängert durchlaufen wird. Beginnen wir am Punkt P0: Wir lesen zunächst unsere Tastatur auf der Adresse $7 und speichern die dort anliegenden Informationen, die wir an Hand von Abb. 102 noch genauer besprechen werden.
Zwischen Punkt P1 und P2 erledigen wir zunächst alle interaktiven Arbeiten, wie das Stellen von Zeit und Wecker und das Umschalten des Anzeigemodus. Am Punkt P2 wird festgestellt, ob die Synchronisation im 20-ms-Rhythmus erreicht ist. Da das Synchronisationssignal über die Tastatur geliefert wird und da wir, um die Synchronisationsflanke nicht zu übersehen, relativ oft die Tastatur abfragen werden, wird das Programm in den meisten Fällen unmittelbar zum Punkt P6 verzweigen. Dort aktivieren wir den Lautsprecher, sofern im Block Weckzeit am Punkt P4 ein entsprechender Schalter gesetzt wurde. Am Punkt P7 endlich steuern wir die Leuchtanzeige an und bringen entweder Z oder W zur Anzeige. Dann schließt sich der Kreislauf zum Punkt P0.
Wurde nach dem Punkt P2 jedoch die abfallende Flanke des Synchronisationssignals erkannt, so müssen wir mit einem internen Zähler mitzählen, ob diese Flanke bereits 50 mal vorhanden war, d.h. ob eine Sekunde erreicht wurde. Wenn noch nicht, gehen wir wieder unmittelbar zum Punkt P6. Anderenfalls setzen wir den Blinker.
Punkt P3 wird also erreicht, wenn eine Sekunde vergangen ist, und wir müssen unsere Uhr weiterzählen. Dies geschieht im Block P3, der am Punkt P4 von dem Block Weckzeit abgelöst wird, in dem wir feststellen, ob die Uhrzeit mit der eingestellten Weckzeit übereinstimmt. Wenn dies der Fall ist, setzen wir den im Block Wecker benötigten Schalter.
Wegen der Unsymmetrie der Zeitzählung, bei der die Einer der Stundenangabe zweimal bis zur Ziffer 9 und einmal bis zur Ziffer 3 laufen, müssen wir einen Block Mitternacht einfügen, bei dem der Übergang um 24 Uhr vorgenommen wird. Der Block P3 „Z weiterzählen" kann nämlich die Uhrzeit 24:00:00 erzeugen, erst der Block „Mitternacht"

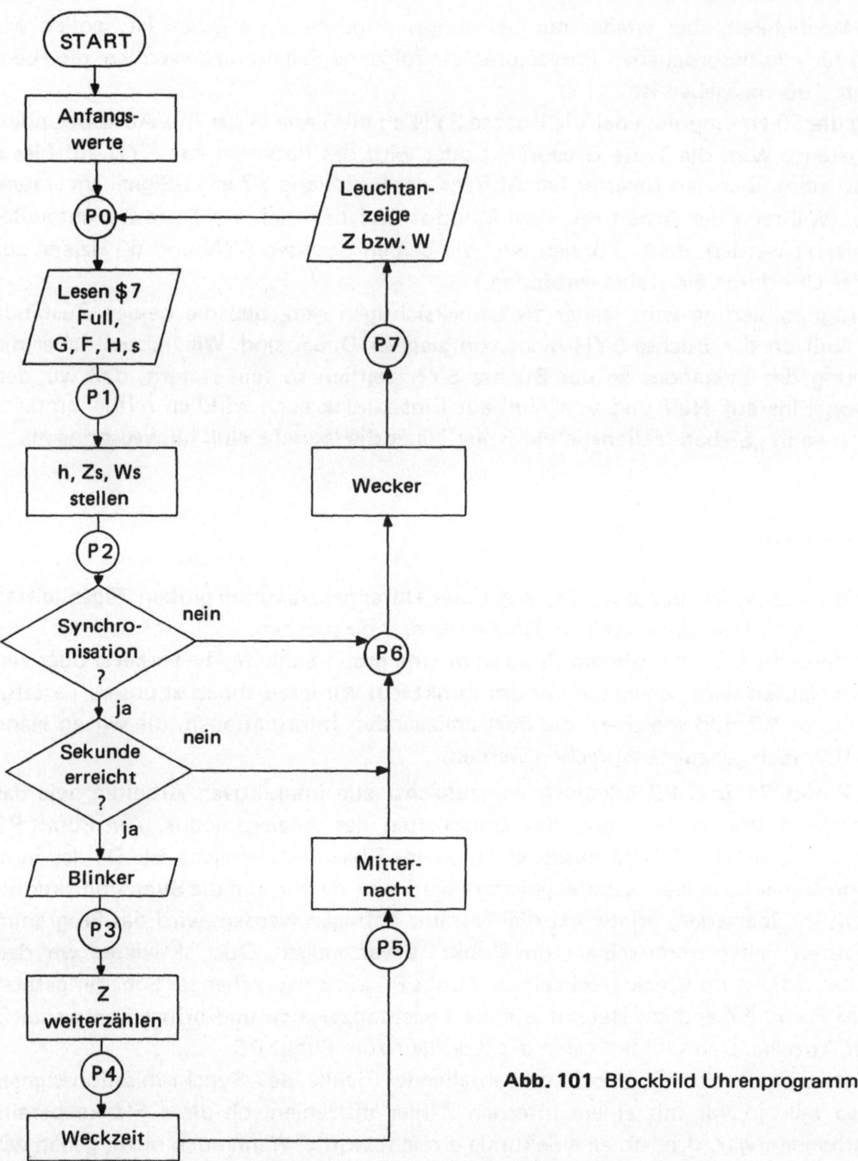


**Abb. 101** Blockbild Uhrenprogramm

ändert diese Zeitangabe in 00:00:00 um. Bei der von uns vorgenommenen Anordnung des Blockes Weckzeit wird also für das Wecken um Mitternacht die Weckzeit 24:00:00 benötigt. Eine Weckzeit 00:00:00 führt niemals zur Koinzidenz mit der Zeituhr und dient somit zum Außerbetriebsetzen der Weckanlage.

Damit wir, wie im vorangegangenen Abschnitt besprochen, keinen Synchronisationsimpuls verlieren, muß der Block P0 mindestens alle 5 Millisekunden einmal durchlaufen werden. Die Schleife P0-P1-P2-P6-P7-P0 darf also längsten 5 ms beanspruchen. Zeitbestimmend in dieser Schleife ist jedoch die Verzögerung des Prozessors beim Aktivieren der Leuchtanzeige. Da für diese Verzögerung Werte in der Größenordnung von 3 ms sinnvoll sind, kann je Schleife P0-P6-P0 höchstens eine Leuchtanzeige angesteuert werden. Wir müssen also durch geeignete Programmierung dafür sorgen, daß im Block P7 bei jedem Durchgang zyklisch eine andere Leuchtanzeige aktiviert wird. Außerdem müssen wir bei dieser Anzeige die Informationen berücksichtigen, die durch Drücken der Tasten F und 7 interaktiv mitgeteilt wurden. Die Programmzeit für die Erweiterung der Schleife über P2-P3-P4-P5 nach P6 ist, verglichen mit der Verzögerung durch die Leuchtanzeige, unerheblich.

### 11.1.5 Eingabe, Speicherung und Ausgabe der Daten

Wie sieht nun das Datenbyte aus, das beim Lesen der Tastatur $7 über den Datenbus in den Prozessor gelangt?
Wir betrachten dazu die Abb. 102. Wie wir der Abb. 78 und 79 entnehmen können, werden beim Drücken einer Zifferntaste einerseits über den Kodierer die Bits $2^0$, $2^1$ und $2^2$ gesetzt, andererseits enthält das Bit $2^7$ die Information Full. Angewandt auf die Bedienung unserer Uhr wird also Full = 1 gesetzt, wenn entweder die Stelltasten 0, 1, 2 oder 3 oder die Umschalttaste 7 betätigt wurden. Die Stelltasten erzeugen Werte zwischen 0 und 3, benötigen also nur die mit s bezeichneten wertniedrigsten Bits. Bei ihnen ist das Bit $2^2$, hier mit H bezeichnet, auf 0 gesetzt. Andererseits wird die Taste 7 gerade das Bit H auf 1 setzen. Wir werden zur Vereinfachung der Programmierung die Taste 7 durch H = 1 identifizieren. (Das bedeutet, daß die Tasten 4, 5 und 6 die gleiche Wirkung wie die Taste 7 haben.)
Das Bit $2^3$ gibt den Zustand der Taste F wieder und signalisiert dem Programm den Übergang zum Wecker.
Das Synchronisationszeichen erscheint im Bit $2^4$, da wir es ja mit der Taste G verbunden haben.
Die Bits $2^5$ und $2^6$ werden bei unserer Schaltung nicht benutzt und liefern daher automatisch ein Leerzeichen (d.h. eine 1) auf den Datenbus.
Wie speichern wir nun unsere Z-Werte für die Zeit und die W-Werte für den Wecker?

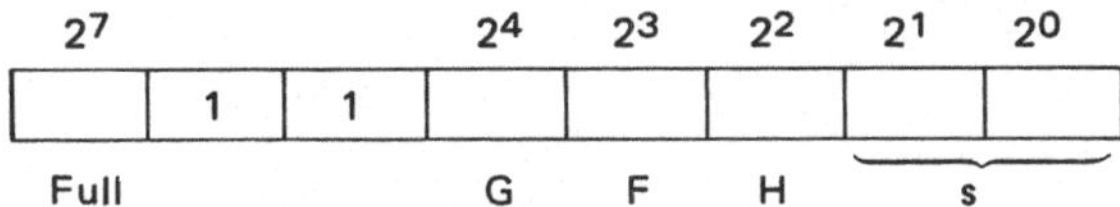


G — Synchronisationszeichen
F — Wecker anzeigen
H — Schalter Minuten/Sekunden
Full — Ziffer s eingegeben, um Zeit bzw. Wecker zu stellen, oder H, um Schalter h umzulegen

**Abb. 102** Datenbyte beim Lesen der Tastatur $7

Die Länge des Programms hängt wesentlich von einer geschickten Anordnung der Daten im Speicher ab. Grundsätzlich kann man feststellen, daß die Programmierung um so optimaler wird, je systematischer die Daten im Speicher angeordnet wurden. Ausgesprochen ungünstig sind Ausnahmeregelungen, wie sie bei uns auftreten könnten, wenn man an die unterschiedlichen Überlaufbedingungen für die einzelnen Ziffern denkt. So laufen ja die Einerstellen von Stunden, Minuten und Sekunden von 0 bis 9, die Zehnerpositionen von Minuten und Sekunden jedoch von 0 bis 5 und die Zehnerstellen der Stunden noch anders, nämlich von 0 bis 2. Im Block P3 „Z weiterzählen" müßte eigentlich jede Stelle getrennt behandelt werden, um festzustellen, ob ein Überlauf erfolgen muß. Wir lösen dieses Problem einheitlich für alle 6 Ziffernstellen, indem wir in einer Tabelle die Maximalzahlen M speichern. Natürlich gelten diese Maximalzahlen für die Ziffern der Zeit und die Ziffern des Weckers gleichermaßen. Sie brauchten also nur einmal im Programm vorhanden zu sein. Wie der Leser aber bald erkennen wird, ist es für das Programm viel einfacher und platzsparender, wenn wir diese Maximal- oder Überlaufwerte für die Zeit und für den Wecker redundant erneut abspeichern.

Damit kommen wir zu der in Abb. 103 dargestellten Anordnung unserer Daten. Wir haben ein Datenfeld P, das entsprechend dem links angegebenen Index i von $P_0$ bis $P_{11}$ indiziert wird. Die Werte $P_0$ bis $P_5$ sind dabei die Zeitwerte $Z_0$ bis $Z_5$, die Werte $P_6$ bis $P_{11}$ entsprechen den Weckzeitwerten $W_0$ bis $W_5$. Abgesehen von der Systematik in der Anordnung, d.h. strengen Aufeinanderfolge der Werte in einer Tabelle – der Leser sei in diesem Zusammenhang auf die Tabelle unseres Melodieprogrammes zurückverwiesen –, ergibt sich eine zweite Systematik: Die Werte der Weckzeit stehen gerade um 6 Speicherplätze weiter als die zugehörigen Werte der Uhrzeit.

Das Feld M mit den Maximalwerten ist ganz entsprechend aufgebaut. Es kommen zunächst wieder 6 Werte für die Uhrzeit und anschließend 6 MW-Werte für die Weckerzeit. Durch diese Parallelanordnung von P-Feld und M-Feld wird ebenfalls die Programmierung sehr erleichtert.

| Index i | Feld P | Feld M | Anzeige F = 0, h = 0 | Anzeige F = 0, h = 2 | Anzeige F = 1, h = 0 | Anzeige F = 1, h = 2 | Bedeutung | |
|---|---|---|---|---|---|---|---|---|
| 0 | $Z_0$ | $M_0$ | \$0 | | | | Stunden | Zeit |
| 1 | $Z_1$ | $M_1$ | \$1 | | | | | |
| 2 | $Z_2$ | $M_2$ | \$2 | \$0 | | | Minuten | |
| 3 | $Z_3$ | $M_3$ | \$3 | \$1 | | | | |
| 4 | $Z_4$ | $M_4$ | | \$2 | | | Sekunden | |
| 5 | $Z_5$ | $M_5$ | | \$3 | | | | |
| 6 | $W_0$ | $MW_0$ | | | \$0 | | Stunden | Wecker |
| 7 | $W_1$ | $MW_1$ | | | \$1 | | | |
| 8 | $W_2$ | $MW_2$ | | | \$2 | \$0 | Minuten | |
| 9 | $W_3$ | $MW_3$ | | | \$3 | S1 | | |
| 10 | $W_4$ | $MW_4$ | | | | \$2 | Sekunden | |
| 11 | $W_5$ | $MW_5$ | | | | \$3 | | |

**Abb. 103** Uhrprogramm: Speicherung der Daten und Anzeige

Wie wirkt sich dies nun auf die Anzeige aus, bei der ja, wie besprochen, nur vier Leuchtanzeigen für sechs Zahlenwerte zur Verfügung stehen?
Die Abb. 103 unterscheidet zunächst einmal die beiden Zustände F = 0 und F = 1 für die wahlweise Anzeige der Z- oder der W-Werte. Innerhalb der beiden Gruppen muß, ausgelöst durch Betätigen der Taste 7, der richtige Anzeigemodus ausgewählt werden. Nun sieht man an dieser Zusammenstellung sofort, daß im Anzeigemodus Stunden/Minuten den Adressen $ 0 bis $ 3 die Indexwerte 0 bis 3, im Anzeigemodus Minuten/Sekunden jedoch die Indizes 2 bis 5 entsprechen. Im zweiten Anzeigemodus sind also die Indexwerte genau um 2 höher als im ersten. Unser interner Schalter, h genannt, gibt sinnvollerweise gerade diese Differenz wieder: h = 0 für den Stunden/Minuten-Anzeigemodus und h = 2 für den anderen Modus.
Wie ordnet sich nun die Umschaltung F = 0/F = 1 systematisch ein? Wir sehen, daß bei F = 1 der Index i jeweils um 6 Einheiten größer ist als bei F = 0. Wir werden daher intern einen Schalter f verwenden, der alternativ die Werte 0 und 6 enthält, wobei der Formelzusammenhang $f = 6 \cdot F$ gilt. Wollen wir daher zur Leuchtanzeige $K den zugehörigen Wert des P-Feldes finden, so müssen wir den Index i für den Wert $P_i$ entsprechend der Formel $i = K + f + h$ aufsuchen. Durch diese systematische Anordnung der Daten und der Schalter h und f schrumpft die sonst komplizierte Zuordnung von Anzeige und Zahlenwerten auf eine einfache Addition der Werte K, f und h zusammen.

*Übung*
Welcher Wert für den Index i ergibt sich, wenn auf der Leuchtanzeige $0 die Zehnerminuten der Uhrzeit angezeigt werden sollen?

## 11.2 Flußdiagramm

Wir verfeinern jetzt das Übersichtsblockbild von Abb. 101 durch das Flußdiagramm in Abb. 104. Zur leichteren Orientierung für den Leser haben wir die gleichen Verzweigungspunkte und Blockbeschriftungen wie dort eingesetzt. Wir behandeln in diesem Abschnitt die Programmstrukturen, die unabhängig von den speziellen Mikroprozessorfabrikaten sind. Hinweise auf notwendige spezielle Programmierung werden im Zusammenhang mit den Programmlisten gegeben werden.

### 11.2.1 Lesen

Durch den Befehl LOAD A; $7 bringen wir die Informationen der Tastatur entsprechend Abb. 102 in den Akkumulator. Hier müssen wir den Inhalt dieses Datenbyte in die einzelnen Bestandteile zerlegen. Daher müssen wir zunächst das Byte abspeichern, damit es mehrfach für Manipulationen zur Verfügung steht. Wenn möglich, tun wir dies in einem Register, sonst auf einem RAM-Speicherplatz.
Zunächst separieren wir die Information F. Dazu müssen wir alle Bits außer dem Bit $2^3$ = F auf Null setzen. Dies geschieht durch eine logische AND-Verbindung des einge-

lesenen Byte mit der Oktalzahl 10. Das Ergebnis ist entweder ein Byte mit acht Nullen oder ein Byte, bei dem das Bit $2^3$ gleich 1 ist. Wie das Ergebnis im Einzelnen aussieht, interessiert uns eigentlich nicht. Wir stellen nur die Frage, ob der Akkumulator nach dieser AND #10 Operation-Null oder nicht Null ist. Ist er Null, so nehmen wir diesen Wert sogleich für f. War aber F = 1, d.h. der Akkumulator ungleich Null, so laden wir den Wert 6 in den Akkumulator und verwirklichen so unsere Rechenformel f = 6 · F.

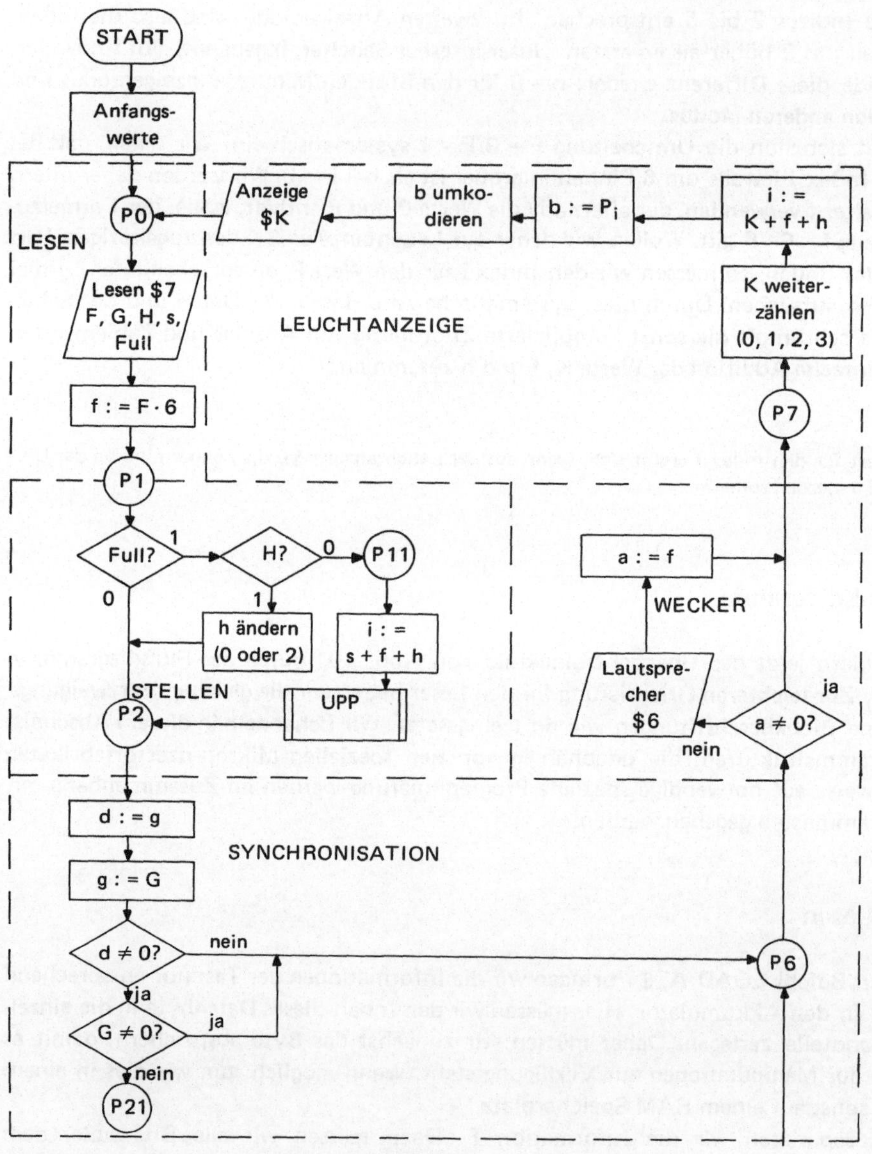


**Abb. 104** Vollständiges Flußdiagramm der Uhr
Teil 1: Blöcke: Lesen, Leuchtanzeige, Stellen, Wecker, Synchronisation

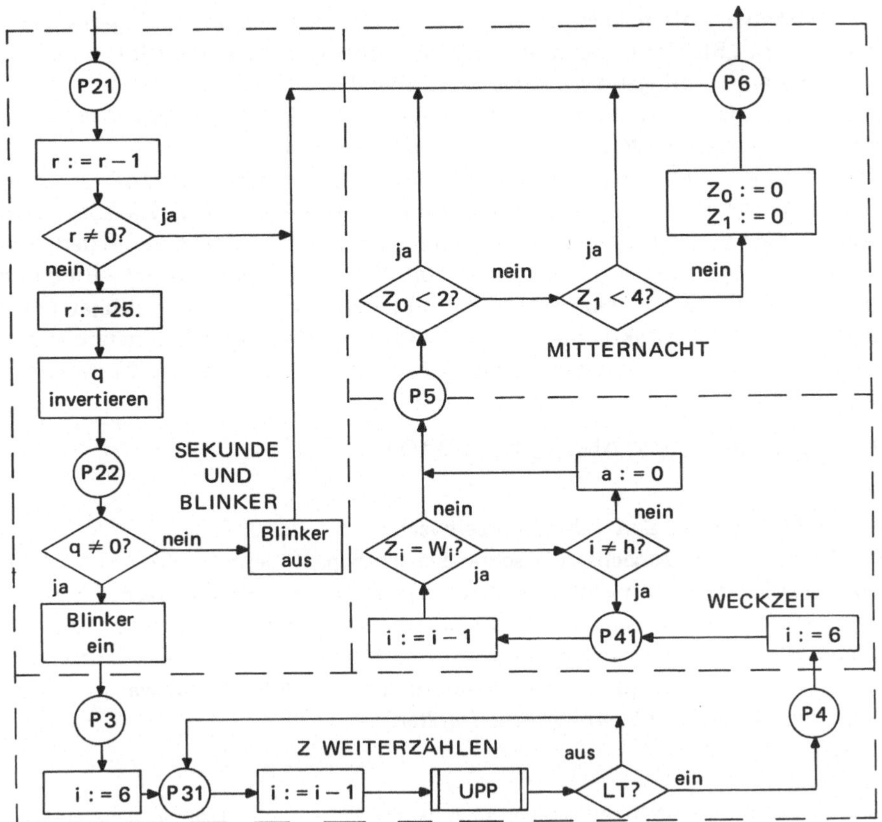


**Abb. 104** Teil 2: Blöcke: Sekunde und Blinker, Z weiterzählen, Mitternacht, Weckzeit

Außerdem speichern wir die Information G ab, die wir später im Block Synchronisation wieder benötigen. Hier wird das Bit analog separiert durch die Operation AND #20.
F und G sind Informationen, die bei jedem Lesen der Tastatur erneut für das Programm bereitgestellt werden.

### 11.2.2 Stellen

Wir verfolgen jetzt die Verarbeitung der Information der „Stelltasten" 0, 1, 2, 3 und der Taste 7 für die Anzeigezustandsänderung (also H). Diese Informationen dürfen nur einmal ausgewertet werden, d.h. nur solange das Bit Full gesetzt ist. Daher muß am Anfang des Blockes „Stellen" am Punkt P 1 zunächst Full abgefragt werden. Ist Full gesetzt, d.h. eine 1 in Bit $2^7$ vorhanden, so ist das eingelesene Datenbyte als negativ zu interpretieren. Die Frage „Full?" wird daher programmtechnisch durch die Frage „Akkumulator negativ?" realisiert. Ist Full gleich 0, so gehen wir sofort zum Punkt P2, ist jedoch Full

gleich 1, so müssen wir entscheiden, ob es sich um eine Änderung des Anzeigezustandes handelt oder ob eine „Stelltaste" betätigt wurde. Wir separieren daher das Bit H durch die Operation AND #4 und springen zum Punkt P11, wenn H gleich 0 ist.
Im anderen Fall müssen wir unseren Schalter h ändern. Wie bereits in Abschnitt 11.1.5 besprochen, soll h die beiden Werte 0 oder 2 annehmen können.
Wie verwirklicht man nun programmtechnisch am einfachsten den Wechsel zwischen diesen beiden Werten? War h = 0, so führt eine Addition von 2 zum Ziel. Wie aber gehen wir vor, wenn h = 2 ist? Auch in diesem Fall addieren wir einfach eine 2. Es entsteht nun zunächst eine 4, dual gesehen also die Bitfolge 100. Hacken wir nun das linke Bit durch die Operation AND #2 ab, so bleibt uns nur das Bit $2^1$ erhalten. Wir haben also jetzt eine 0 produziert. Um Schmutzeffekte durch falsche Anfangswerte unseres Programms auszuschalten, haben wir das Bit $2^0$ durch den Befehl AND #2 damit ebenfalls zu 0 gemacht.
Der Block „h ändern" wird also durch die Programmfolge

LOAD A, h; ADD A, # 2; AND A, # 2; LOAD h, A

verwirklicht.
Nun bleibt das Ändern eines Zeit- oder Weckzeitwertes.
Im Punkt P11 führen wir zunächst die schon besprochene Indexrechnung i: = s + f + h durch. Dazu separieren wir zunächst den Wert s aus den beiden wertniedrigsten Bits des Eingabebytes. Dann addieren wir den abgespeicherten Wert f und den Wert h. f kann auf Grund unserer Programmierung nur die Werte 0 und 6 und h nur die Werte 0 und 2 annehmen. Mit diesem Index i rufen wir ein Unterprogramm UPP auf, das wir im Zusammenhang mit dem Block P3 später besprechen wollen.

*Übungen*

1. Man zeige, daß bei der UND-Verknüpfung eines beliebigen Byte mit 10 (oktal) alle Bits bis auf $2^3$ stets auf 0 gesetzt werden.
2. Mit welchem Oktalwert muß ein beliebiges Byte UND-verknüpft werden, damit nur die beiden wertniedrigsten Bits erhalten bleiben?

Man nennt dieses Vorgehen Maskierung.

## 11.2.3 Leuchtanzeige

Wie schon in 11.1.4 aus Zeitüberlegungen hervorging, darf im Block P7 immer nur eine Leuchtanzeige aktiviert werden. Wir müssen also einen Zähler K einführen, der zu Beginn des Blockes P7 zunächst weitergezählt wird. K kann die Werte 0, 1, 2 und 3 annehmen und muß dann zyklisch wieder bei 0 beginnen. Zur Programmierung verwenden wir die gleiche Methode wie im Block „h ändern". Wir programmieren also:

LOAD A, K; ADD A, #1; AND A, #3; LOAD K, A.

Die Unterschiede sind lediglich die folgenden: Es wird jeweils eine 1 und nicht eine 2 aufaddiert und durch die AND-Operation wollen wir die beiden wertniedrigsten Bits erhalten, d.h. wir müssen das AND mit der Maske 3 oder dual gesprochen der Maske 011 durchführen.

Mit diesem K-Wert bilden wir den Index i nach der Formel i: = K + f + h und bringen durch Indexoperation den Wert $P_i$ in den Akkumulator. b = $P_i$ ist also der Zahlenwert der anzuzeigenden Ziffer. Dieser Zahlenwert muß nun, wie bereits in Abschnitt 8.3 ausgeführt, mittels einer Kodetabelle umgeschlüsselt werden, so daß die Sieben-Segment-Anzeige das unseren arabischen Ziffern entsprechende System von Segmenten aufleuchten läßt. Wir benutzen dazu die Zahl b als Index für unsere Kodetabelle und bringen schließlich den so gewonnenen Kode in den Akkumulator und anschließend auf die Peripherie $K.

### 11.2.4 Synchronisation

Wie stellen wir nun fest, ob ein Wechsel des Zustandes an der Buchse SYN erfolgt ist? Genau genommen interessiert uns nur der Wechsel von 1 zu 0. Das Feststellen dieses Zustandswechsels bedingt aber, daß wir die Vorgeschichte kennen. Wir müssen daher den Wert von SYN, d.h. den Wert G unseres Eingabedatenbyte, vom voraufgegangenen Lesevorgang gespeichert haben. In unserem Flußdiagramm in Abb. 104, Teil 1 ab Punkt P2 bedeutet G den aktuellen Synchronisationszustand, während g den Wert des vorangegangenen Lesevorganges beinhaltet.

Damit g auch für den nächsten Lesezyklus wieder vorhanden ist, brauchen wir die Speicheroperation: g: = G. Vorher müssen wir aber den alten Wert g sicherstellen; wir tun dies durch die Operation d: = g.

So haben wir jetzt die Werte d, also den Zustand der alten Abfrage, und G, den Zustand der jetzigen Abfrage der Tastatur, zur Verfügung. Da wir nur die Flanke von SYN = 1 zu SYN = 0 berücksichtigen wollen, interessiert uns nur der Wert d = 1, d.h. d ≠ 0.

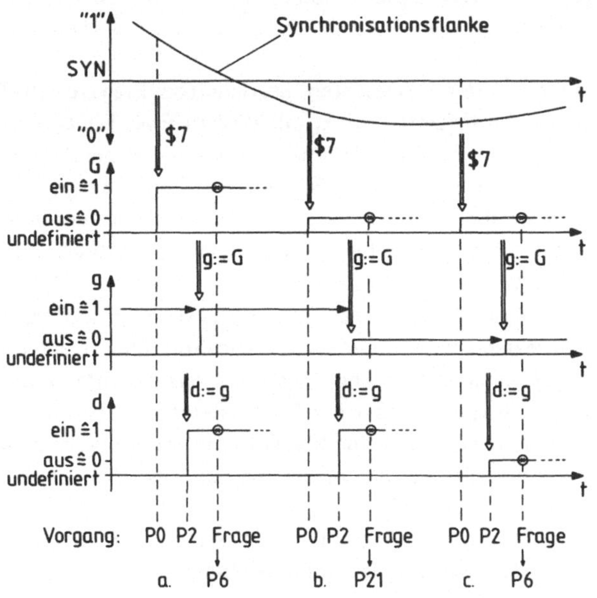


**Abb. 105**
Ablauf der Synchronisation
a, c — keine Synchronisation,
b — Synchronisation

Ist d = 0, so kann kein Synchronisationspunkt vorliegen und wir verzweigen unmittelbar nach P6 (Abb. 105c). Ist aber $d \neq 0$, so müssen wir untersuchen, ob G jetzt zu 0 geworden ist. Ist immer noch $G \neq 0$ (Abb. 105a), so liegt wieder kein Synchronisationspunkt vor. Haben wir aber die Kombination $d \neq 0$ und G = 0 (Abb. 105b), so machen wir am Punkt P21 weiter, denn dies bedeutet einen 1/0-Wechsel von SYN, der zu zählen ist.

*Übung*

Man erläutere, warum bei ansteigender Flanke von SYN keine Verzweigung nach P21 stattfindet.

### 11.2.5 Sekunde und Blinker

Alle 20 Millisekunden kommen wir zum Punkt P21 (Abb. 104, Teil 2). Wir müssen nun einen Zähler r einsetzen, der uns die Synchronisationspunkte bis zum Erreichen des Zeitintervalls „1 Sekunde" zählt.

Ein Zähler, der von 50 bis 0 herunterzählt, würde diese Aufgabe erfüllen. Wir wollen aber noch den Blinker einsetzen. Der Zustand des Blinkers ändert sich aber schon nach 500 ms und muß zwischen den beiden Zuständen ein und aus hin und her pendeln. Wir benutzen dazu ein einzelnes Bit, q genannt, das die beiden Zustände 0 und 1 annehmen kann. Unser Zähler r darf daher nur noch von 25 bis 0 herunterzählen, da ein Faktor 2 durch die beiden Zustände des Blinkers erzeugt wird. Am Punkt P21 dekrementieren wir daher zunächst den Zähler r und fragen dann, ob er noch immer ungleich 0 ist. In diesem Fall ist der Zeitpunkt „500 ms" noch nicht erreicht und wir springen sofort nach P6.

Ist jedoch r = 0 geworden, so setzen wir r = 25 für den nächsten Zählvorgang und invertieren den Wert des Bits q. Hat jetzt q den Wert 0, so schalten wir den Blinker aus und springen ebenfalls nach P6. Hat jedoch q den Wert 1, so schalten wir den Blinker ein und machen bei P3 weiter.

Betrachten wir uns r und q etwas näher: Bei den Prozessoren, bei denen das Flag OUTPUT vom Programm abgefragt werden kann, identifizieren wir q mit diesem Flag. Bei den anderen Prozessoren packen wir r und q in ein Datenbyte und zwar so, daß q die Bitposition $2^7$ einnimmt, während die übrigen 7 wertniedrigeren Bits für den Zähler r reserviert sind. Dies erspart uns ein Datenbyte, was aber nicht der eigentliche Zweck unseres Vorgehens ist. Durch die Kombination von r und q vereinfachen wir uns vielmehr die beiden Operationen „r : = 25" und „q invertieren".

An diesem Punkt ist nämlich r = 0 und eine Addition von $25_{10} = 31_8$ erzeugt den richtigen Wert für r. Das Invertieren von q erreichen wir aber durch Addition einer 1 auf die Bitstelle von q, d.h. durch die Addition einer zusätzlichen $200_8$ auf das gesamte Datenwort von (r, q). War q = 0, so wird jetzt q = 1; wenn aber q = 1 war, so ergibt die Addition der 1 eine 0 mit Überlauf. Ergebnis ist zunächst also eine Invertierung von q und gegebenenfalls eine durch JUMP abfragbare Überlaufbedingung, die für den Test $q \neq 0$ ausgenutzt werden kann.

Bei den Prozessoren ohne Flag OUTPUT schicken wir das Datenbyte (r, q) zur Peripherie $4 und können am Bit $2^7$ des Datenbus den Zustand des Blinkers ablesen.

### 11.2.6 Zeit weiterzählen

Am Punkt P3 (Abb. 104, Teil 2) ist wieder einmal eine Sekunde vergangen und wir müssen unseren sechsstelligen Zeitzähler um eins erhöhen. Das heißt zunächst einmal, wir müssen das Sekundendatum $Z_5$ um 1 vergrößern. Bleibt $Z_5$ dabei kleiner als $M_5$, d.h. kleiner als die zugeordnete Überlaufzahl, so ist damit die Arbeit im Block P3 bereits beendet. Läuft aber die Einerstelle für die Sekunden über, so müssen wir $Z_5$ auf 0 zurücksetzen und einen Übertrag an die Stelle $Z_4$ weitergeben. Wir müssen also den analogen Vorgang jetzt für die Stelle $Z_4$ durchführen: zunächst eine eins addieren und dann testen, ob ein Überlauf erfolgt ist.

Diese Prozedur setzen wir solange fort, bis kein Überlauf mehr entstanden ist. Das ist spätestens bei der Stelle $Z_0$ der Fall; denn $Z_0$ kann höchstens den Wert 2 annehmen. In diesem Fall läuft aber $Z_1$ nur bis 3, kurzfristig bis 4, jedoch wird diese Zahlenkombination im Block „Mitternacht" kurz darauf bereinigt.

Daraus ergibt sich folgende einfache Struktur für den Block P3: Wir setzen einen Index i zunächst auf 6 und können dann ab Punkt P31 jeweils die gleichen Operationen durchführen. Zunächst wird i dekrementiert, dann wird das schon im Block „Stellen" benötigte Unterprogramm UPP aufgerufen, und schließlich muß entschieden werden, ob ein Überlauf entstanden ist. Im Unterprogramm UPP wird dazu ein Schalter LT gesetzt, der im Fall eines Überlaufes auf „aus" gestellt wird.

Erfolgt kein Überlauf, steht LT also auf „ein", so können wir zum Punkt P4 weitergehen. War LT jedoch „aus", so müssen wir den Überlauf verarbeiten, d.h. zur Stelle mit dem nächstkleineren Index übergehen. Dies leistet aber gerade ein Rücksprung zum Punkt P31.

Es bleibt nur noch der erwähnte Vorgang „Weiterzählen und Testen auf Überlauf" zu besprechen. Diese Tätigkeit wurde ja bereits im Block „Stellen" benötigt und deshalb ist es sinnvoll, hierfür ein eigenes Unterprogramm zu erstellen.

### 11.2.7 Unterprogramm UPP

Das Flußdiagramm für das Unterprogramm „Weiterzählen und Testen auf Überlauf" ist in Abb 106 dargestellt. Zunächst einmal wird der durch den Index i selektierte Wert aus unserem P-Feld um 1 erhöht und dann dieser Wert $P_i$ mit dem zugeordneten $M_i$ verglichen. Speichern wir im M-Feld die Werte, die nicht mehr erreicht werden dürfen, so liefert die Antwort „ja" auf die Frage $P_i < M_i$ die Fälle, bei denen noch kein Überlauf stattgefunden hat. Bei der entsprechenden COMP- oder SUB-Operation ist im Prozessor die Bedingung LESS THAN (LT) entstanden. Wir nutzen daher die entsprechenden Flags des Zustandsregisters für unseren Schalter LT aus.

Wurde die Frage $P_i < M_i$ jedoch verneint, so bekommt $P_i$ den Wert 0. In diesem Fall darf der Schalter LT nicht gesetzt sein. Bei den Prozessoren, bei denen die LOAD-Operation das Zustandsregister nicht verändert, hat sich durch $P_i := 0$ am Schalter LT nichts geändert. Bei den anderen Prozessoren (bei denen das LOAD also das Zustandsregister ändert) ist durch die Null jedoch ein nicht-negativer Wert in den Akkumulator gelangt. Unser Schalter LT wird hier also erneut auf „aus" gesetzt.

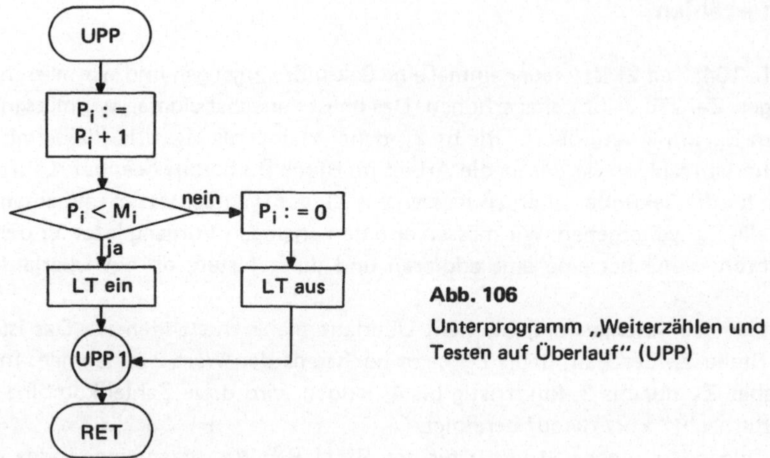


**Abb. 106**
**Unterprogramm „Weiterzählen und Testen auf Überlauf" (UPP)**

Der Leser bemerkt, daß wir diese sehr einfache Struktur unseres Unterprogramms UPP nur erreichen konnten, weil durch die Anordnung unseres P- und M-Feldes unabhängig vom Index i und damit auch unabhängig davon, ob P sich auf Z-Werte oder auf W-Werte bezieht, der Vergleich $P_i < M_i$ einheitlich realisiert werden konnte. Erkauft haben wir dies durch die zusätzliche Speicherung der Werte $MW_o$ bis $MW_5$. Doch besser diese sechs Speicherplätze investiert, als durch unsystematische (Ausnahme-) Programmierung den Bedarf an Speicherplätzen für das Programm wesentlich zu erhöhen.

### 11.2.8 Mitternacht

Auf die Notwendigkeit für diesen Block sind wir bereits in 11.1.4 eingegangen. Wir können uns daher hier kurz fassen (Abb. 104, Teil 2). Zunächst klären wir, ob $Z_o$ kleiner als 2 ist. Nur wenn dies nicht der Fall ist, müssen wir auch noch die Stelle $Z_1$ untersuchen. Hier testen wir $Z_1$ gegen 4 und brauchen nur tätig zu werden, wenn der Wert 4 erreicht wurde. Die Speicherung von Nullen nach $Z_o$ und $Z_1$ vervollständigt den Block P5. Da wir im Block „Stellen" die Ziffern $Z_o$ und $Z_1$ unabhängig voneinander setzen können, ist zunächst eine Zahlenkombination $Z_0 = 2$ und $Z_1 = 5$ technisch möglich. Daher wird in den Abfragen des Blockes „Mitternacht" nicht $Z_0 = 2$ bzw. $Z_1 = 4$ abgefragt, sondern es werden durch die Bereichstests „kleiner" bzw. „größer – gleich" die „guten von den schlechten Schafen" getrennt.

### 11.2.9 Weckzeit

In den Zweig unseres Kreislaufes, der zu jeder Sekunde durchlaufen wird, gehört auch die Feststellung, ob die Weckzeit erreicht wurde (Abb. 104, Teil 2). Hier stellen wir einfach fest, ob für alle sechs Indexwerte 0, 1, ..., 5 die Übereinstimmung von $Z_i$ und $W_i$ gegeben

ist. Wie im Block P3 beginnen wir wieder mit i = 6, d.h. mit der Einerstelle für die Sekunde. Stellen wir irgendwann eine Ungleichheit fest, so können wir sofort zum Punkt P5 weitergehen. Sind jedoch alle Tests auf Gleichheit mit „ja" zu beantworten, so setzen wir einen Schalter a auf Null und interpretieren diesen Zustand von a als „Wecker eingestellt".
Im Gegensatz zum Block P3 müssen wir jetzt aber die Schleife über den Index i auf ihr Ende kontrollieren, d.h. wir müssen fragen, ob wir bis i = 0 heruntergezählt haben. Will man in jedem Fall die Übereinstimmung aller 6 Z- und W-Werte fordern, so muß die nächste Abfrage „$i \neq 0$" lauten. Wir haben hier folgende Variante eingeführt: Zeigen wir Stunden/Minuten an, so hat der Schalter h den Wert 0, d.h. unser Test „$i \neq h$" ist identisch mit dem Test „$i \neq 0$". Zeigen wir aber Minuten/Sekunden an, so hat h den Wert 2 und der Test auf Weckzeit durchläuft nur die Werte i = 5 bis i = 2. Dies bedeutet aber, daß die beiden Werte für die Stundenangabe in diesem Fall nicht untersucht werden. Die Konsequenz ist, daß im Fall h = 2 die Weckzeit in jeder Stunde einmal anspricht. Ein Außerbetriebsetzen des Weckers ist im Anzeigezustand Minute/Sekunde nicht möglich.

### 11.2.10 Wecker

Wir beschließen den Gang durch das Flußdiagramm mit dem Block P6 in Abb. 104, Teil 1. Zunächst fragen wir, ob im Block Weckzeit der Schalter a auf 0 gesetzt wurde. Ist $a \neq 0$, so können wir sofort zum Punkt P7 weitergehen. Im anderen Fall müssen wir den Lautsprecher aktivieren. Nun liegt der Block P6 in dem ständig durchlaufenen Kreislauf P0-P2-P6-P0 und wird daher etwa alle 3 ms einmal durchlaufen. Realisieren wir also unseren Wecker durch den Befehl: LOAD $6, A, so wird etwa alle 3 ms ein Impuls zum Flipflop des Lautsprechers gegeben. Damit wird alle 6 ms der Lautsprecher einmal hin und her bewegt und läßt einen Ton von ca. 150 Hz ertönen. Die durch die verschiedenen Umwege über P21, P22 oder gar P3 möglichen Phasenverschiebungen bewirken ein leichtes Schnarren des Tones. Besonders deutlich wird dies im 500 ms Takt wahrnehmbar. Wir müssen nun auch noch eine Möglichkeit haben, den Wecker wieder abstellen zu können. Eine programmtechnisch realisierbare Möglichkeit wäre, ihn genau eine Minute lang laufen zu lassen. Doch ist es aus der Sicht des Benutzers wohl sinnvoller, wenn der Wecker durch Interaktion ausgestellt wird. Wir benutzen hierzu wieder die Taste F, die wir sowieso schon dem Wecker zugeordnet haben. Drücken wir also während des Weckens die Taste F, so soll der Wecker verstummen. Das heißt aber, daß der Schalter a auf $\neq 0$ gesetzt werden muß. Solange wir F drücken, ist aber f = 6, also nicht Null. Drücken wir jedoch die Taste F nicht, so ist f = 0. Bringen wir also in dem Zweig, in dem der Lautsprecher aktiviert wird, einen Ladebefehl: a : = f unter, so behält entweder a weiterhin den Wert 0, es wird also tapfer weiter geweckt, oder a bekommt den Wert 6 und bewirkt beim nächsten Kreislauf am Punkt P6, daß die Frage „$a \neq 0$" mit „ja" zu beantworten ist.

## 11.3 Programmlisten für die einzelnen Mikroprozessor-Modelle

### 11.3.1 Allgemeine Tabellenwerte

Die Speicherung der Tabellenwerte für Z, W, M und TAB führen wir einheitlich für alle behandelten Mikroprozessoren durch: Wir speichern sie beginnend ab Platz 1000. In Abb. 107 findet der Leser eine Zusammenstellung der Speicherplätze und des zugehörigen Inhaltes. Die Werte für M und TAB müssen auf jeden Fall in der angegebenen Weise in den Speicher eingelesen werden.

| Assembler | | Platz | Inhalt | Bemerkungen |
|---|---|---|---|---|
| P: Z: | Anfangswerte | 1000 | 1 | Zeit |
| | | 1001 | 2 | |
| | | 1002 | 3 | |
| | | 1003 | 4 | |
| | | 1004 | 5 | |
| | | 1005 | 6 | |
| W: | Anfangswerte | 1006 | 2 | Wecker |
| | | 1007 | 3 | |
| | | 1010 | 4 | |
| | | 1011 | 5 | |
| | | 1012 | 6 | |
| | | 1013 | 7 | |
| M: | Überlaufwerte | 1014 | 3 | für Zeit |
| | | 1015 | 12 | |
| | | 1016 | 6 | |
| | | 1017 | 12 | |
| | | 1020 | 6 | |
| | | 1021 | 12 | |
| | | 1022 | 3 | für Wecker |
| | | 1023 | 12 | |
| | | 1024 | 6 | |
| | | 1025 | 12 | |
| | | 1026 | 6 | |
| | | 1027 | 12 | |
| TAB: | Umwandlungskode | 1030 | 77 | für Leuchtanzeige |
| | | 1031 | 6 | |
| | | 1032 | 133 | |
| | | 1033 | 117 | |
| | | 1034 | 146 | |
| | | 1035 | 155 | |
| | | 1036 | 175 | |
| | | 1037 | 7 | |
| | | 1040 | 177 | |
| | | 1041 | 157 | |

**Abb. 107** Tabellenwerte für das Uhrprogramm

Die Werte für P, d.h. für Z und W sind fakulativ. Diese Werte werden während der Laufzeit der Uhr geändert, sei es durch die verstreichende Zeit, sei es durch den interaktiven Eingriff des Benutzers. Dennoch ist es sinnvoll, die angegebenen Werte beim Laden des Programmes mit einzugeben. Für den Anfangszustand h = f = 0 wird dann nämlich die Folge der Zahlen 1 2 3 4 angezeigt, beim Drücken der Taste F die Folge 2 3 4 5 und nach Umschaltung des h-Wertes durch die Taste 7 die Folge 3 4 5 6 bzw. 4 5 6 7. Erscheinen die Werte in der angegebenen Reihenfolge, so ist damit schon ein Hinweis auf weitgehend richtige Funktion unserer Uhr gegeben.
Weitere Bemerkungen zum Austesten des Programmes werden wir später machen.
Zur Schreibweise: Da Kleinbuchstaben im Assembler nicht angewendet werden können, wird der entsprechende Großbuchstabe geschrieben. Ist dieser schon anderweitig belegt, so werden Doppelbuchstaben eingeführt.

### 11.3.2 Uhrprogramm für Z80, 8080, 8085

Wir haben nur ein Programm für diese Gruppe von Prozessoren angegeben und müssen uns daher auf den Befehlsvorrat des 8080 beschränken. Es zeigte sich nämlich, daß auch bei Ausnutzung der zusätzlichen Befehle des Z 80 der Bedarf an Speicherplatz für das Programm nicht wesentlich reduziert werden konnte. Ein getrenntes Programm für den Z80 erschien uns deshalb nicht notwendig zu sein.
Der von uns benutzte Monitor belegt für den SAVE-Bereich und den eigenen STACK die RAM-Plätze ab 1356. Wir mußten daher versuchen, alle Programmschritte auf den Plätzen bis einschließlich Platz 1355 unterzubringen. Die Zwischenspeicher für a, f, h, g und r jedoch mußten in den Bereich gelegt werden, der auch vom Monitor mitbenutzt wird. Aus diesen Überlegungen entstand die in der Speicherorganisation angegebene Zuordnung von symbolischen und aktuellen Adressen.
Für den Programmierer unbefriedigend gelöst ist bei der 8080-Gruppe der Befehlskode für die artihmetischen und logischen Befehle. Zwar können auch andere Prozessoren nur im Akkumulator A diese Operationen durchführen, doch ist bei dieser Prozessorengruppe der Operand nur in einem der Register A bis L aufrufbar, oder er muß über Indizierung durch das Register HL vom Speicher geholt werden. Um den Bedarf an Befehlen möglichst zu reduzieren, haben wir im Block P11, P2, P5 und P6 sowie später in P7 ausgenutzt, daß das HL-Register durch einen Befehl mit zwei Bytes geladen werden kann. Durch geeignete Anordnung unserer Zwischenspeicher konnten wir so jeweils zwei in engerem Zusammenhang stehende Daten in die Register L und H laden. Man vergleiche zum Beispiel den Befehl auf 1115!
Will man den Akkumulator auf Null setzen, so könnte der Befehl: LOAD A, #0 eingesetzt werden. Kürzer ist der Befehl XOR A, A, wie er z.B. in 1257 benutzt wird.
Bei den LOAD-Operationen wird das Zustandsregister nicht gesetzt. Will man also beispielsweise Schalter abfragen, etwa das a in Block P6, so muß der Schalterwert zunächst zum Akkumulator A geladen werden und dann durch eine arithmetische oder logische Operation das Zustandsregister gesetzt werden. Es muß also zusätzlich noch der Befehl OR A, A eingefügt werden. Der Leser überzeugt sich leicht, daß dieser Befehl OR A,A den Akkumulator nicht verändert.

Die Indizierung erfolgt über das HL-Register, läßt aber keine Verschiebung mehr zu. Daher müssen im Unterprogramm UPP die indizierten Ladebefehle für $P_i$ und $M_i$ mit getrennten Indexregisterinhalten durchgeführt werden. Aus dem Index i im Register D bilden wir zunächst durch Addition von 14 den zugehörigen Index für das $M_i$ und heben diesen Wert für den späteren Vergleich im Register B auf. Erst dann können wir mit dem ursprünglichen Index i die Indexadressierung für $P_i$ durchführen.

*Übung*

Der Leser kennzeichne durch farbige Markierung in der folgenden Programmliste die Blöcke des Flußdiagramms in Abb. 104.

## Speicherorganisation Z80, 8080, 8085

| symbolisch | aktuell |
|---|---|
| START | 1042 |
| P = Z = $Z_0$ | 1000 |
| W = $W_0$ | 1006 |
| m = M | 1014 |
| f = FF | 1367 |
| h = HH | 1370 |
| g = GG | 1371 |
| q,r = RR | 1372 |
| a = AA | 1366 |
| K | 1332 |
| i | Register D |
| d | Register A |
| G | Register C |
| LT | Zustandsregister: C-Bit |
| UPP | 1336 |
| TAB | 1030 |

## Hauptprogramm Z80, 8080, 8085

| Assembler | | Platz | Inhalt | Bemerkungen |
|---|---|---|---|---|
| | | 1000 | | siehe |
| | | bis | | Abb. 107 |
| | | 1041 | | |
| START: | | | | |
| P0: | LOAD A, $7 | 1042 | 333 | Lesen Tastatur |
| | | 1043 | 7 | F, G, H, Full, s |
| | LOAD E, A | 1044 | 137 | |
| | AND A, #10 | 1045 | 346 | F |
| | | 1046 | 10 | |
| | JUMP, EQ P01 | 1047 | 312 | |
| | | 1050 | 054 | |
| | | 1051 | 2 | |
| | LOAD A, #6 | 1052 | 76 | |
| | | 1053 | 6 | |
| P01: | LOAD FF, A | 1054 | 62 | f: = F · 6 |
| | | 1055 | 367 | speichern |
| | | 1056 | 2 | |

| Assembler | | Platz | Inhalt | Bemerkungen |
|---|---|---|---|---|
| | LOAD A, E | 1057 | 173 | |
| | AND A, #20 | 1060 | 346 | G |
| | | 1061 | 20 | |
| | LOAD C, A | 1062 | 117 | |
| P1: | LOAD A, E | 1063 | 173 | Full? |
| | OR A, A | 1064 | 267 | (negativ?) |
| | JUMP, SC P2 | 1065 | 362 | |
| | | 1066 | 127 | |
| | | 1067 | 2 | |
| | AND A, #4 | 1070 | 346 | H |
| | | 1071 | 4 | |
| | JUMP, EQ P11 | 1072 | 312 | H = 0? |
| | | 1073 | 112 | |
| | | 1074 | 2 | |
| | LOAD A, HH | 1075 | 72 | h ändern |
| | | 1076 | 370 | |
| | | 1077 | 2 | |
| | ADD A, #2 | 1100 | 306 | (0 oder 2) |
| | | 1101 | 2 | |
| | AND A, #2 | 1102 | 346 | |
| | | 1103 | 2 | |
| | LOAD HH, A | 1104 | 62 | |
| | | 1105 | 370 | |
| | | 1106 | 2 | |
| | JUMP P2 | 1107 | 303 | |
| | | 1110 | 127 | |
| | | 1111 | 2 | |
| P11: | LOAD A, E | 1112 | 173 | |
| | AND A, #3 | 1113 | 346 | s |
| | | 1114 | 3 | |
| | LOAD HL, FF | 1115 | 52 | f → L, h → H |
| | | 1116 | 367 | |
| | | 1117 | 2 | |
| | ADD A, H | 1120 | 204 | i : = s + f + h |
| | ADD A, L | 1121 | 205 | |
| | LOAD D, A | 1122 | 127 | |
| | CALL UPP | 1123 | 315 | Unterprogrammaufruf |
| | | 1124 | 336 | |
| | | 1125 | 2 | |
| | NOP | 1126 | 0 | |
| P2: | LOAD HL, GG | 1127 | 52 | g → L, r → H |
| | | 1130 | 371 | |
| | | 1131 | 2 | |
| | LOAD A, L | 1132 | 175 | d : = g |
| | OR A, A | 1133 | 267 | (Flag für d) |
| | LOAD A, C | 1134 | 171 | |
| | LOAD GG, A | 1135 | 62 | g : = G |
| | | 1136 | 371 | |
| | | 1137 | 2 | |
| | JUMP, EQ P6 | 1140 | 312 | d ≠ 0? |
| | | 1141 | 265 | |
| | | 1142 | 2 | |

| Assembler | | Platz | Inhalt | Bemerkungen |
|---|---|---|---|---|
| | OR A, A | 1143 | 267 | Flag für G |
| | JUMP, NE P6 | 1144 | 302 | G ≠ 0? |
| | | 1145 | 265 | |
| | | 1146 | 2 | |
| P21: | LOAD A, H | 1147 | 174 | r,q |
| | DEC A | 1150 | 75 | r : = r – 1 |
| | LOAD RR, A | 1151 | 62 | r speichern |
| | | 1152 | 372 | |
| | | 1153 | 2 | |
| | LOAD B, A | 1154 | 107 | |
| | AND A, # 177 | 1155 | 346 | r abtrennen |
| | | 1156 | 177 | |
| | JUMP, NE P6 | 1157 | 302 | r ≠ 0? |
| | | 1160 | 265 | |
| | | 1161 | 2 | |
| | LOAD A, B | 1162 | 170 | q, (r = 0!) |
| | ADD A, # 231 | 1163 | 306 | r : = 25, q invertiert |
| | | 1164 | 231 | (200 + 31) |
| | LOAD RR, A | 1165 | 62 | r, q speichern |
| | | 1166 | 372 | |
| | | 1167 | 2 | |
| | LOAD $4, A | 1170 | 323 | Blinker, Bit $2^7$ vom |
| | | 1171 | 4 | DA-Bus, (alternativ $6) |
| | JUMP, VS P6 | 1172 | 352 | q ≠ 0? |
| | | 1173 | 265 | (Overflow?) |
| | | 1174 | 2 | |
| P3: | LOAD D, # 6 | 1175 | 26 | i : = 6 |
| | | 1176 | 6 | |
| P31: | DEC D | 1177 | 25 | i : = i – 1 |
| | CALL UPP | 1200 | 315 | Unterprogrammaufruf |
| | | 1201 | 336 | |
| | | 1202 | 2 | |
| | JUMP, CC P31 | 1203 | 322 | LT = aus? |
| | | 1204 | 177 | |
| | | 1205 | 2 | |
| P4: | LOAD D, # 6 | 1206 | 26 | i : = 6 |
| | | 1207 | 6 | |
| P41: | DEC D | 1210 | 25 | i : = i – 1 |
| | LOAD A, D | 1211 | 172 | |
| | ADD A, # 6 | 1212 | 306 | |
| | | 1213 | 6 | |
| | LOAD L, A | 1214 | 157 | |
| | LOAD H, # 2 | 1215 | 46 | |
| | | 1216 | 2 | |
| | LOAD B, (HL) | 1217 | 106 | Wi |
| | LOAD L, D | 1220 | 152 | |
| | LOAD A, (HL) | 1221 | 176 | Zi |
| | COMP A, B | 1222 | 270 | Zi = Wi? |
| | JUMP, NE P5 | 1223 | 302 | |
| | | 1224 | 240 | |
| | | 1225 | 2 | |

| Assembler | | Platz | Inhalt | Bemerkungen |
|---|---|---|---|---|
| | LOAD A, HH | 1226 | 72 | i ≠ h? |
| | | 1227 | 370 | (h – i ≠ 0?) |
| | | 1230 | 2 | |
| | SUB A, D | 1231 | 222 | |
| | JUMP, NE P41 | 1232 | 302 | |
| | | 1233 | 210 | |
| | | 1234 | 2 | |
| | LOAD AA, A | 1235 | 62 | a : = 0, „ein" |
| | | 1236 | 366 | |
| | | 1237 | 2 | |
| P5: | LOAD HL, Z | 1240 | 52 | Zo → L, Z1 → H |
| | | 1241 | 000 | |
| | | 1242 | 2 | |
| | LOAD A, L | 1243 | 175 | Zo < 2? |
| | COMP A, # 2 | 1244 | 376 | |
| | | 1245 | 2 | |
| | JUMP, LO P6 | 1246 | 332 | |
| | | 1247 | 265 | |
| | | 1250 | 2 | |
| | LOAD A, H | 1251 | 174 | Z1 < 4? |
| | COMP A, # 4 | 1252 | 376 | |
| | | 1253 | 4 | |
| | JUMP, LO P6 | 1254 | 332 | |
| | | 1255 | 265 | |
| | | 1256 | 2 | |
| | XOR A, A | 1257 | 257 | Zo : = 0 |
| | LOAD H, A | 1260 | 147 | Z1 : = 0 |
| | LOAD L, A | 1261 | 157 | |
| | LOAD Z, HL | 1262 | 42 | |
| | | 1263 | 000 | |
| | | 1264 | 2 | |
| P6: | LOAD HL, AA | 1265 | 52 | a → L, f → H |
| | | 1266 | 366 | |
| | | 1267 | 2 | |
| | LOAD A, L | 1270 | 175 | |
| | OR A, A | 1271 | 267 | |
| | JUMP, NE P7 | 1272 | 302 | a ≠ 0? |
| | | 1273 | 303 | |
| | | 1274 | 2 | |
| | LOAD $6, A | 1275 | 323 | Wecken |
| | | 1276 | 6 | |
| | LOAD A, H | 1277 | 174 | |
| | LOAD AA, A | 1300 | 62 | a : = f |
| | | 1301 | 366 | (Wecken „aus", wenn F = 1) |
| | | 1302 | 2 | |
| P7: | LOAD A, K | 1303 | 72 | K weiterzählen |
| | | 1304 | 332 | |
| | | 1305 | 2 | |
| | INC A | 1306 | 74 | |
| | AND A, # 3 | 1307 | 346 | |
| | | 1310 | 3 | |

| Assembler | | Platz | Inhalt | Bemerkungen |
|---|---|---|---|---|
| | LOAD K, A | 1311 | 62 | |
| | | 1312 | 332 | |
| | | 1313 | 2 | |
| | LOAD HL, FF | 1314 | 52 | f → L, h → H |
| | | 1315 | 367 | i : = K + f + h |
| | | 1316 | 2 | |
| | ADD A, H | 1317 | 204 | |
| | ADD A, L | 1320 | 205 | |
| | LOAD L, A | 1321 | 157 | |
| | LOAD H, # 2 | 1322 | 46 | |
| | | 1323 | 2 | |
| | LOAD A, (HL) | 1324 | 176 | b : = Pi |
| | ADD A, # TAB | 1325 | 306 | |
| | | 1326 | 30 | |
| | LOAD L, A | 1327 | 157 | |
| | LOAD A, (HL) | 1330 | 176 | b umkodieren |
| | LOAD $0, A | 1331 | 323 | Anzeige $K |
| K: | | 1332 | 0 | (Platz für K) |
| | JUMP P0 | 1333 | 303 | |
| | | 1334 | 042 | |
| | | 1335 | 2 | |
| UPP: | LOAD A, D | 1336 | 172 | (i in Register D) |
| | ADD A, # 14 | 1337 | 306 | |
| | | 1340 | 14 | |
| | LOAD L, A | 1341 | 157 | |
| | LOAD H, # 2 | 1342 | 46 | |
| | | 1343 | 2 | |
| | LOAD B, (HL) | 1344 | 106 | Mi |
| | LOAD L, D | 1345 | 152 | |
| | LOAD A, (HL) | 1346 | 176 | Pi |
| | INC A | 1347 | 74 | Pi : = Pi + 1 |
| | LOAD (HL), A | 1350 | 167 | |
| | COMP A, B | 1351 | 270 | Pi < Mi? |
| | RET, CS | 1352 | 330 | LT ist Carry-Bit |
| | LOAD (HL), # 0 | 1353 | 66 | Pi : = 0 |
| | | 1354 | 0 | |
| | RET | 1355 | 311 | |

## 11.3.3 Uhrprogramm für 2650

Die Programmierung des 2650 ist relativ einfach und platzsparend, da er alle Adressierungsarten zur Verfügung stellt. Eine Einschränkung bei der relativen Adressierung ergibt sich nur insofern, als die relativen Verschiebungen maximal $100_8$ vor- und rückwärts sein können. Wir haben daher versucht, die benötigten Zwischenspeicher so in die Mitte des Programms zu verlegen, daß sie möglichst oft durch relative, d.h. bytesparende, Befehle angesprochen werden können. Außerdem nutzen wir wie auch bei anderen Prozessoren aus, daß man Daten geschickt dort deponieren kann, wo sie durch einen Ladebefehl

aufgerufen werden. Ein Befehl der Bauart LOAD A, # n setzt ja voraus, daß im zweiten Byte das Datum n deponiert ist. Benutzt man nun dieses zweite Byte als Speicher für die Variable, wie wir es z.B. bei der Adresse 1124 (vgl. Speicherorganisation), 1135 und anderweitig getan haben, so erspart man sich einen weiteren Speicherplatz. Außerdem ist dadurch die vorgenannte Forderung leichter zu erfüllen, die Daten in die Mitte des Programms zu plazieren.
Auch für die Sprungbefehle mit relativer Adresse gilt die zuvor genannte Einschränkung. Ist also wie z.B. am Platz 1127 die Zieladresse P6 weiter entfernt (bei uns 1237), so muß hier die relative durch die absolute Adressierung ersetzt werden. Wenige Plätze später jedoch benötigen wir wieder einen Sprung nach P6. Wie der Leser am Platz 1133 oder 1146 bemerkt, haben wir hier die indirekte Adressierung eingesetzt. Wir adressieren indirekt relativ und benötigen daher auch wieder nur ein Adressenbyte. Jedoch können wir nicht direkt den Punkt P6 anspringen, sondern beziehen uns zunächst auf die in Platz 1130 und 1131 deponierte volle Adresse für P6. Wir verweisen also indirekt auf die Adresse 1130 und gelangen dann im zweiten Halbschritt des Sprungbefehles endgültig zum Punkt P6.
Wir haben diesen kleinen Programmiertrick und konsequent die relative Adressierung eingesetzt, um den Leser mit diesen platzsparenden Programmiermethoden vertraut zu machen. Notwendig wäre dies nicht gewesen, denn wir benötigen nur die Plätze bis 1326 und hätten bis zum Beginn des SAVE-Bereiches unseres Monitors auf 1363 noch genügend Platz für eine weniger platzsparende Programmierung gehabt. Im übrigen verweisen wir den Leser auf die nachfolgend aufgeführte Speicherorganisation.

Speicherorganisation 2650

| symbolisch | aktuell |
|---|---|
| START | 1050 |
| P = $Z = Z_0$ | 1000 |
| W = $W_0$ | 1006 |
| m = M | 1014 |
| f = FF | 1117 |
| h = HH | 1115 |
| g = GG | 1124 |
| q,r = RR | 1135 |
| a = AA | 1240 |
| K | 1302 |
| i | Register D |
| d | Register D |
| G | Register C |
| LT | Zustandsregister |
| UPP | 1306 |
| TAB | 1030 |

Hauptprogramm 2650

| Assembler | | Platz | Inhalt | Bemerkungen |
|---|---|---|---|---|
| | | 1000 bis 1041 | | siehe Abb. 107 |
| START: | CLR A | 1050 | 40 | Zustandsregister |
| | LOAD L, A | 1051 | 223 | |
| | LOAD U, A | 1052 | 222 | |
| P0: | LOAD A, $7 | 1053 | 124 | Lesen Tastatur |
| | | 1054 | 7 | F, G, H, Full, s |
| | LOAD B, A | 1055 | 301 | |
| | AND B, # 10 | 1056 | 105 | F |
| | | 1057 | 10 | |
| | JUMP, EQ P01 | 1060 | 30 | |
| | | 1061 | 2 | |
| | LOAD B, # 6 | 1062 | 5 | |
| | | 1063 | 6 | |
| P01: | LOAD FF, B | 1064 | 311 | f : = F · 6 |
| | | 1065 | 31 | speichern |
| | LOAD C, A | 1066 | 302 | |
| | AND C, # 20 | 1067 | 106 | G |
| | | 1070 | 20 | |
| P1: | LOAD D, A | 1071 | 303 | |
| | JUMP, GE P2 | 1072 | 232 | Full? |
| | | 1073 | 27 | (negativ?) |
| | AND A, # 4 | 1074 | 104 | H |
| | | 1075 | 4 | |
| | JUMP, EQ P11 | 1076 | 30 | H = 0? |
| | | 1077 | 12 | |
| | LOAD A, HH | 1100 | 10 | h ändern |
| | | 1101 | 13 | |
| | ADD A, # 2 | 1102 | 204 | (0 oder 2) |
| | | 1103 | 2 | |
| | AND A, # 2 | 1104 | 104 | |
| | | 1105 | 2 | |
| | LOAD HH, A | 1106 | 310 | |
| | | 1107 | 5 | |
| | JUMP P2 | 1110 | 33 | |
| | | 1111 | 111 | |
| P11: | AND D, # 3 | 1112 | 107 | s |
| | | 1113 | 3 | |
| | ADD D, # 0 | 1114 | 207 | s + h |
| HH: | | 1115 | 0 | (Platz für h) |
| | ADD D, # 0 | 1116 | 207 | i : = s + h + f |
| FF: | | 1117 | 0 | (Platz für f) |
| | CALL UPP | 1120 | 77 | Unterprogrammaufruf |
| | | 1121 | 2 | |
| | | 1122 | 306 | |
| P2: | LOAD D, # 0 | 1123 | 7 | d : = g |
| GG: | | 1124 | 0 | (Platz für g) |
| | LOAD GG, C | 1125 | 312 | g : = G |
| | | 1126 | 175 | (relativ: – 3) |

| Assembler | | Platz | Inhalt | Bemerkungen |
|---|---|---|---|---|
| | JUMP, EQ P6 | 1127 | 34 | d ≠ 0? |
| AP6: | | 1130 | 2 | ) Adresse P6 |
| | | 1131 | 237 | |
| | JUMP, CNE @ AP6 | 1132 | 132 | G ≠ 0? |
| | | 1133 | 374 | indirekt (200 + 174) |
| P21: | LOAD A, ⋕ 31 | 1134 | 4 | r, q |
| RR: | | 1135 | 31 | (Platz für q und r) |
| | SUB A, ⋕ 1 | 1136 | 244 | r : = r – 1 |
| | | 1137 | 1 | |
| | LOAD RR, A | 1140 | 310 | r speichern |
| | | 1141 | 173 | |
| | LOAD B, A | 1142 | 301 | |
| | AND B, ⋕ 177 | 1143 | 105 | r abtrennen |
| | | 1144 | 177 | |
| | JUMP, NE @ AP6 | 1145 | 230 | r ≠ 0? |
| | | 1146 | 361 | indirekt (200 + 161) |
| | ADD A, ⋕ 231 | 1147 | 204 | r : = 25, q invertiert |
| | | 1150 | 231 | (200 + 31) |
| | LOAD RR, A | 1151 | 310 | r, q speichern |
| | | 1152 | 162 | |
| | RR A | 1153 | 120 | q → OUTPUT |
| | LOAD U, A | 1154 | 222 | Blinker |
| | RL A | 1155 | 320 | |
| | JUMP, GE @ AP6 | 1156 | 232 | q ≠ 0? (negativ?) |
| | | 1157 | 350 | (200 + 150) |
| P3: | LOAD D, ⋕ 6 | 1160 | 7 | i : = 6 |
| | | 1161 | 6 | |
| P31: | SUB D, ⋕ 1 | 1162 | 247 | i : = i – 1 |
| | | 1163 | 1 | |
| | CALL UPP | 1164 | 77 | Unterprogrammaufruf |
| | | 1165 | 2 | |
| | | 1166 | 306 | |
| | JUMP, GE P31 | 1167 | 232 | LT = aus? |
| | | 1170 | 171 | |
| P4: | LOAD D, ⋕ 6 | 1171 | 7 | i : = 6 |
| | | 1172 | 6 | |
| P41: | SUB D, ⋕ 1 | 1173 | 247 | i : = i – 1 |
| | | 1174 | 1 | |
| | LOAD A, (D) + Z | 1175 | 17 | Zi = Wi? |
| | | 1176 | 142 | (140 + 2) |
| | | 1177 | 000 | |
| | COMP A, (D) + W | 1200 | 357 | |
| | | 1201 | 142 | (140 + 2) |
| | | 1202 | 006 | |
| | JUMP, NE P5 | 1203 | 230 | |
| | | 1204 | 7 | |
| | COMP D, HH | 1205 | 353 | i ≠ h? |
| | | 1206 | 106 | |
| | JUMP, NE P41 | 1207 | 230 | |
| | | 1210 | 162 | |
| | CLR A | 1211 | 40 | a „ein" |

| Assembler | | Platz | Inhalt | Bemerkungen |
|---|---|---|---|---|
| | LOAD AA, A | 1212 | 310 | |
| | | 1213 | 24 | |
| P5: | LOAD A, Z | 1214 | 14 | Zo < 2? |
| AZ0: | | 1215 | 2 | ) Adresse Zo |
| | | 1216 | 000 | |
| | COMP A, # 2 | 1217 | 344 | |
| | | 1220 | 2 | |
| | JUMP, LT P6 | 1221 | 32 | |
| | | 1222 | 14 | |
| | LOAD A, Z + 1 | 1223 | 14 | Z1 < 4? |
| AZ1: | | 1224 | 2 | ) Adresse Z1 |
| | | 1225 | 001 | |
| | COMP A, # 4 | 1226 | 344 | |
| | | 1227 | 4 | |
| | JUMP, LT P6 | 1230 | 32 | |
| | | 1231 | 5 | |
| | CLR A | 1232 | 40 | Zo : = 0 |
| | LOAD @ AZ0, A | 1233 | 310 | Z1 : = 0 |
| | | 1234 | 360 | (200 + 160) |
| | LOAD @ AZ1, A | 1235 | 310 | |
| | | 1236 | 365 | (200 + 165) |
| P6: | LOAD A, # 1 | 1237 | 4 | |
| AA: | | 1240 | 1 | (Platz für a) |
| | JUMP, NE P7 | 1241 | 230 | a ≠ 0? |
| | | 1242 | 12 | |
| | LOAD $6, A | 1243 | 324 | Wecken |
| | | 1244 | 6 | |
| | NOP | 1245 | 300 | |
| | LOAD A, FF | 1246 | 14 | a : = f |
| | | 1247 | 2 | (Wecken „aus", wenn F = 1) |
| | | 1250 | 117 | |
| | NOP | 1251 | 300 | |
| | NOP | 1252 | 300 | |
| | LOAD AA, A | 1253 | 310 | |
| | | 1254 | 163 | |
| P7: | LOAD A, K | 1255 | 10 | K weiterzählen |
| | | 1256 | 23 | |
| | ADD A, # 1 | 1257 | 204 | |
| | | 1260 | 1 | |
| | AND A, # 3 | 1261 | 104 | |
| | | 1262 | 3 | |
| | LOAD K, A | 1263 | 310 | |
| | | 1264 | 15 | |
| | ADD A, FF | 1265 | 214 | i : = K + f + h |
| | | 1266 | 2 | |
| | | 1267 | 117 | |
| | ADD A, HH | 1270 | 214 | |
| | | 1271 | 2 | |
| | | 1272 | 115 | |
| | LOAD A, (A) + P | 1273 | 14 | b : = Pi |
| | | 1274 | 142 | |
| | | 1275 | 000 | |

| Assembler | | Platz | Inhalt | Bemerkungen |
|---|---|---|---|---|
| | LOAD A, (A) + TAB | 1276 | 14 | b umkodieren |
| | | 1277 | 142 | |
| | | 1300 | 030 | |
| | LOAD $0, A | 1301 | 324 | Anzeige $K |
| K: | | 1302 | 0 | (Platz für K) |
| | JUMP P0 | 1303 | 37 | |
| | | 1304 | 2 | |
| | | 1305 | 053 | |
| UPP: | LOAD A, (D) + P | 1306 | 17 | (i in Register D) |
| | | 1307 | 142 | Pi : = Pi + 1 |
| | | 1310 | 000 | |
| | ADD A, # 1 | 1311 | 204 | |
| | | 1312 | 1 | |
| | LOAD (D) + P, A | 1313 | 317 | |
| | | 1314 | 142 | |
| | | 1315 | 000 | |
| | COMP A, (D) + M | 1316 | 357 | Pi < Mi? |
| | | 1317 | 142 | LT wird gesetzt |
| | | 1320 | 014 | |
| | RET, LT | 1321 | 26 | |
| | CLR A | 1322 | 40 | Pi : = 0 |
| | LOAD (D) + P, A | 1323 | 317 | (LT bleibt aus) |
| | | 1324 | 142 | |
| | | 1325 | 000 | |
| | RET | 1326 | 27 | |

*Übung*

Woher hat der Rückwärtszähler r : = r – 1 seinen Anfangswert 25 (dezimal)?

### 11.3.4 Uhrprogramm für 6802

Der 6802 zeichnet sich durch eine Besonderheit aus: Er besitzt im Prozessorchip einen RAM-Speicherbereich, der besonders günstig adressierbar ist. Wir haben diesen daher für unsere Zwischenspeicher ausgenutzt. Auch der Stackpointer wird in diesem Bereich untergebracht.

Die Adressierung mit ein-byte-Adressen unterscheidet sich insofern vom 2650, als sie nicht relativ zum Stand des PC erfolgt, sondern absolut, jedoch nur in der page 0 des Speichers, d.h. in diesem RAM-Speicher des Prozessorchips.

Die Indizierung erfolgt so, daß die zwei-byte-Grundadresse im Indexregister unterzubringen ist, während im Befehl selbst nur eine ein-byte-Verschiebezahl möglich ist. Wir haben daher den Index i in die beiden Bestandteile IHB und ILB aufspalten müssen. Dadurch wird der Aufwand beim Beschicken des Indexregisters, z.B. im UPP, etwas größer.

Der 6802 gehört zu den Prozessoren, die nicht zwischen Memory- und Peripherie-Adressierung unterscheiden. Wir haben für die Adresse $ K die Speicheradresse 200 + K gewählt. Ebenso wie beim Programm für den 2650 haben wir den Zähler K unmittelbar als zweites Byte für den Befehl LOAD $K, A benutzt.

Die Befehle ab 1350 können entfallen, wenn der Stackpointer vom Monitor gesetzt wird. Dann wird unmittelbar am Punkt P0 gestartet.
Auch bei diesem Prozessor haben wir noch freien Speicherplatz im RAM-Bereich bis zur Adresse 1377, da der Monitor seinen Bedarf an RAM-Speicher durch den internen Speicher des Prozessors abdecken kann.
Die vollständige Programmliste findet der Leser im Folgenden.

Speicherorganisation 6802

| symbolisch | aktuell |
|---|---|
| START | 1350 |
| P = $Z = Z_o$ | 1000 |
| W = $W_o$ | 1006 |
| m = M | 1014 |
| f = FF | 0000 |
| h = HH | 0001 |
| g = GG | 0002 |
| q,r = RR | 0003 |
| a = AA | 0004 |
| K | 1312 |
| i = { IHB (High byte) | 0006 |
| ILB (Low byte) | 0007 |
| d | Register A |
| G | 0005 |
| LT | Zustandsregister |
| UPP | 1320 |
| TAB | 1030 |
| $K | Adresse 200 + K |

Hauptprogramm 6802

| Assembler | | Platz | Inhalt | Bemerkungen |
|---|---|---|---|---|
| | | 1000 bis 1041 | | Siehe Abb. 107 |
| P0: | LOAD A, $7 | 1042 | 226 | Lesen Tastatur |
| | | 1043 | 207 | F, G, H, Full, s |
| | LOAD B, A | 1044 | 26 | |
| | AND B, # 10 | 1045 | 304 | F |
| | | 1046 | 10 | |
| | JUMP, EQ P01 | 1047 | 47 | |
| | | 1050 | 2 | |
| | LOAD B, # 6 | 1051 | 306 | |
| | | 1051 | 6 | |
| P01: | LOAD FF, B | 1052 | 327 | f : = F · 6 |
| | | 1054 | 000 | speichern |
| | LOAD B, A | 1055 | 26 | |
| | AND B, # 20 | 1056 | 304 | G |
| | | 1057 | 20 | |

| Assembler | | Platz | Inhalt | Bemerkungen |
|---|---|---|---|---|
| | LOAD G, B | 1060 | 327 | |
| | | 1061 | 005 | |
| P1: | TEST A | 1062 | 115 | Full? |
| | JUMP, GE P2 | 1063 | 54 | (negativ?) |
| | | 1064 | 31 | |
| | BIT A, # 4 | 1065 | 205 | H = 0? |
| | | 1066 | 4 | |
| | JUMP, EQ P11 | 1067 | 47 | |
| | | 1070 | 12 | |
| | LOAD A, HH | 1071 | 226 | h ändern |
| | | 1072 | 001 | |
| | ADD A, # 2 | 1073 | 213 | (0 oder 2) |
| | | 1074 | 2 | |
| | AND A, # 2 | 1075 | 204 | |
| | | 1076 | 2 | |
| | LOAD HH, A | 1077 | 227 | |
| | | 1100 | 001 | |
| | JUMP P2 | 1101 | 40 | |
| | | 1102 | 13 | |
| P11: | AND A, # 3 | 1103 | 204 | s |
| | | 1104 | 3 | |
| | ADD A, HH | 1105 | 233 | i : = s + h + f |
| | | 1106 | 001 | |
| | ADD A, FF | 1107 | 233 | |
| | | 1110 | 000 | |
| | LOAD ILB, A | 1111 | 227 | |
| | | 1112 | 007 | |
| | CALL UPP | 1113 | 275 | Unterprogrammaufruf |
| | | 1114 | 2 | |
| | | 1115 | 320 | |
| P2: | LOAD A, GG | 1116 | 226 | d : = g |
| | | 1117 | 002 | |
| | LOAD B, G | 1120 | 326 | g : = G |
| | | 1121 | 005 | |
| | LOAD GG, B | 1122 | 327 | |
| | | 1123 | 002 | |
| | TEST A | 1124 | 115 | d ≠ 0? |
| | JUMP, EQ P6 | 1125 | 47 | |
| | | 1126 | 110 | |
| | TEST B | 1127 | 135 | G ≠ 0? |
| | JUMP, NE P6 | 1130 | 46 | |
| | | 1131 | 105 | |
| P21: | DEC RR | 1132 | 172 | r : = r – 1 |
| | | 1133 | 0 | |
| | | 1134 | 003 | |
| | LOAD A, RR | 1135 | 226 | r, q |
| | | 1136 | 003 | |
| | BIT A, # 177 | 1137 | 205 | r ≠ 0? |
| | | 1140 | 177 | |
| | JUMP, NE P6 | 1141 | 46 | |
| | | 1142 | 74 | |

| Assembler | | Platz | Inhalt | Bemerkungen |
|---|---|---|---|---|
| | ADD A, # 231 | 1143 | 213 | r : = 25, q invertiert |
| | | 1144 | 231 | (200 + 31) |
| | LOAD RR, A | 1145 | 227 | r, q speichern |
| | | 1146 | 003 | |
| | LOAD $4, A | 1147 | 227 | Blinker, Bit $2^7$ |
| | | 1150 | 204 | vom DA-Bus, (alternativ $6) |
| | JUMP, GE P6 | 1151 | 54 | |
| | | 1152 | 64 | q ≠ 0? (negativ?) |
| P3: | LOAD A, # 6 | 1153 | 206 | i : = 6 |
| | | 1154 | 6 | |
| | LOAD ILB, A | 1155 | 227 | |
| | | 1156 | 007 | |
| P31: | DEC ILB | 1157 | 172 | i : = i – 1 |
| | | 1160 | 0 | |
| | | 1161 | 007 | |
| | CALL UPP | 1162 | 215 | Unterprogrammaufruf |
| | | 1163 | 134 | |
| | JUMP, GE P31 | 1164 | 54 | LT = aus? |
| | | 1165 | 371 | |
| P4: | LOAD IX, # P + 6 | 1166 | 316 | i : = 6 |
| | | 1167 | 2 | (1000 + 6) |
| | | 1170 | 006 | |
| P41: | DEC IX | 1171 | 11 | i : = i – 1 |
| | LOAD A, (IX) + P | 1172 | 246 | Zi = Wi? |
| | | 1173 | 000 | |
| | COMP A, (IX) + W | 1174 | 241 | |
| | | 1175 | 006 | |
| | JUMP, NE P5 | 1176 | 46 | |
| | | 1177 | 13 | |
| | LOAD IHB, IX | 1200 | 337 | i ≠ h? |
| | | 1201 | 006 | |
| | LOAD A, HH | 1202 | 226 | |
| | | 1203 | 001 | |
| | COMP A, ILB | 1204 | 221 | |
| | | 1205 | 007 | |
| | JUMP, NE P41 | 1206 | 46 | |
| | | 1207 | 361 | |
| | CLR AA | 1210 | 177 | a : = „ein“ |
| | | 1211 | 0 | |
| | | 1212 | 004 | |
| P5: | LOAD A, Z | 1213 | 266 | Zo < 2? |
| | | 1214 | 2 | |
| | | 1215 | 000 | |
| | COMP A, # 2 | 1216 | 201 | |
| | | 1217 | 2 | |
| | JUMP, LT P6 | 1220 | 55 | |
| | | 1221 | 15 | |
| | LOAD A, Z + 1 | 1222 | 266 | Z1 < 4? |
| | | 1223 | 2 | |
| | | 1224 | 001 | |
| | COMP A, # 4 | 1225 | 201 | |
| | | 1226 | 4 | |

| Assembler | | Platz | Inhalt | Bemerkungen |
|---|---|---|---|---|
| | JUMP, LT P6 | 1227 | 55 | |
| | | 1230 | 6 | |
| | CLR Z | 1231 | 177 | Zo : = 0 |
| | | 1232 | 2 | Z1 : = 0 |
| | | 1233 | 000 | |
| | CLR Z + 1 | 1234 | 177 | |
| | | 1235 | 2 | |
| | | 1236 | 001 | |
| P6: | LOAD A, AA | 1237 | 226 | a ≠ 0? |
| | | 1240 | 004 | |
| | JUMP, NE P7 | 1241 | 46 | |
| | | 1242 | 6 | |
| | LOAD $6, A | 1243 | 227 | Wecken |
| | | 1244 | 206 | |
| | LOAD A, FF | 1245 | 226 | a : = f |
| | | 1246 | 000 | |
| | LOAD AA, A | 1247 | 227 | |
| | | 1250 | 004 | |
| P7: | LOAD A, K | 1251 | 266 | K weiterzählen |
| | | 1252 | 2 | |
| | | 1253 | 312 | |
| | ADD A, # 1 | 1254 | 213 | |
| | | 1255 | 1 | |
| | AND A, # 203 | 1256 | 204 | K + 200! |
| | | 1257 | 203 | |
| | LOAD K, A | 1260 | 267 | |
| | | 1261 | 2 | |
| | | 1262 | 312 | |
| | AND A, # 3 | 1263 | 204 | K abtrennen |
| | | 1264 | 3 | |
| | ADD A, FF | 1265 | 233 | i : = K + f + h |
| | | 1266 | 000 | |
| | ADD A, HH | 1267 | 233 | |
| | | 1270 | 001 | |
| | LOAD ILB, A | 1271 | 227 | |
| | | 1272 | 007 | |
| | LOAD A, # 2 | 1273 | 206 | |
| | | 1274 | 2 | |
| | LOAD IHB, A | 1275 | 227 | |
| | | 1276 | 006 | |
| | LOAD IX, IHB | 1277 | 336 | |
| | | 1300 | 006 | |
| | LOAD A, (IX) + P | 1301 | 246 | b : = Pi |
| | | 1302 | 000 | |
| | LOAD ILB, A | 1303 | 227 | |
| | | 1304 | 007 | |
| | LOAD IX, IHB | 1305 | 336 | |
| | | 1306 | 006 | |
| | LOAD A, (IX) + TAB | 1307 | 246 | b umkodieren |
| | | 1310 | 030 | |

| Assembler | | Platz | Inhalt | Bemerkungen |
|---|---|---|---|---|
| | LOAD $0, A | 1311 | 227 | Anzeige $K |
| K: | | 1312 | 200 | (Platz für K + 200) |
| | JUMP P0 | 1313 | 176 | |
| | | 1314 | 2 | |
| | | 1315 | 042 | |
| UPP: | LOAD A, # 2 | 1320 | 206 | (i + p) |
| | | 1321 | 2 | |
| | LOAD IHB, A | 1322 | 227 | |
| | | 1323 | 006 | |
| | LOAD IX, IHB | 1324 | 336 | |
| | | 1325 | 006 | |
| | INC (IX) + P | 1326 | 154 | Pi : = Pi + 1 |
| | | 1327 | 000 | |
| | LOAD A, (IX) + P | 1330 | 246 | Pi < Mi? |
| | | 1331 | 000 | LT gesetzt |
| | COMP A, (IX) + M | 1332 | 241 | |
| | | 1333 | 014 | |
| | JUMP, LT UPP 1 | 1334 | 55 | |
| | | 1335 | 2 | |
| | CLR (IX) + P | 1336 | 157 | Pi : = 0 |
| | | 1337 | 000 | (LT bleibt aus!) |
| UPP 1: | RET | 1340 | 71 | |
| START: | LOAD SP, # STACK | 1350 | 216 | Stackpointer |
| | | 1351 | 0 | |
| | | 1352 | 157 | |
| | JUMP P0 | 1353 | 176 | |
| | | 1354 | 2 | |
| | | 1355 | 042 | |

## 11.3.5 Uhrprogramm für SCMP

Der SCMP ist, wie bereits früher erwähnt, auf niedrige Kosten getrimmt worden. Er ist der einzige Prozessor, bei dem es uns nicht gelungen ist, das gesamte Uhrenprogramm in den RAM-Speicher von 1000 bis 1377 unterzubringen. Wir haben daher der einfacheren Programmierung wegen das Unterprogramm UPP ab Adresse 1400 beginnen lassen.[1])
Die benötigten Datenspeicher haben wir anschließend an den Bereich für die Tabelle, d.h. ab Platz 1042 untergebracht. Um die Programmierung zu vereinfachen, haben wir auf eine zum PC relative Adressierung verzichtet und unter Einsatz des Registers HL 1 praktisch eine ein-byte-absolute Adressierung erreicht. Wir setzen nämlich am Anfang das Register HL 1 auf 1000 als Pointer für die Daten und können dann durch die Adressierung A, (HL 1) + n die Zwischenspeicher absolut durch ihre relative Lage zu Platz 1000 ansprechen.

1) Für Benutzer des Delphin-Systems, bei dem die RAM-Erweiterung ab 2000 vorgesehen ist, haben wir die kleinen Änderungen am Platz 1153 und 1225 angedeutet. Natürlich muß dann das UPP ab Platz 2000 statt ab 1400 gespeichert werden.

Entsprechend sind wir vorgegangen für das Ansprechen der Peripherie, indem wir in das Register HL2 die Adresse 10000 gelegt haben. Das dritte Register HL3 benötigen wir für den Unterprogrammsprung. Im Hauptprogramm laden wir es mit der Adresse von UPP (ab Platz 1221 bzw. ab Platz 1147) und vertauschen seinen Inhalt dann mit dem des Programmzählers PC. Dies ist, wie wir früher bereits gesehen haben, der eigentliche Unterprogrammaufruf. Die Rückkehr aus dem UPP erfolgt dann, indem wir wieder das Register HL3 mit dem PC vertauschen.
Der größere Bedarf an Speicherplätzen beim SCMP beruht zum einen darauf, daß wir für die bedingten Sprünge nur die Entscheidungen AEQ, ANE und AGE zur Verfügung haben. Zum anderen erlaubt er Additionen und Subtraktionen nur unter Berücksichtigung des Carry, so daß vor einer Addition immer das Carry gelöscht werden muß, andererseits vor einer (normalen) Subtraktion des Carry gesetzt werden muß, da die Subtraktion lediglich das 1-Komplement addiert. Erst die zusätzliche Addition des Carry bewirkt den Übergang zum 2-Komplement.
Auch das Ansprechen der Leuchtanzeige wird aufwendiger, da der Index jeweils im Register B deponiert sein muß, Rechnungen aber nur im Register A stattfinden können. Immerhin haben wir vorteilhaft die Doppelindizierung (HL1) + (B), z.B. am Platz 1340, einsetzen können.
Die vollständige Programmliste findet der Leser im Folgenden.

*Übung*

Man erläutere an einem Beispiel die Doppelindizierung (HL1) + (B).

Speicherorganisation SCMP

| symbolisch | aktuell |
|---|---|
| START | 1055 |
| P = Z = $Z_0$ | 1000 |
| W = $W_0$ | 1006 |
| m = M | 1014 |
| f = FF | 1042 |
| h = HH | 1043 |
| g = GG | 1044 |
| r = RR | 1045 |
| a = AA | 1046 |
| LES | 1050 |
| G | 1051 |
| K | 1052 |
| q = Blinker | Flag 0 |
| d | Register B |
| LT | Register A |
| i = II | 1047 und Register B |
| $K | Adresse 10000 + K |
| UPP | 1400 (alternativ 2000) |
| TAB | 1030 |
| Pointer für Daten | HL1 (1000) |
| Pointer für Peripherie | HL2 (10000) |
| Pointer für UP | HL3 |

Hauptprogramm SCMP

| Assembler | | Platz | Inhalt | Bemerkungen |
|---|---|---|---|---|
| | | 1000 bis 1041 | | siehe Abb. 107 |
| | | 1042 bis 1052 | 000 | Anfangswerte |
| START: | LOAD A, # 20 | 1055 | 304 | Setzen Pointer |
| | | 1056 | 20 | Peripherie |
| | EX A, H2 | 1057 | 66 | |
| | LOAD A, # 000 | 1060 | 304 | |
| | | 1061 | 000 | |
| | EX A, L2 | 1062 | 62 | |
| | LOAD A, # 2 | 1063 | 304 | Setzen Pointer |
| | | 1064 | 2 | Daten |
| | EX A, H1 | 1065 | 65 | |
| | LOAD A, # 000 | 1066 | 304 | |
| | | 1067 | 000 | |
| | EX A, L1 | 1070 | 61 | |
| P0: | LOAD A, (HL2) + 7 | 1071 | 302 | Lesen Tastatur $7 |
| | | 1072 | 7 | F, G, H, Full, s |
| | LOAD LES, A | 1073 | 311 | speichern |
| | | 1074 | 50 | |
| | AND A, # 10 | 1075 | 324 | F |
| | | 1076 | 10 | |
| | JUMP, AEQ P01 | 1077 | 230 | |
| | | 1100 | 2 | |
| | LOAD A, # 6 | 1101 | 304 | |
| | | 1102 | 6 | |
| P01: | LOAD FF, A | 1103 | 311 | f : = F · 6 |
| | | 1104 | 42 | |
| | LOAD A, LES | 1105 | 301 | |
| | | 1106 | 50 | |
| | AND A, # 20 | 1107 | 324 | G |
| | | 1110 | 20 | |
| | LOAD G, A | 1111 | 311 | |
| | | 1112 | 51 | |
| P1: | LOAD A, LES | 1113 | 301 | Full ? |
| | | 1114 | 50 | |
| | JUMP, AGE P2 | 1115 | 224 | |
| | | 1116 | 27 | |
| | AND A, # 4 | 1117 | 324 | H = 0? |
| | | 1120 | 4 | |
| | JUMP, AEQ P11 | 1121 | 230 | |
| | | 1122 | 12 | |
| | LOAD A, HH | 1123 | 301 | h ändern |
| | | 1124 | 43 | |
| | ADDC A, # 2 | 1125 | 364 | |
| | | 1126 | 2 | |
| | AND A, # 2 | 1127 | 324 | |
| | | 1130 | 2 | |

| Assembler | | Platz | Inhalt | Bemerkungen |
|---|---|---|---|---|
| | LOAD HH, A | 1131 | 311 | |
| | | 1132 | 43 | |
| | JUMP P2 | 1133 | 220 | |
| | | 1134 | 21 | |
| P11: | LOAD A, LES | 1135 | 301 | |
| | | 1136 | 50 | |
| | AND A, # 3 | 1137 | 324 | s |
| | | 1140 | 3 | |
| | CLRC | 1141 | 2 | i : = s + h + f |
| | ADDC A, HH | 1142 | 361 | |
| | | 1143 | 43 | |
| | ADDC A, FF | 1144 | 361 | |
| | | 1145 | 42 | |
| | EX A, B | 1146 | 1 | |
| | LOAD A, # 000 | 1147 | 304 | CALL UPP |
| | | 1150 | 000 | |
| | EX A, L3 | 1151 | 63 | |
| | LOAD A, # 3 | 1152 | 304 | |
| | | 1153 | 3 | (alternativ: 4) |
| | EX A, H3 | 1154 | 67 | |
| | EX PC, HL3 | 1155 | 77 | |
| P2: | LOAD A, GG | 1156 | 301 | d : = g |
| | | 1157 | 44 | |
| | EX A, B | 1160 | 1 | |
| | LOAD A, G | 1161 | 301 | g : = G |
| | | 1162 | 51 | |
| | LOAD GG, A | 1163 | 311 | |
| | | 1164 | 44 | |
| | JUMP, ANE P6 | 1165 | 234 | G ≠ 0? |
| | | 1166 | 123 | |
| | EX A, B | 1167 | 1 | d ≠ 0? |
| | JUMP, AEQ P6 | 1170 | 230 | |
| | | 1171 | 120 | |
| P21: | DECLOAD A, RR | 1172 | 271 | r : = r − 1 |
| | | 1173 | 45 | |
| | JUMP, ANE P6 | 1174 | 234 | r ≠ 0? |
| | | 1175 | 114 | |
| | LOAD A, # 31 | 1176 | 304 | r : = 25 |
| | | 1177 | 31 | |
| | LOAD RR, A | 1200 | 311 | |
| | | 1201 | 45 | |
| | LOAD A, F | 1202 | 6 | q invertieren |
| | XOR A, # 1 | 1203 | 344 | und Blinker |
| | | 1204 | 1 | |
| | LOAD F, A | 1205 | 7 | |
| | AND A, # 1 | 1206 | 324 | |
| | | 1207 | 1 | |
| | JUMP, AEQ P6 | 1210 | 230 | q ≠ 0? |
| | | 1211 | 100 | |
| P3: | LOAD A, # 6 | 1212 | 304 | l : = 6 |
| | | 1213 | 6 | |

| Assembler | | Platz | Inhalt | Bemerkungen |
|---|---|---|---|---|
| | LOAD II, A | 1214 | 311 | |
| | | 1215 | 47 | |
| P31: | DECLOAD A, II | 1216 | 271 | i : = i –1 |
| | | 1217 | 47 | |
| | EX A, B | 1220 | 1 | |
| | LOAD A, # 000 | 1221 | 304 | CALL UPP |
| | | 1222 | 000 | |
| | EX A, L3 | 1223 | 63 | |
| | LOAD A, # 3 | 1224 | 304 | |
| | | 1225 | 3 | (alternativ: 4) |
| | EX A, H3 | 1226 | 67 | |
| | EX PC, HL3 | 1227 | 77 | |
| | JUMP, AGE P31 | 1230 | 224 | LT = aus? |
| | | 1231 | 364 | |
| P4: | LOAD A, # 6 | 1232 | 304 | i : = 6 |
| | | 1233 | 6 | |
| | LOAD II, A | 1234 | 311 | |
| | | 1235 | 47 | |
| P41: | DECLOAD A, II | 1236 | 271 | i : = i – 1 |
| | | 1237 | 47 | |
| | EX A, B | 1240 | 1 | |
| | LOAD A, (HL 1) + (B) | 1241 | 301 | Zi |
| | | 1242 | 200 | |
| | EX A, B | 1243 | 1 | |
| | CLRC | 1244 | 2 | |
| | ADDC A, # 6 | 1245 | 364 | (i + 6) |
| | | 1246 | 6 | |
| | EX A, B | 1247 | 1 | |
| | SETC | 1250 | 3 | |
| | SUBB A, (HL 1) + (B) | 1251 | 371 | Zi – Wi |
| | | 1252 | 200 | |
| | JUMP, ANE P5 | 1253 | 234 | Zi = Wi? |
| | | 1254 | 11 | |
| | SETC | 1255 | 3 | |
| | LOAD A, II | 1256 | 301 | i ≠ h? |
| | | 1257 | 47 | |
| | SUBB A, HH | 1260 | 371 | |
| | | 1261 | 43 | |
| | JUMP, ANE P41 | 1262 | 234 | |
| | | 1263 | 352 | |
| | LOAD AA, A | 1264 | 311 | a : = 0 |
| | | 1265 | 46 | |
| P5: | SETC | 1266 | 3 | Zo < 2? |
| | LOAD A, # 1 | 1267 | 304 | (1 ⩾ Zo?) |
| | | 1270 | 1 | (1 – Zo ⩾ 0? |
| | SUBB A, (HL 1) + 0 | 1271 | 371 | |
| | | 1272 | 0 | |
| | JUMP, AGE P6 | 1273 | 224 | |
| | | 1274 | 15 | |
| | SETC | 1275 | 3 | Z1 < 4? |
| | LOAD A, # 3 | 1276 | 304 | (3 ⩾ Z1?) |
| | | 1277 | 3 | (3 – Z1 ⩾ 0?) |

| Assembler | | Platz | Inhalt | Bemerkungen |
|---|---|---|---|---|
| | SUBB A, (HL 1) + 1 | 1300 | 371 | |
| | | 1301 | 1 | |
| | JUMP, AGE P6 | 1302 | 224 | |
| | | 1303 | 6 | |
| | LOAD A, # 0 | 1304 | 304 | Zo : = 0 |
| | | 1305 | 0 | Z1 : = 0 |
| | LOAD (HL 1) + 0, A | 1306 | 311 | |
| | | 1307 | 0 | |
| | LOAD (HL 1) + 1, A | 1310 | 311 | |
| | | 1311 | 1 | |
| P6: | LOAD A, AA | 1312 | 301 | a ≠ 0? |
| | | 1314 | 46 | |
| | JUMP, ANE P7 | 1312 | 234 | |
| | | 1315 | 6 | |
| | LOAD (HL 2) + 6, A | 1316 | 312 | Wecken |
| | | 1317 | 6 | |
| | LOAD A, FF | 1320 | 301 | a : = f |
| | | 1321 | 42 | |
| | LOAD AA, A | 1322 | 311 | |
| | | 1323 | 46 | |
| P7: | INCLOAD A, K | 1324 | 251 | K weiterzählen |
| | | 1325 | 52 | |
| | AND A, # 3 | 1326 | 324 | |
| | | 1327 | 3 | |
| | LOAD K, A | 1330 | 311 | |
| | | 1331 | 52 | |
| | CLRC | 1332 | 2 | i : = K + f + h |
| | ADDC A, FF | 1333 | 361 | |
| | | 1334 | 42 | |
| | ADDC A, HH | 1335 | 361 | |
| | | 1336 | 43 | |
| | EX A, B | 1337 | 1 | |
| | LOAD A, (HL 1) + (B) | 1340 | 301 | b : = Pi |
| | | 1341 | 200 | |
| | ADDC A, # 30 | 1342 | 364 | (b + TAB) |
| | | 1343 | 30 | |
| | EX A, B | 1344 | 1 | |
| | LOAD A, (HL 1) + (B) | 1345 | 301 | b umkodieren |
| | | 1346 | 200 | |
| | EX A, B | 1347 | 1 | |
| | LOAD A, K | 1350 | 301 | |
| | | 1351 | 52 | |
| | EX A, B | 1352 | 1 | (Kode in A, K in B) |
| | LOAD (HL 2) + (B), A | 1353 | 312 | Anzeige $K |
| | | 1354 | 200 | |
| | JUMP P0 | 1355 | 221 | (HL 1) + 71! |
| | | 1356 | 70 | |
| UPP: | NOP | 1400 | 10 | (alternativ: 2000) |
| | LOAD A, (HL 1) + (B) | 1401 | 301 | (i in Register B!) |
| | | 1402 | 200 | Pi : = Pi + 1 |
| | CLRC | 1403 | 2 | |

| Assembler | | Platz | Inhalt | Bemerkungen |
|---|---|---|---|---|
| | ADDC A, # 1 | 1404 | 364 | |
| | | 1405 | 1 | |
| | LOAD (HL1) + (B), A | 1406 | 311 | |
| | | 1407 | 200 | |
| | EX A, B | 1410 | 1 | |
| | ADDC A, # 14 | 1411 | 364 | (i + 14) |
| | | 1412 | 14 | |
| | EX A, B | 1413 | 1 | |
| | SETC | 1414 | 3 | |
| | SUBB A, (HL1) + (B) | 1415 | 371 | Pi – Mi |
| | | 1416 | 200 | |
| | JUMP, AGE UPP 1 | 1417 | 224 | Pi < Mi? |
| | | 1420 | 1 | |
| | EX PC, HL3 | 1421 | 77 | RET (LT ein) |
| UPP1: | LOAD A, # 0 | 1422 | 304 | Pi : = 0 |
| | | 1423 | 0 | |
| | EX A, B | 1424 | 1 | |
| | SETC | 1425 | 3 | |
| | SUBB A, # 14 | 1426 | 374 | i wiedergewinnen |
| | | 1427 | 14 | |
| | EX A, B | 1430 | 1 | |
| | LOAD (HL1) + (B), A | 1431 | 311 | |
| | | 1432 | 200 | |
| | EX PC, HL3 | 1433 | 77 | RET (LT aus) |

### 11.3.6 Uhrprogramm für 1802

Wie wir bereits gesehen haben, unterscheidet sich der 1802 in der Philosophie des Speicherzugriffs grundsätzlich von den übrigen Mikroprozessoren. Ein Speicherzugriff ist nur möglich unter Vermittlung eines der HL-Register. Für das Laden und Speichern vom Akkumulator zum HL-Register erfolgt die Auswahl des Registers im Operationscode. Bei den arithmetischen Befehlen muß zuvor das X-Register geladen werden. Man vergleiche etwa die Befehle auf 1141 und 1143. Da der 1802 genügend HL-Register anbietet, können wir allen wichtigen Speicheradressen ein eigenes HL-Register zuordnen. Z.B. wird der Variablen f auf 1042 das Register HL2 als Pointer zugeordnet.

Variable, mit denen wir keine arithmetischen Operationen durchführen, können wir auch in einem H- bzw. L-Register unterbringen. Für den Austausch vom Akkumulator A und den L- bzw. H-Registern sind eigene Befehle vorhanden. Man vergleiche die Zuordnung von g zum Register H10 und von r zum Register L10. Verglichen mit den anderen Programmen fällt auf, daß wir vom START-Punkt bis zum Punkt P0 eine wesentlich längere Folge von vorbereitenden Instruktionen durchlaufen müssen. Dafür ergibt sich später eine elegante Programmierung, so daß insgesamt das Programm nicht länger ausfällt als bei den anderen Prozessoren.

Ein Test auf Negativ ist nicht vorhanden, so daß die Frage „Full?" am Punkt P1 anders gelöst werden muß: Wir schieben das linke Bit zunächst mit der Operation SLC in das Carry-Bit und verzweigen anschließend auf Grund des Inhaltes vom Carry. Da der Inhalt

vom Register A verschoben ist, muß die Operation „AND A" für den Test „H = 0?" mit einer anderen Maske durchgeführt werden.
Für den Aufruf des Unterprogramms UPP laden wir das P-Register mit dem Wert 1. Das Register HL 1 wurde im Vorspann auf die Adresse 1315 gesetzt.
Um Instruktionen zu ersparen, haben wir die Doppelfrage in P2 ab Platz 1153 gegenüber dem Blockbild umgestellt.
Die beiden Befehle SKIP und LSKIP lassen sich geschickt im Abschnitt P21 für das Invertieren des Schalters q, den wir mit dem „output" für den Blinker identifiziert haben, ausnutzen. Hinzuweisen ist auch noch auf den Test in Block P5.
Die Frage „Zo < 2?" wird ersetzt durch die Subtraktion „Zo − 2", bei der das Carry C gesetzt wird, wenn das Ergebnis größer-gleich Null ausfällt. Der Antwort „Negativ" entspricht daher das CC (Carry clear).
Schließlich sei noch auf eine Besonderheit des Unterprogramms ab 1314 hingewiesen. Wir haben den Pointer HL 1 für das UPP im Vorspann gesetzt und erwarten, daß der Wert 1315 bei jedem Aufruf im HL 1-Register vorhanden ist. Um Speicherplätze zu sparen, haben wir das notwendige Laden von HL 1 mit der Anfangsadresse von UPP vermieden. Auf der anderen Seite wird das Register HL 1 beim Verlassen des UPP durch LOAD P, # 0 mit der Endadresse des Unterprogramms hinterlassen. Damit HL 1 den richtigen Wert enthält, muß der Return-Befehl auf 1314, d.h. einen Platz vor dem Beginn des UPP, liegen. Am Ende der Programmfolge für das UPP springt man daher auf den Platz, der vor dem Start-Punkt des Unterprogramms liegt, zurück.

Speicherorganisation 1802

| symbolisch | aktuell | symbolisch | aktuell |
|---|---|---|---|
| START | 1044 | Pointer Lesen $7 | HL7 |
| Pointer Hauptprogramm | HL0 | Pointer Wecker $ 6 | HL6 |
| P : = Z : = $Z_o$ | 1000 | g | H10 |
| Pointer $P_i$ | HL13 | r | L10 |
| i | L13 | a | H11 |
| W : = $W_o$ | 1006 | d | L11 |
| Pointer $W_i$, $M_i$, TAB | HL14 | G | H12 |
| m = M | 1014 | q | Q (output) |
| f | 1042 | LT | C (Carry) |
| Pointer f | HL2 | UPP | 1315 |
| h | 1043 | PC für UPP | HL1 |
| Pointer h | HL3 | TAB | 1030 |
| K = Pointer Anzeige | HL5 | Zwischenspeicher (Lesen Tastatur) | L12 |

## Hauptprogramm 1802

| Assembler | | Platz | Inhalt | Bemerkungen |
|---|---|---|---|---|
| | | 1000 bis 1041 | | siehe Abb. 107 |
| | | 1043 | 000 | h (Anfangswert) |
| START: | LOAD A, # 2 | 1044 | 370 | Setzen Pointer |
| | | 1045 | 002 | Datenspeicher |
| | LOAD H13, A | 1046 | 273 | |
| | LOAD H14, A | 1047 | 274 | |
| | LOAD H2, A | 1050 | 262 | |
| | LOAD H3, A | 1051 | 263 | |
| | LOAD A, # 042 | 1052 | 370 | |
| | | 1053 | 042 | |
| | LOAD L2, A | 1054 | 242 | |
| | LOAD A, # 043 | 1055 | 370 | |
| | | 1056 | 043 | |
| | LOAD L3, A | 1057 | 243 | |
| | LOAD A, # 200 | 1060 | 370 | Setzen Pointer |
| | | 1061 | 200 | Peripherie |
| | LOAD H5, A | 1062 | 265 | |
| | LOAD H6, A | 1063 | 266 | |
| | LOAD H7, A | 1064 | 267 | |
| | LOAD A, # 7 | 1065 | 370 | |
| | | 1066 | 007 | |
| | LOAD L7, A | 1067 | 247 | |
| | LOAD A, # 6 | 1070 | 370 | |
| | | 1071 | 006 | |
| | LOAD L6, A | 1072 | 246 | |
| | LOAD A, # 2 | 1073 | 370 | Setzen Pointer |
| | | 1074 | 002 | für UPP |
| | LOAD H1, A | 1075 | 261 | |
| | LOAD A, # 315 | 1076 | 370 | |
| | | 1077 | 315 | |
| | LOAD L1, A | 1100 | 241 | |
| P0: | LOAD A, (HL7) | 1101 | 007 | Lesen $7 |
| | LOAD L12, A | 1102 | 252 | F, G, H, Full, s |
| | AND A, # 10 | 1103 | 372 | F |
| | | 1104 | 010 | |
| | JUMP, AEQ P01 | 1105 | 062 | |
| | | 1106 | 111 | |
| | LOAD A, # 6 | 1107 | 370 | |
| | | 1110 | 006 | |
| P01: | LOAD (HL2), A | 1111 | 122 | f : = F · 6 speichern |
| | LOAD A, L12 | 1112 | 212 | |
| | AND A, # 20 | 1113 | 372 | G |
| | | 1114 | 020 | |
| | LOAD H12, A | 1115 | 272 | |
| P1: | LOAD A, L12 | 1116 | 212 | Full? |
| | SLC A | 1117 | 376 | (Carry?) |
| | JUMP, CC P2 | 1120 | 073 | |
| | | 1121 | 147 | |

| Assembler | | Platz | Inhalt | Bemerkungen |
|---|---|---|---|---|
| | AND A, # 10 | 1122 | 372 | H = 0? |
| | | 1123 | 010 | (A links verschoben!) |
| | JUMP, AEQ P11 | 1124 | 062 | |
| | | 1125 | 136 | |
| | LOAD A, (HL3) | 1126 | 003 | h ändern |
| | ADD A, # 2 | 1127 | 374 | |
| | | 1130 | 002 | |
| | AND A, # 2 | 1131 | 372 | (0 oder 2) |
| | | 1132 | 002 | |
| | LOAD (HL3), A | 1133 | 123 | |
| | JUMP P2 | 1134 | 060 | |
| | | 1135 | 147 | |
| P11: | LOAD A, L12 | 1136 | 212 | s |
| | AND A, # 3 | 1137 | 372 | |
| | | 1140 | 003 | |
| | LOAD X, # 3 | 1141 | 343 | |
| | ADD A, (HLX) | 1142 | 364 | i : = s + h + f |
| | LOAD X, # 2 | 1143 | 342 | |
| | ADD A, (HLX) | 1144 | 364 | |
| | LOAD L13, A | 1145 | 253 | |
| | LOAD P, # 1 | 1146 | 321 | CALL UPP |
| P2: | LOAD A, H10 | 1147 | 230 | d : = g |
| | LOAD L11, A | 1150 | 251 | |
| | LOAD A, H12 | 1151 | 232 | g : = G |
| | LOAD H10, A | 1152 | 270 | |
| | JUMP, ANE P6 | 1153 | 072 | G ≠ 0? |
| | | 1154 | 253 | (umgestellt!) |
| | LOAD A, L11 | 1155 | 211 | d ≠ 0? |
| | JUMP, AEQ P6 | 1156 | 062 | |
| | | 1157 | 253 | |
| P21: | DEC HL10 | 1160 | 050 | r : = r − 1 |
| | LOAD A, L10 | 1161 | 210 | r ≠ 0? |
| | JUMP, ANE P6 | 1162 | 072 | |
| | | 1163 | 253 | |
| | LOAD A, # 31 | 1164 | 370 | r : = 25 |
| | | 1165 | 031 | |
| | LOAD L10, A | 1166 | 250 | |
| | LSKIP, QS | 1167 | 315 | q invertieren |
| | SET Q | 1170 | 173 | und |
| | SKIP | 1171 | 070 | Blinker |
| | CLR Q | 1172 | 172 | |
| | LSKIP, QS | 1173 | 315 | q ≠ 0? |
| | JUMP P6 | 1174 | 060 | |
| | | 1175 | 253 | |
| P3: | LOAD A, # 6 | 1176 | 370 | i : = 6 |
| | | 1177 | 006 | |
| | LOAD L13, A | 1200 | 253 | |
| P31: | DEC HL13 | 1201 | 053 | i : = i − 1 |
| | LOAD P, # 1 | 1202 | 321 | CALL UPP |
| | JUMP, CS P31 | 1203 | 063 | LT = aus ? |
| | | 1204 | 201 | |

| Assembler | | Platz | Inhalt | Bemerkungen |
|---|---|---|---|---|
| P4: | LOAD A, # 6 | 1205 | 370 | i : = 6 |
| | | 1206 | 006 | |
| | LOAD L13, A | 1207 | 253 | |
| | ADD A, # 6 | 1210 | 374 | (i + W!) |
| | | 1211 | 006 | |
| | LOAD L14, A | 1212 | 254 | |
| P41: | DEC HL13 | 1213 | 053 | i : = i – 1 |
| | DEC HL14 | 1214 | 054 | |
| | LOAD A, (HL13) | 1215 | 013 | Zi = Wi? |
| | LOAD X, # 14 | 1216 | 354 | (Zi – Wi = 0?) |
| | SUB A, (HLX) | 1217 | 367 | |
| | JUMP, ANE P5 | 1220 | 072 | |
| | | 1221 | 230 | |
| | LOAD A, L13 | 1222 | 213 | i ≠ h? |
| | LOAD X, # 3 | 1223 | 343 | (i – h ≠ 0?) |
| | SUB A, (HLX) | 1224 | 367 | |
| | JUMP, ANE P41 | 1225 | 072 | |
| | | 1226 | 213 | |
| | LOAD H11, A | 1227 | 271 | a : = 0 |
| P5: | LOAD A, # 0 | 1230 | 370 | Zo < 2? |
| | | 1231 | 000 | |
| | LOAD L13, A | 1232 | 253 | (i : = 0) |
| | LOAD A, (HL13) | 1233 | 013 | |
| | SUB A, # 2 | 1234 | 377 | |
| | | 1235 | 002 | |
| | JUMP, CC P6 | 1236 | 073 | |
| | | 1237 | 253 | |
| | INC HL13 | 1240 | 033 | Z1 < 4? |
| | LOAD A, (HL13) | 1241 | 013 | |
| | SUB A, # 4 | 1242 | 377 | |
| | | 1243 | 004 | |
| | JUMP, CC P6 | 1244 | 073 | |
| | | 1245 | 253 | |
| | LOAD A, # 0 | 1246 | 370 | Zo : = 0 |
| | | 1247 | 000 | Z1 : = 0 |
| | LOAD (HL13), A | 1250 | 133 | |
| | DEC HL13 | 1251 | 053 | |
| | LOAD (HL13), A | 1252 | 133 | |
| P6: | LOAD A, H11 | 1253 | 231 | a ≠ 0? |
| | JUMP, ANE P7 | 1254 | 072 | |
| | | 1255 | 261 | |
| | LOAD (HL6), A | 1256 | 126 | Wecken |
| | LOAD A, (HL2) | 1257 | 002 | a : = f |
| | LOAD H11, A | 1260 | 271 | |
| P7: | LOAD A, L5 | 1261 | 205 | K weiterzählen |
| | ADD A, # 1 | 1262 | 374 | |
| | | 1263 | 001 | |
| | AND A, # 3 | 1264 | 372 | |
| | | 1265 | 003 | |
| | LOAD L5, A | 1266 | 245 | |
| | LOAD X, # 2 | 1267 | 342 | |

| Assembler | | Platz | Inhalt | Bemerkungen |
|---|---|---|---|---|
| | ADD A, (HLX) | 1270 | 364 | i : = K + f + h |
| | LOAD X, # 3 | 1271 | 343 | |
| | ADD A, (HLX) | 1272 | 364 | |
| | LOAD L13, A | 1273 | 253 | |
| | LOAD A, (HL13) | 1274 | 013 | b : = Pi |
| | ADD A, # 30 | 1275 | 374 | |
| | | 1276 | 030 | (b + TAB) |
| | LOAD L14, A | 1277 | 254 | b umkodieren |
| | LOAD A, (HL14) | 1300 | 014 | |
| | LOAD (HL5), A | 1301 | 125 | Anzeige $K |
| | JUMP P0 | 1302 | 060 | |
| | | 1303 | 101 | |
| | LOAD P, # 0 | 1314 | 320 | RET |
| UPP: | LOAD A, L13 | 1315 | 213 | (i + M) |
| | ADD A, # 14 | 1316 | 374 | |
| | | 1317 | 014 | |
| | LOAD L14, A | 1320 | 254 | |
| | LOAD A, (HL13) | 1321 | 013 | Pi : = Pi + 1 |
| | ADD A, # 1 | 1322 | 374 | |
| | | 1323 | 001 | |
| | LOAD (HL13), A | 1324 | 133 | |
| | LOAD X, # 14 | 1325 | 354 | Pi < Mi? |
| | SUB A, (HLX) | 1326 | 367 | |
| | JUMP, CC UPP1 | 1327 | 073 | (LT : Carry) |
| | | 1330 | 334 | |
| | LOAD A, # 0 | 1331 | 370 | Pi : = 0 |
| | | 1332 | 000 | |
| | LOAD (HL13), A | 1333 | 133 | |
| UPP1: | JUMP UPP-1 | 1334 | 060 | |
| | | 1335 | 314 | |

### 11.3.7 Uhrprogramm für 6502

Die Programmierung des 6502 erfolgt im wesentlichen nach den gleichen Gedanken wie beim 2650 und 6802.

Zu beachten ist jedoch die Adressierung der Peripherie, die wir mit den Adressen 000 ff identifiziert haben, und die Lage des STACK. Um mit einem Byte für den Stackpointer auszukommen, kettet der 6502 bei allen Stackoperationen ein Bit links an den Stackpointer an, so daß der STACK in den oktalen Adressen 400 bis 777 liegen kann. Wir haben ihn ab Adresse 571 abwärts angenommen.

Die verkürzte Adressierung (1 Byte) bezieht sich beim 6502 auf die Seite 0 (page 0). Wegen der Kompatibilität zu den anderen Programmen haben wir auf Datenspeicher in diesem Bereich verzichtet und daher immer mit der vollen (extended) Adressierung gearbeitet. Eine Ausnahme bildet die Peripherie. Hinzuweisen ist auf die wechselweise Ausnutzung der Register X und Y, wie sie in den Befehlen ab 1311 angewandt wird. Um Speicherplätze zu sparen, haben wir wie beim 2650 einen Teil der Datenspeicher in den

Bereich der Programmschritte verlegt. Dieses Verfahren kann man natürlich nicht anwenden, wenn das Programm in einem ROM-Speicher deponiert werden soll. Dann müssen Programmspeicher und Datenspeicher strikt getrennt werden. Beim 6502 bieten sich dafür die Plätze in page 0 etwa ab Adresse 200 an.

Speicherorganisation 6502

| symbolisch | aktuell |
|---|---|
| START | 1042 |
| P = Z = $Z_o$ | 1000 |
| W = $W_o$ | 1006 |
| m = M | 1014 |
| f = FF | 1121 |
| h = HH | 1117 |
| g = GG | 1127 |
| r,q = RR | 1143 |
| a = AA | 1254 |
| G | 1131 |
| LT | Zustandsregister: S-Bit |
| K | 1321 |
| UPP | 1330 |
| TAB | 1030 |
| i | Register X |
| $K | Adresse K |
| d | Register Y |

Hauptprogramm 6502

| Assembler | | Platz | Inhalt | Bemerkungen |
|---|---|---|---|---|
| | | 1000<br>bis<br>1041 | | siehe Abb. 107 |
| START: | LOAD X, # SP | 1042 | 242 | Stackpointer |
| | | 1043 | 171 | 571 = 400 + 171 |
| | LOAD S, X | 1044 | 232 | |
| P0: | LOAD A, $7 | 1045 | 245 | Lesen Tastatur |
| | | 1046 | 7 | F, G, H, Full, s |
| | LOAD X, A | 1047 | 252 | |
| | AND A, # 10 | 1050 | 51 | F |
| | | 1051 | 10 | |
| | JUMP, EQ P01 | 1052 | 360 | |
| | | 1053 | 2 | |
| | LOAD A, # 6 | 1054 | 251 | |
| | | 1055 | 6 | |
| P01: | LOAD FF, A | 1056 | 215 | f : = F · 6 |
| | | 1057 | 121 | |
| | | 1060 | 2 | |
| | LOAD A, X | 1061 | 212 | |
| | AND A, # 20 | 1062 | 51 | G |
| | | 1063 | 20 | |
| | LOAD G, A | 1064 | 205 | |
| | | 1065 | 131 | |
| | | 1066 | 2 | |

| Assembler | | Platz | Inhalt | Bemerkungen |
|---|---|---|---|---|
| P1: | LOAD A, X | 1067 | 212 | Full? |
| | JUMP, PL P2 | 1070 | 20 | |
| | | 1071 | 34 | |
| | AND A, # 4 | 1072 | 51 | H |
| | | 1073 | 4 | |
| | JUMP, EQ P11 | 1074 | 360 | H = 0? |
| | | 1075 | 14 | |
| | LOAD A, HH | 1076 | 255 | h ändern |
| | | 1077 | 117 | |
| | | 1100 | 2 | |
| | ADDC A, # 2 | 1101 | 151 | (0 oder 2) |
| | | 1102 | 2 | |
| | AND A, # 2 | 1103 | 51 | |
| | | 1104 | 2 | |
| | LOAD HH, A | 1105 | 215 | |
| | | 1106 | 117 | |
| | | 1107 | 2 | |
| | JUMP, SC P2 | 1110 | 20 | (SC immer erfüllt!) |
| | | 1111 | 14 | |
| P11: | LOAD A, X | 1112 | 212 | s |
| | AND A, # 3 | 1113 | 51 | |
| | | 1114 | 3 | |
| | CLRC | 1115 | 30 | i : = s + h + f |
| | ADDC A, # 0 | 1116 | 151 | |
| HH: | | 1117 | 0 | (Platz für h) |
| | ADDC A, # 0 | 1120 | 151 | |
| FF: | | 1121 | 0 | (Platz für f) |
| | LOAD X, A | 1122 | 252 | i |
| | CALL UPP | 1123 | 40 | Unterprogrammaufruf |
| | | 1124 | 330 | |
| | | 1125 | 2 | |
| P2: | LOAD Y, # 0 | 1126 | 240 | d : = g |
| GG: | | 1127 | 0 | (Platz für g) |
| | LOAD A, # 0 | 1130 | 251 | g : = G |
| G: | | 1131 | 0 | (Platz für G) |
| | LOAD GG, A | 1132 | 215 | |
| | | 1133 | 127 | |
| | | 1134 | 2 | |
| | JUMP, NE P6 | 1135 | 320 | G ≠ 0? |
| | | 1136 | 114 | |
| | LOAD A, Y | 1137 | 230 | d ≠ 0? |
| | JUMP, EQ P6 | 1140 | 360 | |
| | | 1141 | 111 | |
| P21: | LOAD X, # 31 | 1142 | 242 | r, q |
| RR: | | 1143 | 31 | (Platz für r, q) |
| | DEC X | 1144 | 312 | r : = r – 1 |
| | LOAD RR, X | 1145 | 216 | r speichern |
| | | 1146 | 143 | |
| | | 1147 | 2 | |
| | LOAD A, X | 1150 | 212 | r abtrennen |
| | AND A, # 177 | 1151 | 51 | |
| | | 1152 | 177 | |

| Assembler | | Platz | Inhalt | Bemerkungen |
|---|---|---|---|---|
| | JUMP, NE P6 | 1153 | 320 | r ≠ 0? |
| | | 1154 | 76 | |
| | CLRC | 1155 | 30 | r : = 25 |
| | LOAD A, X | 1156 | 212 | q invertieren |
| | ADDC A, # 231 | 1157 | 151 | (200 + 31) |
| | | 1160 | 231 | |
| | LOAD RR, A | 1161 | 215 | r, q speichern |
| | | 1162 | 143 | |
| | | 1163 | 2 | |
| | LOAD $4, A | 1164 | 205 | Blinker, Bit $2^7$ vom DA-Bus |
| | | 1165 | 4 | |
| | JUMP, VS P6 | 1166 | 160 | q ≠ 0? |
| | | 1167 | 63 | (overflow?) |
| P3: | LOAD X, # 6 | 1170 | 242 | i : = 6 |
| | | 1171 | 6 | |
| P31: | DEC X | 1172 | 312 | i : = i – 1 |
| | CALL UPP | 1173 | 40 | Unterprogrammaufruf |
| | | 1174 | 330 | |
| | | 1175 | 2 | |
| | JUMP, SC P31 | 1176 | 20 | LT = aus? |
| | | 1177 | 372 | |
| P4: | LOAD X, # 6 | 1200 | 242 | i : = 6 |
| | | 1201 | 6 | |
| P41: | DEC X | 1202 | 312 | i : = i – 1 |
| | LOAD A, (X) + Z | 1203 | 275 | Zi = Wi? |
| | | 1204 | 000 | |
| | | 1205 | 2 | |
| | COMP A, (X) + W | 1206 | 335 | |
| | | 1207 | 006 | |
| | | 1210 | 2 | |
| | JUMP, NE P5 | 1211 | 320 | |
| | | 1212 | 12 | |
| | COMP X, HH | 1213 | 354 | i = h ? |
| | | 1214 | 117 | |
| | | 1215 | 2 | |
| | JUMP, NE P41 | 1216 | 320 | |
| | | 1217 | 362 | |
| | LOAD A, # 0 | 1220 | 251 | |
| | | 1221 | 0 | a „ein" |
| | LOAD AA, A | 1222 | 215 | |
| | | 1223 | 254 | |
| | | 1224 | 2 | |
| P5: | LOAD A, Z | 1225 | 255 | Zo < 2? |
| | | 1226 | 000 | |
| | | 1227 | 2 | |
| | COMP A, # 2 | 1230 | 311 | |
| | | 1231 | 2 | |
| | JUMP, SS P6 | 1232 | 60 | |
| | | 1233 | 17 | |

| Assembler | | Platz | Inhalt | Bemerkungen |
|---|---|---|---|---|
| | LOAD A, Z + 1 | 1234 | 255 | Z1 < 4? |
| | | 1235 | 001 | |
| | | 1236 | 2 | |
| | COMP A, # 4 | 1237 | 311 | |
| | | 1240 | 4 | |
| | JUMP, SS P6 | 1241 | 60 | |
| | | 1242 | 10 | |
| | LOAD A, # 0 | 1243 | 251 | Zo : = 0 |
| | | 1244 | 0 | Z1 : = 0 |
| | LOAD Z, A | 1245 | 215 | |
| | | 1246 | 000 | |
| | | 1247 | 2 | |
| | LOAD Z + 1, A | 1250 | 215 | |
| | | 1251 | 001 | |
| | | 1252 | 2 | |
| P6: | LOAD A, # 1 | 1253 | 251 | a ≠ 0? |
| AA: | | 1254 | 1 | (Platz für a) |
| | JUMP, NE P7 | 1255 | 320 | |
| | | 1256 | 10 | |
| | LOAD $6, A | 1257 | 205 | wecken |
| | | 1260 | 6 | |
| | LOAD A, FF | 1261 | 255 | a : = f |
| | | 1262 | 121 | |
| | | 1263 | 2 | |
| | LOAD AA, A | 1264 | 215 | |
| | | 1265 | 254 | |
| | | 1266 | 2 | |
| P7: | INC K | 1267 | 356 | K weiterzählen |
| | | 1270 | 321 | |
| | | 1271 | 2 | |
| | LOAD A, K | 1272 | 255 | |
| | | 1273 | 321 | |
| | | 1274 | 2 | |
| | AND A, # 3 | 1275 | 51 | |
| | | 1276 | 3 | |
| | LOAD K, A | 1277 | 215 | |
| | | 1300 | 321 | |
| | | 1301 | 2 | |
| | CLRC | 1302 | 30 | i : = K + f + h |
| | ADDC A, FF | 1303 | 155 | |
| | | 1304 | 121 | |
| | | 1305 | 2 | |
| | ADDC A, HH | 1306 | 155 | |
| | | 1307 | 117 | |
| | | 1310 | 2 | |
| | LOAD X, A | 1311 | 252 | |
| | LOAD Y, (X) + P | 1312 | 274 | b : = Pi |
| | | 1313 | 000 | |
| | | 1314 | 2 | |
| | LOAD X, (Y) + TAB | 1315 | 276 | b umkodieren |
| | | 1316 | 030 | |
| | | 1317 | 2 | |

| Assembler | | Platz | Inhalt | Bemerkungen |
|---|---|---|---|---|
| | LOAD $0, X | 1320 | 206 | Anzeige $K |
| K: | | 1321 | 0 | (Platz für K) |
| | JUMP P0 | 1322 | 114 | |
| | | 1323 | 045 | |
| | | 1324 | 2 | |
| UPP: | INC (X) + P | 1330 | 376 | (i in Register X) |
| | | 1331 | 000 | Pi : = Pi + 1 |
| | | 1332 | 2 | |
| | LOAD A, (X) + P | 1333 | 275 | Pi < Mi? |
| | | 1334 | 000 | LT gesetzt |
| | | 1335 | 2 | |
| | COMP A, (X) + M | 1336 | 335 | |
| | | 1337 | 014 | |
| | | 1340 | 2 | |
| | JUMP, SS UPP 1 | 1341 | 60 | |
| | | 1342 | 5 | |
| | LOAD A, # 0 | 1343 | 251 | Pi : = 0 |
| | | 1344 | 0 | |
| | LOAD (X) + P, A | 1345 | 235 | |
| | | 1346 | 000 | |
| | | 1347 | 2 | |
| UPP1: | RET | 1350 | 140 | |

## 11.3.8 Bemerkungen über das Programmtesten

Wir müssen nun das Programm zum Laufen bringen. Auch wenn wir hoffen dürfen, daß die von uns ausgetesteten Programme ohne Abschreibe- und Druckfehler bis zum Leser gelangt sind, müssen wir davon ausgehen, daß gemäß dem 1. Hauptsatz der Programmierkunst: „Jedes Programm ist (zunächst) falsch" das in den Speicher eingegebene und am richtigen Platz gestartete Programm zunächst noch nicht läuft.
Was tun, wenn das erhoffte Erfolgserlebnis ausbleibt? Glückspilze unter den Programmierern pflegen in solchem Fall den Strom auszuschalten und damit den gesamten Speicher zu löschen, das Programm erneut einzugeben und zu starten, und siehe: alles ist in Ordnung!
Unterstellen wir, daß der Leser, so wie die Verfasser, nicht zur Kategorie der Glückspilze gehört, so muß er sich nun systematisch an das Austesten des Programmes begeben. Dabei bleibt die Verbindung SYN- „50 Hz" vorerst offen.
Nehmen wir zunächst einmal an, daß sich nach dem Starten nichts tut, die Leuchtanzeige bleibt dunkel, oder sie oder sogar der Lautsprecher geben unkontrollierte und unvorhergesehene Zeichen von sich. Da wir kein Assemblerprogramm benutzt haben, das manche der unangenehmsten Kodierungsfehler vermeidet, wird außer einigen vielleicht echten Programmierfehlern in den meisten Fällen ein falscher Kode vorliegen. Das kann dazu führen, daß ursprüngliche zwei-byte-Befehle nun in ein-byte- oder drei-byte-Befehle abgewandelt wurden, und damit das Programm vollständig außer Takt gerät. Gehören wir zu den Pechvögeln unter den Programmierern, so haben wir möglicherweise einen solchen

Kode erzeugt, der uns völlig programmwidrig irgend welche zufälligen Daten in das mühsam eingegebene Programm hineinspeichert. Hier beginnt nun unsere Arbeit als Detektiv.

Es bleibt uns nichts anderes übrig, als die Kuckuckseier zu suchen, die uns ins Nest gelegt worden sind, indem wir den gesamten RAM-Speicher Byte für Byte lesen und mit der Programmliste kontrollieren. Aber bitte nicht gleich die Fehler korrigieren, sondern jeden Fehler genau dokumentieren. Oft kann uns die Adresse oder der Inhalt eines fehlerhafterweise überschriebenen Speicherplatzes auf die Spur des „Mörders" bringen.

Wie versuchen wir nun den Fehler einzukreisen?

Zunächst einmal wollen wir die Anzeige sehen. Wir versuchen daher, das Programmstück von P7 nach P0 in Ordnung zu bringen. Da auf das Setzen der Anfangswerte zwischen START und P0 bei einigen Prozessoren auf keinen Fall verzichtet werden darf, überschreiben wir zunächst den Lesebefehl $\dot{\$}$7 an der Stelle P0 durch einen JUMP nach P7. Starten wir jetzt, so sollte die Leuchtanzeige die Ziffernfolge 1 2 3 4 bringen. Arbeitet die Leuchtanzeige, zeigt aber andere Werte, so sind wir schon ein gutes Stück vorangekommen. Werden z.B. die Werte 0 1 2 3 statt 1 2 3 4 angezeigt, so liegt der Verdacht nahe, daß wir nicht $P_i$ sondern nur i zur Anzeige bringen. Falsche Anzeigen ergibt es auch, wenn die Zwischenspeicher f und h nicht auf Null gesetzt sind. Außer bei dem Programm für den 8080, wo diese Speicher mit denen des Monitors kollidieren, können wir durch Eingabe der Werte 0 auf die entsprechenden Speicherplätze den richtigen Anfangszustand erzwingen. Leuchtet die Anzeige richtig, so werden wir jetzt systematisch die Werte f und h abändern und die Kombinationen f = 6/h = 0, f = 6/h = 2 und f = 0/h = 2 durchspielen. Der Leser erinnere sich an unsere Ausführungen in Abschnitt 11.1.5!

Arbeitet die Leuchtanzeige zufriedenstellend, so verändern wir unseren JUMP an der Stelle P0 und springen jetzt nach P6. Ist f = 0 und auch a = 0, so muß jetzt der Lautsprecher ertönen. Durch Ändern von a oder f müssen wir ihn zum Schweigen bringen können. Jetzt stellen wir den Lesebefehl auf dem Platz P0 wieder her und sorgen unbedingt dafür, daß der Anfangswert von g gleich 0 ist, damit wir auf keinen Fall in den Zweig P21 gelangen. Läuft die Anzeige immer noch richtig, so können wir die Taste F drücken. Wir kontrollieren, ob jetzt die Ziffernfolge 2 3 4 5 für den Wecker erscheint.

Als Nächstes betätigen wir die Taste 7, um den Block „h ändern" zu kontrollieren. An der angezeigten Ziffernfolge läßt sich wieder leicht überprüfen, ob das Umschalten richtig funktioniert.

Schließlich probieren wir auch noch die Tasten 0, 1, 2 und 3 aus. Hier liegt wieder ein größeres Gefahrenmoment, da ein Unterprogramm aufgerufen wird und die Fehlerquellen sich damit häufen. Wir probieren – zunächst in der Normalstellung f = h = 0 –, ob alle vier Stelltasten richtig arbeiten und ob der Überlauf richtig durchgeführt wird.

Der Programmkreislauf P0-P2-P6-P0 ist jetzt vollständig ausgetestet.

Was aber, wenn der Programmierfehler so unangenehm ist, daß das Programm außer Kontrolle gerät und im „Niemandsland" verschwindet?

Außer der Methode des „genauen Hinsehens" hilft dann wohl nur noch ein schrittweises Durchtasten des Programms. Dazu ist es notwendig, den Prozessor aus der Normallauf- in die Schrittstellung umzuschalten. Sind wir aber nach dem START erst einmal im „Niemandsland" verschwunden, so ist es zu spät.

Wir helfen uns da so: Vor den START-Punkt oder vor den am Punkt P0 zusätzlich eingefügten JUMP-Befehl legen wir die Operation: LOAD \$5, A, die also die noch freie Peripherie \$ 5 aktiviert. Den Dekoderausgang \$ 5 verbinden wir durch ein Kabel mit der Buchse STOP der Prozessorplatine. Starten wir das Programm, so läuft der Rechner zunächst im Normalgang bis zu diesem Befehl LOAD \$5, A und bleibt hier stehen. Jetzt schalten wir in den STEP-Modus um und lösen die Kabelverbindung nach STOP. Tasten wir jetzt Schritt für Schritt im Einzelgang durch und kontrollieren an den Leuchtdioden für den Adressen- und für den Datenbus die Tätigkeit des Computers, so werden wir sicher bald die Stelle gefunden haben, an der der Prozessor aus der von uns beabsichtigten Programmfolge ausbricht.

Will man diesen künstlichen Stop nicht einprogrammieren oder geht das überhaupt nicht mehr, da kein Speicherplatz mehr zur Verfügung steht, so kann man auch folgendermaßen verfahren: Beim Starten des Programms über den GO-Befehl des Monitors tasten wir zunächst nur die Startadresse ein, schalten jetzt in den STEP-Modus um, drücken die GO-Taste und tasten den Monitor bei weiterhin gedrückter GO-Taste im Schritt solange durch, bis wir an den Lampen des Adressenbus den Sprung in unser Programm beobachten können.

Suchen wir einen Fehler in einem Zweig, der auf Grund einer Tastatureingabe durchlaufen wird, so müssen wir rechtzeitig vor der Stelle P0 die jeweilige Taste solange niederdrücken, bis wir im Einzelschritt über den Lesebefehl hinausgekommen sind.

Die Funktionen Lesen, Stellen, Wecker und Leuchtanzeige unserer Uhr arbeiten jetzt also richtig.

Nun stellen wir die Kabelverbindung zwischen SYN und „50 Hz" her und schalten durch die Taste 7 in den Anzeigemodus Minuten/Sekunden. Jetzt müßten wir ein Weiterlaufen der Einersekunden beobachten. Ist das nicht der Fall, so legen wir diesmal an die Stelle P21 einen JUMP-Befehl, den wir zunächst zur Kontrolle auf P6, dann auf P5 einstellen.

Da der Block Stellen funktioniert, können wir durch Änderung von $Z_0$ und $Z_1$ den Block Mitternacht kontrollieren.

Dann nehmen wir den JUMP auf den Punkt P4 zurück und versuchen auch hier durch Änderung von Zeit und Wecker alle Zweige des Blockes Weckzeit auszutesten.

Nehmen wir den JUMP auf P21 nun auf P3 zurück, so müßte unsere Uhr mit hoher Geschwindigkeit laufen. Die Sekunden werden wir kaum verfolgen können, jedoch läßt sich gut beobachten, ob die Überläufe richtig verarbeitet werden.

Schließlich stellen wir die Befehle am Punkt P21 wieder her und testen auch den letzten Block Sekunde und Blinker noch aus. Programmtechnisch ist unsere Uhr jetzt in Ordnung, wir müssen aber noch feststellen, ob sie auch „richtig" geht. Unsere Armbanduhr mit Sekundenzeiger hilft uns, die programmierte Uhr zu kontrollieren. Wir stellen dazu Stunde, Minute und Sekunde richtig ein.

Dies erfolgt durch Eintasten entweder bei laufender Uhr oder bei durch vorübergehendes Lösen des Synchronisationskabels gestoppter Uhr.

Jetzt bleibt noch ein Langzeittest zu absolvieren. Abgesehen von Schwankungen durch das Elektrizitätswerk, für die wir nichts können (bis zu ± 30 Sekunden pro Tag), müßte nach 10 Minuten der Sekundenzeiger unserer Uhr noch mit der Sekundenangabe der programmierten Uhr übereinstimmen.

Geht die programmierte Uhr zu schnell, so dürfte ein Fehler im Block Sekunde und Blinker vorliegen.
Möglich ist auch, daß unsere Uhr zu langsam geht. Dies kann daher kommen, daß die Verzögerung für die Leuchtanzeige zu groß ist, so daß nicht alle Synchronisationszeichen erkannt werden. Eine Verkleinerung des für diese Verzögerung ursächlichen Kondensators bringt hier Gewißheit.

## 11.4 Modifikationen des Uhrprogramms

Das Uhrprogramm besteht im Wesentlichen aus einer Ziffernanzeige mit Einstellmöglichkeit und einem Zählwerk mit Koinzidenzkontrolle. Wir ändern wenige Speicherplätze ab und schon hat unser Programm eine neue Funktion übernommen.

### 11.4.1 Uhr mit Dezimalminuten

Wir ändern den Überlaufwert für $M_4$ und natürlich auch $MW_4$ und geben unserem Zähler r einen neuen Anfangswert, und zwar $r = 15_{10} = 17_8$, schon zeigt die Uhr fortan Stunden, Minuten und Hundertstelminuten an (Vgl. Abb. 108).

*Übung*
Der Leser bestätige den angegebenen Wert für r unter Berücksichtigung der Synchronisationszeit von 20 ms.

| Prozessor | Platz | Inhalt | Bemerkungen |
|---|---|---|---|
| alle | 1020 | 12 | M4 |
| | 1026 | 12 | MW4 |
| Z80, 8080, 8085 | 1164 | 217 | Zähler r |
| 2650 | 1150 | 217 | |
| 6802 | 1144 | 217 | |
| SCMP | 1177 | 17 | |
| 1802 | 1165 | 17 | |
| 6502 | 1160 | 217 | |

**Abb. 108** Uhr mit Dezimalminuten

### 11.4.2 Uhr mit Dezimalstunden

Will man, wie es vielfach in der Industrie zur Zeitkontrolle üblich ist, statt in Minuten in Hundertstel Stunden zählen, so kann die Uhr auch dies. Wir ändern jetzt $M_4$ und $M_2$ und natürlich auch wieder r, und schon zählt die Uhr die Stunden, Hundertstel- und Zehntausendstelstunden. Die neuen Werte findet der Leser in Abb. 109.

| Prozessor | Platz | Inhalt | Bemerkungen |
|---|---|---|---|
| alle | 1016 | 12 | M2 |
| | 1020 | 12 | M4 |
| | 1024 | 12 | MW2 |
| | 1026 | 12 | MW4 |
| Z80, 8080, 8085 | 1164 | 211 | Zähler r |
| 2650 | 1150 | 211 | |
| 6802 | 1144 | 211 | |
| SCMP | 1177 | 11 | |
| 1802 | 1165 | 11 | |
| 6502 | 1160 | 211 | |

**Abb. 109** Uhr mit Dezimalstunden

### 11.4.3 Dezimalzähler

Wir entfernen das Synchronisationskabel und bauen das Programm so um, daß wir einen sechsstelligen Dezimalzähler bekommen. Wir müssen jedoch bedenken, daß im Block P3 anders als im Block P4 nicht kontrolliert wird, ob der Index i bis 0 heruntergezählt wurde. Unter den Bedingungen der Uhr mußte spätestens für $Z_0$ die Verzweigbedingung LT = ein auftreten. Dafür sorgte unser Block P5 „Mitternacht". Entweder bauen wir nun im Block P3 eine solche Kontrolle ein und „vergessen" den Überlauf bei $Z_0$, oder wir nutzen den Block P5 aus, um zu verhindern, daß im Block P3 der Index i negative Werte annehmen kann. Negative Werte für i sind nämlich eine kleine „Katastrophe", da sie zur Zerstörung des Programms führen können. Den Block bauen wir so um, daß die Kombination $Z_0 = Z_1 = 9$ zum Nullsetzen dieser beiden Werte führt. Unser Zähler kann also von 000000 bis 989999 arbeiten.
Zählen wollen wir, wie oft die Taste G gedrückt wird. Dazu müssen wir den Anfangswert von r auf 1 setzen und den Faktor zwei, der durch die Abfrage $q \neq 0$ entsteht, ausbauen. Wir ändern diesen JUMP dahingehend, daß in jedem Fall nach P3 weitergegangen wird. Die durchzuführenden Änderungen findet der Leser in Abb. 110.

*Übung*

Der Leser möge den Dezimalzähler so programmieren, daß er auf 999999 zählt, indem er die oben angedeutete Alternative einbaut (Kontrolle im Block P3).

### 11.4.4 Dualzähler

Wir müssen jetzt sämtliche Überlaufwerte, d.h. alle Plätze von 1014 bis 1027, auf 2 setzen und außerdem die Vergleichswerte im Block P5 ändern, wie es ebenfalls in Abb. 110 angegeben ist. Der Zähler arbeitet von 000000 bis 101111.

*Übung*

Der Leser führe die Änderungen für einen Oktalzähler durch.

| Prozessor | Platz | Inhalt Dezimal | Dual | Bemerkung |
|---|---|---|---|---|
| alle | 1014 bis 1027 | 12 | 2 | M und MW |
| Z80, 8080, 8085 | 1164 | 201 | 201 | r |
| | 1173 | 175 | 175 | q |
| | 1245 | 11 | 1 | Zo |
| | 1253 | 11 | 1 | Z1 |
| 2650 | 1150 | 201 | 201 | r |
| | 1157 | 000 | 000 | q |
| | 1220 | 11 | 1 | Zo |
| | 1227 | 11 | 1 | Z1 |
| 6802 | 1144 | 201 | 201 | r |
| | 1152 | 000 | 000 | q |
| | 1217 | 11 | 1 | Zo |
| | 1226 | 11 | 1 | Z1 |
| SCMP | 1177 | 1 | 1 | r |
| | 1211 | 000 | 000 | q |
| | 1270 | 10 | 0 | Zo |
| | 1277 | 10 | 0 | Z1 |
| 1802 | 1165 | 1 | 1 | r |
| | 1175 | 176 | 176 | q |
| | 1235 | 11 | 1 | Zo |
| | 1243 | 11 | 1 | Z1 |
| 6502 | 1160 | 201 | 201 | r |
| | 1167 | 000 | 000 | q |
| | 1231 | 11 | 1 | Zo |
| | 1240 | 11 | 1 | Z1 |

**Abb. 110**
Dezimal- und Dualzähler

### 11.4.5 Lichtschranke mit Zähler

Statt die Taste G zu drücken, können wir auch einen Schalter zwischen SYN und Masse legen. Dann kann die Auslösung des Zählers weitab vom Computer erfolgen.
Benutzen wir statt des Schalters einen Fotowiderstand, so können wir eine Lichtschranke realisieren. Stellen wir noch den Wecker geeignet ein, so wird der Wecker ertönen, wenn die Lichtschranke entsprechend oft unterbrochen wurde.

### 11.4.6 Schaltuhr

Der Ausbau der beschriebenen Uhr zu einer Schaltuhr, die ein elektrisches Gerät ein- oder ausschalten kann, ist einfach. Im Programm wird in dem Block „Wecken" (siehe Abb. 104, Teil 1) anstelle von a : = f jetzt a : = 1 gesetzt.

Dadurch ergibt sich beim Wecken ein einziger Impuls an der Peripherie $ 6, der zum Stellen eines Flipflops benützt wird. Im Falle des 2650, beispielsweise, sieht die Änderung des Programms in Abschnitt 11.3.3 so aus:

```
.
.
.
.
LOAD A, #     1246        4
1             1247        1
NOP           1250      300
.
.
.
```

Das Flipflop, das mit $6 angesprochen wird, steuert über einen zweistufigen Schaltverstärker das Netzrelais [1] (vgl. Abb. 111).

*Übung*

Der Leser führe die beschriebene Änderung bei den Uhren-Programmen der anderen Prozessoren durch.

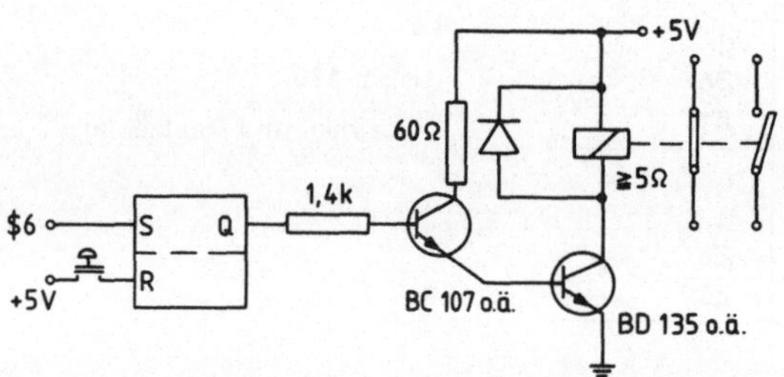


**Abb. 111**
Interface-Schaltung für Schaltuhr [1]

# Anhang

## Kleines Mikrocomputer-Lexikon

Die Computertechnik hat eine Fülle neuer, meist englischer Begriffe geprägt bzw. Alltagswörtern exakte, technische Bedeutung gegeben. Die wichtigsten Begriffe, die in diesem Buch verwendet werden, sowie einige weitere, allgemein übliche Ausdrücke sind im Folgenden erläutert [12, 13].

Adresse (adress): Nummer für eine Speicherzelle

Adressierung, direkte: Speicherortanwahl, wobei als zweiter Teil des Befehls direkt die Speicheradresse des Operanden steht.

- Unmittelbare Adressierung: Operationsteil bezieht sich auf unmittelbar nachfolgenden Operandenteil (LOAD A, # n).
- Register-Adressierung: Betreffendes Register steckt im Operationsteil des Befehls (LOAD A, B).
- Absolute Adressierung: Vollständige, absolute Adresse m ist im Operandenteil angegeben (LOAD A, m).
- Relative Adressierung: Differenz l zwischen aktuellen PC-Stand und Adresse ist im Operandenteil angegeben (LOAD A, .+ l).
- Indexierte Adressierung: Adresse des Operanden setzt sich aus dem Inhalt des Indexregisters IX und dem folgenden Adressenanteil m zusammen: LOAD A, (IX) + m.

Adressierung, indirekte: Speicheranwahl, wobei als zweiter Teil des Befehls ein Speicherort m steht, in dem die Adresse des Operanden zu finden ist (ADD A, @ m). Auch relativ möglich (ADD A, @ .+ l).

AD-Wandler (AD-Converter): Analog-Digital-Wandler: Schaltung, die analoge Werte in Digitalkode umsetzt.

Akkumulator (accumulator): Register mit der zusätzlichen Möglichkeit der binären Addition.

ALGOL (algorithmic programming language): Höhere Programmiersprache für technisch-wissenschaftliche Programme.

ALU (Rechenwerk; arithmetic and logical unit): Teil einer Computer-Zentraleinheit, in der arithmetische und logische Operationen vorgenommen werden.

ASCII (american standard code for information interchange): Alphanumerischer Code.

ASSEMBLER: Maschinennahe und maschinenspezifische Programmsprache mit mnemonischem Code und symbolischen Adressen.

Assembler: Übersetzungsprogramm, das ein in ASSEMBLER geschriebenes Programm in Maschinenkode übersetzt. Cross-Assembler: Läuft auf einer anderen Rechenanlage. Resident-Assembler: Läuft auf dem betreffenden Mikrocomputer.

Assemblieren: Übersetzen von ASSEMBLER-Code in Maschinenkode.

BASIC (beginners all purpose symbolic instruction code): Einfach zu erlernende höhere Programmiersprache.

BCD-Zahl (binary coded decimal): Binär codierte Dezimalzahl.

Befehl (instruction): Anweisung an den Rechner zur Ausführung einer Tätigkeit, besteht aus Operationsteil (Art der Tätigkeit) und Operandenteil (Objekt der Tätigkeit).

Befehlsvorrat (instruction set): Gesamtheit der Instruktionen, die ein Computer „versteht".

Befehlszähler (program counter): Register, in dem die Speicheradresse des nächsten zu bearbeitenden Befehls steht.

Benchmark program (Bewertungsprogramm): Programm zur Beurteilung der Leistungsfähigkeit eines Computers.

Benutzerprogramm: Programm, das vom Benutzer des Computers erstellt wird (Gegensatz: Betriebssystem).

Betriebssystem (operating system): Organisationsprogramm, das die Bearbeitung von Programmen durch den Computer steuert (= Monitor).

Bit (binary digit): Binäre Informationseinheit.

Boolesche Algebra: System von Rechenregeln für binäre Variable.

Bus: Vielfachleitung, an die mehrere Einheiten parallel angeschlossen sind.

Byte: 8-bit-Information

Chip: Fertig diffundierte Siliziumplättchen ohne Anschlüsse.

Clock: Takt.

CMOS (complementary MOS): MOS-Technologie mit vernachlässigbarem Ruhestrom, mittelschnell.

COBOL (common business oriented language): Höhere Programmsprache für kommerzielle Datenverarbeitung.

Codieren: Speziell in der Programmiertechnik: Umsetzen eines Programmablaufs in die Programmsprache.

Compiler: Programm, das Befehle einer höheren Programmsprache in Maschinenkode übersetzt.

CPU (central processing unit; Zentraleinheit): Rechenwerk + Steuerwerk eines Computers.

Cross-Assembler: Siehe Assembler.

DA-Wandler (DA-converter): Digital-Analog-Wandler: Schaltung, die aus digitalem Code Analogsignale erzeugt.

Debugging: Fehlersuche und Beseitigung.

DMA (direct memory access): Direkter Speicherzugriff. Dabei können periphere Geräte auf den Arbeitsspeicher zugreifen, ohne den Umweg über die CPU gehen zu müssen. Während des DMA wird die CPU gesperrt (cycle stealing).

Dynamischer Speicherbaustein: Speicherelement, bei dem die in Form von Ladung gespeicherte Information zyklisch aufgefrischt werden muß.

Echtzeitbetrieb: Siehe real-time-processing.

Editor: Hilfsprogramm zur Änderung, Korrektur und Ausgabe von Texten.

Emulation: hard- oder softwaremäßige Nachbildung eines anderen Computers.

Enable-Signal: Freigabe-Signal.

Entwicklungssystem (development system): Computersystem, das zur Entwicklung von Anwenderprogrammen dient.

EPROM (erasable programmable ROM): Festspeicher, dessen gesamte Information mit UV-Licht löschbar ist. Danach läßt sich der Speicherbaustein wieder neu programmieren.

Europakarte: Leiterplatte im genormten Format (100 X 150 mm).

Fan-in (Eingangslastfaktor): Relatives Maß innerhalb einer Logikserie für die Belastung, die ein Eingang ausübt.

Fan-out (Ausgangslastfaktor): Anzahl der Standardeingänge innerhalb einer Logikserie, die an einen Ausgang angeschlossen werden können.

Flag (Flagge): Zustandsanzeiger.

Floppy disk: Externer Speicher mit schallplattenähnlichem, magnetisierbarem Speichermedium.

Flußdiagramm: Programmablaufplan.

FORTRAN (formula translating language): Höhere Programmiersprache für technisch-wissenschaftliche Programme.

Gatter (gate): Schaltung, die mindestens zwei digitale Signale miteinander verknüpft.

Handshaking (Quittungsbetrieb): Betriebsart, bei der Geräte mit beliebiger Reaktionsgeschwindigkeit anschließbar sind.

Hardware: Sammelbetriff für Bauteile und Geräte.

IC (IS; integrated circuit): Halbleiterschaltung auf 1 Chip in einem Gehäuse.

$I^2L$ (integrated injection logic): Neue Halbleitertechnologie mit hoher Geschwindigkeit und sehr geringem Platzbedarf.

Initialisierung: Erstes Belegen von Registern und Speicherplätzen zu Beginn eines Programms oder Programmblocks. Manchmal auch einfach „Starten".

Interface (Anpassungsschaltung): Elektronische Schaltung, die zwei Geräte oder Bausteine einander anpaßt.

Interrupt (Programmunterbrechung): Ein momentan in Arbeit befindliches Programm wird unterbrochen und eine Interrupt-Routine bearbeitet. Danach wird das unterbrochene Progrmm weiterverarbeitet.

Interrupt-request (Unterbrechungsanforderung): Signal einer externen Einheit, die Durchführung eines interrupts verlangt.

Interrupt-Routine: Unterprogramm, das im Falle eines interrupts angesprungen wird.

K: Abkürzung für „kilo". In der Digitaltechnik bedeutet das den Faktor $2^{10} = 1024$.

LED (light emitting diode; Leuchtdiode): Licht ausstrahlende Diode.

Logic analyzer: Testgerät zum Anzeigen von logischen Zuständen in komplexen Digitalschaltungen über mehrere Zyklen hinweg.

Low-power-Schottky-TTL: Weiterentwicklung der TTL-Serie mit niedrigem Fan-in und höherer Arbeitsgeschwindigkeit. Geringere Leistungsaufnahme als TTL.

LSI (large scale integration): Hohe Packungsdichte auf einem Chip (z.B. kompletter $\mu$P).

Maschinenkode, Maschinensprache (object code, machine language): Von der Maschine direkt interpretierbare Anweisung.

Maskierung: Gezielte Ausblendung von Binärstellen.

Mikrocomputer (microcomputer): Computer, dessen Zentraleinheit ein Mikroprozessor ist.

Minicomputer: Computer mit meist 16 bit Wortlänge.

Mnemonischer Code (mnemonic code): Leicht zu merkende Kürzel für Befehle (im Gegensatz zum Dualcode, der schwerer zu behalten ist).

MNOS (metal nitride oxide semiconductor): MOS-Technologie, die Ladungsspeicherung über sehr lange Zeit ermöglicht. Interessant für nichtflüchtige RAMs.

Modem (Modulator + Demodulator): Wandler für Datenübertragung in der Nachrichtentechnik.

Monitor: Siehe Betriebssystem.

MOS (metal oxide semiconductor): Halbleitertechnologie, die sehr hohe Eingangswiderstände ermöglicht.

MSI (medium scale integration): Mittlere Packungsdichte auf einem Chip (z.B. 4-bit-Zähler-Baustein).

NC (numeric control): Computer- oder Programmsteuerung einer Maschine.

N-MOS: MOS-Technologie, die mittelhohe Schaltungsgeschwindigkeit zuläßt.

On-Line: Form des Verkehrs mit einem Computer, bei dem das Terminal des Benutzers über eine Datenleitung direkt mit dem Computer verbunden ist.

PASCAL: Moderne, höhere Programmiersprache, hat Ähnlichkeit mit ALGOL.

Peripheriegerät (peripheral): Externes Datenend- oder Speichergerät.

Pin-kompatibel: Von der Anschlußbelegung (Pin-Belegung) her identische Bauteile.

P-MOS: Historisch erste MOS-Technologie, relativ langsam.

PL/1 (programming language 1): Höhere Univeral-Programmiersprache.

PL/M (programming language for microcomputer): Höhere Programmiersprache für Mikrocomputer, basierend auf PL/1.

Polling: Zyklisches Abfragen von Eingabestationen, Alternative zum Interrupt.

Program counter: Siehe Befehlszähler.

Programm (program): Folge von Befehlen.

Puffer (buffer): Speicher, in dem Daten vorübergehend zwischengespeichert werden.

RAM (random access memory): Schreib-Lese-Speicher mit wahlfreiem Zugriff.

Random access (wahlfreier Zugriff): Jede Speicherstelle kann direkt angesprochen werden, also ohne daß andere Speicherstellen zusätzlich gelesen werden müssen.

Real time processing (Echtzeitbetrieb): Arbeitsweise eines Computers, bei der er direkt mit in realer Zeit ablaufenden Vorgängen verknüpft ist.

Redundanz: Teil einer Nachricht, der zur Information nichts Neues beiträgt, und daher zur Kontrolle dienen kann.

Register: Kleiner, schneller Zwischenspeicher (meist in der CPU).

REPROM: Reprogrammable PROM = EPROM.

Resident-Assembler: Siehe Assembler.

ROM (read only memory): Festspeicher mit wahlfreiem Zugriff.

Routine: Programm oder Programmteil.

Schnittstelle (interface): Pegel- und ablaufmäßig genormter Anschluß zwischen zwei Geräten.

Schreib-Lese-Speicher (read/write-memory): Speicher, dessen Informationsinhalt unter Rechnerkontrolle verändert werden kann.

Second source (Zweitlieferant): Hersteller, der ein pin-kompatibles Bauelement aus unabhängiger Fertigung liefert.

Simulation: Softwaremäßige Nachbildung von hardware, bzw. ganz allgemein von in der Zeit ablaufenden Vorgängen.

Software: Sammelbegriff für alle Arten von Programmen.

SOS (silicon on saphire): Neue schnelle MOS-Technologie, die als zukünftiger Konkurrent für TTL gilt.

Stack (Stapelspeicher): Speicherbereich in der CPU oder im Arbeitsspeicher, in dem Informationen bis zur (einmaligen) Wiederverwendung gespeichert (gestapelt) werden (last in/first out-Prinzip).

Stack pointer (Stapelzeiger): Register, in dem die aktuelle stack-Adresse gespeichert ist.

Statischer Speicherbaustein: Bauelement, dessen Informationen nach dem Einschreiben ohne zusätzliche Maßnahmen erhalten bleiben (außer bei Stromausfall).

Subroutine: Unterprogramm.

Steuerwerk (control unit): Teil einer Computerzentraleinheit, der die Ausführung sämtlicher Befehle kontrolliert.

Takt: Siehe clock.

Time sharing: Verfahren, bei dem mehrere Benutzer On-Line auf eine Großanlage zugreifen können, wobei jeder Benutzer den Eindruck hat, daß ihm allein die Anlage zur Verfügung steht.

Tri-state-Gatter: Digitalschaltung mit den drei Zuständen 0, 1, R = ∞.

TTL (transistor transistor logic): Mittelschnelle digitale Standardbausteinserie mit 5 V Versorgungsspannung.

Unterprogramm (subroutine): Selbständiger Programmteil, der vom übergeordneten Programm mehrfach aufgerufen wird, aber nur einmal gespeichert ist.

USART (universal synchronous/asynchronous receiver/transmitter): I/O-Baustein zur seriellen Datenübertragung.

VLSI (very large scale intergration): In den 80er Jahren zu erwartende, sehr hohe Packungsdichte auf einem Chip.

Wahlfreier Zugriff: Siehe random access.

Zustandsregister: Register, dessen Bits die Zustände der CPU nach einer Operation anzeigen. Beispielsweise: C (carry), V (over flow), LT (less than 0) usw.

## Tabelle zur Umwandlung hexadezimal/oktal und umgekehrt

| | | | | | | | | | |
|---|---|---|---|---|---|---|---|---|---|
| 0 | 0 | 38 | 70 | 70 | 160 | A8 | 250 | E0 | 340 |
| 1 | 1 | 39 | 71 | 71 | 161 | A9 | 251 | E1 | 341 |
| 2 | 2 | 3A | 72 | 72 | 162 | AA | 252 | E2 | 342 |
| 3 | 3 | 3B | 73 | 73 | 163 | AB | 253 | E3 | 343 |
| 4 | 4 | 3C | 74 | 74 | 164 | AC | 254 | E4 | 344 |
| 5 | 5 | 3D | 75 | 75 | 165 | AD | 255 | E5 | 345 |
| 6 | 6 | 3E | 76 | 76 | 166 | AE | 256 | E6 | 346 |
| 7 | 7 | 3F | 77 | 77 | 167 | AF | 257 | E7 | 347 |
| 8 | 10 | 40 | 100 | 78 | 170 | B0 | 260 | E8 | 350 |
| 9 | 11 | 41 | 101 | 79 | 171 | B1 | 261 | E9 | 351 |
| A | 12 | 42 | 102 | 7A | 172 | B2 | 262 | EA | 352 |
| B | 13 | 43 | 103 | 7B | 173 | B3 | 263 | EB | 353 |
| C | 14 | 44 | 104 | 7C | 174 | B4 | 264 | EC | 354 |
| D | 15 | 45 | 105 | 7D | 175 | B5 | 265 | ED | 355 |
| E | 16 | 46 | 106 | 7E | 176 | B6 | 266 | EE | 356 |
| F | 17 | 47 | 107 | 7F | 177 | B7 | 267 | EF | 357 |
| 10 | 20 | 48 | 110 | 80 | 200 | B8 | 270 | F0 | 360 |
| 11 | 21 | 49 | 111 | 81 | 201 | B9 | 271 | F1 | 361 |
| 12 | 22 | 4A | 112 | 82 | 202 | BA | 272 | F2 | 362 |
| 13 | 23 | 4B | 113 | 83 | 203 | BB | 273 | F3 | 363 |
| 14 | 24 | 4C | 114 | 84 | 204 | BC | 274 | F4 | 364 |
| 15 | 25 | 4D | 115 | 85 | 205 | BD | 275 | F5 | 365 |
| 16 | 26 | 4E | 116 | 86 | 206 | BE | 276 | F6 | 366 |
| 17 | 27 | 4F | 117 | 87 | 207 | BF | 277 | F7 | 367 |
| 18 | 30 | 50 | 120 | 88 | 210 | C0 | 300 | F8 | 370 |
| 19 | 31 | 51 | 121 | 89 | 211 | C1 | 301 | F9 | 371 |
| 1A | 32 | 52 | 122 | 8A | 212 | C2 | 302 | FA | 372 |
| 1B | 33 | 53 | 123 | 8B | 213 | C3 | 303 | FB | 373 |
| 1C | 34 | 54 | 124 | 8C | 214 | C4 | 304 | FC | 374 |
| 1D | 35 | 55 | 125 | 8D | 215 | C5 | 305 | FD | 375 |
| 1E | 36 | 56 | 126 | 8E | 216 | C6 | 306 | FE | 376 |
| 1F | 37 | 57 | 127 | 8F | 217 | C7 | 307 | FF | 377 |
| 20 | 40 | 58 | 130 | 90 | 220 | C8 | 310 | | |
| 21 | 41 | 59 | 131 | 91 | 221 | C9 | 311 | | |
| 22 | 42 | 5A | 132 | 92 | 222 | CA | 312 | | |
| 23 | 43 | 5B | 133 | 93 | 223 | CB | 313 | | |
| 24 | 44 | 5C | 134 | 94 | 224 | CC | 314 | | |
| 25 | 45 | 5D | 135 | 95 | 225 | CD | 315 | | |
| 26 | 46 | 5E | 136 | 96 | 226 | CE | 316 | | |
| 27 | 47 | 5F | 137 | 97 | 227 | CF | 317 | | |
| 28 | 50 | 60 | 140 | 98 | 230 | D0 | 320 | | |
| 29 | 51 | 61 | 141 | 99 | 231 | D1 | 321 | | |
| 2A | 52 | 62 | 142 | 9A | 232 | D2 | 322 | | |
| 2B | 53 | 63 | 143 | 9B | 233 | D3 | 323 | | |
| 2C | 54 | 64 | 144 | 9C | 234 | D4 | 324 | | |
| 2D | 55 | 65 | 145 | 9D | 235 | D5 | 325 | | |
| 2E | 56 | 66 | 146 | 9E | 236 | D6 | 326 | | |
| 2F | 57 | 67 | 147 | 9F | 237 | D7 | 327 | | |
| 30 | 60 | 68 | 150 | A0 | 240 | D8 | 330 | | |
| 31 | 61 | 69 | 151 | A1 | 241 | D9 | 331 | | |
| 32 | 62 | 6A | 152 | A2 | 242 | DA | 332 | | |
| 33 | 63 | 6B | 153 | A3 | 243 | DB | 333 | | |
| 34 | 64 | 6C | 154 | A4 | 244 | DC | 334 | | |
| 35 | 65 | 6D | 155 | A5 | 245 | DD | 335 | | |
| 36 | 66 | 6E | 156 | A6 | 246 | DE | 336 | | |
| 37 | 67 | 6F | 157 | A7 | 247 | DF | 337 | | |

## Sockelschaltungen 8080, 8085, 2650, Z80

(Herstellerbezeichnungen)

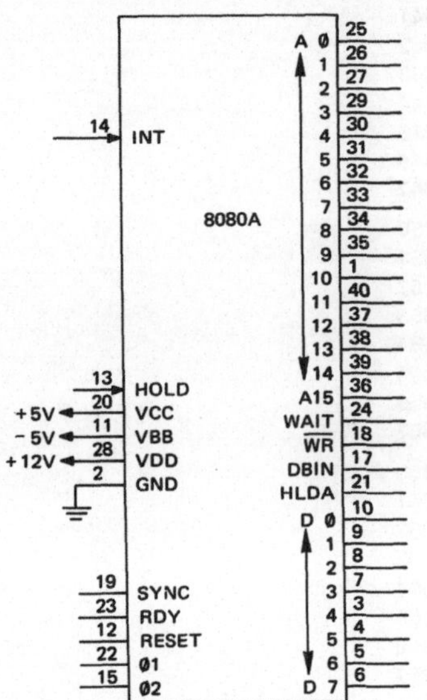


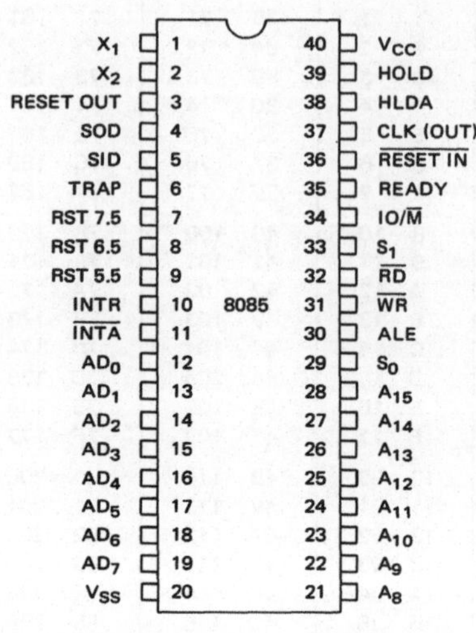


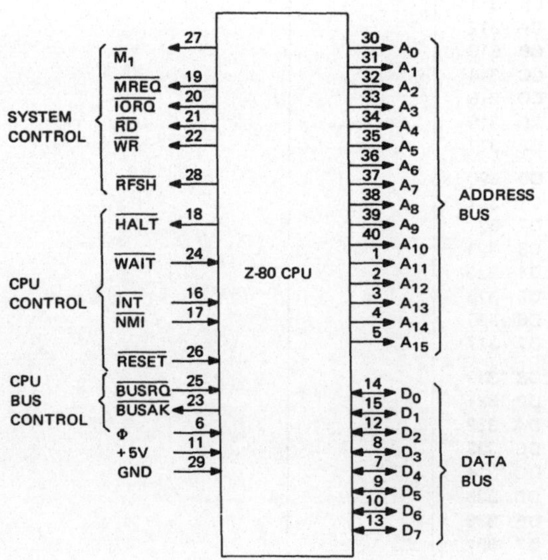


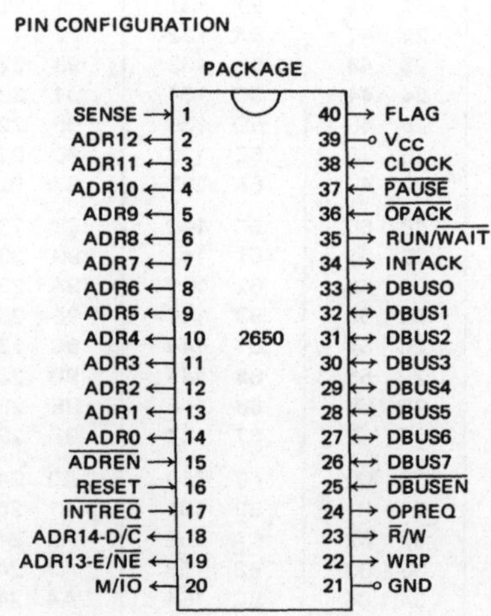

## Sockelschaltungen 1802, 3850, 6800, 6802

(Herstellerbezeichnungen)

**1802**

| Signal | Pin | Pin | Signal |
|---|---|---|---|
| CLOCK | 1 | 40 | $V_{DD}$ |
| $\overline{\text{WAIT}}$ | 2 | 39 | $\overline{\text{XTAL}}$ |
| $\overline{\text{CLEAR}}$ | 3 | 38 | $\overline{\text{DMA IN}}$ |
| Q | 4 | 37 | $\overline{\text{DMA OUT}}$ |
| SC1 | 5 | 36 | $\overline{\text{INTERRUPT}}$ |
| SC0 | 6 | 35 | $\overline{\text{MWR}}$ |
| $\overline{\text{MRD}}$ | 7 | 34 | TPA |
| BUS 7 | 8 | 33 | TPB |
| BUS 6 | 9 | 32 | MA7 |
| BUS 5 | 10 | 31 | MA6 |
| BUS 4 | 11 | 30 | MA5 |
| BUS 3 | 12 | 29 | MA4 |
| BUS 2 | 13 | 28 | MA3 |
| BUS 1 | 14 | 27 | MA2 |
| BUS 0 | 15 | 26 | MA1 |
| $V_{CC}$ | 16 | 25 | MA0 |
| N2 | 17 | 24 | $\overline{\text{EF1}}$ |
| N1 | 18 | 23 | $\overline{\text{EF2}}$ |
| N0 | 19 | 22 | $\overline{\text{EF3}}$ |
| $V_{SS}$ | 20 | 21 | $\overline{\text{EF4}}$ |

**3850**

| Signal | Pin | Pin | Signal |
|---|---|---|---|
| Φ | 1 | 40 | RC |
| WRITE | 2 | 39 | XTLX |
| $V_{DD}$ | 3 | 38 | XTLY |
| $V_{GG}$ | 4 | 37 | $\overline{\text{EXT RES}}$ |
| I/O Ø3 | 5 | 36 | $\overline{\text{I/O Ø4}}$ |
| DB3 | 6 | 35 | DB4 |
| $\overline{\text{I/O 13}}$ | 7 | 34 | $\overline{\text{I/O 14}}$ |
| I/O 12 | 8 | 33 | I/O 15 |
| DB2 | 9 | 32 | DB5 |
| $\overline{\text{I/O Ø2}}$ | 10 | 31 | $\overline{\text{I/O Ø5}}$ |
| I/O Ø1 | 11 | 30 | I/O Ø6 |
| DB1 | 12 | 29 | DB6 |
| $\overline{\text{I/O 11}}$ | 13 | 28 | $\overline{\text{I/O 16}}$ |
| I/O 1Ø | 14 | 27 | $\overline{\text{I/O 17}}$ |
| DBØ | 15 | 26 | DB7 |
| $\overline{\text{I/O ØØ}}$ | 16 | 25 | I/O Ø7 |
| ROMCØ | 17 | 24 | $V_{SS}$ |
| ROMC1 | 18 | 23 | $\overline{\text{INT REQ}}$ |
| ROMC2 | 19 | 22 | $\overline{\text{ICB}}$ |
| ROMC3 | 20 | 21 | ROMC4 |

**6800**

| Pin | Signal | Signal | Pin |
|---|---|---|---|
| 1 | $V_{SS}^{0}$ | $\overline{\text{Reset}}$ | 40 |
| 2 | $\overline{\text{Halt}}$ | TSC | 39 |
| 3 | $\phi 1$ | N.C. | 38 |
| 4 | $\overline{\text{IRQ}}$ | $\phi 2$ | 37 |
| 5 | VMA | DBE | 36 |
| 6 | $\overline{\text{NMI}}$ | N.C. | 35 |
| 7 | BA | R/W | 34 |
| 8 | $V_{CC}$ | D0 | 33 |
| 9 | A0 | D1 | 32 |
| 10 | A1 | D2 | 31 |
| 11 | A2 | D3 | 30 |
| 12 | A3 | D4 | 29 |
| 13 | A4 | D5 | 28 |
| 14 | A5 | D6 | 27 |
| 15 | A6 | D7 | 26 |
| 16 | A7 | A15 | 25 |
| 17 | A8 | A14 | 24 |
| 18 | A9 | A13 | 23 |
| 19 | A10 | A12 | 22 |
| 20 | A11 | $V_{SS}$ | 21 |

**6802**

| Pin | Signal | Signal | Pin |
|---|---|---|---|
| 1 | $V_{SS}^{0}$ | $\overline{\text{Reset}}$ | 40 |
| 2 | $\overline{\text{Halt}}$ | EXtal | 39 |
| 3 | MR | Xtal | 38 |
| 4 | $\overline{\text{IRQ}}$ | E | 37 |
| 5 | VMA | RE | 36 |
| 6 | $\overline{\text{NMI}}$ | $V_{CC}$ Standby | 35 |
| 7 | BA | R/$\overline{\text{W}}$ | 34 |
| 8 | $V_{CC}$ | D0 | 33 |
| 9 | A0 | D1 | 32 |
| 10 | A1 | D2 | 31 |
| 11 | A2 | D3 | 30 |
| 12 | A3 | D4 | 29 |
| 13 | A4 | D5 | 28 |
| 14 | A5 | D6 | 27 |
| 15 | A6 | D7 | 26 |
| 16 | A7 | A15 | 25 |
| 17 | A8 | A14 | 24 |
| 18 | A9 | A13 | 23 |
| 19 | A10 | A12 | 22 |
| 20 | A11 | $V_{SS}$ | 21 |

**Sockelschaltungen 6502, SCMPII**
(Herstellerbezeichnungen)

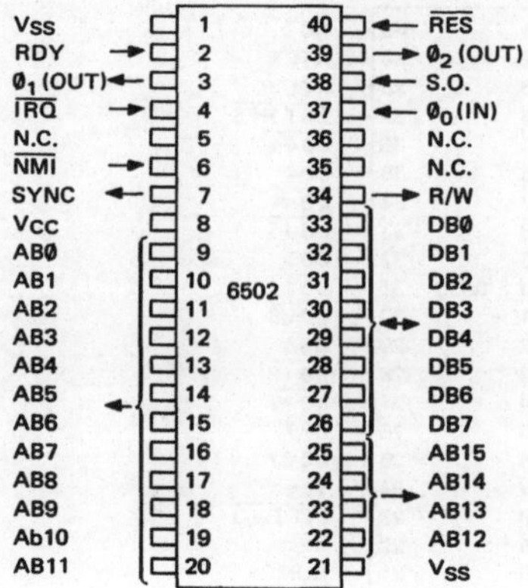


SCMP II

| Signal | Pin | Pin | Signal |
|---|---|---|---|
| NWDS | 1 | 40 | $V_{CC}$ |
| NRDS | 2 | 39 | NADS |
| NENIN | 3 | 38 | XOUT |
| NENOUT | 4 | 37 | XIN |
| NBREQ | 5 | 36 | AD11 |
| NHOLD | 6 | 35 | AD10 |
| NRST | 7 | 34 | AD09 |
| CONT | 8 | 33 | AD08 |
| DB7 | 9 | 32 | AD07 |
| DB6 | 10 | 31 | AD06 |
| DB5 | 11 | 30 | AD05 |
| DB4 | 12 | 29 | AD04 |
| DB3 | 13 | 28 | AD03 |
| DB2 | 14 | 27 | AD02 |
| DB1 | 15 | 26 | AD01 |
| DB0 | 16 | 25 | AD00 |
| SENSE-A | 17 | 24 | SIN |
| SENSE-B | 18 | 23 | SOUT |
| FLAG-0 | 19 | 22 | FLAG-2 |
| GND | 20 | 21 | FLAG-1 |

# Übersetzungstabellen
# CALM-Assembler/Oktalkode
# für die Mikroprozessoren
# 8080, 8085, Z80, 2650, 6802, 6502, 1802, SCMP

Hinweis: Jeder endgültige Oktalkode eines Assemblerbefehles setzt sich additiv zusammen aus Grundkodezahl und eventuellen Variantenkodezahlen.

Beispiel: LOAD B, n (6802):

| | |
|---|---|
| 206 | (Grundkode) |
| + 100 | (Reg. B) |
| + 20 | (absolut, page 0) |
| 326 | (endgültiger Oktalkode für LOAD B, n) |

MINI AND MICROCOMPUTER LABORATORY
SWISS FEDERAL INSTITUTE OF TECHNOLOGY
OF LAUSANNE (LCD EPFL)

# 8080, 8080A

## INTEL, AMD, TI

**MICROPROCESSOR INSTRUCTIONS REFERENCE CARD (MNEMO-NICS)**

**REGISTER ORGANIZATION**

| | | |
|---|---|---|
| A (Accumulator) | F (Flags) S Z Ø X Ø P 1 C | S sign bit<br>Z zero bit |
| B | C | X auxiliary carry |
| D | E | P even parity bit |
| H | L | C carry |
| SP (Stack pointer) | | |
| PC (Program counter) | | |
| MSB | LSB | |

**16-bit word storage**

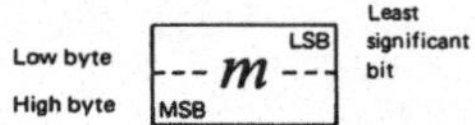


**Notations**

*n* 8-bit number
*m* 16-bit number
△ tabulator comma
(X) memory location addressed by the content of X

**Instruction execution time**
1 state = 500 ns at maximum speed. The number of states in instruction is in second column.

**Interrupt** is acknowledged after 4 to 17 cycles: disable interrupt flag, read the restart instruction put on the bus and execute it.

OCTAL CONVERSION

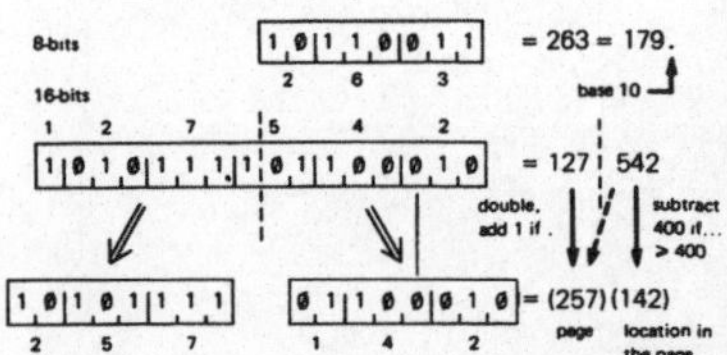


**Remember:** 2 x 4 = 1Ø  2 x 6 = 14
2 x 5 = 12  2 x 7 = 16

| ORIGINAL 8080 MNEMONICS | | STATES | | MNEMO-NICS | |
|---|---|---|---|---|---|
| MOV r₁, r₂ | 1DS | 5 | 1ØØ++ | **LOAD**△*d*, *s* | Load *d* (destination) register or location (HL) with *s* (source) register or location (HL)<br>! LOAD (HL), (HL) = WAIT |
| MOV r,M | 1D6 | 7 | | | |
| MOV M,r | 16S | 7 | | | |
| MVI r | ØD6 | 7 | ØØ6+ / *n* | **LOAD**△*d*, # *n* | Load *d* immediate with *n* (8-bits) |
| MVI M | Ø66 | 10 | | | |
| LXI B | ØØ1 | 10 | ØØ1+ / *m* | **LOAD**△*p*, # *m* | Load register pair *p* immediate with *m* (16-bits) |
| LXI D | Ø21 | | | | |
| LXI H | Ø41 | | | | |
| LXI SP | Ø61 | | | | |
| SPHL | 371 | 5 | 371 | **LOAD**△SP, HL | Load stack pointer with HL pair |
| PCHL | 351 | 5 | – – – – – | | (LOAD PC, HL = JUMP (HL) : see below |
| LDA | Ø72 | 13 | Ø72 / *m* | **LOAD**△A, *m* | Load accumulator with memory location *m* |
| STA | Ø62 | 13 | Ø62 / *m* | **LOAD**△*m*, A | Load location *m* with accumulator content (store accumulator in memory) |
| LDAX B | Ø12 | 7 | Ø12+ | **LOAD**△A, (*q*) | Load accumulator with content of location addressed by content of pair *q* (indexed to *q* without displacement) |
| LDAX D | Ø32 | | | | |
| STAX B | ØØ2 | 7 | ØØ2+ | **LOAD**△(*q*), A | Load memory location addressed by the content of *q* with accumulator, (store acc indexed) |
| STAX D | Ø22 | | | | |
| LHLD | Ø52 | 16 | Ø52 / *m* | **LOAD**△HL, *m* | Load H and L content with the content of memory locations *m* + 1 and *m* |
| SHLD | Ø42 | 16 | Ø42 / *m* | **LOAD**△*m*, HL | Load memory locations *m* + 1 and *m* with the content of H and L (store HL) |
| XCHG | 353 | 4 | 353 | **EX**△DE, HL<br>**EX**△HL, DE | Exchange DE and HL contents |
| XTHL | 343 | 18 | 343 | **EX**△(SP), HL<br>**EX**△HL, (SP) | Exchange content of locations addressed by SP and SP + 1 (top of stack) with HL content |
| PUSH B | 3Ø5 | 11 | 3Ø5+ | **PUSH**△*p'* | Save register pair on the stack (load locations SP – 1, SP – 2 with *p'* and sub. 2 to SP) |
| PUSH D | 325 | | | | |
| PUSH H | 345 | | | | |
| PUSH PSW | 365 | | | | |
| POP B | 3Ø1 | 10 | 3Ø1+ | **POP**△*p'* | Restore register pair from the stack (load *p'* with locations SP + 1, SP and add 2 to SP) |
| POP D | 321 | | | | |
| POP H | 341 | | | | |
| POP PSW | 361 | | | | |
| JNZ | 3Ø2 | 10 | 3Ø2+ / *m* | **JUMP**, *t*△*m* | Jump, if *t* true, to location *m* |
| JZ | 312 | | | | |
| JNC | 322 | | | | |
| JC | 332 | | | | |
| JPO | 342 | | | | |
| JPE | 352 | | | | |
| JP | 362 | | | | |
| JM | 372 | | | | |
| CNZ | 3Ø4 | 11/17 | 3Ø4+ / *m* | **CALL**, *t*△*m* | Call, if test *t* true, subroutine at address *m* (PC on stack : (SP – 1) (SP – 2) ← PC, SP ← SP – 2) |
| CZ | 314 | | | | |
| CNC | 324 | | | | |
| CC | 334 | | | | |
| CPO | 344 | | | | |
| CPE | 354 | | | | |
| CP | 364 | | | | |
| CM | 374 | | | | |
| RNZ | 3ØØ | 5/11 | 3ØØ+ | **RET**, *t* | Return if *t* true (Address from stack : PC ← (SP) (SP + 1), SP ← SP + 2) |
| RZ | 31Ø | | | | |
| RNC | 32Ø | | | | |
| RC | 33Ø | | | | |
| RPO | 34Ø | | | | |
| RPE | 35Ø | | | | |
| RP | 36Ø | | | | |
| RM | 37Ø | | | | |
| JMP | 3Ø3 | 10 | 3Ø3 / *m* | **JUMP**△*m* | Jump to address *m* |
| CALL | 315 | 17 | 315 / *m* | **CALL**△*m* | Jump to subroutine at address *m* (PC on stack) |
| RET | 311 | 10 | 311 | **RET** | Return from subroutine (Address from stack) |
| PCHL | 351 | 5 | 351 | **JUMP**△(HL) | Jump to location addressed by HL pair |
| RST | 3A7 | 11 | 3Ø7+ | **CALL**△*l*<br>(**RST**△*l*) | Restart at location *l* (PC on stack) |

| *d* | | *s* | |
|---|---|---|---|
| 7Ø | A | 7 | A |
| ØØ | B | Ø | B |
| 1Ø | C | 1 | C |
| 2Ø | D | 2 | D |
| 3Ø | E | 3 | E |
| 4Ø | H | 4 | H |
| 5Ø | L | 5 | L |
| 6Ø | (HL) | 6 | (HL) |

| *p* | |
|---|---|
| ØØ | BC |
| 2Ø | DE |
| 4Ø | HL |
| 6Ø | SP |

| *q* | |
|---|---|
| ØØ | BC |
| 2Ø | DE |

Stack: LSB, MSB, STACK ← (SP); F C E L ← (SP), A B D H

| *p'* | |
|---|---|
| 6Ø | AF |
| ØØ | BC |
| 2Ø | DE |
| 4Ø | HL |

| *t* | | |
|---|---|---|
| 3Ø | CS | Carry set [C = 1] |
| 2Ø | CC | Carry clear [C = 0] |
| 7Ø | MI<br>SS | Minus result [S = 1]<br>Sign bit set |
| 6Ø | PL<br>SC | Plus result [S = 0]<br>Sign bit clear |
| 1Ø | EQ<br>ZS | Equal [Z = 1]<br>Zero bit set |
| Ø | NE<br>ZC | Non equal [Z = 0]<br>Zero bit clear |
| 5Ø | PE | Parity even [P = 1] |
| 4Ø | PO | Parity odd [P = 0] |

| *l* | |
|---|---|
| ØØ | Ø |
| 1Ø | 1Ø |
| 2Ø | 2Ø |
| 3Ø | 3Ø |
| 4Ø | 4Ø |
| 5Ø | 5Ø |
| 6Ø | 6Ø |
| 7Ø | 7Ø |

May 1975, revised March 1976

| ORIGINAL 8080 MNEMONICS | | STATES | MNEMO-NICS | | |
|---|---|---|---|---|---|
| INR r<br>INR M | ØD4<br>Ø64 | 5<br>8 | ØØ4⁺ | INC△*d* | Increment register or location *d*<br>[S, Z, X, P] |
| DCR r<br>DCR M | ØD5<br>Ø65 | 5<br>8 | ØØ5⁺ | DEC△*d* | Decrement register or location *d*<br>[S, Z, X, P] |
| INX B<br>INX D<br>INX H<br>INX SP | ØØ3<br>Ø23<br>Ø43<br>Ø63 | 5 | ØØ3⁺ | INC△*p* | Increment pair *p* |
| DCX B<br>DCX D<br>DCX H<br>DCX SP | Ø13<br>Ø33<br>Ø53<br>Ø73 | 5 | Ø13⁺ | DEC△*p* | Decrement pair *p* |
| DAD B<br>DAD D<br>DAD H<br>DAD SP | Ø11<br>Ø31<br>Ø51<br>Ø71 | 10 | Ø11⁺ | ADD△HL, *p* | Add to HL the pair *p*<br>[C] |
| ADD r<br>ADD M<br>ADI | 2ØS<br>2Ø6<br>3Ø6 | 4<br>7<br>7 | 2ØØ⁺ | ADD△A, *s* | Add to Accumulator register, location or number *s*<br>[S, Z, X, P, C] |
| ADC r<br>ADC M<br>ACI | 21S<br>216<br>316 | 4<br>7<br>7 | 21Ø⁺ | ADDC△A, *s* | Add with carry (A ← A + *s* + C)<br>[S, Z, X, P, C] |
| SUB r<br>SUB M<br>SUI | 22S<br>226<br>326 | 4<br>4<br>4 | 22Ø⁺ | SUB△A, *s* | Subtract (A ← A − *s*)<br>[S, Z, X, P, C] |
| SBB r<br>SBB M<br>SBI | 23S<br>236<br>336 | 4<br>7<br>7 | 23Ø⁺ | SUBC△A, *s* | Subtract with carry (A ← A − *s* − C)<br>[S, Z, X, P, C] |
| ANA r<br>ANA M<br>ANI | 24S<br>246<br>346 | 4<br>7<br>7 | 24Ø⁺ | AND△A, *s* | Logical AND (A ← A ∧ *s*)<br>[C ← Ø, S, Z, P] |
| ORA r<br>ORA M<br>ORI | 26S<br>266<br>366 | 4<br>7<br>7 | 26Ø⁺ | OR△A, *s* | OR (A ← A ∨ *s*)<br>[C ← Ø, S, Z, P] |
| XRA r<br>XRA M<br>XRI | 25S<br>256<br>356 | 4<br>7<br>7 | 25Ø⁺ | XOR△A, *s* | Exclusive OR (A ← A ⊕ *s*)<br>[C ← Ø, S, Z, P] |
| CMP<br>CMP M<br>CPI | 27S<br>276<br>376 | 4<br>7<br>7 | 27Ø⁺ | COMP△A, *s* | Compare (A − *s*)<br>[Z ← 1 if A = *s*, C ← 1 if A < *s*, S, X, P] |
| CMA | Ø57 | 4 | Ø57 | CPL△A | 1's complement of the Accumulator (A ← ⌐ A) |
| RLC | ØØ7 | 4 | ØØ7 | RL△A | Rotate left Accumulator (without carry) [C ← $A_7$] 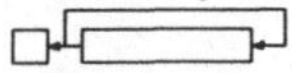 |
| RAL | Ø27 | 4 | Ø27 | RLC△A | Rotate left Accumulator with carry [C ← $A_7$] 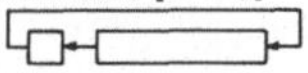 |
| RRC | Ø17 | 4 | Ø17 | RR△A | Rotate right Accumulator (without carry) [C ← $A_Ø$]  |
| RAR | Ø37 | 4 | Ø37 | RRC△A | Rotate right Accumulator with carry [C ← $A_Ø$] 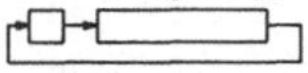 |
| DAA | Ø47 | 4 | Ø47 | DAA△A<br>(DAA) | Decimal adjust Accumulator [S, Z, X, P, C] (convert to BCD after a binary ADD of two BCD numbers) |
| CMC | Ø77 | 4 | Ø77 | CPLC | Complement the carry. [C ← ⌐ C] |
| STC | Ø67 | 4 | Ø67 | SETC | Set carry [C ← 1] |
| IN | 333 | 10 | 333<br>*n* | LOAD△A, $*n*<br>(INP△*n*) | Input data from peripheral *n* to Accumulator |
| OUT | 323 | 10 | 323<br>*n* | LOAD△$*n*, A<br>(OUT△*n*) | Output to peripheral *n* the Accumulator content |
| EI | 373 | 4 | 373 | ION | Interrupt on |
| DI | 363 | 4 | 363 | IOF | Interrupt off |
| HLT | 166 | (7) | 166 | WAIT | Wait for interrupt (halt) |
| NOP | ØØØ | 4 | ØØØ | NOP | No operation |

*d*

| | |
|---|---|
| 7Ø | A |
| ØØ | B |
| 1Ø | C |
| 2Ø | D |
| 3Ø | E |
| 4Ø | H |
| 5Ø | L |
| 6Ø | (HL) |

*p*

| | |
|---|---|
| ØØ | BC |
| 2Ø | DE |
| 4Ø | HL |
| 6Ø | SP |

*s*

| | |
|---|---|
| 7 | A |
| Ø | B |
| 1 | C |
| 2 | D |
| 3 | E |
| 4 | H |
| 5 | L |
| 6 | (HL) |
| 1Ø6<br>*n* | #*n*<br>(immediate) |

[S, Z, C ← Ø] shows which flags are updated (S, Z may change, C is cleared, other flags are not modified)

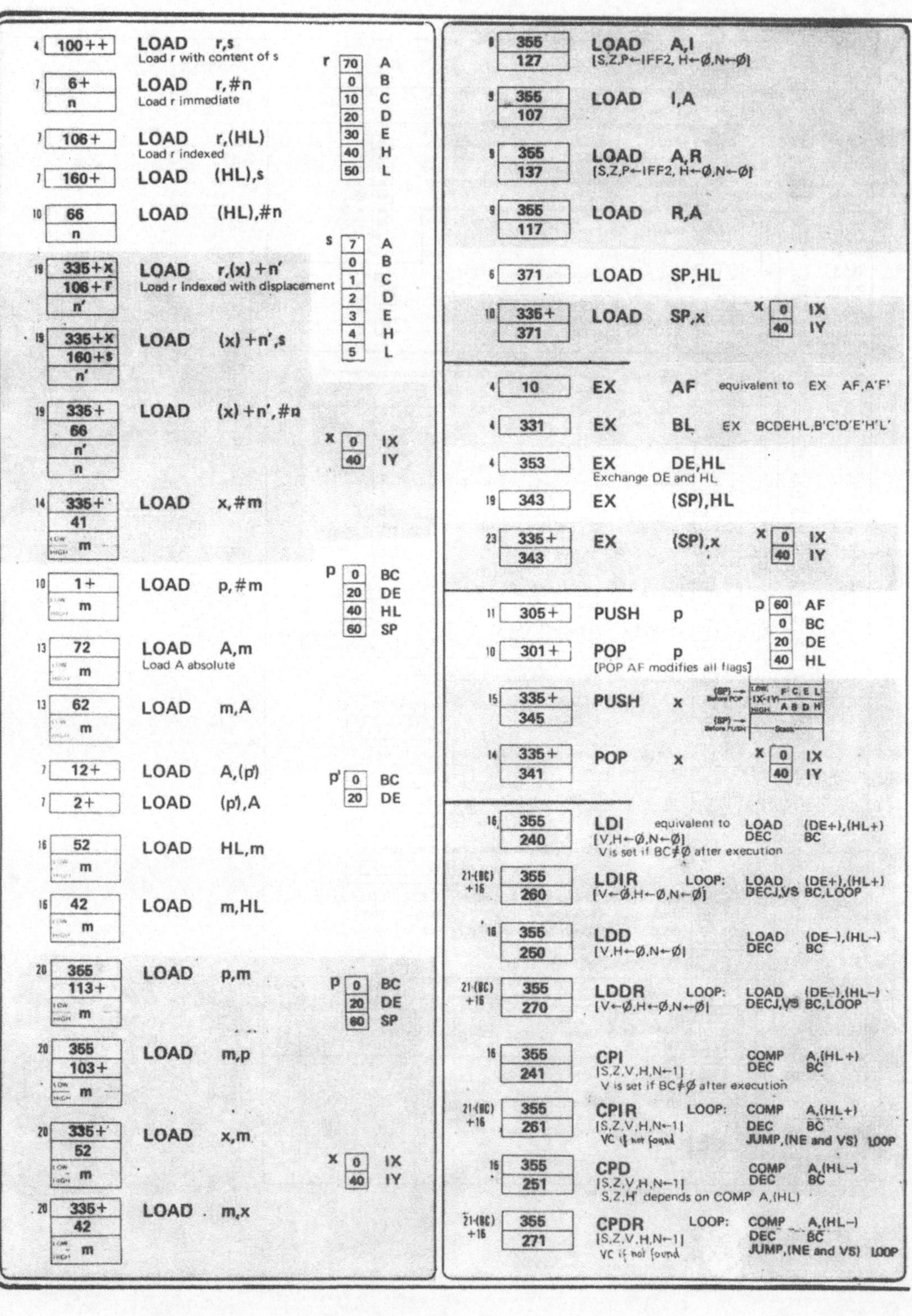

4 100++ LOAD r,s
Load r with content of s
7 6+ n LOAD r,#n
Load r immediate
7 106+ LOAD r,(HL)
Load r indexed
7 160+ LOAD (HL),s
10 66 n LOAD (HL),#n
r 70 A 0 B 10 C 20 D 30 E 40 H 50 L
19 335+x 106+r n' LOAD r,(x)+n'
Load r indexed with displacement
19 335+x 160+s n' LOAD (x)+n',s
s 7 A 0 B 1 C 2 D 3 E 4 H 5 L
19 335+ 66 n' n LOAD (x)+n',#n
x 0 IX 40 IY
14 335+ 41 LOW HIGH m LOAD x,#m
10 1+ LOW HIGH m LOAD p,#m
p 0 BC 20 DE 40 HL 60 SP
13 72 LOW HIGH m LOAD A,m
Load A absolute
13 62 LOW HIGH m LOAD m,A
7 12+ LOAD A,(p')
7 2+ LOAD (p'),A
p' 0 BC 20 DE
16 52 LOW HIGH m LOAD HL,m
16 42 LOW HIGH m LOAD m,HL
20 355 113+ LOW HIGH m LOAD p,m
p 0 BC 20 DE 60 SP
20 355 103+ LOW HIGH m LOAD m,p
20 335+ 52 LOW HIGH m LOAD x,m
x 0 IX 40 IY
20 335+ 42 LOW HIGH m LOAD m,x
9 355 127 LOAD A,I
[S,Z,P←IFF2, H←Ø,N←Ø]
9 355 107 LOAD I,A
9 355 137 LOAD A,R
[S,Z,P←IFF2, H←Ø,N←Ø]
9 355 117 LOAD R,A
6 371 LOAD SP,HL
10 335+ 371 LOAD SP,x
x 0 IX 40 IY
4 10 EX AF equivalent to EX AF,A'F'
4 331 EX BL EX BCDEHL,B'C'D'E'H'L'
4 353 EX DE,HL
Exchange DE and HL
19 343 EX (SP),HL
23 335+ 343 EX (SP),x
x 0 IX 40 IY
11 305+ PUSH p
10 301+ POP p
[POP AF modifies all flags]
p 60 AF 0 BC 20 DE 40 HL
15 335+ 345 PUSH x
(SP) → Before POP
LOW IX-IY F C E L
HIGH A B D H
(SP) → Before PUSH
Stack
14 335+ 341 POP x
x 0 IX 40 IY
16 355 240 LDI equivalent to LOAD (DE+),(HL+) DEC BC
[V,H←Ø,N←Ø]
V is set if BC≠Ø after execution
21·(BC)+16 355 260 LDIR LOOP: LOAD (DE+),(HL+) DECJ,VS BC,LOOP
[V←Ø,H←Ø,N←Ø]
16 355 250 LDD LOAD (DE–),(HL–) DEC BC
[V,H←Ø,N←Ø]
21·(BC)+16 355 270 LDDR LOOP: LOAD (DE–),(HL–) DECJ,VS BC,LOOP
[V←Ø,H←Ø,N←Ø]
16 355 241 CPI COMP A,(HL+) DEC BC
[S,Z,V,H,N←1]
V is set if BC≠Ø after execution
21·(BC)+16 355 261 CPIR LOOP: COMP A,(HL+) DEC BC JUMP,(NE and VS) LOOP
[S,Z,V,H,N←1]
VC if not found
16 355 251 CPD COMP A,(HL–) DEC BC
[S,Z,V,H,N←1]
S,Z,H depends on COMP A,(HL)
21·(BC)+16 355 271 CPDR LOOP: COMP A,(HL–) DEC BC JUMP,(NE and VS) LOOP
[S,Z,V,H,N←1]
VC if not found

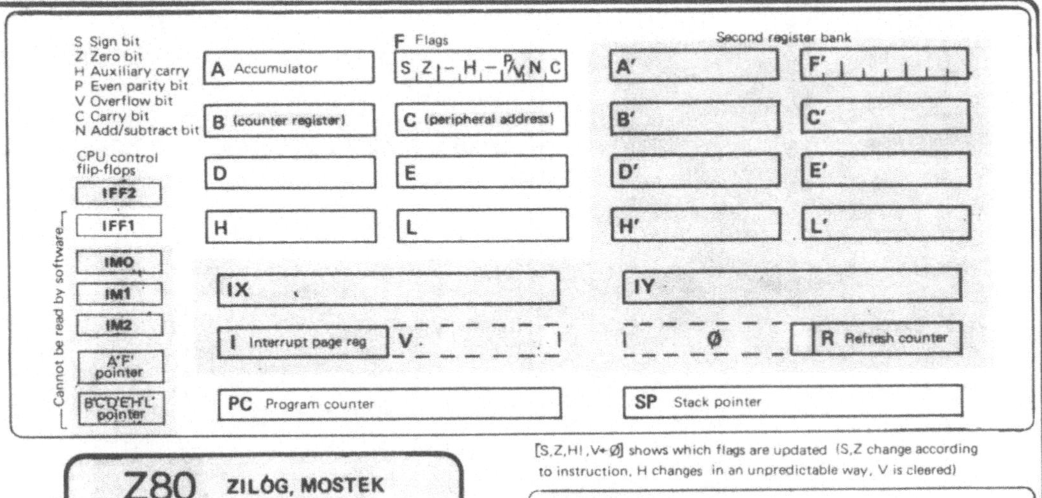


[S,Z,H!,V←Ø] shows which flags are updated (S,Z change according to instruction, H changes in an unpredictable way, V is cleared)

# Z80 ZILOG, MOSTEK

**C**ommon **A**ssembly **L**anguage for **M**icroprocessors

**REFERENCE CARD**

Face 1

**8080, 8085** INTEL, AMD, SIEMENS, etc

Number of states (state time 400 ns)

| States | Code | Instruction | Description |
|---|---|---|---|
| 8 / 13 | 20 / ℓ'–2 | **DECJ,NE B,.+ℓ'** | Decrement B and jump relative if result non equal to zero (no flags modified). 13 states if B ≠ Ø |

| States | Code | Instruction | Operand | Flags |
|---|---|---|---|---|
| 4 / 11 | 4+ | **INC** | r | [S,Z,V,H,N←Ø] |
| 4 / 11 | 5+ | **DEC** | r | [S,Z,V,H,N←1] |

11 states if (HL)

| r | |
|---|---|
| 70 | A |
| 0 | B |
| 10 | C |
| 20 | D |
| 30 | E |
| 40 | H |
| 50 | L |
| 60 | (HL) |

| States | Code | Instruction | Operand | Flags |
|---|---|---|---|---|
| 6 | 3+ | **INC** | p | |
| 6 | 13+ | **DEC** | p | |
| 10 | 335+ / 43 | **INC** | x | |
| 10 | 335+ / 53 | **DEC** | x | |
| 23 | 335+ / 64 / n' | **INC** | (x)+n' | [S,Z,V,H,N←Ø] |
| 23 | 335+ / 65 / n' | **DEC** | (x)+n' | [S,Z,V,H,N←1] |

| p | |
|---|---|
| 0 | BC |
| 20 | DE |
| 40 | HL |
| 60 | SP |

| x | |
|---|---|
| 0 | IX |
| 40 | IY |

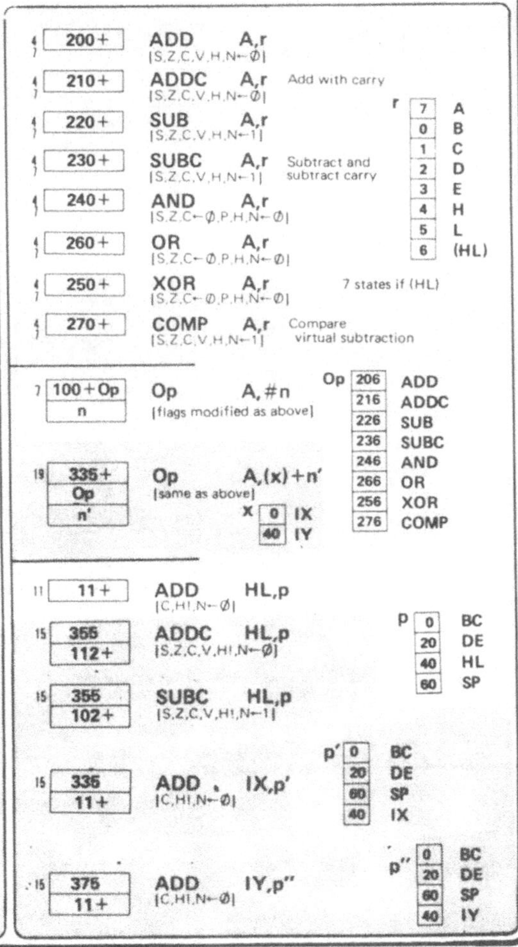

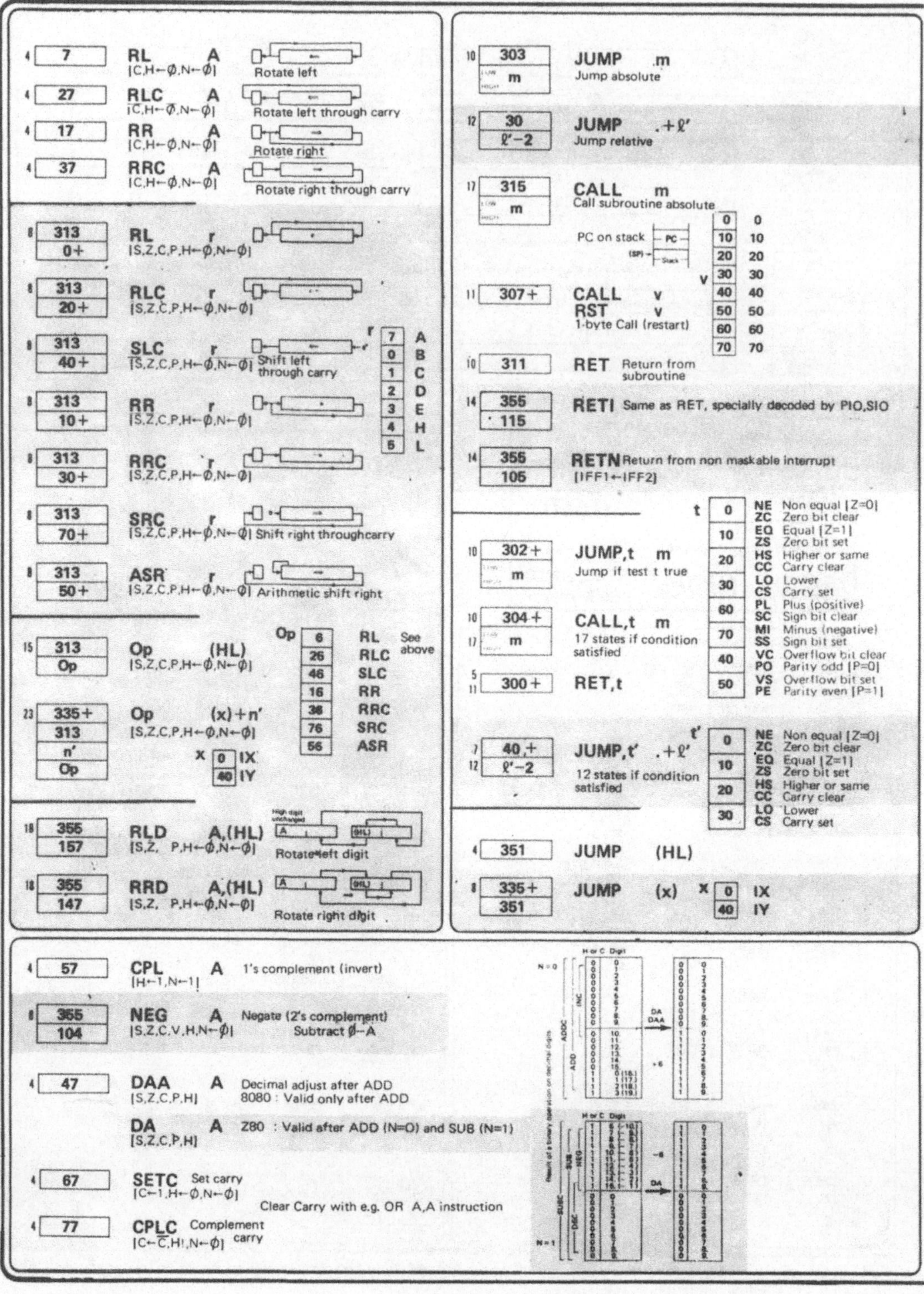

| T | Code | Mnemonic | Operand | Flags / Description |
|---|---|---|---|---|
| 4 | 7 | RL | A | [C,H←Ø,N←Ø] Rotate left |
| 4 | 27 | RLC | A | [C,H←Ø,N←Ø] Rotate left through carry |
| 4 | 17 | RR | A | [C,H←Ø,N←Ø] Rotate right |
| 4 | 37 | RRC | A | [C,H←Ø,N←Ø] Rotate right through carry |
| 8 | 313 / 0+ | RL | r | [S,Z,C,P,H←Ø,N←Ø] |
| 8 | 313 / 20+ | RLC | r | [S,Z,C,P,H←Ø,N←Ø] |
| 8 | 313 / 40+ | SLC | r | [S,Z,C,P,H←Ø,N←Ø] Shift left through carry |
| 8 | 313 / 10+ | RR | r | [S,Z,C,P,H←Ø,N←Ø] |
| 8 | 313 / 30+ | RRC | r | [S,Z,C,P,H←Ø,N←Ø] |
| 8 | 313 / 70+ | SRC | r | [S,Z,C,P,H←Ø,N←Ø] Shift right throughcarry |
| 8 | 313 / 50+ | ASR | r | [S,Z,C,P,H←Ø,N←Ø] Arithmetic shift right |
| 15 | 313 / Op | Op | (HL) | [S,Z,C,P,H←Ø,N←Ø] |
| 23 | 335+ / 313 / n' / Op | Op | (x)+n' | [S,Z,C,P,H←Ø,N←Ø] |
| 18 | 355 / 157 | RLD | A,(HL) | [S,Z, P,H←Ø,N←Ø] Rotate left digit (High digit unchanged) |
| 18 | 355 / 147 | RRD | A,(HL) | [S,Z, P,H←Ø,N←Ø] Rotate right digit |

| r | |
|---|---|
| 7 | A |
| 0 | B |
| 1 | C |
| 2 | D |
| 3 | E |
| 4 | H |
| 5 | L |

| Op | | |
|---|---|---|
| 6 | RL | See above |
| 26 | RLC | |
| 46 | SLC | |
| 16 | RR | |
| 36 | RRC | |
| 76 | SRC | |
| 56 | ASR | |

| x | |
|---|---|
| 0 | IX |
| 40 | IY |

| T | Code | Mnemonic | Operand | Description |
|---|---|---|---|---|
| 10 | 303 / m (LOW, HIGH) | JUMP | m | Jump absolute |
| 12 | 30 / ℓ'−2 | JUMP | .+ℓ' | Jump relative |
| 17 | 315 / m (LOW, HIGH) | CALL | m | Call subroutine absolute; PC on stack |
| 11 | 307+ | CALL / RST | v | 1-byte Call (restart) |
| 10 | 311 | RET | | Return from subroutine |
| 14 | 355 / 115 | RETI | | Same as RET, specially decoded by PIO,SIO |
| 14 | 355 / 105 | RETN | | Return from non maskable interrupt [IFF1←IFF2] |
| 10 | 302+ / m | JUMP,t | m | Jump if test t true |
| 10 / 17 | 304+ / m | CALL,t | m | 17 states if condition satisfied |
| 5 / 11 | 300+ | RET,t | | |
| 7 / 12 | 40+ / ℓ'−2 | JUMP,t' | .+ℓ' | 12 states if condition satisfied |
| 4 | 351 | JUMP | (HL) | |
| 8 | 335+ / 351 | JUMP | (x) | x: 0 IX, 40 IY |

| v | |
|---|---|
| 0 | 0 |
| 10 | 10 |
| 20 | 20 |
| 30 | 30 |
| 40 | 40 |
| 50 | 50 |
| 60 | 60 |
| 70 | 70 |

| t | | |
|---|---|---|
| 0 | NE / ZC | Non equal [Z=0] / Zero bit clear |
| 10 | EQ / ZS | Equal [Z=1] / Zero bit set |
| 20 | HS / CC | Higher or same / Carry clear |
| 30 | LO / CS | Lower / Carry set |
| 60 | PL / SC | Plus (positive) / Sign bit clear |
| 70 | MI / SS | Minus (negative) / Sign bit set |
| 40 | VC / PO | Overflow bit clear / Parity odd [P=0] |
| 50 | VS / PE | Overflow bit set / Parity even [P=1] |

| t' | | |
|---|---|---|
| 0 | NE / ZC | Non equal [Z=0] / Zero bit clear |
| 10 | EQ / ZS | Equal [Z=1] / Zero bit set |
| 20 | HS / CC | Higher or same / Carry clear |
| 30 | LO / CS | Lower / Carry set |

| T | Code | Mnemonic | Operand | Description |
|---|---|---|---|---|
| 4 | 57 | CPL | A | [H←1,N←1] 1's complement (invert) |
| 8 | 355 / 104 | NEG | A | [S,Z,C,V,H,N←Ø] Negate (2's complement) Subtract Ø−A |
| 4 | 47 | DAA | A | [S,Z,C,P,H] Decimal adjust after ADD; 8080 : Valid only after ADD |
| | | DA | A | [S,Z,C,P,H] Z80 : Valid after ADD (N=0) and SUB (N=1) |
| 4 | 67 | SETC | | [C←1,H←Ø,N←Ø] Set carry |
| 4 | 77 | CPLC | | [C←$\overline{C}$,H!,N←Ø] Complement carry |

Clear Carry with e.g. OR A,A instruction

| F Flags | | Second register bank | |
|---|---|---|---|
| A Accumulator | S, Z, –, H, –, P/V, N, C | A' | F' |
| B (counter register) | C (peripheral address) | B' | C' |
| D | E | D' | E' |
| H | L | H' | L' |

| | |
|---|---|
| IX Index register | IY Second index register |
| I Interrupt page reg / V | 0 / R Refresh counter |
| PC Program counter | SP Stack pointer |

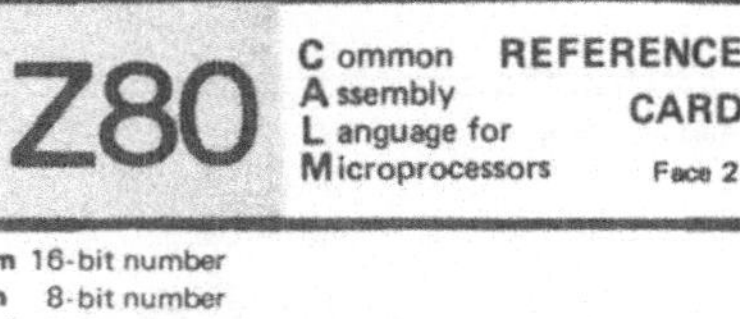

# Z80

**C**ommon **A**ssembly **L**anguage for **M**icroprocessors

**REFERENCE CARD**

Face 2

- **m** 16-bit number
- **n** 8-bit number
- **n'** 8-bit signed in 2-s complement
  0 to 177 positive, 377 (–1) to 200 (–200) negative
- **ℓ'** 8-bit displacement in jumps relative to first byte of the instruction
  0 to 201 positive, 377 (–1) to 202 (–176) negative
- **b** bit position in a byte (LSB 0, MSB 7)

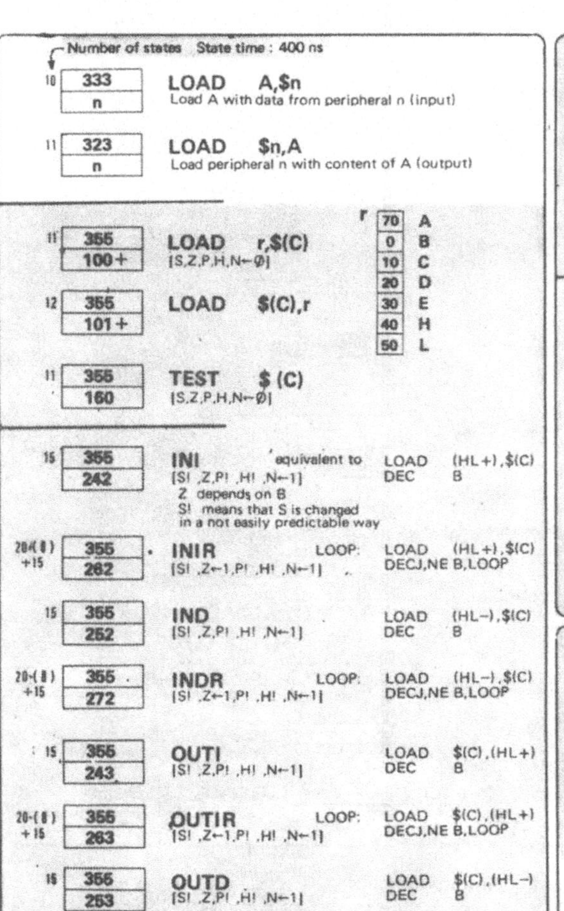

Number of states   State time : 400 ns

| States | Code | Instruction | Description |
|---|---|---|---|
| 10 | 333 / n | **LOAD A,$n** | Load A with data from peripheral n (input) |
| 11 | 323 / n | **LOAD $n,A** | Load peripheral n with content of A (output) |

| r | |
|---|---|
| 70 | A |
| 0 | B |
| 10 | C |
| 20 | D |
| 30 | E |
| 40 | H |
| 50 | L |

| States | Code | Instruction | Flags |
|---|---|---|---|
| 11 | 355 / 100+ | **LOAD r,$(C)** | [S,Z,P,H,N←Ø] |
| 12 | 355 / 101+ | **LOAD $(C),r** | |
| 11 | 355 / 160 | **TEST $ (C)** | [S,Z,P,H,N←Ø] |

| States | Code | Instruction | Flags | Equivalent to |
|---|---|---|---|---|
| 15 | 355 / 242 | **INI** | [S! ,Z,P! ,H! ,N←1] | LOAD (HL+),$(C) / DEC B |
| 20·(8) +15 | 355 / 262 | **INIR** | [S! ,Z←1,P! ,H! ,N←1] | LOOP: LOAD (HL+),$(C) / DECJ,NE B,LOOP |
| 15 | 355 / 252 | **IND** | [S! ,Z,P! ,H! ,N←1] | LOAD (HL–),$(C) / DEC B |
| 20·(8) +15 | 355 / 272 | **INDR** | [S! ,Z←1,P! ,H! ,N←1] | LOOP: LOAD (HL–),$(C) / DECJ,NE B,LOOP |
| 15 | 355 / 243 | **OUTI** | [S! ,Z,P! ,H! ,N←1] | LOAD $(C),(HL+) / DEC B |
| 20·(8) +15 | 355 / 263 | **OUTIR** | [S! ,Z←1,P! ,H! ,N←1] | LOOP: LOAD $(C),(HL+) / DECJ,NE B,LOOP |
| 15 | 355 / 253 | **OUTD** | [S! ,Z,P! ,H! ,N←1] | LOAD $(C),(HL–) / DEC B |
| 20·(8) +15 | 355 / 273 | **OUTDR** | [S! ,Z←1,P! ,H! ,N←1] | LOOP: LOAD $(C),(HL–) / DECJ,NE B,LOOP |

INI: Z depends on B
S! means that S is changed in a not easily predictable way

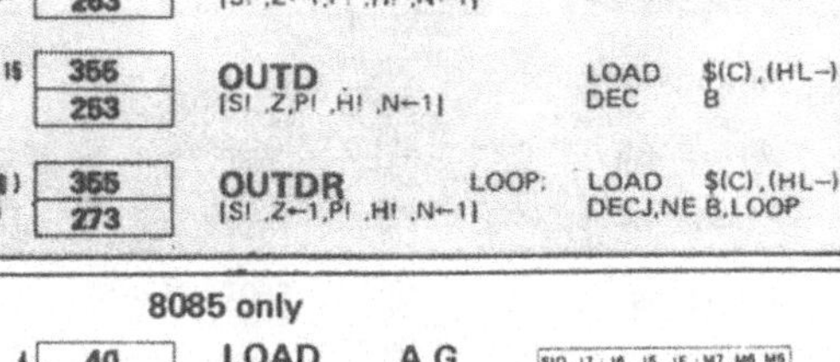

## 8085 only

| States | Code | Instruction | |
|---|---|---|---|
| 4 | 40 | **LOAD A,G** / **RIM** | SID, I7, I6, I5, IE, M7, M6, M5 |
| 4 | 60 | **SET G,A** / **SIM** | SOD, SSL, –, R7, IE, M7, M6, M5 |

Interrupt addresses : I5 : CALL 54; I6 : CALL 64; I7 : CALL 74

NMI : CALL 44

| States | Code | Instruction | Description |
|---|---|---|---|
| 8 | 313 / 300++ | **SET r:b** | Set bit b of register r |
| 8 | 313 / 200++ | **CLR r:b** | 15 states if SET (HL): b or CLR (HL): b |
| 8 | 313 / 100++ | **TEST r:b** | [S!,Z←$\overline{r:b}$,P!,H←1,N←Ø] 12 states if TEST (HL):b |

| r | |
|---|---|
| 7 | A |
| 0 | B |
| 1 | C |
| 2 | D |
| 3 | E |
| 4 | H |
| 5 | L |
| 6 | (HL) |

| States | Code | Instruction | Description |
|---|---|---|---|
| 23 | 335+x / 313 / n' / 306+b | **SET (x)+n':b** | |
| 23 | 335+x / 313 / n' / 206+b | **CLR (x)+n':b** | |
| 20 | 335+x / 313 / n' / 106+b | **TEST (x)+n':b** | [S!,Z←$\overline{r:b}$,P!,H←1,N←Ø] Zero flag is set (EQ) if bit is zero |

| b | |
|---|---|
| 0 | :0 ($2^0$=1) |
| 10 | :1 |
| 20 | :2 |
| 30 | :3 |
| 40 | :4 |
| 50 | :5 |
| 60 | :6 |
| 70 | :7 ($2^7$=200) |

| x | |
|---|---|
| 0 | IX |
| 40 | IY |

| States | Code | Instruction | Description |
|---|---|---|---|
| 8 | 355 / 106 | **IMØ** | Interrupt mode Ø : identical to 8080 |
| 8 | 355 / 126 | **IM1** | Interrupt mode 1 : CALL 70 |
| 8 | 355 / 136 | **IM2** | Interrupt mode 2 : CALL @ IV (Call interrupt routine at address found in address pointed by interrupt page register I and interrupt vector V provided by peripheral) |
| 4 | 373 | **ION** | Interrupt on (IFF1←1, IFF2←1) |
| 4 | 363 | **IOF** | Interrupt off (IFF1←Ø, IFF2←Ø) |
| [4] | 166 | **WAIT** | Wait for interrupt (Z80 executes NOPs to maintain refresh) |
| 4 | 0 | **NOP** | |

Interrupt : IFF1←Ø, IFF2←Ø

Non maskable interrupt : CALL 146, IFF1←Ø, IFF2 not modified

Reset : PC←Ø, IOF, IMØ, I←Ø, R←Ø

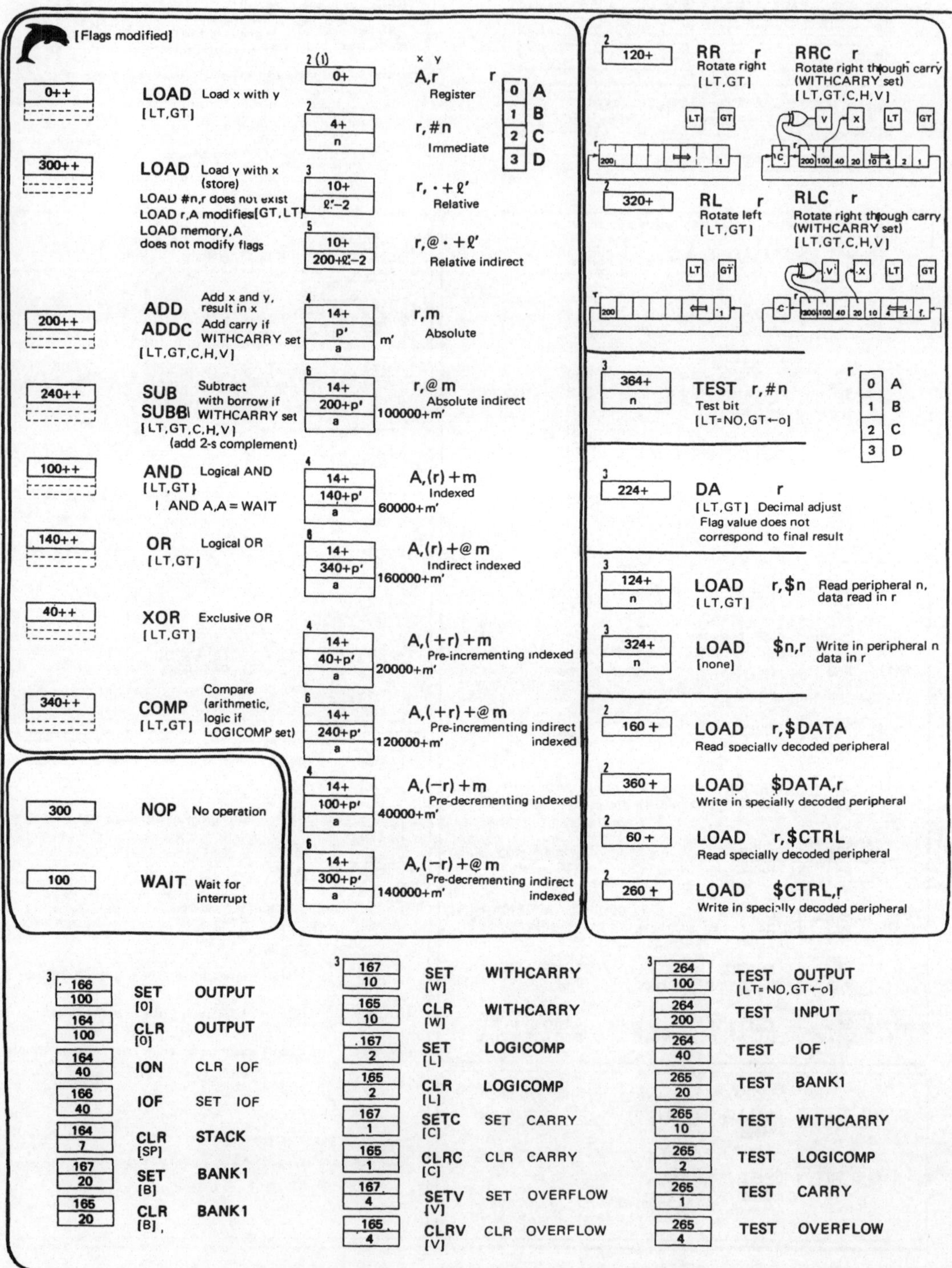

[Flags modified]
0++ LOAD Load x with y [LT,GT]
300++ LOAD Load y with x (store)
LOAD #n,r does not exist
LOAD r,A modifies [GT,LT]
LOAD memory,A does not modify flags
200++ ADD Add x and y, result in x
ADDC Add carry if WITHCARRY set
[LT,GT,C,H,V]
240++ SUB Subtract
SUBB with borrow if WITHCARRY set
[LT,GT,C,H,V]
(add 2-s complement)
100++ AND Logical AND [LT,GT]
! AND A,A = WAIT
140++ OR Logical OR [LT,GT]
40++ XOR Exclusive OR [LT,GT]
340++ COMP Compare (arithmetic, logic if LOGICOMP set) [LT,GT]
300 NOP No operation
100 WAIT Wait for interrupt
2 (1) 0+ x y A,r Register
r 0 A 1 B 2 C 3 D
2 4+ n r,#n Immediate
3 10+ ℓ'-2 r, · +ℓ' Relative
5 10+ 200+ℓ'-2 r,@ · +ℓ' Relative indirect
4 14+ p' a m' r,m Absolute
6 14+ 200+p' a 100000+m' r,@m Absolute indirect
4 14+ 140+p' a 60000+m' A,(r)+m Indexed
6 14+ 340+p' a 160000+m' A,(r)+@m Indirect indexed
4 14+ 40+p' a 20000+m' A,(+r)+m Pre-incrementing indexed
6 14+ 240+p' a 120000+m' A,(+r)+@m Pre-incrementing indirect indexed
4 14+ 100+p' a 40000+m' A,(−r)+m Pre-decrementing indexed
6 14+ 300+p' a 140000+m' A,(−r)+@m Pre-decrementing indirect indexed
2 120+ RR r Rotate right [LT,GT]
RRC r Rotate right though carry (WITHCARRY set) [LT,GT,C,H,V]
LT GT V X LT GT
C 200 100 40 20 10 4 2 1
2 320+ RL r Rotate left [LT,GT]
RLC r Rotate right though carry (WITHCARRY set) [LT,GT,C,H,V]
3 364+ n TEST r,#n Test bit [LT=NO,GT←o]
r 0 A 1 B 2 C 3 D
3 224+ DA r [LT,GT] Decimal adjust
Flag value does not correspond to final result
3 124+ n LOAD r,$n Read peripheral n, data read in r [LT,GT]
3 324+ n LOAD $n,r Write in peripheral n data in r [none]
2 160+ LOAD r,$DATA Read specially decoded peripheral
2 360+ LOAD $DATA,r Write in specially decoded peripheral
2 60+ LOAD r,$CTRL Read specially decoded peripheral
2 260+ LOAD $CTRL,r Write in specially decoded peripheral
3 166 100 SET OUTPUT [O]
164 100 CLR OUTPUT [O]
164 40 ION CLR IOF
166 40 IOF SET IOF
164 7 CLR STACK [SP]
167 20 SET BANK1 [B]
165 20 CLR BANK1 [B]
3 167 10 SET WITHCARRY [W]
165 10 CLR WITHCARRY [W]
167 2 SET LOGICOMP [L]
165 2 CLR LOGICOMP [L]
167 1 SETC SET CARRY [C]
165 1 CLRC CLR CARRY [C]
167 4 SETV SET OVERFLOW [V]
165 4 CLRV CLR OVERFLOW [V]
3 264 100 TEST OUTPUT [LT=NO,GT←o]
264 200 TEST INPUT
264 40 TEST IOF
265 20 TEST BANK1
265 10 TEST WITHCARRY
265 2 TEST LOGICOMP
265 1 TEST CARRY
265 4 TEST OVERFLOW

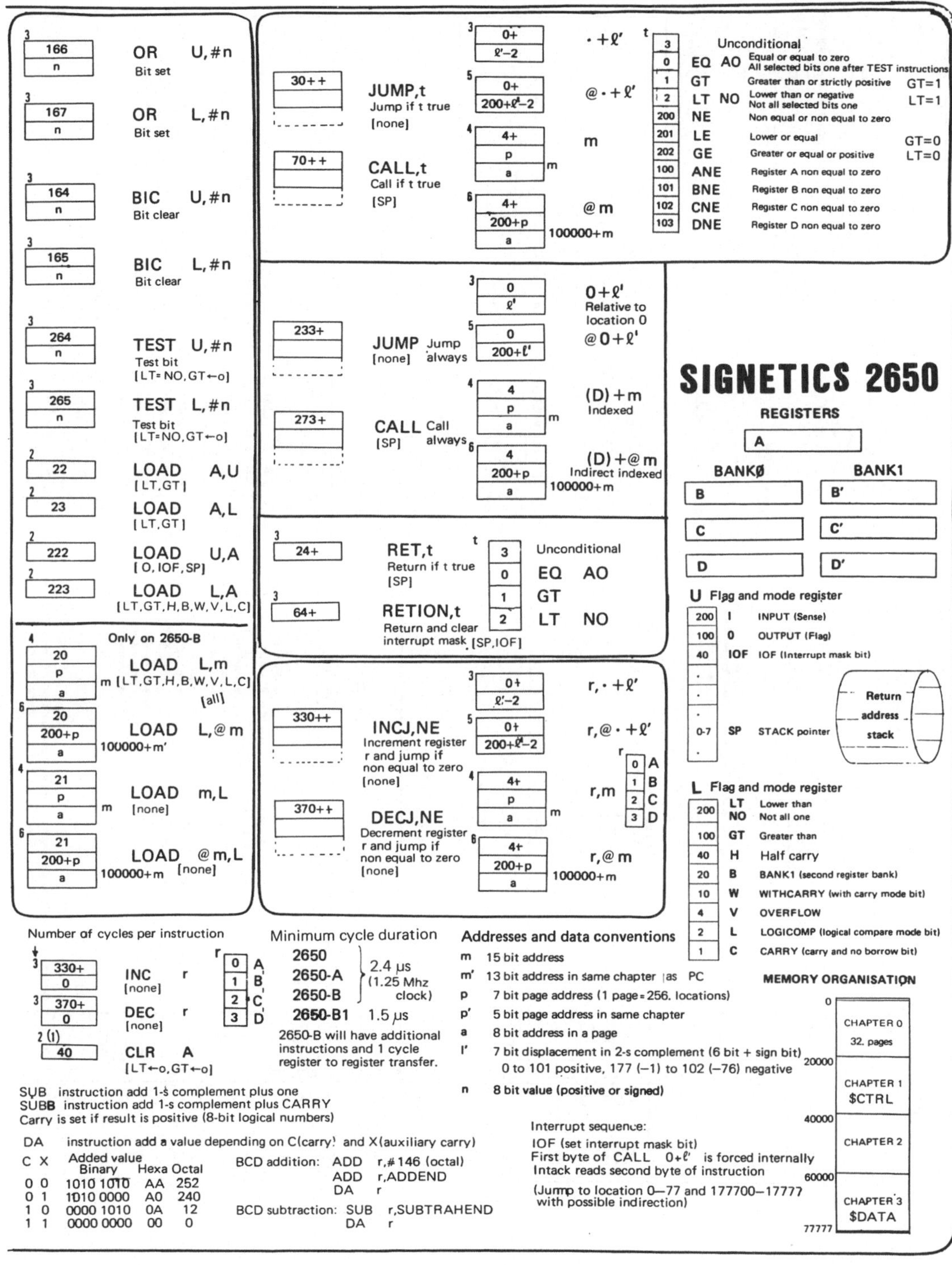

| Cycles | Code | Instruction | Operands | Description |
|---|---|---|---|---|
| 3 | 166 / n | OR | U,#n | Bit set |
| 3 | 167 / n | OR | L,#n | Bit set |
| 3 | 164 / n | BIC | U,#n | Bit clear |
| 3 | 165 / n | BIC | L,#n | Bit clear |
| 3 | 264 / n | TEST | U,#n | Test bit [LT=NO,GT←o] |
| 3 | 265 / n | TEST | L,#n | Test bit [LT=NO,GT←o] |
| 2 | 22 | LOAD | A,U | [LT,GT] |
| 2 | 23 | LOAD | A,L | [LT,GT] |
| 2 | 222 | LOAD | U,A | [O,IOF,SP] |
| 2 | 223 | LOAD | L,A | [LT,GT,H,B,W,V,L,C] |

Only on 2650-B

| Cycles | Code | Instruction | Operands | Description |
|---|---|---|---|---|
| 4 | 20 / p / a (m) | LOAD | L,m | [LT,GT,H,B,W,V,L,C] [all] |
| 6 | 20 / 200+p / a (100000+m') | LOAD | L,@m | |
| 4 | 21 / p / a (m) | LOAD | m,L | [none] |
| 6 | 21 / 200+p / a (100000+m) | LOAD | @m,L | [none] |

| Code | Instruction | Description |
|---|---|---|
| 30++ | JUMP,t | Jump if t true [none] |
| 70++ | CALL,t | Call if t true [SP] |

| Cycles | Address bytes | Mode |
|---|---|---|
| 3 | 0+ / ℓ'–2 | ·+ℓ' |
| 5 | 0+ / 200+ℓ'–2 | @·+ℓ' |
| 4 | 4+ / p / a (m) | m |
| 6 | 4+ / 200+p / a (100000+m) | @m |

| t |  |  | |
|---|---|---|---|
| 3 | Unconditional | | |
| 0 | EQ AO | Equal or equal to zero; All selected bits one after TEST instructions | |
| 1 | GT | Greater than or strictly positive | GT=1 |
| 2 | LT NO | Lower than or negative; Not all selected bits one | LT=1 |
| 200 | NE | Non equal or non equal to zero | |
| 201 | LE | Lower or equal | GT=0 |
| 202 | GE | Greater or equal or positive | LT=0 |
| 100 | ANE | Register A non equal to zero | |
| 101 | BNE | Register B non equal to zero | |
| 102 | CNE | Register C non equal to zero | |
| 103 | DNE | Register D non equal to zero | |

| Code | Instruction | Description |
|---|---|---|
| 233+ | JUMP | Jump always [none] |
| 273+ | CALL | Call always [SP] |

| Cycles | Address bytes | Mode |
|---|---|---|
| 3 | 0 / ℓ' | 0+ℓ' Relative to location 0 |
| 5 | 0 / 200+ℓ' | @0+ℓ' |
| 4 | 4 / p / a (m) | (D)+m Indexed |
| 6 | 4 / 200+p / a (100000+m) | (D)+@m Indirect indexed |

| Cycles | Code | Instruction | Description |
|---|---|---|---|
| 3 | 24+ | RET,t | Return if t true [SP] |
| 3 | 64+ | RETION,t | Return and clear interrupt mask [SP,IOF] |

| t |  |
|---|---|
| 3 | Unconditional |
| 0 | EQ AO |
| 1 | GT |
| 2 | LT NO |

| Code | Instruction | Description |
|---|---|---|
| 330++ | INCJ,NE | Increment register r and jump if non equal to zero [none] |
| 370++ | DECJ,NE | Decrement register r and jump if non equal to zero [none] |

| Cycles | Address bytes | Mode |
|---|---|---|
| 3 | 0+ / ℓ'–2 | r,·+ℓ' |
| 5 | 0+ / 200+ℓ'–2 | r,@·+ℓ' |
| 4 | 4+ / p / a (m) | r,m |
| 6 | 4+ / 200+p / a (100000+m) | r,@m |

r: 0 A, 1 B, 2 C, 3 D

# SIGNETICS 2650

**REGISTERS**

A

| BANKØ | BANK1 |
|---|---|
| B | B' |
| C | C' |
| D | D' |

**U** Flag and mode register

| | | |
|---|---|---|
| 200 | I | INPUT (Sense) |
| 100 | O | OUTPUT (Flag) |
| 40 | IOF | IOF (Interrupt mask bit) |
| 0-7 | SP | STACK pointer |

Return address stack

**L** Flag and mode register

| | | |
|---|---|---|
| 200 | LT NO | Lower than; Not all one |
| 100 | GT | Greater than |
| 40 | H | Half carry |
| 20 | B | BANK1 (second register bank) |
| 10 | W | WITHCARRY (with carry mode bit) |
| 4 | V | OVERFLOW |
| 2 | L | LOGICOMP (logical compare mode bit) |
| 1 | C | CARRY (carry and no borrow bit) |

Number of cycles per instruction

| Cycles | Code | Instruction | Operands |
|---|---|---|---|
| 3 | 330+ / 0 | INC | r [none] |
| 3 | 370+ / 0 | DEC | r [none] |
| 2 (1) | 40 | CLR | A [LT←o,GT←o] |

r: 0 A, 1 B, 2 C, 3 D

Minimum cycle duration

2650, 2650-A, 2650-B: 2.4 µs (1.25 Mhz clock)
2650-B1: 1.5 µs

2650-B will have additional instructions and 1 cycle register to register transfer.

Addresses and data conventions

- m 15 bit address
- m' 13 bit address in same chapter as PC
- p 7 bit page address (1 page = 256. locations)
- p' 5 bit page address in same chapter
- a 8 bit address in a page
- l' 7 bit displacement in 2-s complement (6 bit + sign bit) 0 to 101 positive, 177 (–1) to 102 (–76) negative
- n 8 bit value (positive or signed)

SUB instruction add 1-s complement plus one
SUBB instruction add 1-s complement plus CARRY
Carry is set if result is positive (8-bit logical numbers)

DA instruction add a value depending on C(carry) and X(auxiliary carry)

| C | X | Added value Binary | Hexa | Octal |
|---|---|---|---|---|
| 0 | 0 | 1010 1010 | AA | 252 |
| 0 | 1 | 1010 0000 | A0 | 240 |
| 1 | 0 | 0000 1010 | 0A | 12 |
| 1 | 1 | 0000 0000 | 00 | 0 |

BCD addition: ADD r,#146 (octal); ADD r,ADDEND; DA r
BCD subtraction: SUB r,SUBTRAHEND; DA r

Interrupt sequence:
IOF (set interrupt mask bit)
First byte of CALL 0+ℓ' is forced internally
Intack reads second byte of instruction
(Jump to location 0—77 and 177700—17777 with possible indirection)

**MEMORY ORGANISATION**

| Address | |
|---|---|
| 0 | CHAPTER 0 32. pages |
| 20000 | CHAPTER 1 $CTRL |
| 40000 | CHAPTER 2 |
| 60000 | CHAPTER 3 $DATA |
| 77777 | |

MINI AND MICROCOMPUTER LABORATORY
SWISS FEDERAL INSTITUTE OF TECHNOLOGY
OF LAUSANNE (LCD EPFL)

# MPU 6800B

## MICROPROCESSOR INSTRUCTIONS REFERENCE CARD (MNEMO-NICS)

Octal | High byte MSB – – – *m* – – – Low byte LSB

Δ tabulator
, comma
*n* 8-bit number
*m* 16-bit number

[S, Z, V ← Ø] shows which flags are updated (S, Z may change, V is cleared, other flags are not modified)

**REGISTER ORGANIZATION**

A (acc.) | B (acc.)
IX (index register)
SP (stack pointer)
PC (program counter)

F (flags): 1, 1, X, I, S, Z, V, C — carry, overflow, zero, sign (negative N), interrupt mask, auxiliary carry (half carry H)

Bottom memory assignmen
- INTERRUPT address — 177770
- High/Low TRAP address
- NMI address
- RESTART address — 177777

**Interrupt and NMI**
IOF,
CALL @ 177770 (INT)
CALL @ 177774 (NMI)
with general save on the stack (SP → stack: F Flags, B Acc B, A Acc A, IX High/Low Index, PC High/Low PC next instr)

| Original Mnemonics | | MPU cycles (≥ 1 µs/cycle) | Octal |  |  |  |
|---|---|---|---|---|---|---|
| LDAA(I) LDAA(D) LDAA(E) LDAA(X) LDAB(I) … LDX(I) … LDS(I) | 206 226 266 246 306 … 316 … 216 | 2 3 4 5 2 3 4 5 3 4 5 6 3 4 5 6 | 2 Ø 6** | LOAD$_\Delta$*d*, *s* | Load *d* with *s* [S, Z, V ← Ø] | *d*: Ø A, 100 B, 110 IX, Ø10 SP; *s*: Ø #*n* (for A, B) immediate, #*m* (for IX, SP); 20 *n* absolute short (page Ø, 8-bit address); 60 *m* absolute extended (16-bit address); 40 *n* (IX) + *n* indexed (positive 8-bit displacement) |
| STAA(D) STAA(E) STAA(X) STAB(D) … STX(D) … STS(D) | 227 267 247 327 … 337 … 237 | 4 5 6 4 5 6 5 6 7 5 6 7 | 2 Ø 7** | LOAD$_\Delta$*d*, *s* | Load *d* with *s* [S, Z, V ← Ø] | *d*: 20 *n'* *n* absolute short (page Ø, 8-bit addr); 60 *m* absolute extended (16-bit address); 40 *n* (IX) + *n* indexed (positive 8-bit displacement); *s*: Ø A, 100 B, 110 IX, Ø10 SP |
| TAB | Ø26 | 2 | Ø 2 6 | LOAD$_\Delta$B, A | Load B with A [S, Z, V ← Ø] | |
| TBA | Ø27 | 2 | Ø 2 7 | LOAD$_\Delta$A, B | Load A with B [S, Z, V ← Ø] | |
| TAP | ØØ6 | 2 | Ø Ø 6 | LOAD$_\Delta$F, A | Load status reg F with A [XISZVC] | |
| TPA | ØØ7 | 2 | Ø Ø 7 | LOAD$_\Delta$A, F | Load A with status reg F | |
| ADDA(I) ADDA(D) ADDA(E) ADDA(X) ADDB(I) | 213 233 273 253 313 | 2 3 4 5 2 | 2 1 3** | ADD$_\Delta$*d*, *s* | Add *d* with *s*, result in *d* [XSZVC] (*d* ← *d* + *s*) | *d*: Ø A, 100 B |
| ADCA(I) ADCB(I) | 211 311 | 2 2 | 2 1 1** | ADDC$_\Delta$*d*, *s* | Add with carry (XSZVC) [XSZVC] (*d* ← *d* + *s* + C) | |
| SUBA(I) SUBB(I) | 200 300 | 2 2 | 2 Ø Ø** | SUB$_\Delta$*d*, *s* | Subtract [SZVC] (*d* ← *d* − *s*) | *s*: Ø *n* #*n* (for A, B) immediate, #*m* (for IX) |
| SBCA(I) SBCB(I) | 202 302 | 2 2 | 2 Ø 2** | SUBC$_\Delta$*d*, *s* | Subtract with carry [SZVC] (*d* ← *d* − *s* − C) | |
| ANDA(I) ANDB(I) | 204 304 | 2 2 | 2 Ø 4** | AND$_\Delta$*d*, *s* | Logical AND (*d* ← *d* ∧ *s*) [S, Z, V ← Ø] | 20 *n* absolute short (page Ø, 8-bit address) |
| ORA(I) ORB(I) | 212 312 | 2 2 | 2 1 2** | OR$_\Delta$*d*, *s* | Logical OR (*d* ← *d* ∨ *s*) [S, Z, V ← Ø] | 60 *m* absolute extended (16-bit address) |
| EORA(I) EORB(I) | 210 310 | 2 2 | 2 1 Ø** | XOR$_\Delta$*d*, *s* | Exclusive OR (*d* ← *d* ⊕ *s*) [S, Z, V ← Ø] | 40 *n* (IX) + *n* indexed (positive 8-bit displacement) |
| BITA(I) BITB(I) | 205 305 | 2 2 | 2 Ø 5** | BIT$_\Delta$*d*, *s* | Bit test (*d* ∧ *s*) [S, Z, V ← Ø] | |
| CMPA(I) CMPB(I) | 201 301 | 2 2 | 2 Ø 1** | COMP$_\Delta$*d*, *s* | Compare (*d* − *s*) [SZVC] | |
| CPX(I) | 214 | 3 4 5 6 | 2 1 4** | COMP$_\Delta$IX, *s* | Compare Index reg with *s* for equality (IX − *s*) [SZV] (S, V updated by high byte operation only) | |

| Original Mnemonics | | Cycles | Octal | Mnemonic | Description |
|---|---|---|---|---|---|
| TSX | Ø6Ø | 4 | Ø 6 Ø | INC$_\Delta$IX, SP | Load IX with SP and increment IX |
| TXS | Ø65 | 4 | Ø 6 5 | DEC$_\Delta$SP, IX | Load SP with IX and decrement SP |
| PSRA PSRB | Ø66 Ø67 | 4 4 | Ø 6 6* | PUSH$_\Delta$*d* | Save *d* on stack (*d*: Ø A, 1 B) |
| PULA PULB | Ø62 Ø63 | 4 4 | Ø 6 2* | POP$_\Delta$*d* | Restore *d* from stack |
| SEC | Ø15 | 2 | Ø 1 5 | SETC | Set carry bit (C ← 1) |
| CLC | Ø14 | 2 | Ø 1 4 | CLRC | Clear carry bit (C ← Ø) |
| SEV | Ø13 | 2 | Ø 1 3 | SETV | Set overflow bit (V ← 1) |
| CLV | Ø12 | 2 | Ø 1 2 | CLRV | Clear overflow bit (V ← Ø) |
| BCS | Ø45 | 4 | Ø 4 5 / *n'* − 2 | JUMP, CS$_\Delta$.+*n'* | Jump if carry set (C = 1) |
| BCC | Ø44 | 4 | Ø 4 4 / *n'* − 2 | JUMP, CC$_\Delta$.+*n'* | Jump if carry clear (C = Ø) (jump if higher or equal*) |
| BMI | Ø53 | 4 | Ø 5 3 / *n'* − 2 | JUMP, MI$_\Delta$.+*n'* / JUMP, SS$_\Delta$.+*n'* | Jump if minus (S = 1) (jump if sign bit set) |
| BPL | Ø52 | 4 | Ø 5 2 / *n'* − 2 | JUMP, PL$_\Delta$.+*n'* / JUMP, SC$_\Delta$.+*n'* | Jump if plus (S = Ø) (jump if sign bit clear) |
| BEQ | Ø47 | 4 | Ø 4 7 / *n'* − 2 | JUMP, EQ$_\Delta$.+*n'* / JUMP, ZS$_\Delta$.+*n'* | Jump if equal (Z = 1) (jump if zero bit set) |
| BNE | Ø46 | 4 | Ø 4 6 / *n'* − 2 | JUMP, NE$_\Delta$.+*n'* / JUMP, ZC$_\Delta$.+*n'* | Jump if not equal zero (Z = Ø) (jump if zero bit clear) |
| BVS | Ø51 | 4 | Ø 5 1 / *n'* − 2 | JUMP, VS$_\Delta$.+*n'* | Jump if overflow set (V = 1) |

*n'* is a 2s-complement displacement (− 176 to + 2Ø1) relative to PC (in assembly language, . + *n'* is always replaced by a symbolic address)

| 6800 | Code | Bytes | SMILE Code | SMILE | Description | d |
|---|---|---|---|---|---|---|
| ABA | Ø33 | 2 | Ø 3 3 | ADD△A,B | Add A and B (A ← A + B) [XSZVC] | |
| SBA | Ø2Ø | 2 | Ø 2 Ø | SUB△A,B | Subtract A and B (A ← A − B) [SZVC] | |
| CBA | Ø21 | 2 | Ø 2 1 | COMP△A,B | Compare A and B (A − B) [SZVC] | |
| DAA | Ø31 | 2 | Ø 3 1 | DAA△A (DAA) | Decimal adjust after Add the Acc A [SZVC] | |
| INX | Ø1Ø | 2 | Ø 1 Ø | INC△IX | Increment Index reg [Z] | |
| DEX | Ø11 | 2 | Ø 1 1 | DEC△IX | Decrement index reg. [Z] | |
| INS | Ø61 | 2 | Ø 6 1 | INC△SP | Increment Stack pointer | |
| DES | Ø64 | 2 | Ø 6 4 | DEC△SP | Decrement Stack pointer | |
| INCA, INCB, INC(E), INC(I) | 114 | 2 2 6 7 | 1 1 4⁺ | INC△*d* | Increment [SZV] | *d*: Ø A; 2Ø B |
| DECA . | 112 | 2 2 6 7 | 1 1 2⁺ | DEC△*d* | Decrement [SZV] | 6Ø / *m*: *m* absolute extended (16-bit address) |
| CLRA . | 117 | 2 2 6 7 | 1 1 7⁺ | CLR△*d* | Clear *d* [S ← Ø, Z ← 1, V ← Ø, C ← Ø] | 4Ø / *n*: (IX) + *n* indexed (positive 8-bit displacement) |
| COMA . | 1Ø3 | 2 2 6 7 | 1 Ø 3⁺ | CPL△*d* | Complement to 1 [SZ, V ← Ø, C ← Ø] | |
| NEGA . | 1ØØ | 2 2 6 7 | 1 Ø Ø⁺ | NEG△*d* | Negate, complement to 2 [SZ, C ← 1 if *d* ≠ Ø, V = 1 if *d* = 2ØØ₈] | |
| ROLA . | 111 | 2 2 6 7 | 1 1 1⁺ | RLC△*d* | Rotate left with carry [SZC, V ← S ⊕ C] | |
| RORA . | 1Ø6 | 2 2 6 7 | 1 Ø 6⁺ | RRC△*d* | Rotate right with carry [SZC, V ← S ⊕ C] | |
| ASL . | 11Ø | 2 2 6 7 | 1 1 Ø⁺ | SLC△*d* (ASL△*d*) | Shift left with carry [SZC, V ← S ⊕ C] | |
| LSR . | 1Ø4 | 2 2 6 7 | 1 Ø 4⁺ | SRC△*d* (LSR△*d*) | Shift right with carry [ZC, S ← Ø, V ← Ø] | |
| ASR . | 1Ø7 | 2 2 6 7 | 1 Ø 7⁺ | ASR△*d* | Arithmetic shift right [SZC, V ← S ⊕ C] | |
| TST . | 115 | 2 2 6 7 | 1 1 5⁺ | TEST△*d* | Test *d* (load S and Z according to *d*) [SZ, C ← Ø, V ← Ø] | |

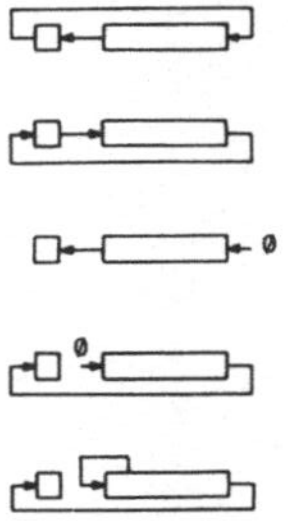

May 1975, revised March 1976

| 6800 | Code | Bytes | SMILE Code | SMILE | Description |
|---|---|---|---|---|---|
| BVC | Ø5Ø | 4 | Ø 5 Ø / *n'* − 2 | JUMP, VC△.+*n'* | Jump if overflow clear (V = Ø) |
| BLS | Ø43 | 4 | Ø 4 3 / *n'* − 2 | JUMP, LS△.+*n'* | Jump if lower or same* (C v Z = 1) |
| BHI | Ø42 | 4 | Ø 4 2 / *n'* − 2 | JUMP, HI△.+*n'* | Jump if higher* (C v Z = Ø) |
| BGT | Ø56 | 4 | Ø 5 6 / *n'* − 2 | JUMP, GT△.+*n'* | Jump if greater** (Z v (S ⊕ V) = Ø) |
| BGE | Ø54 | 4 | Ø 5 4 / *n'* − 2 | JUMP, GE△.+*n'* | Jump if greater or equal** (S ⊕ V = Ø) |
| BLE | Ø57 | 4 | Ø 5 7 / *n'* − 2 | JUMP, LE△.+*n'* | Jump if lower or equal** (Z v (S ⊕ V) = 1) |
| BLT | Ø55 | 4 | Ø 5 5 / *n'* − 2 | JUMP, LT△.+*n'* | Jump if lower than zero** (S ⊕ V = 1) |
| JMP(E), BRA, JMP(I) | 176, 4Ø, 156 | 3, 4, 4 | Ø Ø Ø⁺ | JUMP△*d* | Jump unconditional to *d* |
| JSR(E), BSR, JSR(I) | 275, 215, 255 | 9, 8, 8 | Ø Ø Ø⁺ | CALL△*d* | Call subroutine at *d* (PC on stack) |
| RTS | Ø71 | 5 | Ø 7 1 | RET | Return from subroutine (PC from stack) |
| RTI | Ø73 | 10 | Ø 7 3 | RTI | Return from interrupt (F, B, A, IX, PC from stack) |
| SWI | Ø77 | 12 | Ø 7 7 | TRAP | Software interrupt (JUMP @ 177772) (PC, IX, A, B, F on stack, I ← 1) |
| WAI | Ø76 | 9 | Ø 7 6 | WAIT | Wait for interrupt (halt) (no DMA, registers already on stack) |
| CLI | Ø16 | 2 | Ø 1 6 | ION | Interrupt ON [I ← Ø] |
| SEI | Ø17 | 2 | Ø 1 7 | IOF | Interrupt OFF [I ← 1] |
| NOP | ØØ2 | 2 | Ø Ø 2 | NOP | No operation |

*d* for JUMP:
- 176 / *m*: *m* absolute extended (16 bit address)
- 4Ø / *n'*−2: . + *n'* relative to PC
- 156 / *n*: (IX) + *n* indexed (positive 8 bits displacement)

*d* for CALL:
- 275 / *m*: *m* absolute extended (16 bits address)
- 215 / *n'*−2: . + *n'* relative to PC
- 255 / *n*: (IX) + *n* indexed (positive 8-bit displacement)

*positive 8-bits numbers after COMP or SUB instruction

**2s-complement 8-bits numbers (7-bits + sign) after COMP or SUB instruction

⊕ exclusive or

v or

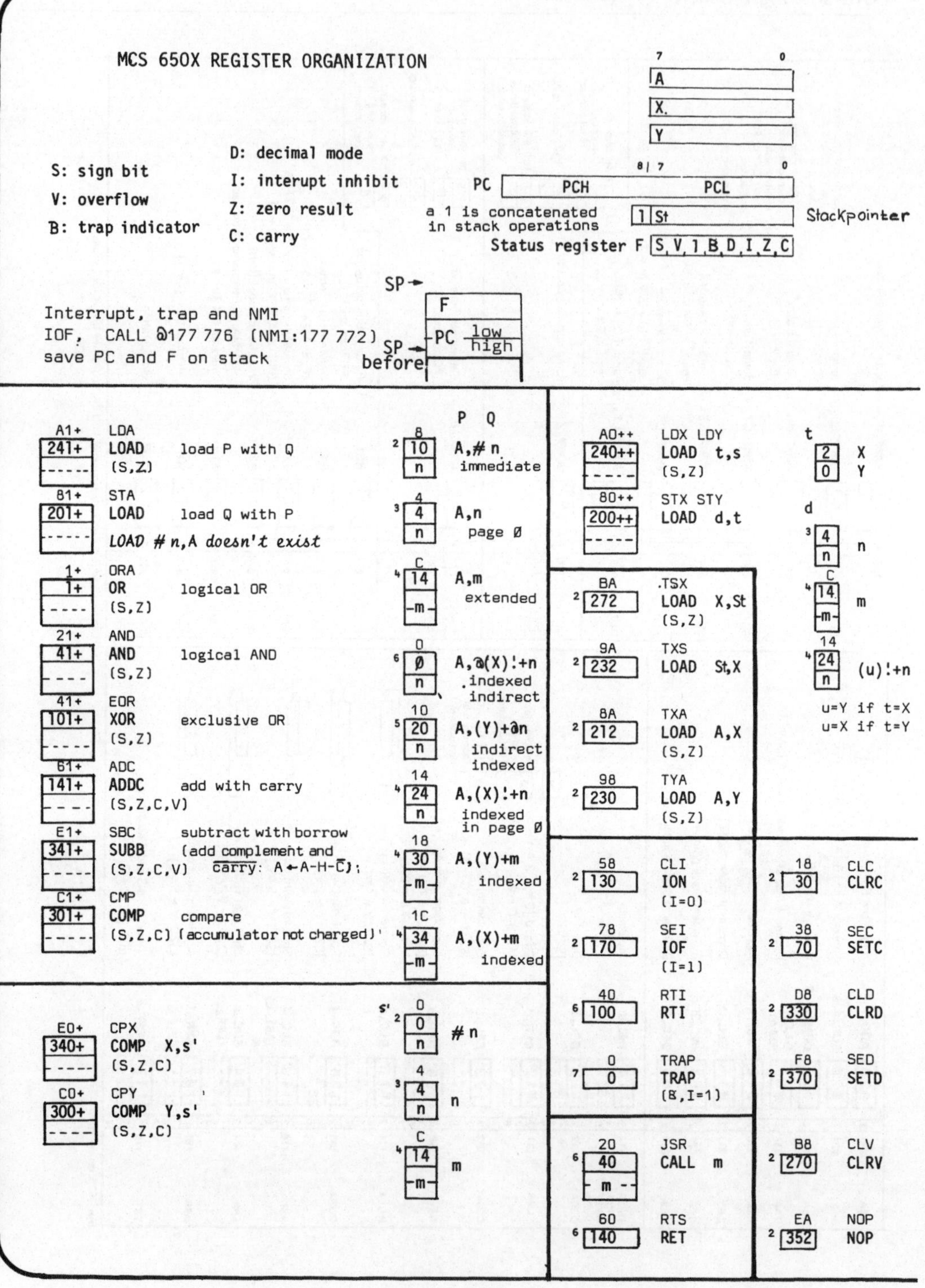

MCS 650X REGISTER ORGANIZATION
7 0
A
X
Y
S: sign bit
V: overflow
B: trap indicator
D: decimal mode
I: interupt inhibit
Z: zero result
C: carry
8 | 7 0
PC PCH PCL
a 1 is concatenated in stack operations
1 St
Stackpointer
Status register F S,V,1,B,D,I,Z,C
SP
F
PC low high
SP before
Interrupt, trap and NMI
IOF, CALL @177 776 (NMI:177 772)
save PC and F on stack
P Q
A1+ LDA 241+ LOAD load P with Q (S,Z)
81+ STA 201+ LOAD load Q with P
LOAD # n,A doesn't exist
1+ ORA 1+ OR logical OR (S,Z)
21+ AND 41+ AND logical AND (S,Z)
41+ EOR 101+ XOR exclusive OR (S,Z)
61+ ADC 141+ ADDC add with carry (S,Z,C,V)
E1+ SBC 341+ SUBB subtract with borrow (add complement and carry: A ← A-H-C̄); (S,Z,C,V)
C1+ CMP 301+ COMP compare (S,Z,C) (accumulator not charged)
8 2 10 n A,# n immediate
4 3 4 n A,n page Ø
C 4 14 m A,m extended
0 6 Ø n A,@(X)!+n indexed indirect
10 5 20 n A,(Y)+@n indirect indexed
14 4 24 n A,(X)!+n indexed in page Ø
18 4 30 m A,(Y)+m indexed
1C 4 34 m A,(X)+m indexed
E0+ CPX 340+ COMP X,s' (S,Z,C)
C0+ CPY 300+ COMP Y,s' (S,Z,C)
s' 0 2 0 n # n
4 3 4 n n
C 4 14 m m
A0++ LDX LDY 240++ LOAD t,s (S,Z)
80++ STX STY 200++ LOAD d,t
t 2 X 0 Y
d 3 4 n n
C 4 14 m m
14 4 24 n (u)!+n
u=Y if t=X
u=X if t=Y
BA 2 272 TSX LOAD X,St (S,Z)
9A 2 232 TXS LOAD St,X
8A 2 212 TXA LOAD A,X (S,Z)
98 2 230 TYA LOAD A,Y (S,Z)
58 2 130 CLI ION (I=0)
78 2 170 SEI IOF (I=1)
40 6 100 RTI RTI
0 7 0 TRAP TRAP (B,I=1)
20 6 40 m JSR CALL m
60 6 140 RTS RET
18 2 30 CLC CLRC
38 2 70 SEC SETC
D8 2 330 CLD CLRD
F8 2 370 SED SETD
B8 2 270 CLV CLRV
EA 2 352 NOP NOP

# Common Assembly Language for Microprocessors REFERENCE CARD

16-BIT WORD STORAGE

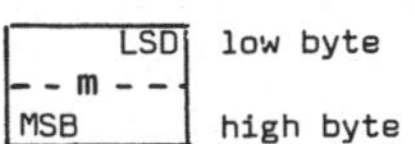


| | | | |
|---|---|---|---|
| FFFA | NMI | low | 177 772 |
| FFFB | | high | 177 773 |
| FFFC | RESET | low | 177 774 |
| FFFD | | high | 177 775 |
| FFFE | INT TRAP | low | 177 776 |
| FFFF | | high | 177 777 |

NOTATIONS:

n: 8-bit number

n': 8-bit arithmetic number

m: 16-bit number

(X): contents of X

( ): modified flags

# MCS 650X

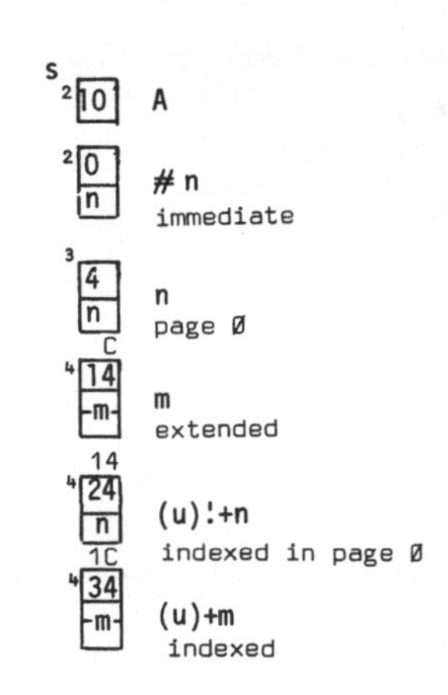


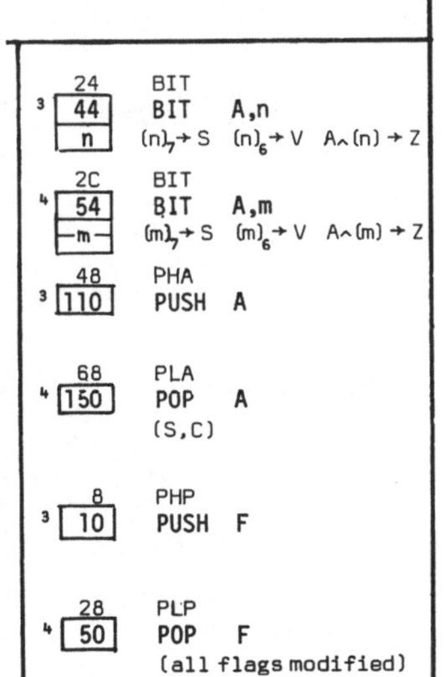


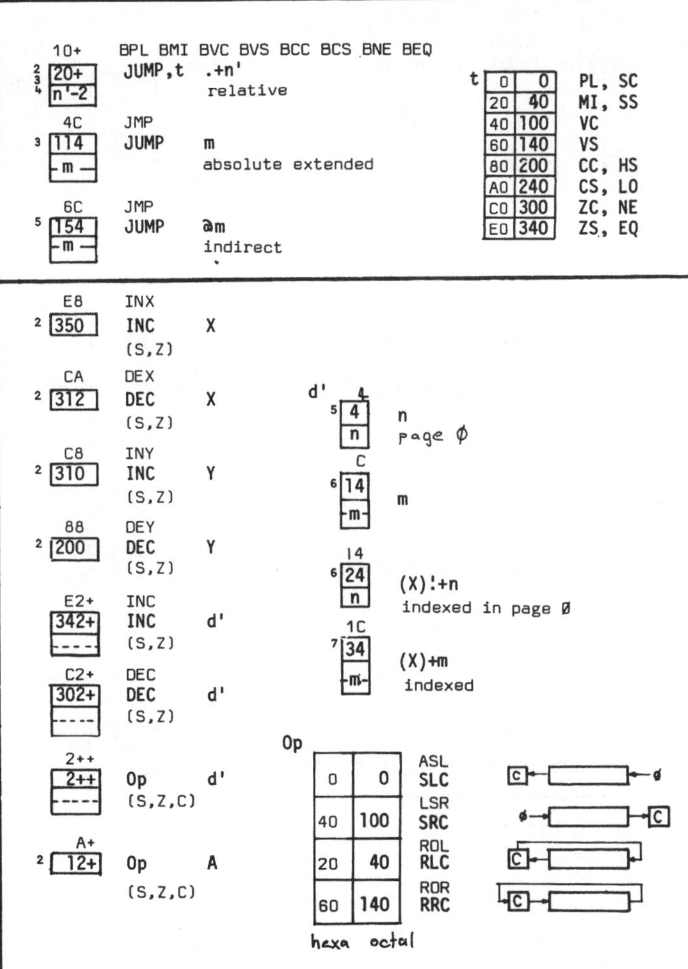

# Common Assembly Language for Microprocessors REFERENCE CARD

| Code | Instruction | Operand | Remarks |
|---|---|---|---|
| 370 / n | LOAD | A,# n | |
| 200+ | LOAD | A,Li | |
| 220+ | LOAD | A,Hi | |
| 0+ | LOAD | A,(HLi) | (LOAD A,(HLØ) = WAIT !) |
| 100+ | LOAD | A,(HLi+) | |
| 360 | LOAD | A,(HLX) | |
| 162 | LOAD | A,(HLX+) | |
| 240+ | LOAD | Li,A | |
| 260+ | LOAD | Hi,A | |
| 120+ | LOAD | (HLi),A | |
| 163 | LOAD | (HLX-),A | |
| 320+ | LOAD | P,# i | HLi becomes the program counter |
| 340+ | LOAD | X,# i | HLi will be used as preferred index register |
| 40+ | DEC | HLi | |
| 20+ | INC | HLi | |
| 140 | INC | HLX | |

i: Ø … Ø; … ; 17 … 17 (F)

HLX is the HL register pointed by X

| | |
|---|---|
| n | 8 bit number |
| m | 16 bit address |
| i | 4 bit number |
| j | 3 bit number ≠ Ø |

| Code | Instruction | Operand | Remarks |
|---|---|---|---|
| 364+ | ADD (C) | A,s | Add |
| 164+ | ADDC (C) | A,s | Add with carry |
| 367 | SUB (C) | A,s | Add complement plus one A← A-s = A+s"+1 |
| 167 | SUBB (C) | A,s | Add complement plus carry A← s+A"+C |
| 365 | ISUB (C) | A,s | Inverted SUB: A ← s-A = s+A"+1 |
| 165 | ISUBB (C) | A,s | Inverted SUBB: A← A+s"+C |
| 362 | AND | A,s | |
| 361 | OR | A,s | |
| 363 | XOR | A,s | |

s: 0 — (HLX); 10 / n — # n

A" is the 1-s complement (invert) of A

| Code | Instruction | Operand | Remarks |
|---|---|---|---|
| 366 | SRC (C) | A | Ø → A → C |
| 166 | RRC (C) | A | A → C (rotated back) |
| 376 | SLC (C) | A | C ← A ← Ø |
| 176 | RLC (C) | A | C ← A (rotated back) |

| Code | Instruction | Operand | Remarks |
|---|---|---|---|
| 140+ | OUT | $j, (HLX+) | |
| 150+ | INP | (HLX),$j | |
| 173 | SET | Q | Sets Q flag |
| 172 | CLR | Q | Clears the flag |

| j | $N_2$ | $N_1$ | $N_0$ |
|---|---|---|---|
| 1 | 0 | 0 | 1 |
| 2 | 0 | 1 | 0 |
| 3 | 0 | 1 | 1 |
| 4 | 1 | 0 | 0 |
| 5 | 1 | 0 | 1 |
| 6 | 1 | 1 | 0 |
| 7 | 1 | 1 | 1 |

# RCA 1802 COSMAC

| Code | Instruction | t | Condition |
|---|---|---|---|
| 60+ / n | JUMP,t !n (same page) | 0 | Unconditional |
| | | 2 | AEQ if A=Ø |
| | | 12 | ANE if A≠Ø |
| | | 13 | CC if carry clear |
| 300+ / HIGH m LOW | JUMP,t m | 3 | CS if carry set |
| | | 11 | QC if flag Q clear |
| | | 1 | QS if flag Q set |

| Code | Instruction | t' | Condition |
|---|---|---|---|
| 60+ / n | JUMP,t' !n | 4 | 1S if input F1 set |
| | | 5 | 2S |
| | | 6 | 3S |
| | | 7 | 4S |
| | | 14 | 1C if input F1 clear |
| | | 15 | 2C |
| | | 16 | 3C |
| | | 17 | 4C |

| Code | Instruction |
|---|---|
| 70 | SKIP<br>Skip next byte |

| Code | Instruction | t | Condition |
|---|---|---|---|
| 300+ | LSKIP,t (Long skip) Skip next 2 bytes | 10 | Unconditional |
| | | 16 | AEQ if A=Ø |
| | | 6 | ANE if A≠Ø |
| | | 17 | CS if carry set |
| | | 7 | CC if carry clear |
| | | 15 | QS if flag Q set |
| | | 5 | QC if flag Q clear |
| | | 14 | ION if interrupt on |

| Code | Instruction |
|---|---|
| 0 | WAIT |
| 304 | NOP |

## REGISTER ORGANISATION

C | A — Accumulator; C = Carry

Register bank (16 x 16)

| | |
|---|---|
| HØ | LØ |
| H1 | L1 |
| ... | ... |
| H16 (HE) | L16 (LE) |
| H17 (HF) | L17 (LF) |

☐ ION

☐ Q (output)

P — PC pointer

X — Data pointer

T — Temporary save register

HLØ DMA pointer<br>PC after RESET

HL1 PC after interrupt

HL2 preferred index register after interrupt

RESET: ION<br>P = Ø HLØ = Ø (PC)<br>Q = Ø

INTERRUPT: IOF<br>T ← XP<br>P = 1<br>X = 2

| Code | Instruction |
|---|---|
| 170 | LOAD (HLX),T saves T after interrupt |
| 171 | MARK special save for routines {LOAD (HL2-),XP; LOAD T,XP; LOAD X,P} |
| 161 | RETIOF {LOAD XP,(HLX+); IOF} |
| 160 | RETION {LOAD XP,(HLX+); ION} |

| States | Code | Mnemonic | Description |
|---|---|---|---|
| 6+ | 100+ | LOAD | Load X with Y |
| 6+ | 110+ | LOAD | Load Y with X |
| | | LOAD | B,A does not exist |
| | | LOAD | # n,A does not exist |
| 6+ | 120+ | AND | Logical AND X,Y |
| 6+ | 130+ | OR | Logical OR |
| 6+ | 140+ | XOR | Exclusive OR |
| 7+ | 160+ | ADDC [C,V] | Add with carry |
| 8+ | 170+ | SUBB [C,V] | Subtract with borrow (Add's 1's complement plus carry) |
| 11+ | 150+ | DADDC [C] | BCD addition with carry |

| States | Code (byte 1 / byte 2) | X,Y |
|---|---|---|
| +0 | 0 | A,B |
| +4 | 204 / n' | A, # n' |
| +12 | 200 / n' | A,.+n'+1 relative |
| +12 | 200 / 200 | A,.+(B)+1 |
| +12 | 200+i / n' | A,(HLi)+n' indexed |
| +12 | 200+i / 200 | A,(HLi)+(B) |
| +12 | 204+i / n' | A,(HLi!n') 1) |
| +12 | 204+i / 200 | A,(HLi!B) 1) |

| i | |
|---|---|
| 1 | HL1 |
| 2 | HL2 |
| 3 | HL3 |

! 12-bit address calculation

1) pre-decrementing (n'<Ø) or (B<Ø)
post-incrementing (n'≥Ø) or (B≥Ø)

[ ] Flags modified

| States | Code | Mnemonic | Description |
|---|---|---|---|
| 22 | 250+ | INCLOAD A,d | Increment d and load result into A |
| 22 | 270+ | DECLOAD A,d | Decrement d and load result into A |

| d | |
|---|---|
| Ø / n' | .+n' |
| i / n' | (HLi)+n' |

| i | |
|---|---|
| 1 | HL1 |
| 2 | HL2 |
| 3 | HL3 |

| States | Code | Mnemonic | Description |
|---|---|---|---|
| 11 | 220+ | JUMP d | Unconditional |
| 11 9 | 230+ | JUMP,AEQ d | if A equal to zero |
| 11 9 | 234+ | JUMP,ANE d | if A non equal to zero |
| 11 9 | 224+ | JUMP,AGE d | if A greater or equal to zero |

11 states if condition satisfied

| d | |
|---|---|
| Ø / n' | .+n'+2 |
| i / n' | (HLi)+n'+1 |

| i | |
|---|---|
| 1 | HL1 |
| 2 | HL2 |
| 3 | HL3 |

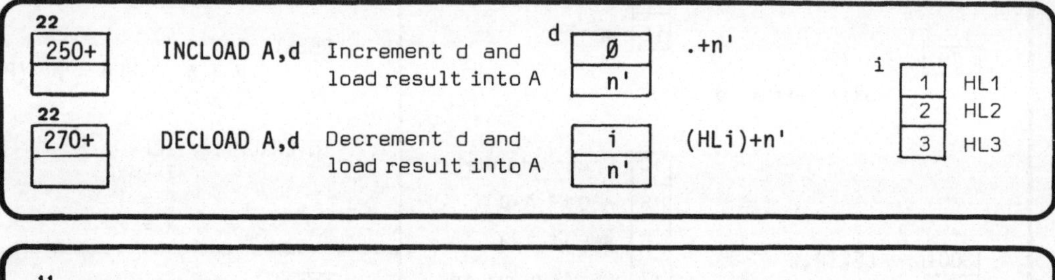

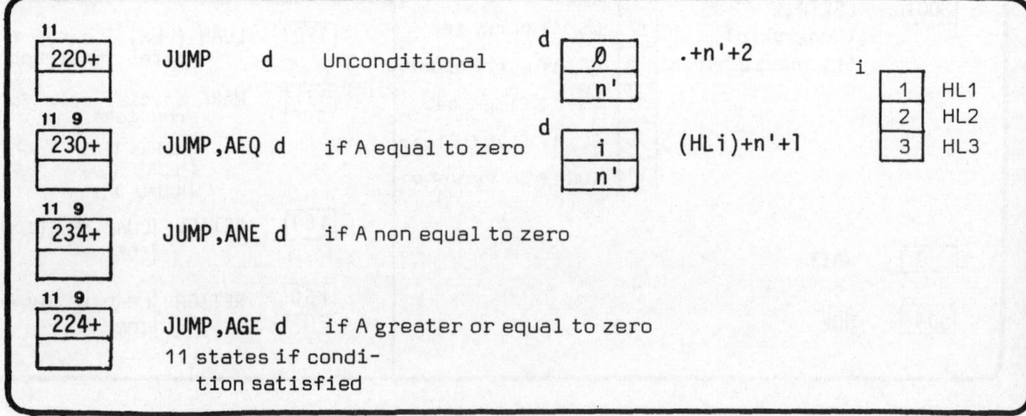

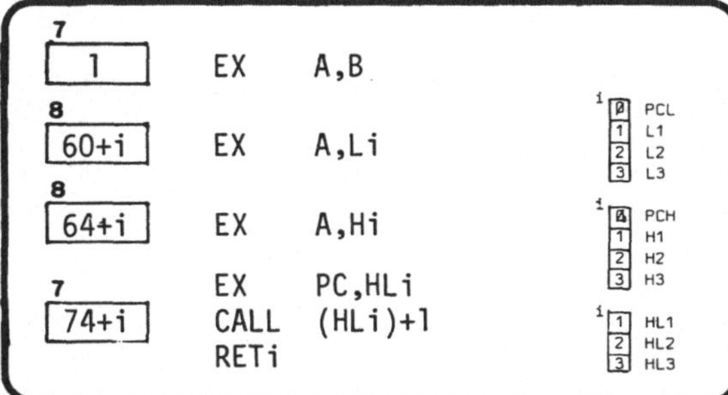

| Cycles | Code | Instruction | Operand |
|---|---|---|---|
| 7 | 1 | EX | A,B |
| 8 | 60+i | EX | A,Li |
| 8 | 64+i | EX | A,Hi |
| 7 | 74+i | EX<br>CALL<br>RETi | PC,HLi<br>(HLi)+1 |

| i | Li |
|---|---|
| Ø | PCL |
| 1 | L1 |
| 2 | L2 |
| 3 | L3 |

| i | Hi |
|---|---|
| Ø | PCH |
| 1 | H1 |
| 2 | H2 |
| 3 | H3 |

| i | HLi |
|---|---|
| 1 | HL1 |
| 2 | HL2 |
| 3 | HL3 |

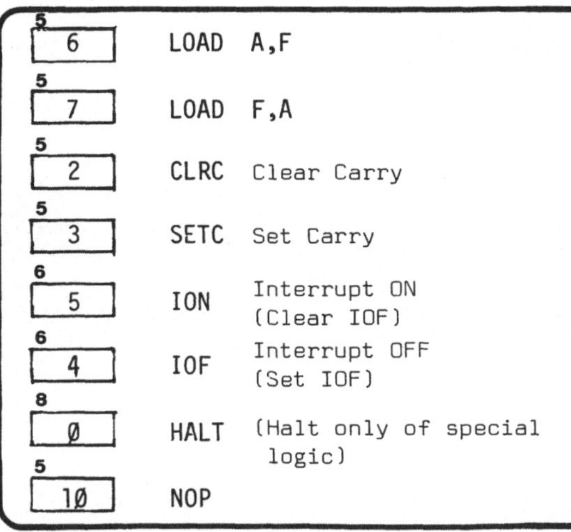

| Cycles | Code | Instruction | Operand / Description |
|---|---|---|---|
| 5 | 6 | LOAD | A,F |
| 5 | 7 | LOAD | F,A |
| 5 | 2 | CLRC | Clear Carry |
| 5 | 3 | SETC | Set Carry |
| 6 | 5 | ION | Interrupt ON (Clear IOF) |
| 6 | 4 | IOF | Interrupt OFF (Set IOF) |
| 8 | Ø | HALT | (Halt only of special logic) |
| 5 | 1Ø | NOP | |

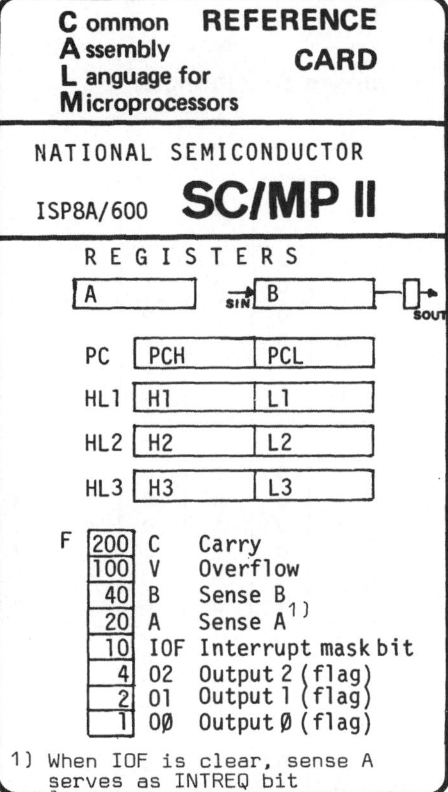

**C** ommon **A** ssembly **L** anguage for **M** icroprocessors

**REFERENCE CARD**

NATIONAL SEMICONDUCTOR

ISP8A/600 **SC/MP II**

R E G I S T E R S



| F | | |
|---|---|---|
| 200 | C | Carry |
| 100 | V | Overflow |
| 40 | B | Sense B |
| 20 | A | Sense A[1)] |
| 10 | IOF | Interrupt mask bit |
| 4 | 02 | Output 2 (flag) |
| 2 | 01 | Output 1 (flag) |
| 1 | 0Ø | Output Ø (flag) |

1) When IOF is clear, sense A serves as INTREQ bit

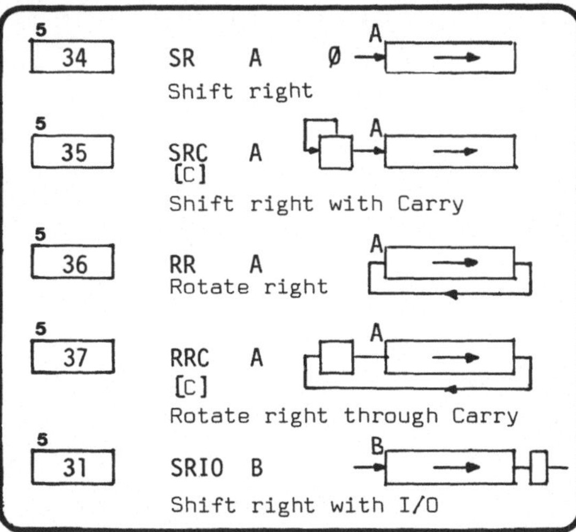

| Cycles | Code | Instruction | Operand |
|---|---|---|---|
| 5 | 34 | SR<br>Shift right | A |
| 5 | 35 | SRC [C]<br>Shift right with Carry | A |
| 5 | 36 | RR<br>Rotate right | A |
| 5 | 37 | RRC [C]<br>Rotate right through Carry | A |
| 5 | 31 | SRIO<br>Shift right with I/O | B |



C O N V E N T I O N S

(HLi) Address pointed by HLi contents

(PC), address of first byte of the instruction

n' 8-bit signed displacement
Ø to 177 positive
377 (-1) to 201 (-177) negative

Execution time in microcycle (4 times clock period)

1 microcycle = 1 μs at maximum speed (4 MHz)

| Δ | | |
|---|---|---|
| 217<br>n | DELAY n | $\Delta = 13 + 2\cdot(A) + 514\cdot n$ microcycles<br>$\begin{cases} n = (\Delta-13)/514 \text{ modulo } 400 \\ A = ((\Delta-13)-514\cdot n)/2 \end{cases}$ |

## Lösungen der Übungen

### Zu 2.3.5

Wahrheitstabelle:

| $2^{11}$ | $2^{10}$ | $2^9$ | $2^8$ | a | $2^7$ | b | ADPER |
|---|---|---|---|---|---|---|---|
| 0 | 0 | 0 | 0 | 1 | 0 | 1 | 0 |
| 0 | 0 | 0 | 0 | 1 | 1 | 0 | 1 |
| 0 | 0 | 0 | 1 | 0 | 0 | 1 | 0 |
| 0 | 0 | 0 | 1 | 0 | 1 | 1 | 0 |
| 0 | 0 | 1 | 0 | 0 | 0 | 1 | 0 |
| 0 | 0 | 1 | 0 | 0 | 1 | 1 | 0 |
| 0 | 0 | 1 | 1 | 0 | 0 | 1 | 0 |
| 0 | 0 | 1 | 1 | 0 | 1 | 1 | 0 |
| 0 | 1 | 0 | 0 | 0 | 0 | 1 | 0 |
| 0 | 1 | 0 | 0 | 0 | 1 | 1 | 0 |
| 0 | 1 | 0 | 1 | 0 | 0 | 1 | 0 |
| 0 | 1 | 0 | 1 | 0 | 1 | 1 | 0 |
| 0 | 1 | 1 | 0 | 0 | 0 | 1 | 0 |
| 0 | 1 | 1 | 0 | 0 | 1 | 1 | 0 |
| 0 | 1 | 1 | 1 | 0 | 0 | 1 | 0 |
| 0 | 1 | 1 | 1 | 0 | 1 | 1 | 0 |
| 1 | 0 | 0 | 0 | 0 | 0 | 1 | 0 |
| 1 | 0 | 0 | 0 | 0 | 1 | 1 | 0 |
| 1 | 0 | 0 | 1 | 0 | 0 | 1 | 0 |
| 1 | 0 | 0 | 1 | 0 | 1 | 1 | 0 |
| 1 | 0 | 1 | 0 | 0 | 0 | 1 | 0 |
| 1 | 0 | 1 | 0 | 0 | 1 | 1 | 0 |
| 1 | 0 | 1 | 1 | 0 | 0 | 1 | 0 |
| 1 | 0 | 1 | 1 | 0 | 1 | 1 | 0 |
| 1 | 1 | 0 | 0 | 0 | 0 | 1 | 0 |
| 1 | 1 | 0 | 0 | 0 | 1 | 1 | 0 |
| 1 | 1 | 0 | 1 | 0 | 0 | 1 | 0 |
| 1 | 1 | 0 | 1 | 0 | 1 | 1 | 0 |
| 1 | 1 | 1 | 0 | 0 | 0 | 1 | 0 |
| 1 | 1 | 1 | 0 | 0 | 1 | 1 | 0 |
| 1 | 1 | 1 | 1 | 0 | 0 | 1 | 0 |
| 1 | 1 | 1 | 1 | 0 | 1 | 1 | 0 |

Peripheriebereich also:

| | $2^7$ | $2^6$ | $2^5$ | $2^4$ | $2^3$ | $2^2$ | $2^1$ | $2^0$ | oktal |
|---|---|---|---|---|---|---|---|---|---|
| minimal | 1 | 0 | 0 | 0 | 0 | 0 | 0 | 0 | 200 |
| maximal | 1 | 1 | 1 | 1 | 1 | 1 | 1 | 1 | 377 |

### Zu 3.3.1

1. 11 + 7 = 20; 64 + 12 = 76; 12 + 16 = 30; 73 + 123 = 216.
2. Vgl. Tabelle in Abb. 13.

3. 18 : 8 = 2 Rest 2
   2 : 8 = 0 Rest 2
   22

   239 : 8 = 29 Rest 7
   29 : 8 = 3 Rest 5
   3 : 8 = 0 Rest 3
   357

   518 : 8 = 64 Rest 6
   64 : 8 = 8 Rest 0
   8 : 8 = 1 Rest 0
   1 : 8 = 0 Rest 1
   1006

4. Dezimal: 7; 5; 227; 26; 3; 194; 27; 1; 193.

## Zu 3.3.2

1. A + B = 15; 14 + 15 = 29; 4 + C = 10; A4 + 4A + 20 = 10E.
2. Vgl. Tabelle in Abb. 13.
3. 18 : 16 = 1 Rest 2
   1 : 16 = 0 Rest 1
   12

   239 : 16 = 14 Rest 15
   14 : 16 = 0 Rest 14
   E F

   518 : 16 = 32 Rest 6
   32 : 16 = 2 Rest 0
   2 : 16 = 0 Rest 2
   206

4. Vgl. Lösung zu 3.3.1, Nr. 4.
5. Anhand der Tabelle im Anhang findet man die Oktalzahlen 7; 5; 343.
6. Anhand der Tabelle im Anhang findet man die Hexadeizmalzahlen 1A; 3; C2; 1B.

## Zu 4.4.1 Programm A + B → A

| Nr. | Assemblercode | Maschinencode | | | | Bemerkung |
|---|---|---|---|---|---|---|
| | | Z80, 8080, 8085 | 2650 | 6800 | SCMP | |
| 0 | LOAD A, # | – | – | – | 304 | SCMP: LOAD B, # n |
| 1 | $n_b$ | – | – | – | 125 | nicht vorhanden |
| 2 | EX A, B | – | – | – | 1 | |
| 3 | LOAD A, # | 76 | 4 | 206 | 304 | |
| 4 | $n_a$ | 52 | 52 | 52 | 52 | |
| 5 | LOAD B, # | 6 | 5 | 306 | – | |
| 6 | $n_b$ | 125 | 125 | 125 | – | |
| 7 | CLR C | – | 165 | – | 2 | Löschen Carry Bit |
| 10 | | – | 1 | – | – | |
| 11 | ADD A, B | 200 | 201 | 33 | 160 | |

**Zu 4.4.2** Programm A + B → A mit Übertrag und Auslesen von A

| Nr. | Assemblercode | Maschinencode | | | | Bemerkung |
|---|---|---|---|---|---|---|
| | | Z80, 8080, 8085 | 2650 | 6800 | SCMP | |
| 0 | LOAD A, # | – | – | – | 304 | SCMP: LOAD B, # $n_b$ |
| 1 | $n_b$ | – | – | – | 125 | nicht vorhanden |
| 2 | EX A, B | – | – | – | 1 | |
| 3 | LOAD A, # | 76 | 4 | 206 | 304 | |
| 4 | $n_a$ | 352 | 352 | 352 | 352 | |
| 5 | LOAD B, # | 6 | 5 | 306 | – | |
| 6 | $n_b$ | 125 | 125 | 125 | – | |
| 7 | CLR C | 267 | 165 1 | 14 | 2 | Z80: OR A, A |
| 10 | | – | – | – | – | |
| 11 | SET WC | – | 167 10 | – | – | 2650: With-Carry-Bit setzen |
| 12 | ADDC, A, B | 210 | 201 | 33 | 160 | 6800: ADD ohne Übertragsverarbeitung |
| 13 | LOAD $\$n_p$, A | 323 | 324 | 227 | 310 | |
| 14 | $n_p$ | 17 | 17 | 17 | 17 | |

**Zu 4.4.2** Programm A + B → A mit Übertrag und Auslesen des Statusregisters

| Nr. | Assemblercode | Maschinencode | | | Bemerkung |
|---|---|---|---|---|---|
| | | 2650 | 6800 | SCMP | |
| 0 | LOAD A, # | – | – | 304 | SCMP: LOAD B, #n |
| 1 | $n_b$ | – | – | 125 | nicht vorhanden |
| 2 | EX A, B | – | – | 1 | |
| 3 | LOAD A, # | 4 | 206 | 304 | |
| 4 | $n_a$ | 352 | 352 | 352 | |
| 5 | LOAD B, # | 5 | 306 | – | |
| 6 | $n_b$ | 125 | 125 | – | |
| 7 | CLR C | 165 1 | 14 | 2 | |
| 10 | SET WC | 167 10 | – | – | 2650: With-Carry-Cit setzen |
| 11 | ADDC, A, B | 201 | – | 160 | 6800: Nur ADD ohne Übertragsverarbeitung |
| 12 | LOAD A, L | 23 | – | – | |
| 13 | LOAD A, F | – | 7 | 6 | |
| 14 | LOAD S$n_p$, A | 324 | 227 | 310 | |
| 15 | $n_p$ | 17 | 17 | 17 | |

**Zu 4.4.3**

```
                 1 0 0 1   0 0 1 1   (93)
                +0 0 0 1   0 1 0 0   (14)
                ---------------------
                 1 0 1 0   0 1 1 1
Summe ≥ 1 0 1 0 ?   ja        nein  }
                +0 1 1 0            }  DA
                ---------------------------
                1 0 0 0 0  0 1 1 1   (107)
```

**Zu 4.5.1**

| | | | | |
|---|---|---|---|---|
| | 0 1 | 1 1 0 | 0 1 1 | ($163_8$) |
| + | 1 0 | 1 0 1 | 0 0 1 | ($-127_8$) |
| (1) | 0 0 | 0 1 1 | 1 0 0 | ($34_8$) |

**Zu 4.5.2**

| | | | | |
|---|---|---|---|---|
| | 0 1 | 1 1 0 | 0 1 1 | ($163_8$) |
| + | 1 0 | 0 0 1 | 0 0 1 | ($-167_8$) |
| (0) | 1 1 | 1 1 1 | 1 0 0 | ($-4_8$) |

Z = 0; V = 0; S = 1.

| | | | | |
|---|---|---|---|---|
| | 0 1 | 0 1 0 | 1 1 1 | (127) |
| + | 1 0 | 1 0 1 | 0 0 1 | ($-127_8$) |
| (1) | 0 0 | 0 0 0 | 0 0 0 | (0) |

Z = 1; V = 1; S = 0.

**Zu 4.6**

| | binär | oktal | hexadezimal | Bemerkung |
|---|---|---|---|---|
| a | 0 1 1 1 0 0 1 1 | 163 | 73 | |
| b | 0 1 0 1 0 1 1 1 | 127 | 57 | |
| d | 0 1 0 1 0 0 1 1 | 123 | 53 | a · b |
| c | 1 1 0 0 1 0 1 0 | 312 | CA | |
| e | 1 1 0 1 1 0 1 1 | 333 | DB | c + (a · b) |
| b | 0 1 0 1 0 1 1 1 | 127 | 57 | |
| f | 1 0 0 0 1 1 0 0 | 214 | 8C | b ⊕ [c + (a · b)] |

**Zu 5.2**

1. Das RAM 2112 ist wortorientiert, wobei das Wort eine Länge von 4 Bit hat.
2. Eine gemeinsame WRITE-Leitung genügt für alle Speicherelemente, weil jedes Element seine eigene Adresse hat und immer nur ein einziges Element adressierbar ist.
3. Abb. 36a: x = 0 0; y = 1 1.
   Abb. 36b: x = 0 1.

**Zu 5.4**

a) 1 1 1 1 1 1 1 1 1 1 1 1 1 1 1 1

Für die höchste Speicheradresse ist in allen 16 Plätzen eine 1 gespeichert. Die daraus resultierende höchste Speicheradresse ist

$$1\,7\,7\,7\,7\,7_8$$
$$= \text{F F F F}_{16}$$
$$= 6\,5\,5\,3\,5_{10} = (2^{16} - 1)$$

b) Ein Kbyte ist

$2000_8$ byte
$= 400_{16}$ byte
$= 1024_{10}$ byte

Mit 16 bit läßt sich also ein Speicherumfang von 64 Kbyte adressieren.

c) Eine Seite umfaßt

$400_8$ byte
$= 100_{16}$ byte
$= 256_{10}$ byte

Ein Kbyte benötigt 4 Seiten. Es stehen also 256 Seiten Speicherbereich zur Verfügung.

## Zu 5.5.1

0 1 0 0 1 1 0 = $46_8$ = Adresse
1 1 1 0 0 0 0 0 = $340_8$ = Datenwort

Es wird ausgelesen.

## Zu 5.5.4

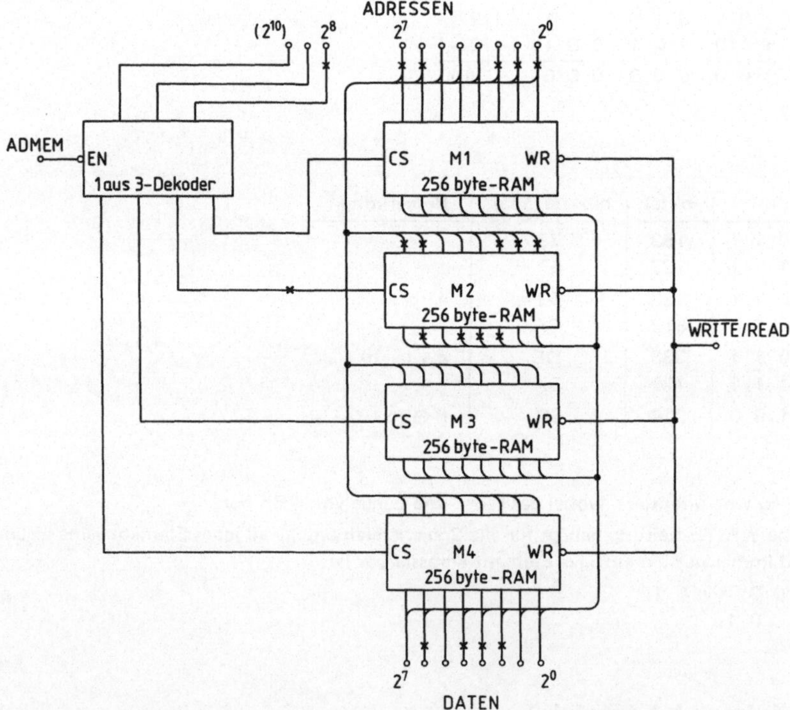

## Zu 6.2.3

1. Der Schalter DAFLOT/WRITE steht in Stellung WRITE.
   Der Schalter ADFLOT/ADVAL steht in Stellung ADVAL.
   Die Adreßschalter stehen auf 0 0 0 1 0 0 0 0 1 1.
   Die Datenschalter stehen auf 0 1 0 0 0 1 1 1.
2. Der Schalter DAFLOT/WRITE steht in Stellung DAFLOT.
   Der Schalter ADFLOT/ADVAL steht in Stellung ADVAL.
   Die Adreßschalter stehen auf 0 0 0 1 0 0 1 0 1 0.
   Die Datenschalter können beliebig stehen, da sie in Schalterstellung DAFLOT „außer Betrieb" sind.

## Zu 6.2.5

| Nr. | DAFLOT/DAWRITE | ADFLOT/ADVAL | HOLD | SCHRITT/LAUF |
|---|---|---|---|---|
| 1 | DAWRITE | ADVAL | ein | beliebig |
| 2 | DAFLOT | ADVAL | ein | beliebig |
| 3 | DAFLOT | ADFLOT | aus | SCHRITT |
| 4 | DAFLOT | ADFLOT | aus | LAUF |

## Zu 7.2.2.1

Die Abb. 57a gilt für Prozessoren, die die Reihenfolge p – a verwenden: 2650, 6800, 1802.

## Zu 7.2.2.3

1. Das Bit $2^6$ gibt das Vorzeichen an. Der größte Vorwärtssprung ist also 0 1 1 1 1 1 1 = $77_8$ = $63_{10}$.
   Entsprechend Abb. 27 ist der größte Rückwärtssprung 1 0 0 0 0 0 0. Nach der Theorie der negativen Zahlen ist dies $-100_8 = -64_{10}$. Ein relativer Sprung ist also beim 2650 im Bereich $-64 \leqslant I \leqslant 63$ möglich.
2. Das Offset steht auf Adresse $10_8$; unmittelbar vor dem Sprung steht der PC auf $11_8$. I muß also den Wert $-11_8$ erhalten.
   a) Z80: $377 \mathrel{\hat{=}} -1$ (siehe Abschnitt 4.5.1), also $I = 367_8$.
   b) 2650: $177 \mathrel{\hat{=}} -1$, also $I = 167_8$.

## Zu 7.4

$$\$6 = \text{ADPER} \cdot 2^2 \cdot 2^1 \cdot \overline{2^0}$$
$$= \overline{\overline{\text{ADPER}} + 2^0} \cdot 2^1 \cdot 2^2$$

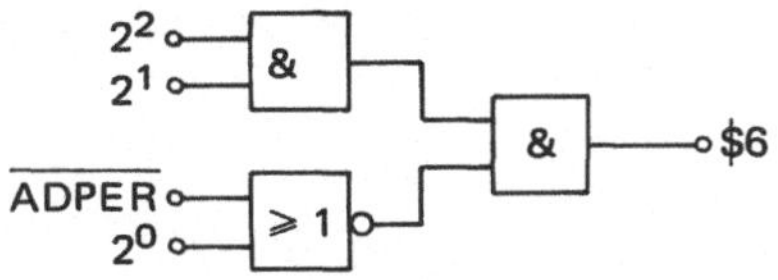

## Zu 7.5.2

Die kürzeste Befehlsausführungszeit hat der Z80 mit $4 \cdot T = 1{,}6\ \mu s$. Die längste Befehlsausführungszeit hat der SCMP mit $22 \cdot Z = 22\ \mu s$.

## Zu 7.5.3

1. (3) ergibt f = 495 Hz beim Z80. (7) ergibt f = 439 Hz beim 2650.

2. 6800: $f = \frac{1}{20 + n \cdot 12}$ MHz

   $n = \frac{1}{12 \cdot f} - 1{,}67$

   6502: $f = \frac{1}{16 + n \cdot 10}$ MHz

   $n = \frac{1}{10 \cdot f} - 1{,}60$

   SCMP: $f = \frac{1}{74 + n \cdot 46}$ MHz

   $n = \frac{1}{46 \cdot f} - 1{,}61$

3. Für das Berechnen der höchsten Frequenz wird n = 1 eingesetzt. Das ergibt folgende Reihenfolge:

   6502 mit 38,46 kHz,
   6800 mit 31,25 kHz,
   Z80 mit 27,17 kHz,
   2650 mit 20,83 kHz,
   SCMP mit 8,33 kHz.

## Zu 8.3

Anzeige: HALLO LESER.

## Zu 9.1

Siehe „Kleines Mikrocomputerlexikon".

## Zu 9.2

In den SAVE-Bereich im RAM werden interessierende Registerinhalte gerettet. Mit Hilfe des Monitorprogramms können die entsprechenden RAM-Plätze, in denen sich die Registerinhalte befinden, wieder ausgelesen werden. Dies dient zum Testen von Programmen, da so überprüft werden kann, ob die Inhalte der Register identisch sind mit dem, was nach dem Programmablaufplan zu erwarten war.

## Zu 9.3

Die Taste PREVIOUS dient zum Zurückzählen der Adresse um 1. Damit kann überprüft werden, ob der vorhergehende Speicherplatz mit dem richtigen Datum belegt ist.

## Zu 10.3.1

1. Im Stapelspeicher wird bei einem UP-Aufruf die Rückkehradresse gespeichert.
2. Folgende Prozessoren verfügen nicht über einen CALL-Befehl: 1802; SCMP.
3. Beim RET-Befehl wird der Stapelanzeiger um 1 heraufgezählt.

## Zu 10.3.2

Nach dem Abarbeiten des Befehls steht der PC auf $121_8$. Um nach $140_8$ zu kommen, muß n = 140 − 121 = 17 sein (oktal).

## Zu 10.3.3

LOAD A, (X) + 230;
wobei X die Zahl 13 als Zeiger auf den $12_{10}$ten Tabellenplatz enthält (230 ist 1. Platz).

## Zu 10.4

Zuerst listen wir allgemein die Tonwerte einer Oktave (oktal) auf (vgl. 10.1):
c: 205; d: 166; e: 151; f: 143; g: 131; a: 117; h: 106; c: 102.
Unter der Voraussetzung, daß die Tonlänge 100 gleich einer Viertelnote ist, ergibt sich:

Dies ist der Anfang des Liedes „Kuckuck, Kuckuck ruft's aus dem Wald".

## Zu 10.4.2

1. Die erste Null wird als Pause mit der Länge einer Viertelnote interpretiert (Längenbyte = 100), die zweite Null wird als Längenbyte = 0 interpretiert, was als Ende der Tabelle gilt.
2. Es wäre nicht zulässig gewesen, das HP mit LOAD SP, #1060 zu beginnen, da dort die Tontabelle abgelegt ist. Der Befehl CALL TON würde u.a. den Inhalt von 1057 zerstören.

## Zu 10.4.6

1. Beim Prozessor 1802 wird die Peripherie wie RAM-Speicherplätze angesprochen. Der Peripheriebereich beginnt bei $100000_8$. Der Lautsprecher wird unter der Peripherieadresse 6 angesprochen = $100006_8$. Bei der 8-Bit-Oktalcodierung wird das HL-Register 7 auf 200 und 006 als Peripheriepointer gesetzt.
2. Die Reihenfolge der Prozessoren vom kleinsten zum größten Platzbedarf ist:
1802 mit 21 Plätzen; Z80 und 6802 mit 23 Plätzen; 2650 mit 24 Plätzen; SCMP mit 25 Plätzen; 6502 mit 27 Plätzen.

## Zu 11.1.5

$i = K + f + h$; $K$ = Anzeige $\hat{=}$ \$0 $\hat{=}$ 0.
$f = 6 \cdot F = 6 \cdot 0 = 0$.
$h = 2$.

Also: $i = 0 + 0 + 2 = 2$.

## Zu 11.2.2

a)

| | | | |
|---|---|---|---|
| x x | x x x | x x x | Byte |
| 0 0 | 0 0 1 | 0 0 0 | UND-Maske |
| 0 0 | 0 0 x | 0 0 0 | Ergebnis |

b) Sollen die beiden niederwertigsten Bits erhalten bleiben, so muß die Maske folgendes Aussehen haben:

0 0 000 0 1 1 $\hat{=}$ 3

## Zu 11.2.4

Bei ansteigender Flanke wechselt SYN von negativ zu positiv, also wechselt G von 0 (aus) zu 1 (ein). Somit ist der „alte" Wert d = 0 und es wird bei der Frage d $\hat{=}$ 0? sofort nach P6 verzweigt.

## Zu 11.3.3

In Speicherzelle 1135 steht $31_8 = 25_{10}$.

## Zu 11.3.5

Am Platz 1340 findet der Befehl LOAD A, (HL1) + (B) folgende Verhältnisse vor:
Im Register HL1 steht wegen der Befehle auf 1065 und 1070 zusammengefaßt der Wert 1000 (oktal). Nach B wurde gerade mit dem Befehl auf 1337 der zuvor errechnete Index i = K + f + h geladen. Die Doppelindizierung errechnet somit die Adresse 1000 + i und der Ladebefehl bringt den Inhalt des Speicherplatzes (1000 + i) zum Register A.

## Zu 11.4.1

1/100 min = 600 msek = 2 · 15 · 20 msek
= q · r · Synchronisierzeit.

## Zu 11.4.3

Man ersetze im Block P3 in Abb. 104 die Abfrage

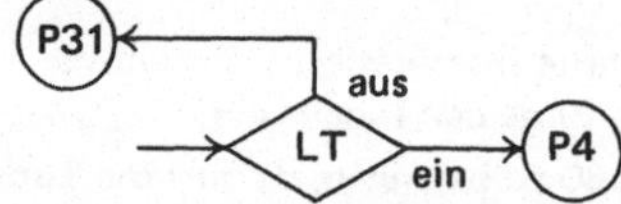


durch

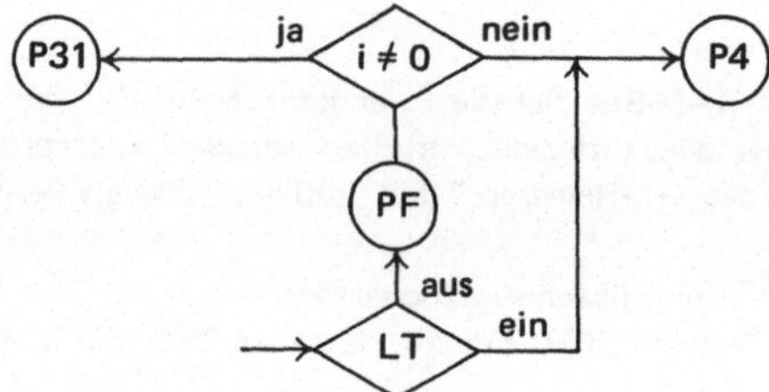


und springe von P5 direkt nach P6.

Da in den angegebenen Programmen im Bereich des Blocks P3 kein Platz vorhanden ist, um die Frage i ≠ 0? einzufügen, muß man folgendermaßen „flicken": Der Sprung bei LT = aus wird auf einen freien Speicherplatz PF umgelenkt. Dort programmiert man die Frage i ≠ 0? und springt dann nach P31 bzw. P4. Durch den Sprung von P5 nach P6 werden im Block P5 Speicherplätze frei, die sich für dieses „Flicken" ausnutzen lassen.

## Zu 11.4.4

Es gilt Abb. 110 (Teil Dualzähler) mit folgenden Änderungen:
M und MW werden auf 10 statt 2 gesetzt. Z0 und Z1 werden auf 7 statt 1 (6 statt 0 bei SCMP) gesetzt.

## Zu 11.4.6

a) Z80 in Abschnitt 11.3.2

⋮

1277 57 CPL (es genügt, a ≠ 0 zu erzeugen)

⋮

b) 6802 in Abschnitt 11.3.4

```
   ⋮
1245  206  LOAD A, #
1246    1    1
   ⋮
```

c) SCMP in Abschnitt 11.3.5

```
   ⋮
1320  304  LOAD A, #
1321    1    1
   ⋮
```

d) 1802 in Abschnitt 11.3.6

```
   ⋮
1257  001  LOAD A, (HL1) (HL1 zeigt auf 1315, so daß a ≠ 0 erzeugt wird!)
   ⋮
```

e) 6502 in Abschnitt 11.3.7

```
   ⋮
1261  251  LOAD A, #
1262    1    1
1263  352  NOP
   ⋮
```

# Kreuzworträtsel

Waagrecht:

1 Kürzel für „binär codiert dezimal"
3 softwaremässige Nachbildung eines anderen Computers
8 fortwährend
16 Zentraleinheit eines Mikrocomputers
17 Hilfszeitwort
21 Mikroprozessor-Signal zum Dateneinlesen in den Speicher
22 Anschluß-Stift (engl.)
23 Liste; Programmausdruck (engl.)
24 Bezeichnungscode für eine Speicherstelle
25 chemisches Zeichen für wichtigen elektrischen Leiter
26 Stapelspeicher (engl.)
27 lausche
29 Halbleitertechnologie, die sehr hohen Eingangswiderstand ermöglicht
30 Begründer der logischen Algebra
32 logische Verknüpfung
33 Programmunterbrechung zur Bearbeitung eines Zwischenprogramms

Senkrecht:

2 Programm, das Befehle einer Symbolsprache in die Maschinensprache übersetzt
3 Erdteil, in dem die Computer erfunden wurden
4 Grundeinheit des MKSA-Systems
5 Bezeichnungscode für eine Speicherstelle (engl.)
6 Auswahlmöglichkeit (engl.)
7 Langform für NOR (engl.)
9 mathematische Symbolsprache
10 Rechenanlage
11 Register
12 maschinennahe Programmiersprache (auch das Programm, das daraus in den Maschinencode übersetzt)
13 einfache Symbolsprache
14 Kürzel für festprogrammierbaren Lesespeicher
15 Kürzel für Nur-Lesespeicher
18 Binärziffer
19 Bestandteile eines Programms
20 Steuersignal an den Mikrocomputer
25 nacktes, fertig diffundiertes Siliziumplättchen (engl.)
28 Kürzel für Zentraleinheit (engl.)
31 Ein (engl.)

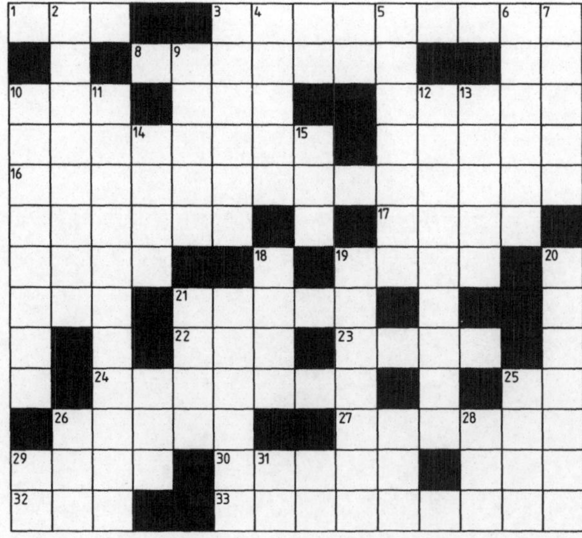

## Literatur


[1] *Schnell, G.:* Elemente der Elektronik. München 1978. (Gute Grundlage für diese Mikrocomputerfibel.)

[2] *Nicoud, J. D.:* Microscope, Vol. 1, Nr. 8. Lausanne 1977. (Ausgezeichnete Schriftenreihe über Mikroprozessor-Technik. Erhältlich über PO Box 141.)

[3] *Osborne, A.:* Einführung in die Mikrocomputertechnik. München 1977. (Original: Berkeley 1975. Standardwerk.)

[4] *Nicoud, J. D.:* Calculatrices et systemes programmables. Traité d'Electricité, Vol. XIV, Ecole Polytechnique Féderale de Lausanne 1978. (Grundlegendes Werk über Digitalsysteme und Mikroprozessoren.)

[5] *Nicoud, J. D.:* Microscope, Vol. 1, Nr. 1–8, Vol. 2, Nr. 9–14, vgl. [2].

[6] Texas Instr.: TTL-Kochbuch. Freising 1972.

[7] *Schleuther, M.:* Schreib-/Lesespeicher. Im ELEKTRONIK-Sonderheft 1. München 1977.

[8] Texas Instr.: The MOS-Memory Data Book. Dallas 1978.

[9] *Fairchild:* PROMs Application Note 333. Mountain View 1976.

[10] *Söll, Kirchner:* Digitale Speicher. Würzburg 1978. (Sehr breit angelegtes Lehrbuch.)

[11] *Timm, V.:* ROMs, PROMs und PLAs. In Elektronik-Sonderheft 1. München 1977.

[12] *Blohmeyer-Bartenstein, H. P.:* Mikroprozessoren und Mikrocomputer. München 1978. (Einführende Schrift der Fa. Siemens.)

[13] Lexikon der Mikroelektronik. München 1978. (Wörterbuch Englisch/Deutsch.)

[14] *Schumny, H.* (Hrsg.): Taschenrechner + Mikrocomputer Jahrbuch 1980 und Jahrbuch 1981. Braunschweig 1979, 1980. (Sehr informative Sammelbände.)

[15] *Gößler, R.:* Dem Mikrocomputer aufs Bit geschaut. Sonderheft der ELO; München 1979. (Beschreibt sehr ausführlich das Delphin-System mit 2650.)

[16] *Wittig, Rouiller:* Mikrocomputer-System. In elrad, Heft 9, 10, 11, 12/1978 und 1/1979. (Beschreibt sehr ausführlich das Delphin-System mit Z80.)

### Liste von Anbietern von Kleinsystemen

8080: Nr. 8, 11, 14, 15, 20
8085: Nr. 3, 5, 10
Z80: Nr. 2, 4, 7, 13
2650: Nr. 2, 6
6802: Nr. 2, 17
6502: Nr. 1, 9, 19
1802: Nr. 12, 17
SCMP: 2, 7, 16, 18

Diese Liste erhebt keinen Anspruch auf Vollständigkeit. Weitere Übersichten findet man in [14] und in der Funkschau 23/1979.

### Adressen von Kleinsystem-Anbietern

1 Neumüller, Elektronik-Bauteile, Eschenstr. 2, 8021 Taufkirchen bei München
2 Unitronic, Münsterstr. 338, 4000 Düsseldorf
3 MC Mikrocomputer GmbH., c/o Siemens AG, Balanstr. 73, 8000 München 80
4 NAS, Brienner Str. 56, 8000 München 2
5 Hewlett-Packard, Berner Str. 117, 6000 Frankfurt/Main 56
6 Valvo Mikroprozessoren, Burchhardstr. 19, 2000 Hamburg 1
7 Eltec GmbH., Neubrunnenstr. 10, 65 Mainz
8 Heathkit, Robert-Bosch-Str. 32–38, 6072 Dreieich
9 MCS, Zentralflughafen Tempelhof, 1000 Berlin 42
10 Jermyn GmbH., Postfach 1146, 6277 Camberg
11 ERNI und Co., CH 7306 Brütisellen (Zürich)
12 Alfred Neye GmbH., Schillerstr. 14, 2085 Quickborn
13 Kontron GmbH., Oskar-von-Miller-Str. 1, 8057 Eching bei München
14 ITT Fachlehrgänge, Postfach 1570, 7530 Pforzheim
15 NEC-Electronics, Immermannstr. 22, 4000 Düsseldorf 1
16 Techn. Lehrinstitut Dr. Ing. Christiani, 7750 Konstanz
17 Spoerle-Elektronik, Geschäftsbereich Systeme, Otto-Hahn-Str. 13, 6072 Dreieich
18 National Semiconductor GmbH., Industriestr. 10, 808 Fürstenfeldbruck
19 Rockwell-Systemkontakt, Siemensstr. 5, 7107 Bad Friedrichshall
20 Ditratherm, Postfach 588, 8300 Landshut

## Lösung des Kreuzworträtsels:

Waagrecht:

1: BCD; 3: EMULATION; 8: DAUERND; 16: MIKROPROZESSOR; 17: SEIN; 21: WRITE; 22: PIN; 23: FILE; 24: ADRESSE; 25: CU; 26: STACK; 27: HORCHE; 29: CMOS; 30: BOOLE; 32: NOR; 33: INTERRUPT.

Senkrecht:

2: COMPILER; 3: EUROPA; 4: METER; 5: ADDRESS; 6: OPTION; 7: NOT OR; 9: ALGOL; 10: COMPUTER; 11: AKKUMULATOR; 12: ASSEMBLER; 13: BASIC; 14: PROM; 15: ROM; 18: EINS; 19: BEFEHLE; 20: REQUEST; 25: CHIP; 28: CPU; 31: ON.

# Sachwortverzeichnis Mikrocomputer-Fibel

(Die Sachworte des „kleinen Mikrocomputer-Lexikons" sind hier nicht aufgeführt)